Elisa Jakob

Die Mutter der Berggorillas

ELISA JAKOB

Die Mutter der Berggorillas

Dian Fossey – Sie lernte ihre Sprache,
sie wurde ihre Vertraute,
sie riskierte alles für ihr Überleben

ROMAN

PIPER

Mehr über unsere Autorinnen, Autoren und Bücher:
www.piper.de

Wenn Ihnen dieser Roman gefallen hat, schreiben Sie
uns unter Nennung des Titels »Die Mutter der Berggorillas« an
empfehlungen@piper.de, und wir empfehlen Ihnen
gerne vergleichbare Bücher.

Inhalte fremder Webseiten, auf die in diesem Buch hingewiesen wird,
macht sich der Verlag nicht zu eigen und übernimmt dafür keine
Haftung. Wir behalten uns eine Nutzung des Werks für Text und
Data Mining im Sinne von § 44b UrhG vor.

ISBN 978-3-492-06409-5
© Piper Verlag GmbH, München 2023
Redaktion: Uta Rupprecht
Satz: Uhl + Massopust, Aalen
Gesetzt aus der Adobe Devanagari
Druck und Bindung: CPI Books GmbH, Leck
Printed in the EU

Für meine Mutter (1943–1989),
die mir Wurzeln gab.

When you realize the value of life,
you dwell less on what is past and concentrate
more on the preservation of the future.

Wenn du den Wert allen Lebens erkennst,
beschäftigst du dich weniger mit dem
Vergangenen und konzentrierst dich mehr
auf die Bewahrung der Zukunft.

Letzter Tagebucheintrag
von Dian Fossey, Dezember 1985

Prolog

Mai 1974

Schau mal, Liebling, die dunkelhaarige Frau dort drüben...«

Der rotgesichtige Tourist hinter seiner Zeitung versuchte, diskret auf die groß gewachsene, schlanke Frau auf der anderen Seite des kleinen Flugzeugs zu deuten, stellte sich aber so unbeholfen an, dass seine Absicht nicht unbemerkt bleiben konnte.

»Ist sie das?«

»Wen meinst du?« Die Frau neben ihm drehte sich suchend um und starrte in die Richtung, in die der Mann wies.

Ostentativ drehte sich die große Frau von dem neugierigen Paar weg und starrte durch das ovale Fenster neben ihrem Sitzplatz hinaus auf das Rollfeld. Die beiden sahen nur noch ihren buschigen dunklen Haarzopf, der über die rechte Schulter nach vorne geflochten war.

»Du weißt schon, die mit den Gorillas«, raunte der Mann und sah seine Begleiterin fragend an. »Du kannst dir Namen doch so gut merken, Liebes. Wie hieß die berühmte Forscherin noch gleich, über die sie in diesem Magazin berichtet haben?«

»Entschuldigen Sie bitte, aber bin ich hier richtig? Reihe 7, Fensterplatz B?«, fragte vom Gang her eine unbekannte Stimme, noch bevor die Ehefrau antworten konnte.

Eine ältere Dame mit einer bauchigen Handtasche in der einen und einem Stockschirm in der anderen Hand versperrte dem Paar unerwartet die Sicht.

»Das hier ist doch Reihe 7?«, fragte sie erneut und blickte erst auf die kleine Bordkarte in ihrer Hand und dann auf die beiden Passagiere vor sich.

»Ja, das ist Reihe 7«, antwortete die Touristin hastig. »Aber mein Mann und ich haben die Plätze C und D. Ihr Sitzplatz ist dort drüben, neben Dia...« Die Frau machte eine vielsagende Pause und deutete hinüber zur gegenüberliegenden Seite des Ganges.

»Neben der *Dame*«, schloss sie gedehnt. Ein zufriedenes Lächeln umspielte ihre Lippen, denn ihr war der Name eingefallen, den ihr Mann vergeblich gesucht hatte.

»Danke schön.«

Die ältere Frau wandte sich ab und sagte freundlich, aber bestimmt in Richtung der anderen Seite des schmalen Ganges: »Entschuldigen Sie bitte. Ich glaube, Sie sitzen auf meinem Sitzplatz. Sitzplatz B?«

»Wie kommen Sie darauf?«

Dian Fosseys rauchige Altstimme klang ungehalten. Langsam drehte sie sich um und musterte ihr Gegenüber mit strengem Blick. Angesichts der freundlich lächelnden älteren Dame entspannten sich ihre Gesichtszüge jedoch.

Dian, sei höflich und zeig Respekt vor dem Alter, vernahm sie plötzlich die mahnende Stimme ihrer Mutter Kitty, und sie verkniff sich eine schärfere Replik. Eigentlich hatte Dian auf eine ruhige letzte Etappe gehofft, ohne Small Talk oder sonstige Störungen. Sie war lange fort gewesen und sehnte sich mit jeder Faser ihres Körpers nach Hause und nach ihren Gorillas.

Der kurze Flug von Kenias Hauptstadt Nairobi nach Ruhengeri, der kleinen Stadt im Norden Ruandas, die ihrem Forschungscamp am nächsten lag, war schon seit Jahren ihr liebster Reiseabschnitt. Bei gutem Wetter konnte man in der letzten halben Stunde, beim Flug über das Dreiländereck von Uganda, Ruanda und Kongo, die herrliche Aussicht auf die Virunga-Vulkankette genießen. Dies war die schwer zugängliche Heimat der vom Aussterben bedrohten Berggorillas – und seit nunmehr sieben Jahre ihr Zuhause.

Dian unterdrückte ein Gähnen. Sie war todmüde, der vorangegangene Flug war sehr anstrengend gewesen. Wie üblich war sie in London erschöpft ins Flugzeug gestiegen, weil sie bis kurz vor dem Abflug Interviews gegeben und Gespräche mit potenziellen Sponsoren geführt hatte.

Die meisten Flüge aus europäischen Hauptstädten starteten spät abends und kamen früh am nächsten Morgen in Kenia an. Wie Dian wusste, eigneten sie sich ganz hervorragend, um vor der Ankunft ihr Schlafdefizit aufzufüllen. Das Wetter auf der Strecke war fast immer gut und der Flug so ruhig und ereignislos, dass er selbst auf ängstliche Fluggäste einschläfernd wirkte.

Leider nicht auf ihren geschwätzigen Nebenmann.

Dians Sitznachbar, ein deutscher Tourist auf dem Weg zu einer Safari, hatte sie erkannt und in radebrechendem Englisch mit Fragen zu Afrika und ihrer Gorillaforschung gelöchert. Erst die zaghaften Hinweise, man könne in der Morgendämmerung das Horn von Afrika erkennen, das grandiose Farbenspiel der aufgehenden Sonne über der Savanne sei ein einzigartiges Erlebnis, und mit etwas Glück sehe man beim Landeanflug sogar Gazellen und andere Wildtiere, brachten Dian die ersehnte Ruhe.

»Ähm...« Das energische Räuspern der älteren Dame riss sie aus ihren Gedanken.

»Sie sagten doch Platz B, richtig?«, antwortete Dian rasch.

»Ich sitze aber auf Platz A. Der Fensterplatz ist immer A.«

»Oh, Verzeihung. Das wusste ich nicht.« Die Stimme der weißhaarigen Frau klang nun beinahe schuldbewusst. »Ich hatte beim Einchecken ausdrücklich um einen Fensterplatz gebeten. Ich will die Vulkane betrachten können, wenn wir sie überfliegen. Meine Freundin Roz hat mir gesagt, jenseits von Kisoro bietet sich einer der beeindruckendsten Anblicke, den der afrikanische Kontinent zu bieten hat. Und dass sich unser Flugzeug bei gutem Wetter sogar in den Kraterseen spiegelt.«

»Roz, sagten Sie?« Dian richtete sich in ihrem Sitz auf und sah die Frau mit neu erwachtem Interesse an. »Meinen Sie etwa Rosamond Carr, die Blumenzüchterin?«

Die Dame nickte, und Dians zuvor verschlossen und abweisend wirkendes Gesicht hellte sich merklich auf.

»Ja, Rosamond Halsey Carr, eine alte Freundin von mir. Wir sind zusammen in New Jersey zur Schule gegangen. Kennen Sie sie?«

»Aber natürlich.« Dian lächelte breit. »Welch ein Zufall! Auch ich bin eine Freundin von Roz.«

Sie streckte der Älteren die Hand entgegen.

»Mein Name ist Dian Fossey.«

»Wirklich? Aber das ist doch nicht möglich...«, stammelte Dians Gegenüber und streckte Dian die Hand entgegen. »Ich bin Julia, Julia Davis. Es freut mich wirklich sehr, dich endlich kennenzulernen. Ich sage einfach Dian, ja, und wir lassen alle Förmlichkeiten weg?«, sprudelte sie begeistert heraus. »Rosamond hat mir schon so viel von dir und deinen Gorillas geschrieben, und die Freunde meiner Freunde sind auch meine Freunde. Was für ein Zufall, dass wir beide uns ausgerechnet in diesem Flugzeug treffen.«

Von der unerwarteten Vertraulichkeit ein wenig überrumpelt, nickte Dian bloß. Sie schüttelte die dargebotene Hand und sah zu, wie ihre Sitznachbarin das Handgepäck im dafür vorgesehenen Netz über ihren Köpfen verstaute, während die kleine Propellermaschine bereits über den holprigen Asphalt der Startbahn rollte.

»Vor lauter Aufregung habe ich letzte Nacht im Hotel kaum geschlafen«, fuhr Julia fort, nachdem sie sich mit einem erleichterten Ächzen auf ihrem Sitzplatz eingerichtet hatte. »Endlich werde ich meine Freundin wiedersehen. Nach all der Zeit!« Sie lachte. »Mein Gott, unsere letzte Begegnung ist weit über fünfundzwanzig Jahre her. Seitdem haben wir uns nur Briefe geschrieben. Damals waren wir jung, beide frisch verheiratet, und dann zog Roz mit Kenneth in den Kongo.« Sie deutete auf ihr weißes Haar. »Jetzt sind wir zwei alte Damen, doch wie ich Roz kenne, würde sie mir jetzt heftig widersprechen.«

»Da hast du wohl recht«, antwortete Dian lachend. »Roz und alt? Kein Gedanke.« Sie schüttelte den Kopf. »Dann bist du wohl zum ersten Mal in Afrika?«

»Ja, leider. Die liebe Roz hatte mich zwar schon oft eingeladen«, antwortete Julia und seufzte. »Na ja, wie auch immer, irgendwie hat es nie mit einem Besuch geklappt. Erst waren meine Kinder zu klein und das Geld knapp, dann wurde mein Mann krank, und ich wollte ihn nicht allein lassen. Ich habe ihn lange gepflegt, aber vor ein paar Monaten ist er dann gestorben.«

Ein trauriger Schatten huschte über das faltige Gesicht. »Meine Tochter und mein Sohn haben mir geraten, endlich zu Rosamond zu fahren, um auf andere Gedanken zu kommen und mich im warmen Klima ein wenig zu erholen.«

»Nun, das mit der Wärme kommt in Zentralafrika ganz darauf an, wo du bist«, erwiderte Dian und wunderte sich wie schon so oft, wie wenig ihre Landsleute über das kleine, bergige Land wussten, in dem sie seit Jahren lebte und forschte.

Afrika, das war für viele bloß die endlose Weite der heißen Savanne mit ihren wilden Tieren, die man auf abenteuerlichen Safaris beobachten konnte. Dian lächelte geduldig, denn ihr selbst war es anfangs schließlich auch nicht anders gegangen.

»Weißt du, Julia, dort, wo ich wohne, ist es nicht sonderlich warm«, erklärte sie daher. »Unsere Vulkanberge sind eher kühl und feucht, und fast immer ist es etwas neblig. Wenn du in Ruanda menschenleere Steppenlandschaften mit Löwen, Giraffen und riesigen Herden von Gnus, Zebras oder Antilopen erwartest, muss ich dich leider enttäuschen. Ruanda wird nicht umsonst das Land der tausend grünen Hügel oder die Schweiz Afrikas genannt.« Dian lachte.

»So viel weiß ich mittlerweile auch«, antwortete Julia und deutete schmunzelnd auf das schmale Büchlein, das aus ihrer Handtasche ragte. »In meinem Reiseführer steht, dass Ruanda extrem dicht besiedelt ist und dort mehr Menschen pro Quadratkilometer leben als in jedem anderen afrikanischen Land.«

»Vermutlich stimmt das sogar«, antwortete Dian schulterzuckend, »wundern würde es mich nicht. Du solltest mal mit Roz auf einen der einheimischen Wochenmärkte gehen, dann weißt du, was ich meine.«

»Ist es denn wirklich so kalt wie in der Schweiz?«, fragte Julia, und Dian konnte die Verunsicherung in ihrer Stimme hören. »Ich weiß nämlich nicht, ob ich dann die richtige Kleidung eingepackt habe.«

»Nein, nein, keine Angst. Du bist schließlich immer noch in Afrika. In Ruanda kommt es auf die Höhe an, auf der man sich befindet. Bei Roz unten am Kivusee ist es deutlich wärmer als bei mir in den Bergen. Das liegt auch daran, dass unsere Bergkette eine Wasserscheide bildet: Nach Osten fließt alles Wasser zum Nil hin ab und nach Westen in den Kongo. Oft scheint am Morgen die Sonne, aber das ist trügerisch, denn im Laufe des Tages zieht der Himmel zu, und es regnet. Oder umgekehrt. Und glaub mir, Julia, mit Regen meine ich diesen ausdauernden Nieselregen, der dir die Kleidung durchnässt und bis auf die Knochen dringt.«

Jetzt erst schien Dian den ungläubigen Blick ihrer Sitznachbarin zu bemerken und ergänzte lachend: »Aber in meinen Augen sind unsere Nebelberge immer noch der schönste Ort auf Erden.« Sie strahlte bei ihren Worten über das ganze Gesicht. »Du hast Glück. Der Wetterbericht für heute sieht sehr gut aus, und das heißt, wir sollten den Kratersee oberhalb von Karisoke sehen können, von dem Roz dir geschrieben hat.«

»Karisoke?«, fragte Julia neugierig.

»Ja, mein Gorillaforschungscamp im Schutzgebiet des Volcanoes-Nationalparks. Es liegt auf gut dreitausend Meter Höhe, ziemlich genau zwischen den Vulkanen Karisimbi und Visoke.« Dian lächelte stolz. »Weißt du was, Julia? Du könntest mich besuchen, und ich zeige dir meine Lieblinge. Würde dir das gefallen?«

Als ihre neue Bekannte eifrig nickte, ergänzte Dian: »Roz muss dich natürlich begleiten. Sie war schon eine Weile nicht mehr bei uns im Camp. Wie lange wirst du bei ihr bleiben?«

»Ein paar Wochen. Rosamond hat mich gedrängt, zwischen den beiden Regenzeiten zu kommen und nicht bis Herbst zu warten.« Julia lächelte erwartungsvoll. »Würde unser Besuch denn zu deinen Plänen passen? Roz hat mir geschrieben, du bist oft unterwegs, hältst Vorträge und sammelst Spendengelder zum Schutz der Gorillas.«

Dian nickte zustimmend. »Ja, und dieses Mal war ich besonders lange fort. Sechs ganze Monate. Erst habe ich in den USA an einem Symposion zu Ehren meines verstorbenen Mentors, des berühmten Paläoanthropologen Dr. Louis Leakey, teilgenommen, dann habe ich meine Familie in Kalifornien besucht, und anschließend war ich ein paar Monate in England, um endlich mein Promotionsstudium abzuschließen.« Sie seufzte schwer. »Du kannst mir glauben, Julia, derzeit sehne ich mich nur noch nach der Ruhe und Abgeschiedenheit meines Camps. Ich habe nicht vor, allzu bald wieder auf Reisen zu gehen.«

»Das kann ich gut verstehen.«

Nachdenklich blickte Dian aus dem kleinen Seitenfenster. Tief unter dem Flugzeug flog bereits die afrikanische Landschaft dahin.

Ein angespannter Zug trat auf ihr schmales Gesicht. Wie immer, wenn sie nach längerer Abwesenheit zurück nach Karisoke reiste, klopfte ihr auch dieses Mal das Herz vor Aufregung und Vorfreude bis zum Hals. Doch ihr war gleichzeitig auch ein wenig bang.

Werden die Gorillas mich wiedererkennen?, fragte Dian sich wohl zum hundertsten Mal seit ihrer Abreise. Werde ich mit meiner Forschungsarbeit dort weitermachen können, wo ich aufgehört habe?

Es hatte Jahre gedauert, bis sich die verschiedenen Gorillagruppen im Norden Ruandas an die regelmäßige Beobachtung gewöhnt hatten. In den ersten beiden Jahren war sie überhaupt nie länger als ein paar Tage weggefahren aus Angst, bei ihrer Rückkehr wieder bei null anfangen zu müssen. Einige der Gorillas hatten damals zunächst ablehnend und misstrauisch auf sie reagiert. Seither bebte Dian jedes Mal innerlich vor Sorge, ihre lange Abwesenheit könnte dem mühsam aufgebauten Vertrauensverhältnis erneut geschadet haben.

Entschlossen wandte sie sich nun wieder ihrer Sitznachbarin zu.

»Wollen wir Plätze tauschen, Julia? Dann hast du einen besseren Blick auf die fantastische Landschaft dort unten, und ich kann dir schon mal ein wenig von den Gorillas und meiner Arbeit erzählen.«

Kapitel 1

F antastisch.«

Zum ersten Mal seit Wochen lachte Dian Fossey wieder aus vollem Herzen. Sie ließ das Fernglas sinken und drehte sich zu Alyette De Munck um, die neben ihr auf dem kleinen Felsvorsprung stehen blieb und hörbar nach Luft schnappte.

»Sieh dir das mal an, Alyette!«, rief Dian begeistert und reichte der drahtigen kleinen Belgierin den dunkelgrünen Feldstecher.

Dian deutete auf eine weitläufige Senke unterhalb ihres Aussichtspunktes, die sich in der Ferne zwischen den Gipfeln der Vulkane Karisimbi und Visoke erstreckte.

Das Gelände war sanft gewellt und licht, es hob sich bereits aus der Distanz ab von der deutlich dunkleren Vegetation des Bergregenwaldes, der sich über die steilen Hänge erstreckte.

»Das Areal dort drüben erinnert mich ein wenig an die Kabarawiese«, fuhr Dian fort. »Eine große, unberührte Lichtung. Weit und breit sind weder Hütten noch Felder zu erkennen.«

Dian strahlte, und weil ihr die Begeisterung über die Entdeckung buchstäblich ins Gesicht geschrieben stand, spähte Alyette neugierig durch den Feldstecher.

Schon seit elf Tagen durchstreiften sie gemeinsam das riesige Regenwaldgebiet der Virungas, immer auf der Suche nach einem geeigneten Platz, von dem aus Dian ihre vor einigen Monaten begonnene Langzeitstudie zu Sozialverhalten und Lebensweise von Berggorillas fortsetzen konnte.

Bislang war ihre Suche leider erfolglos gewesen. Die Hänge unterhalb des Karisimbi waren dicht besiedelt, zu dicht für die scheuen Menschenaffen, wie Dian enttäuscht festgestellt hatte. Entlang der Flanken des Berges zog sich eine Vielzahl kleiner, verstreut liegender Bauerndörfer mit den dazugehörigen Feldern bis weit nach oben.

Deshalb waren die Frauen an diesem Tag bis auf viertausend Meter Höhe geklettert in der Hoffnung, von dort oben aus unbewohntes Gelände zu entdecken.

»Das dort ist bestes Gorillagebiet, Alyette. Diesmal bin ich mir ganz sicher. Bestimmt leben dort Berggorillas, genau wie drüben im Kongo.«

Nachdenklich blickte Dian gen Westen und deutete mit dem Finger in Richtung des Nachbarlandes.

»Wenn ich es richtig einschätze, dann liegt Kabara bloß einige Kilometer Luftlinie von dort drüben entfernt. Eigentlich keine unüberwindbare Distanz für eine umherziehende Gorillagruppe.«

Sie seufzte und wandte sich wieder zu ihrer Begleiterin um.

»Es kommt mir so vor, als würden wir von hier oben auf eine friedlichere Welt blicken, eine Welt, die mit etwas Glück von vielen Gorillas bewohnt ist. Hoffentlich der passende Ort für einen Neuanfang. Wer weiß, vielleicht treffe ich dort sogar meine pelzigen Freunde aus Kabara wieder?«

Hoffnung und Vorfreude schwangen bei diesen Worten in Dians Stimme mit.

Zufrieden steckte sie das schwere Fernglas zurück in seine lederne Hülle.

»Lass uns umkehren, Alyette. Ich habe Hunger.«

Später am Abend saßen die Freundinnen vor einer Hütte in dem kleinen Dorf am Fuße des Karisimbi, wo sie während der letzten Tage übernachtet hatten.

»Was machst du eigentlich, wenn sich das Gelände morgen doch als ungeeignet herausstellt und du dort wieder keine Gorillaspuren findest?« Alyette sah Dian fragend an. »Gibst du dann auf, oder suchen wir an einer anderen Stelle weiter?«

»Aufgeben? Da kennst du mich aber schlecht. Auf gar keinen Fall werde ich aufgeben.« Dian schüttelte energisch den Kopf mit den langen dunklen Locken. »Falls, und ich betone, *falls* ich mich geirrt habe, und dort drüben leben doch keine Gorillas, dann werde ich halt weitersuchen. So lange, bis ich welche finde und meine Studie fortsetzen kann.«

»Das Virunga-Gebiet ist zwar riesig«, antwortete Alyette, »aber vielleicht hat Rosamond doch recht, und es gibt in Ruanda keine Berggorillas mehr?«

»Papperlapapp, irgendwo im Volcanoes-Nationalpark gibt es ganz bestimmt noch ein paar Familiengruppen. Zum Glück hat die Leakey Foundation dafür gesorgt, dass ich mich hier relativ frei bewegen darf.« Ein energischer Zug umspielte Dians Lippen. »Diese Zwangspause dauert mir nämlich schon lange genug. Ich will endlich wieder meine Arbeit machen.«

Alyette nickte. »Das glaube ich dir, aber sei bitte nicht enttäuscht, wenn wir morgen doch kein Glück haben.«

»Dieses Mal passt die Stelle, glaub mir. Du hast doch heute selbst gesehen, wie nahe die grüne Grenze zum Kongo liegt.

Nationalpark hier und dort, das ist alles ein großes, zusammenhängendes Regenwaldgebiet.« Sie sah Alyette herausfordernd an. »Ich habe die Gorillas drüben doch gesehen! Und jetzt nenn mir bitte einen Grund, weshalb es auf dieser Seite der Bergkette nicht auch welche geben sollte. Gorillas kennen keine Grenzen, sie ziehen dorthin, wo es gute Futterplätze gibt.«

»Na ja, wahrscheinlich hast du recht. Schließlich bist du die Gorillaexpertin, nicht ich.«

Dian verzog bei Alyettes Worten gequält das Gesicht. »Als Expertin würde ich mich noch nicht bezeichnen. Aber zumindest durfte ich einige Monate in Schallers altem Lager im Albert-Nationalpark leben und arbeiten, bis man mich ...«

Mit einem Mal stockte Dian und verstummte. Sie warf Alyette einen unsicheren Blick zu.

Bis man mich mit Waffengewalt von dort vertrieben hat, hatte sie eigentlich sagen wollen, aber das tieftraurige Gesicht ihrer Freundin hielt sie zurück.

Wie immer, wenn irgendwer Ruandas Nachbarland Kongo erwähnte, hatte sich Alyettes Miene verfinstert, alles an ihr schien mit einem Mal von Dunkelheit umfangen.

Unweit des Albert-Nationalparks im Ostkongo war es im Juli 1967 zwischen einheimischen Soldaten und weißen Söldnertruppen, die zuvor von kongolesischen Rebellen ins Land geholt worden waren, zu erbitterten Kämpfen gekommen. Marodierende Soldaten der kongolesischen Armee hatten betrunken in den Straßen randaliert, wahllos auf Weiße geschossen und westliche Frauen vergewaltigt. Binnen weniger Tage hatte sich der Konflikt zu einem blutigen Bürgerkrieg ausgeweitet, der viele unschuldige Opfer forderte. Viele

Weiße, die zum Teil lange im Kongo gelebt hatten, kamen nur knapp mit dem Leben davon, weil sie über die nahe gelegenen Grenzen nach Uganda oder Ruanda flohen.

Selbst im abgelegenen Kabara waren Anfang Juli plötzlich Soldaten aufgetaucht und hatten Dians sofortige Abreise angeordnet. Zwei Wochen lang war sie in Rumangabo gefangen gehalten worden, bevor sie endlich fliehen konnte.

Auch Alyettes Sohn Yves, einer ihrer Neffen und ein Freund der beiden waren durch einen unglücklichen Umstand mitten hinein in die Bürgerkriegswirren geraten. Man hatte sie an der Grenze als Spione und vermeintliche weiße Söldner verhaftet und grausam ermordet. Die Studenten waren lediglich zur falschen Zeit am falschen Ort gewesen und hatten diesen Fehler mit dem Leben bezahlt.

Hastig wechselte Dian das Thema, denn sie wollte Alyette nicht an die schlimmen Ereignisse erinnern, die erst wenige Wochen zurücklagen. Stattdessen sagte sie mit aufgesetzter Munterkeit: »Apropos George Schaller, habe ich dir eigentlich erzählt, Liebes, dass mein umtriebiger Landsmann mittlerweile Löwen und Geparden in der Serengeti beobachtet und seine Gorillaforschung ad acta gelegt hat?«

Alyette ging bereitwillig auf den Themenwechsel ein. »Nein, das hast du nicht erzählt«, erwiderte sie. »Wäre es denn schlimm, wenn Schaller zurückkäme?«

»Na ja, wie man es nimmt. Seine Fußstapfen als Verhaltensforscher sind groß, er war schließlich der Erste, der vor ein paar Jahren Feldforschungen zu frei lebenden Berggorillas betrieben hat. Vorher wusste man beinahe nichts über die Tiere, nur dass sie akut vom Aussterben bedroht sind. Schaller schätzte, dass es höchstens noch fünfhundert von ihnen gibt. Sein Buch darüber habe ich quasi auswendig gelernt.

Es war und ist mir eine große Hilfe bei meiner Arbeit für Dr. Leakey«, antwortete Dian.

»Wie bist du eigentlich zu deinem Job bei Leakeys Stiftung gekommen?« Alyette sah ihre Freundin neugierig an. »Du hast mir doch erzählt, dass du Ergotherapeutin bist und ein paar Jahre in einem Kinderkrankenhaus in Kentucky gearbeitet hast. Und jetzt beobachtest du Berggorillas? Wie geht das zusammen?«

»Das ist eine gute Frage, die ich mir auch schon oft gestellt habe«, antwortete Dian lachend. »Bereits als Kind wollte ich später irgendetwas mit Tieren machen. Ich habe sogar ein paar Semester Tiermedizin studiert, aber das war nicht das Richtige für mich. Dann wurde ich Beschäftigungstherapeutin, aber ich wusste immer, dass das noch nicht alles war. Vor ein paar Jahren hat mir dann eine gute Freundin in Kentucky von ihrer Afrikareise erzählt und mir solch fantastische Fotos gezeigt, dass ich das alles mit eigenen Augen sehen wollte. Tja, und auf dieser Reise habe ich dann Dr. Leakey und seine Frau kennengelernt. Ich war einen Tag lang an ihrer Ausgrabungsstätte in der Olduvai-Schlucht, und als er letztes Jahr im Frühjahr zu einem Vortrag über Paläoanthropologie und die Herkunft des Menschen bei uns in Louisville war, bin ich hingegangen und habe ihm ein paar meiner Artikel über die Afrikareise gezeigt, die ich für unsere Lokalzeitung geschrieben hatte.«

»Konnte er sich denn an eure Begegnung von damals überhaupt erinnern? Du warst doch bestimmt nicht die Einzige, die ihn angesprochen hat.«

Dian grinste und zog vielsagend eine Augenbraue hoch. »Glaub mir, er konnte sich an mich erinnern. Damals hatte ich mir nämlich an einem versteinerten Giraffenknochen übel den Knöchel verstaucht. So dämlich haben sich bestimmt nicht viele seiner Besucherinnen angestellt.«

Dian zog eine lustige Grimasse, woraufhin beide Frauen herzhaft lachten.

»Aber Dr. Leakey hat dir den Job doch nicht einfach so angeboten, oder doch?«

»Ganz so einfach war es nicht«, bestätigte Dian. »Wir haben uns nach dem Vortrag zum Essen verabredet, und Dr. Leakey wollte wissen, was ich beruflich mache. Ich habe ihm unter anderem erzählt, wie sehr mich meine kurze Begegnung mit Berggorillas in Kabara beeindruckt hat, insbesondere, wie liebevoll die Tiere miteinander umgegangen sind. Dr. Leakey war völlig begeistert und hat gemeint, nicht zuletzt durch solche Parallelen im Sozialverhalten hoffe er, irgendwann das letzte Glied in der Kette zu finden, welches Mensch und Menschenaffen verbindet.« Dian lächelte. »Ja, und dann hat er in die Innentasche seines Jacketts gegriffen und ein Kartenspiel herausgenommen.«

»Ein Kartenspiel? Warum das denn?«

»Er hat gemeint, er würde gerne kurz etwas testen. Dann hat er die Karten gemischt und sie verdeckt auf den Tisch gelegt. Ich sollte ihm sagen, welche der Karten rote und welche schwarze Symbole zeigen.«

Dian lächelte zufrieden, denn sie sah, dass Alyette irritiert die Stirn runzelte.

»Woher solltest du das denn wissen? Die Karten sehen auf der Rückseite doch alle gleich aus.«

»Richtig, aber Dr. Leakey hat gesagt, ich solle mir die Karten ganz genau ansehen. Glaub mir, Alyette, in diesem Augenblick wurde ich plötzlich innerlich ganz ruhig. Mir war sofort aufgefallen, dass die eine Hälfte der Karten ganz leicht in eine

Richtung gebogen waren. Nur ein winziges bisschen, aber es ist mir aufgefallen.«

»Und?«

»Und ich habe Dr. Leakey gesagt, dass ich zwar nicht sagen könne, welche der Karten rote oder schwarze Symbole zeigen, dass ich die Karten aber in zwei Stapel aufteilen könne.«

»Und was hat Leakey gesagt?«, fragte Alyette atemlos.

»Er hat genickt und gesagt, dass zuvor keiner der männlichen Bewerber – wohlgemerkt alle mit akademischer Vorbildung – diese Anforderung erfüllen konnte und dass ich den Job für die geplante Langzeitstudie über die Berggorillas haben könne, wenn ich ihn wollte. Du siehst, meine Liebe, manchmal geht das Schicksal seltsame Wege.«

Dian lächelte stolz, und Alyette nickte zustimmend.

»Und denk doch auch mal an uns beide«, fuhr Dian fort. »Wenn deine Freundin Rosamond nicht dafür gesorgt hätte, dass wir beide uns kennenlernen – glaubst du wirklich, dann würde ich heute Abend hier so gemütlich sitzen, voller Hoffnung, dass ich morgen wieder mit meiner Arbeit loslegen kann?«

Alyette schüttelte lächelnd den Kopf. »Wahrscheinlich nicht. Rosamond hat sich definitiv etwas dabei gedacht, als sie dich in Nairobi zum Flughafen geschickt hat, um mich bei meiner Rückkehr aus Paris in Empfang zu nehmen. Du warst nämlich eine echte Naturgewalt, meine Liebe. Wie du auf mich und die Jungs zugestürmt bist und uns mit deinem Redeschwall überfallen hast! Rosamond Carr habe dich geschickt, da ich die einzige Person im Umkreis von hundert Kilometern um die Virungas sei, die mit genügend Wissen und gesundem Menschenverstand ausgestattet sei, um dir bei der Suche nach einem geeigneten Platz für ein neues Lager zu helfen.«

Dian lächelte entschuldigend. »Ich weiß, ich weiß, das war übergriffig und völlig unpassend von mir. Da warst du doch erst ein paar Tage Witwe und außerdem mit Yves und seinen Freunden auf dem Weg nach Hause. Sei mir bitte nicht mehr böse.«

Alyette seufzte und lächelte traurig. »Ich bin dir nicht böse. War ich nie. Und mittlerweile kenne ich dich ja ein wenig und weiß, wie leidenschaftlich du werden kannst. Ganz besonders, wenn es um deine geliebten Gorillas geht. Glaub mir, Dian, als mehrfache Mutter kann ich absolut nachvollziehen, wie sehr du für deine Schützlinge eintrittst.«

Ein dunkler Schatten huschte über Alyettes Züge, und Dian wusste, ihre Freundin dachte gerade an ihre jüngst verstorbenen Lieben.

»Es war dennoch unsensibel von mir, und ich hätte es besser wissen müssen.«

»Mach dir bitte keine Gedanken mehr. Was geschehen ist, ist geschehen. Jedenfalls haben mich dein entwaffnendes Lächeln und deine unbeirrbare Entschlossenheit trotz deiner forschen Worte sehr berührt.« Alyette tätschelte Dian sachte die Hand, bevor sie leise fortfuhr: »Yves war doch auch ganz begeistert von der Idee, dass ich dir helfe. Wie Rosamond war auch er der Ansicht, die Zerstreuung würde mir guttun und mich von meiner Trauer um Adrien ablenken. Wie könnte ich euch denn böse sein nach allem, was geschehen ist?«

Alyettes Augen füllten sich mit Tränen.

»Aber Yves hatte doch recht. Haben dich die vergangenen Tage nicht tatsächlich ein wenig von deiner Trauer um deinen Mann und ihn abgelenkt?«, sagte Dian rasch.

Immer wieder hatte Dian sich während der gemeinsamen Suche gefragt, ob das alles ihrer trauernden Freundin nicht zu viel wurde, doch Alyette hatte ihr mehrfach versichert, es gehe ihr gut, sie komme zurecht. Und dass sie froh sei, etwas Sinnvolles zu tun und nicht zu Hause auf ihrer Farm herumzusitzen und in Trauer zu versinken.

»Ich wüsste jedenfalls nicht, wie ich die letzten Tage ohne dich und deine Sprachkenntnisse durchgestanden hätte, liebe Alyette. Mit den paar Brocken Suaheli, die ich in Kentucky gelernt habe, wäre ich in den Bergdörfern nicht weit gekommen.«

»Wohl kaum«, antwortete Alyette und lächelte schwach. »Zu dumm, dass du kein Französisch sprichst. Oder Deutsch, schließlich waren wir mal deutsche Kolonie. Damit würdest du hier zumindest im offiziellen Bereich klarkommen. Du solltest auf jeden Fall Kinyarwanda lernen, obwohl unsere Sprache als eine der schwierigsten in ganz Afrika gilt. Und definitiv auch Französisch.«

»Du hast ja recht, Alyette. Ich verspreche dir, sobald ich mein neues Camp halbwegs eingerichtet habe und meine Arbeit fortsetzen kann, werde ich deinen Ratschlag beherzigen und Kinyarwanda büffeln.«

»Da bin ich aber mal gespannt«, antwortete Alyette skeptisch.

Als Dian später im Bett lag, fiel ihr ein, dass Alyette nicht die Erste war, die ihre fehlenden Sprachkenntnisse bemängelte. Auch Louis Leakey hatte sie beim letzten persönlichen Gespräch in Nairobi ermahnt, sie müsse ihre Sprachkenntnisse verbessern.

»Sie sollten unbedingt Französisch und Kinyarwanda lernen und das Geschwätz der US-amerikanischen Diplomaten ignorieren«, hatte er geraten, nachdem sie ihm erklärt hatte, dass sie die Arbeit für seine Stiftung trotz der schlimmen Erlebnisse im Kongo unbedingt fortsetzen wolle, auch wenn die amerikanische Botschaft in Ruandas Hauptstadt Kigali klipp und klar erklärt hatte, Dians Gorillaprojekt sei dort unerwünscht.

»Leider tue ich mich mit Fremdsprachen ziemlich schwer, aber ich verspreche Ihnen, Dr. Leakey, dass ich mir Mühe geben werde. Allerdings möchte ich noch viel lieber die Sprache der Gorillas lernen.«

Leakey hatte den Einwand vom Tisch gefegt. »Die Sprache der Gorillas zu erlernen, das ist eine Sache, Miss Fossey. Etwas völlig anderes ist es, dass Sie dort oben auf dem Berg über Wochen und Monate allein mit Ihren einheimischen Helfern klarkommen müssen. Und auch mit den Beamten in Ruhengeri oder Kigali. Unterschätzen Sie das nicht.«

»Das tue ich nicht, aber schließlich bezahlen Sie mich dafür, das Sozialverhalten und die Lebensweise der Berggorillas verstehen zu lernen und nicht die Sprachen der Hutu, der Tutsi und gar der Batwa, nicht wahr?«

»Glauben Sie mir, Dian, Sie sollten sich aber trotzdem mit den Menschen in Ruanda beschäftigen, nicht nur mit den Gorillas. Lernen Sie etwas über ihre Geschichte, ihre Lebensweise. Wussten Sie zum Beispiel, dass die Watussi – oder Tutsi, wie Sie sie nennen – ein Volk von schlanken, groß gewachsenen Viehzüchtern und Hirten sind, die vor vierhundert Jahren aus dem Norden nach Ruanda einwanderten? Und obwohl sie nur eine Minderheit sind, bilden sie eine Art Elite und bestimmen weitgehend die Geschicke des Landes.«

Dian schüttelte den Kopf. Das hatte sie nicht gewusst.

»Oder dass die größte Volksgruppe die untersetzten Bahutu oder Hutu sind? Das ist eigentlich ein Bauernvolk aus dem

Süden, das schon vor den Watussi ins Land kam. Ziemlich wahrscheinlich werden Ihre einheimischen Helfer einer dieser beiden Volksgruppen angehören, denn die eigentlichen Ureinwohner Ruandas, die Batwa, ein Volk kleinwüchsiger Jäger und Sammler, lebt sehr zurückgezogen in den Virungas.«

»Batwa, Hutu oder Tutsi, das ist mir einerlei, solange sie nur dem Nationalpark fernbleiben und keine Gorillas jagen.«

Früh am nächsten Morgen machten sich die Frauen auf den Weg zu der Gegend, wo Dian ihr neues Lager anlegen wollte. Dians alter Land Rover, den sie »Lily« getauft hatte, und Alyettes klappriger VW-Bus waren bis unters Dach beladen mit Ausrüstungsgegenständen und Vorräten. Es war kurz nach Sonnenaufgang und kaum hell genug, um die holprige Fahrspur zu erkennen, die sich aus dem kleinen Dorf am Fuße des Karisimbi in nordöstlicher Richtung erstreckte.

Alyettes Bus übernahm die Führung, Dian folgte mit Lily, und so tuckerten sie über eine mit Felsbrocken übersäte und von unzähligen Ziegen- und Rinderherden überquerte Fahrrinne.

Immer wieder fluchte Dian leise, wenn Lilys gewöhnungsbedürftige Gangschaltung die üblichen Mucken machte. Mittlerweile kam sie mit dem Getriebe zwar etwas besser zurecht, doch die ersten Fahrversuche im Nairobi-Nationalpark waren katastrophal gewesen. Ihr Möchtegern-Fahrlehrer hatte kein Englisch gekonnt und sie ständig auf Suaheli angeschrien, wenn sie das Zwischengas vergaß oder den Wagen in einem Warzenschweinloch abwürgte.

Dian verzog spöttisch den Mund, als sie beim Fahren daran dachte. Dr. Leakey hatte nur gelacht, als sie sich über seinen rüden Mitarbeiter beschwert hatte, und gemeint, unter Druck lerne der Mensch immer noch am besten. Dann hatte er ihr ein paar Blankoschecks in die Hand gedrückt und mit schelmischem Grinsen auf die Läden entlang der Straße gedeutet. Er wusste ja, dass sie nur ein paar Brocken Suaheli konnte.

»Statten Sie sich selbst mit dem Nötigsten aus, Miss Fossey. In Ihrem Bewerbungsgespräch haben Sie mir doch erklärt, wie wichtig Selbstbestimmung und Eigeninitiative für Sie sind.«

Die Erinnerung an ihre eigene Blauäugigkeit, gepaart mit Leakeys männlicher Unverfrorenheit, trieb Dian ein breites Grinsen auf die Lippen, während sie gleichzeitig versuchte, die vor ihr fahrende Alyette nicht aus dem Blick zu verlieren.

Nach drei Stunden schweißtreibender Fahrt endete die holprige Trasse in einem anderen kleinen Bauerndorf, das von frisch gerodeten Feldern umgeben war. Dicht an dicht standen die traditionellen Hütten der Hutu; wo Dian auch hinsah, überall wimmelte es von Menschen, die ihre Ankunft neugierig beäugten.

Auf einem freien Platz im Zentrum des Dorfes hielten sie an.

In Windeseile waren die beiden Fahrzeuge von Kindern umringt. Kopfschüttelnd stieg Dian aus und sah sich um. Der Geräuschpegel, den die vielen Menschen verursachten, war unangenehm hoch.

»Bei all dem Lärm und dem Tumult, die hier herrschen, machen Gorillas definitiv einen weiten Bogen um das Dorf«, rief sie Alyette zu, die gleichfalls ausgestiegen war. »Mit den Autos geht es ab hier jedenfalls nicht mehr weiter. Was sollen wir jetzt machen?«

Dian war sich am Vortag so sicher gewesen, dass die

angepeilte Stelle inmitten des Regenwaldes für ihre Forschungszwecke geeignet war, dass sie schon vor der Ankunft beschlossen hatte, dieses Mal gleich die ganze Ausrüstung mitzunehmen, auch auf die Gefahr hin, dass sie sich irrte.

»Lass das mal meine Sorge sein, Dian«, antwortete Alyette. »Ich verhandle jetzt mit dem Dorfältesten und bitte ihn um ein paar Träger.«

Sie wandte sich an einen der Umstehenden, und binnen weniger Minuten hatte sie in fließendem Kinyarwanda drei Dutzend Träger angeheuert. Die Fahrzeuge wurden ausgeladen und in der Obhut eines vorab bezahlten Wächters zurückgelassen. Es dauerte nicht lange, dann waren Dians Gepäckstücke und Vorräte auf die barfüßigen Träger verteilt, die sich in der Zwischenzeit mit geschickten Händen bequeme Kopfschutzpolster aus langen Grashalmen geformt hatten, auf denen sie die schweren Lasten tragen würden.

Die Männer benutzten jeder einen *Fimbo,* einen dünnen Wanderstab, und auch Dian und Alyette bekamen jede einen Stab gereicht. Später sollte er sich auf den schlammigen Abschnitten des Pfades als äußerst nützlich erweisen, um aus den tiefen Sumpflöchern der Elefantentrittsiegel herauszukommen.

Eine ganze Heerschar ausgelassener Kinder jeden Alters folgte der langen Kolonne durch die umliegenden Felder. Trotz des Nieselregens sah Dian dort gleich mehrere Frauen arbeiten, die den schweren rötlichen Boden mit Hacken auflockerten.

Ein kühler Schauder lief ihr über den Rücken. Sie fröstelte unter ihrer Regenkleidung, während die Dorfkinder barfüßig auf dem matschigen Weg herumsprangen und zwischen ihren Vätern im Tross und den Müttern auf den Feldern muntere Grußworte hin- und hergerufen wurden.

Kurz hinter dem Dorf führte der Pfad durch frisch gerodetes Gelände. Dian war heilfroh, dass in diesem Moment etwas Nebel aufzog und sie die verkohlten Stümpfe der herrlichen alten Kosobäume, die bis vor Kurzem dort gestanden hatten, nicht so genau ansehen musste.

»Schau mal da, Alyette«, Dian wies anklagend in Richtung der schlammigen Ackerflächen, »das werden alles neue Pyrethrumfelder, genau wie auf der anderen Seite des Berges. Ich kann einfach nicht fassen, dass die Regierung in Kigali knapp vierzig Prozent des Nationalparks roden lassen will. Und das, obwohl bald niemand mehr das Insektengift aus den Blüten der Pflanzen kaufen wird, die dort wachsen sollen.« Sie schnaubte wütend. »Wie sinnlos! Die Bauern roden den Regenwald ganz umsonst, denn es gibt doch jetzt schon dieses synthetische Zeug, das außerdem noch viel billiger ist. Und die Industrieländer sparen sich sogar den langen Transportweg.«

Alyette bemerkte Dians Ärger, daher antwortete sie besänftigend: »Die Bauern können auf den neuen Feldern doch auch etwas anderes anbauen. Der Vulkanboden ist fruchtbar. Getreide oder Gemüse zum Beispiel.«

»Das müssen sie sogar, wenn ihnen die Einnahmen vom Pyrethrum bald wegbrechen. In meinen Augen ist es trotzdem ein Sakrileg, dass sie mit den fürchterlichen Brandrodungen den Lebensraum für die Berggorillas und all die anderen wilden Tiere unwiederbringlich zerstören.«

»Ich verstehe dich ja, Dian, aber du solltest auch Verständnis dafür haben, dass die Bauern mehr Land brauchen. In Ruanda leben fürchterlich viele Menschen auf einem sehr kleinen Staatsgebiet. Pro Quadratkilometer viel mehr als anderswo, zumindest in Afrika. Und diese Menschen brauchen Platz. Sie brauchen urbar gemachtes Land, um sich ernähren zu können und um sich Dörfer zu bauen. Du musst das alles mal vom afrikanischen Blickwinkel aus betrachten. Unsere Menschen haben ein Recht auf ihre traditionelle Lebensweise. Und Menschen sind auch wichtig, Dian, nicht nur Gorillas.«

»Pah, afrikanischer Blickwinkel«, schnaubte Dian verärgert, drehte sich um und ließ ihre Freundin wortlos stehen.

Verdrossen stapften die beiden Frauen weiter. War der Pfad zu Beginn nur langsam und sanft angestiegen, so wurde der Aufstieg mit der Zeit immer beschwerlicher.

Nach einer weiteren Stunde Fußmarsch erreichte die Kolonne schließlich ein weitläufiges Bambusgebiet. Wie eine hellgrüne Wand reckten sich dicht an dicht lange, schlanke Bambushalme in den Himmel, links und rechts vom Trampelpfad, der vor einem kühlen Felstunnel aus altem Vulkangestein zu enden schien.

Schwer atmend blieb Dian stehen, als sie den Durchgang vor sich bemerkte, während die Träger ihren Weg unbeirrt fortsetzten und einer nach dem anderen im dunklen Tunneleingang verschwanden.

Dians Blick fiel auf frischen Elefantenkot, der auf dem Weg lag. Ein zufriedenes Lächeln huschte über ihr Gesicht. Zum ersten Mal seit Wochen spürte sie endlich wieder etwas vom Zauber der Wildnis, den sie seit ihrer Vertreibung aus Kabara so schmerzlich vermisste.

Hoffnungsvoll blickte sie auf den geheimnisvollen Tunneleingang vor sich, der ihr wie ein eindrucksvolles steinernes Tor zum Gorillaland vorkam. Knapp zwei Meter breit und ungefähr zehn Meter lang, war er wie eine Art Übergang von der lauten Zivilisation der Menschen hinüber zur magischen Ruhe des düsteren Bergwaldes, wo sich das Surren der Insekten, die Rufe der Vögel und das Rauschen der Blätter zu einem ganz besonderen Klang vereinten.

Dian freute sich mit der ganzen Kraft ihres Herzens auf das, was sie sich hinter dem Tunnel zu finden erhoffte.

Langsam ging sie zum Eingang, legte die Hand auf das raue Lavagestein der Tunnelwände und wandte sich dann triumphierend zu Alyette um, die mittlerweile zu ihr aufgeschlossen hatte.

»Sieh mal, das hier waren eindeutig wilde Elefanten.«

Sie wies auf die gut sichtbaren Schleifspuren an den Wänden des Tunnels und die festgetrampelte Erde des Bodens. Durchziehende Dickhäuter auf ihrem Weg zum schmackhaften Bambus hatten dort offensichtlich über viele Jahre diese Spuren hinterlassen.

»Ich kann sie riechen.« Angesichts des starken Elefantengeruchs in der dumpfen Luft des Tunneleingangs verzog Alyette angewidert die Nase.

»Warte nur ab, bis du das erste Mal einen ausgewachsenen Gorilla aus der Nähe riechst. Da sind Elefanten nichts dagegen«, spottete Dian und wandte sich zur Tunnelöffnung.

»Du musst es ja wissen«, grummelte Alyette und strich sich energisch durch das kurze braune Haar. »Ich lebe zwar schon mein ganzes Leben lang in Ruanda, doch was weiß ich schon über Elefanten oder gar über Gorillas?«

Alyettes ungewohnt bissiger Tonfall ließ Dian aufhorchen. Abrupt blieb sie stehen. Sie kannte die zehn Jahre ältere Frau noch nicht lange genug, um zu wissen, ob die Bemerkung ernst gemeint war oder ob sie nur einen Scherz machen wollte.

Dian wandte so hastig den Kopf, dass ihr schwerer dunkler Zopf nach hinten flog. Seit ein paar Monaten bändigte sie das buschige lange Haar jeden Morgen in einem Seitenzopf, damit es sie nicht behinderte. Vor Afrika hatte sie ihre Haare kürzer und elegant frisiert getragen, doch angesichts des schwülen Regenwaldklimas der Virungas wusste sie diese praktische Haartracht mittlerweile sehr zu schätzen.

Dann sagte sie: »Wie meinst du das, Alyette? Bist du beleidigt wegen vorhin? So habe ich es doch nicht gemeint.«

Mittlerweile war Dian wieder aus dem Tunneleingang herausgetreten. Sie sah Alyette fragend an, doch die schüttelte den Kopf.

»Nein, ich bin nicht beleidigt, aber du scheinst manchmal zu vergessen, dass ich mich hier in Ruanda ziemlich gut auskenne. Besser als du, obwohl ich deine Kenntnisse über seltene Wildtiere nicht in Abrede stelle, gewiss nicht.« Alyette seufzte. »Aber lass uns jetzt bitte nicht streiten. Wir haben noch einen ziemlich langen Aufstieg vor uns.«

Dian nickte, drehte sich um und verschwand erneut im dämmrig feuchten Elefantentunnel.

Während sie weiterging, dachte sie darüber nach, dass sie tatsächlich manchmal vergaß, wie kurz ihre Bekanntschaft mit Alyette eigentlich war, so vertraut gingen sie mittlerweile miteinander um. Trotz oder gerade wegen der jüngsten Ereignisse.

Dian schüttelte unwillig den Kopf, denn sie wollte sich nicht schon wieder von dunklen Erinnerungen ablenken lassen.

Quälend langsam ging es im Nieselregen den Berg hinauf. Der frische Trampelpfad, den die Kolonne getreten hatte, wurde immer schmaler und unwegsamer, und Dian musste sich sehr konzentrieren, um im steilen Gelände nicht das Gleichgewicht zu verlieren.

Je höher sie stiegen, desto nebliger wurde es. Irgendwann blieb Dian einfach stehen, stützte die Hände auf den Oberschenkeln ab und drehte sich schwer atmend zu Alyette um, die direkt hinter ihr ging und nun ebenfalls innehielt.

»Geht es dir gut, Dian?«

Auch Alyettes Atmung ging hörbar angestrengt, doch ihre Stimme klang mitfühlend.

Die ungewohnte Höhe, die kühle, feuchte Luft und der zügige Aufstieg machten beiden Frauen zu schaffen. Insbesondere Dian pfiff aus dem letzten Loch, denn seit vielen Jahren plagten sie immer wieder Atemwegserkrankungen. Das ungewohnte feuchtkalte Klima der Nebelberge war da zusätzlich belastend.

Erst jetzt bemerkten die Freundinnen, dass die Kolonne vor ihnen ebenfalls angehalten hatte.

»Ist nichts, alles okay«, keuchte Dian und schaute neugierig zum Anführer der Träger, der eben aus dem Dunst auftauchte und etwas auf Kinyarwanda zu Alyette sagte.

»Noch etwa eine halbe Stunde Fußmarsch, meint er, dann haben wir die Lichtung erreicht, die wir gestern gesehen haben. Wir haben es bald geschafft«, übersetzte sie für Dian, die ihre Worte mit einem erleichterten Lächeln quittierte.

»Hoffentlich habe ich mich nicht getäuscht, und wir finden dort wirklich mein Gorillaland.«

Es dauerte dann doch noch etwas länger, bis die Gruppe das angepeilte Ziel zwischen den beiden Bergkegeln erreicht hatte.

Der Regen hatte aufgehört, auch der Nebel hatte sich gelichtet. Nichts trübte mehr die Sicht.

Dian blieb am Rande der Lichtung stehen und sah sich um.

Vor ihr erstreckte sich eine weitläufige Senke, die mit verschiedensten Gräsern, Kleearten und Wildblumen bewachsen war. Wie mächtige Wachposten standen herrliche moosbedeckte alte Kosobäume auf dem Gelände, mit langen Flechtenbärten, die von orchideenumschlungenen Ästen hingen. Wahrlich ein fantastischer Ort.

Kapitel 2

Um halb fünf Uhr nachmittags schlug Dian schließlich den ersten Pflock für ihr Zelt in den weichen Boden des neuen Lagerplatzes.

»Nenn dein Camp doch *Campi ya Moshi* – Nebellager«, schlug Alyette vor. »Wenn du es schon nicht Camp Kabara II nennen willst.«

»Der Name verbietet sich ja wohl von selbst«, antwortete Dian und richtete sich zu ihrer vollen Größe auf. »Kabara gehört der Vergangenheit an. Ich kann es nicht einfach kopieren, und angesichts der instabilen politischen Lage dort erscheint eine Rückkehr leider auch für lange Zeit ausgeschlossen.«

Sie seufzte und bückte sich wieder, um energisch den nächsten Zeltpflock einzuschlagen, während sie wehmütig an ihr erstes Lager im Kongo zurückdachte.

Ein paar Pflöcke später richtete Dian sich erneut ächzend auf, streckte den schmerzenden Rücken und ließ ihren Blick hinauf zum wolkenverhangenen Gipfel des Visoke schweifen, der sich unmittelbar hinter dem Lagerplatz gen Norden erhob.

»So, das mit dem Zelt wäre geschafft. Nun muss ich nur noch einen einprägsamen Namen für das Camp finden.

Obwohl ich noch gar nicht weiß, ob ich hier dauerhaft bleiben werde.«

Alyette sah Dian erstaunt an. »Wie meinst du das?«

»Na ja, auf dem Weg hier herauf habe ich nicht die geringste Spur von Gorillas entdeckt«, erwiderte Dian betrübt, »und bis ich nicht endgültig sicher bin, dass hier in der Gegend tatsächlich welche leben, wäre der Bau einer festeren Behausung bloße Zeitverschwendung.«

»Machst du dir deshalb Sorgen?«

»Nein, eigentlich nicht. Ich muss Geduld haben. Gorillas sind äußerst scheue Wesen, und unser Trupp hat beim Aufstieg ordentlich Lärm gemacht. Geduld ist ohnehin die wichtigste Eigenschaft, die man als Verhaltensforscherin mitbringen muss«, antwortete sie mit einem Lächeln. Sie ließ ihren Blick vom Visoke nach Süden streifen, bis ihr Auge am Karisimbi hängen blieb.

»Karisimbi und Visoke«, murmelte sie leise.

Der neue Lagerplatz lag in einer Senke ziemlich genau zwischen den imposanten Berggipfeln.

Grübelnd legte Dian den Kopf in den Nacken und starrte in den Himmel.

Das Camp würde nur ihr gehören und sollte deshalb auch einen Namen tragen, den sie allein ihm gegeben hatte. Es war der schönste Ort, den sie je gesehen hatte, und der neue Name sollte diese Schönheit widerspiegeln.

»Kari… soke. Ka-ri-so-ke.«

Dian ließ die Wortschöpfung über ihre Lippen rollen.

Der Klang gefiel ihr.

Suchend drehte sie sich nach Alyette um, die sich gerade an zwei Einheimische wandte, die auf sie zukamen.

Dian hörte, wie Alyette den Männern Anweisungen gab.

»Was hast du zu ihnen gesagt?«, fragte sie neugierig.

»Nur, wo sie die provisorische Lagerküche errichten sollen, damit mit der Zubereitung des Abendessens begonnen werden kann«, lautete Alyettes Antwort. »Hast du dich mittlerweile für einen Namen entschieden?«

Dian nickte und deutete vielsagend auf die beiden Berggipfel, die sich hinter ihnen in der tief stehenden Sonne abzeichneten. Die Landschaft lag im Gegenlicht, was ihr einen Spiegelglanz verlieh, wie ihn keine Kamera wiedergeben und das menschliche Auge kaum glauben konnte.

»Camp Karisoke, so wird mein Lager heißen.«

Die Freundinnen lächelten sich an. Und als wollte der umliegende Wald ebenfalls sein Einverständnis zur Namenswahl geben, erklang mit einem Mal das unverkennbare Pok-Pok-Brusttrommeln eines mächtigen Silberrückens durch die hereinbrechende Dunkelheit.

»Hörst du das, Alyette?«, rief Dian begeistert.

Alyette nickte. »Was war das?«

»Das war ein Silberrücken. Weißt du auch, was das bedeutet?«

Dian hatte einen dicken Kloß im Hals, und ihre Stimme klang vor lauter Aufregung ein wenig belegt.

»Dass es hier tatsächlich Gorillas gibt, richtig?«

Statt einer Antwort nickte Dian bloß, doch ihre Augen glühten erwartungsvoll. Das Brusttrommeln hatte wirklich ziemlich nahe geklungen.

»Zumindest einen Gorilla«, sagte sie lachend und warf einen Blick auf ihre Armbanduhr. »Am liebsten würde ich jetzt noch losziehen, um nach ihm zu suchen, aber dafür ist es schon etwas zu spät. Wir müssen das verbliebene Tageslicht sinnvoller nutzen. Eine Latrine graben und sie mit Kartoffelsäcken verhängen, Fässer für den Wasservorrat aufstellen und rund um die Zelte Gräben ziehen, damit das Wasser ablaufen kann.«

»Dann also wieder an die Arbeit!«, rief Alyette und klatschte in die Hände.

»Ja, wir müssen uns ranhalten. Die Nacht ist nicht mehr fern, und bald kann man hier oben die Hand nicht mehr vor Augen sehen. Verschieben wir die Suche also auf morgen.«

Lautes Vogelgezwitscher war das Erste, was Dian am nächsten Morgen wahrnahm, bevor sie die Augen aufschlug.

Draußen war es noch ziemlich dunkel, doch die Tierwelt rund um das Lager begrüßte den neuen Tag bereits unüberhörbar.

Vergnügt schwang Dian die Beine über den Rand ihrer Schlafpritsche und suchte nach den roten Ledersandalen, die ihr als Hausschuhersatz dienten. Draußen im Gelände würde sie wegen der vielen Brennnesseln und stacheligen Disteln ausnahmslos schwere Wanderstiefel tragen, aber hier im Zelt gönnte sie sich den Luxus, Füße und Zehen ein wenig an die Luft zu lassen.

Dian sah sich suchend um. Ihr neues Zelt war recht klein, gerade mal zwei Meter zwanzig auf drei Meter. Es würde ihr für die nächste Zeit sowohl als Schlafzimmer als auch als Büro, als Bad und als Trockenraum für die im Regenwald ständig nasse Kleidung dienen.

Endlich entdeckte sie ihre Schuhe unter der Pritsche und angelte sie hervor. Alyette hatte gelacht, als sie ihr die zierlichen Riemchenschuhe gezeigt hatte, und ihnen höchsten vier Wochen gegeben, ehe sie in der schwülfeuchten Luft verrottet waren.

Dian zog die Sandalen an und wackelte zufrieden mit ihren lackierten Zehen.

»Dann wollen wir doch mal sehen, ob ihr Hübschen mir tatsächlich von den Füßen schimmelt, wie Alyette behauptet.«

Den knallroten Nagellack hatte sie sich passend zu den Schuhen in Nairobi gekauft und beschlossen, zumindest dieses eine Zugeständnis an die weibliche Schönheitspflege beizubehalten und sich ab und an die Fußnägel zu lackieren.

»Mal sehen, wie lange ich das durchhalte«, kicherte Dian und warf dann einen kritischen Blick auf den Rest ihres schlanken Körpers, der in weit geschnittenen Kleidungsstücken steckte. Damit hätte sie daheim in Louisville nicht mal den Müll rausgebracht! Eine wild gemusterte Baumwollhose mit bequemem Gummibund, die mindestens eine Nummer zu groß war, umschlackerte ihre Beine, und als Oberteil diente ihr ein alter Armeepullover, den sie noch aus den USA mitgebracht hatte.

Warm und bequem zugleich, befand Dian, strich mit den Fingern über den derben Stoff und schlang die Arme fest um ihren Körper. Der blaue Pulli war einer der wenigen persönlichen Gegenstände, die sie aus dem Kongo mitnehmen konnte, schon allein deshalb liebte sie ihn.

Ein kalter Schauer lief Dian über den Rücken, wie immer, wenn sie an jene schlimmen Tage dachte.

»Was sagte Tante Flossie noch immer? Wenn eine Wunde heilen soll, darfst du sie nicht immer wieder anfassen. Ach, liebes Tantchen, wenn du wüsstest«, seufzte Dian. »Diese Wunde geht tief. Ich habe dort nicht nur meine Ausrüstung und meine geliebte Olivetti verloren.«

Dunkel und rauchig klang ihre Stimme durch das kleine

Zelt, und wie fast immer hatte der Klang ihrer eigenen Stimme eine tröstende Wirkung auf Dian. Ihre Stimme habe ein ungewöhnliches Timbre, fast wie bei einer Soulsängerin, hatte ein Kollege in Kentucky mal gesagt, und sie hatte sich mächtig über das Kompliment gefreut.

Traurig ließ Dian den Blick über ihr neues Zuhause gleiten. »Diese paar Quadratmeter Zelt beherbergen nun alles, was ich auf dieser Welt noch besitze.«

Besonders den Verlust der Schreibmaschine bedauerte Dian sehr, denn das gute Stück hatte sie seit ihrer Zeit am College überallhin begleitet. Mit der Finanzspritze der Leakey Foundation hatte sie das restliche Equipment zwar glücklicherweise ersetzen können, aber für den Moment mussten diese wenigen Dinge genügen.

Dians Blick blieb an ein paar Holzkisten hängen, die als Schreibtisch, Stuhl, Schrank und allgemeine Ablage dienen würden. Sie hatte sie mit ruandischen Stoffen bezogen, um es trotz der spartanischen Unterkunft ein wenig wohnlich zu haben. Die leuchtenden Stoffe mit ihren farbenfrohen Mustern hatte sie auf dem Markt in Ruhengeri entdeckt, als sie dort neue Vorräte besorgte, und spontan gekauft.

Rasch machte Dian sich fertig, goss kaltes Wasser aus einem Blecheimer in die kleine Waschschüssel auf einer der Kisten und schaufelte sich mit beiden Händen Wasser ins Gesicht.

Im Busch gewöhnte man sich besser zügig an primitive Hygienestandards, so viel hatte sie schon auf ihrer ersten Afrikareise gelernt. Katzenwäsche an der Waschschüssel, Haare kämmen und zusammenbinden, Zähne putzen und anziehen, das alles war geschwind erledigt.

Irgendwann werde ich mir eine bessere Waschgelegenheit organisieren, vielleicht sogar eine Badewanne, dachte Dian, während sie sich anzog. Für den Moment jedoch genügten Waschschüssel und Eimer.

Durch die Zeltplane konnte Dian erkennen, dass es draußen mittlerweile fast taghell geworden war. Ihre Mundwinkel zuckten amüsiert, als sie sich daran erinnerte, wie Alyette am ersten gemeinsamen Abend gelacht hatte, als sie ihre Verwunderung über die kurze afrikanische Dämmerung gestand.

»Du brauchst gar nicht so zu lachen, Alyette«, hatte sie sich gerechtfertigt. »Du bist hier in der Nähe des Äquators aufgewachsen und kennst es nicht anders, aber ich finde es schon irritierend, wenn der Himmel morgens und abends das Licht einfach an- und ausknipst. Mittlerweile habe ich mich daran gewöhnt, aber anfangs hat es mich jedes Mal wieder aufs Neue erstaunt, dass der Übergang zwischen Tag und Nacht immer nur ein paar Minuten dauert. In Kentucky bin ich nach dem Weckerklingeln gerne noch ein paar Minuten im Bett liegen geblieben und habe durch mein Schlafzimmerfenster das morgendliche Farbenspiel am Himmel beobachtet.«

»Na, dafür hast du jetzt bestimmt keine Zeit mehr. Und was willst du von deiner Zeltpritsche auch am Himmel beobachten? Vielleicht deine nassen Socken auf der Wäscheleine?«, hatte Alyette spöttisch geantwortet, und Dian kicherte vergnügt bei der Erinnerung an das Gespräch.

»Jedenfalls brauche ich mittlerweile keinen Wecker mehr, um morgens aus den Federn zu kommen. Sobald es Tag wird, zieht es mich unwiderstehlich nach draußen, denn mein Tag gehört den Gorillas«, sagte sie laut zu sich selbst, denn allein die Vorfreude auf den geplanten Ausflug in den Busch ließ ihr Herz schneller schlagen.

Plötzlich drangen lautes Klappern und das unverständliche

Gemurmel männlicher Stimmen durch die Zeltplane herein, und Dian konnte geschäftiges Treiben in der Nähe des Zelteingangs ausmachen.

Offensichtlich bereiteten ihre beiden Helfer dort gerade mit viel Tamtam das Frühstück vor. Am Vortag waren nach dem Abladen der Ausrüstung wie vereinbart lediglich zwei der Träger im Lager geblieben. Mehr Helfer brauche Dian erst mal nicht, hatte Alyette dem Dorfältesten gesagt, und er hatte zwei junge Männer ausgewählt, die angeblich ein paar Brocken Suaheli sprachen. Die restlichen Träger hatten nach der Entlohnung den Rückweg ins Dorf angetreten.

Dian seufzte. Solange sie keine der alten Kolonialsprachen und schon gar keine einheimischen Dialekte sprach, würden in der kommenden Zeit das bisschen Suaheli, das sie sich im Selbststudium beigebracht hatte, und vor allem Zeichensprache ausreichen müssen, um den Männern Anweisungen zu geben.

»Wahrscheinlich sollte ich wirklich Kinyarwanda lernen, am besten fange ich gleich damit an«, murmelte Dian entschlossen und schlug mit Schwung die Plane zur Seite, die ihren Zelteingang verdeckte.

Sie trat vor das Zelt, streckte die Arme über den Kopf und dehnte den vom Schlaf auf der harten Pritsche steif gewordenen Rücken noch einmal richtig aus. Im selben Moment trat auch Alyette vor ihr Zelt, das einige Meter entfernt stand.

»*Mwaramutse,* Dian, das heißt guten Morgen.« Lächelnd deutete Alyette auf den Himmel. »Ist dieses tolle Wetter nicht ein fantastisches Omen für deinen Neustart?«

Dian nickte. Der Dauerregen vom Vortag war einem strahlend blauen Himmel gewichen. Karisimbi und Visoke zeigten ihre Gipfel, und die saftige Vegetation an den Berghängen leuchtete aus der Ferne in allen Farben der Grünpalette und wirkte wie frisch gewaschen.

Einer der Helfer kam eilig auf die Freundinnen zu. Er trug zwei Emaillebecher mit frisch aufgebrühtem Kaffee in den Händen und reichte sie ihnen.

»*Asante.*« Alyettes Nase kräuselte sich, als sie an der heißen braunen Flüssigkeit schnupperte. »Genau das, was ich jetzt brauche.«

»Lass uns rasch frühstücken und dann die Gegend erkunden. Das Brusttrommeln gestern klang nicht sehr weit entfernt«, drängte Dian. »Im besten Fall gehört der Silberrücken zu einer größeren Familiengruppe. Allein lebende Männchen sind nämlich selten, und vielleicht finden wir in der Nähe die Schlafnester seiner Gruppe.«

Nach dem Frühstück brach Dian schließlich voller Vorfreude zu ihrer ersten Erkundungstour in das umliegende Waldgebiet auf.

Alyette hatte sich entschlossen, lieber im Lager zurückzubleiben, um die restlichen Arbeiten zu beaufsichtigen. Die Freundinnen waren übereingekommen, dass einer der Hutu Dian als Tracker auf ihrem Streifzug begleiten sollte; angeblich war er trotz seiner Jugend ein erfahrener Spurensucher.

Nachdem Dian dank des Brusttrommelns am gestrigen Abend entschieden hatte, die Senke sei wohl sehr gut geeignet, um von dort aus nach Gorillas zu suchen, wollte Alyette nicht länger als nötig bei ihr auf dem Berg bleiben. Daheim auf der Farm wartete viel Arbeit, die sie nach dem Tod ihres Mannes und ihres Sohnes nicht allein den Angestellten und den anderen Kindern überlassen wollte.

Dian winkte Alyette zum Abschied fröhlich zu und folgte dem jungen Tracker vom Rande der Lichtung aus in den Regenwald. Schon nach wenigen Minuten war ihr jedoch klar, dass der Bursche so wenig vom Aufspüren von Gorillas verstand wie sie selbst, als sie damals zum ersten Mal nach Kabara gekommen war.

Mit gewichtiger Miene und von der eigenen Überheblichkeit getragen, stolzierte er, die Machete in den Händen, durch das Buschwerk, ohne auf mögliche Tierspuren auf dem Waldboden zu achten.

Nach einer Viertelstunde hatte Dian genug. Mit dem Lärm, den der Kerl verursachte, vertrieb er mit Sicherheit jeden Gorilla im Umkreis von einem Kilometer.

Sie blieb stehen und versuchte, ihrem Begleiter mühsam und mit Händen und Füßen gestikulierend verständlich zu machen, dass sie nun die Führung übernehmen wollte, nur leider verstand der Bursche sie nicht, oder er wollte sie nicht verstehen. Dian musste ihr ganzes pantomimisches Talent aufbieten, um den Wunsch nach einem Führungswechsel durchzusetzen.

Nachdem ihr Begleiter sie endlich nach vorne gelassen hatte, machte Dian ein paar Schritte hin zu der grün schimmernden Wand aus Pflanzen, die sich vor ihr erhob, und sah aus dem Augenwinkel, dass der Bursche die Arme abwartend vor der schmalen Brust verschränkt hatte und sie beobachtete.

Vorsichtig schob Dian das in sich verschlungene dichte Blattwerk mit den Händen beiseite, um einen schmalen Durchgang zu schaffen. Sie ignorierte das demonstrative Schmollen hinter sich geflissentlich, doch als sie sich nach ein paar Metern umschaute, sah sie, dass der junge Hutu ihr mit offen zur Schau getragenem Missmut folgte.

Afrikanische Männer sind eben allesamt sehr stolz und leicht zu kränken, dachte Dian sarkastisch, besonders von weißen Frauen wie mir. Aber darin unterscheiden sie sich nicht sonderlich von weißen Männern. Männliche Exemplare der Spezies Mensch ließen sich ihrer Erfahrung nach ganz generell nicht gerne von weiblichen herumkommandieren.

Dieses Verhalten ist bei den Gorillas ganz ähnlich, erinnerte Dian sich und grinste verstohlen. Junge Schwarzrücken können auch ziemlich störrisch reagieren, wenn ältere Weibchen sie zurechtweisen, besonders dann, wenn es sich nicht um die eigenen Mütter handelt.

»Wie passend, dass ich mich mit sturen männlichen Exemplaren so gut auskenne, vor allem mit den ganz jungen«, flüsterte Dian leise auf Englisch und zog spöttisch die Mundwinkel nach oben. »Ein trotziger Bursche mehr oder weniger wird mich nicht aufhalten, schließlich habe ich es oft genug mit bockigen kleinen Patienten zu tun gehabt.«

Zum Glück verstand Dians Begleiter kein Englisch, sonst wäre er nun wohl endgültig tödlich beleidigt gewesen.

Während Dian sich weiter langsam und vorsichtig Ausschau haltend durch das wild wuchernde Buschwerk schob, entsann sie sich der ersten Lektion im Spurenlesen und lächelte beim Gedanken daran, wie dämlich sie sich damals in Kabara angestellt hatte.

»Weißt du, Dian, wenn du jemals Gorillas treffen möchtest, musst du ihren Spuren dahin folgen, wo sie hingegangen sind, und nicht dorthin zurückgehen, wo sie hergekommen sind«, hatte der Tierfotograf Alan Root zu ihr gesagt, als sie den Gorillaspuren freudig in die falsche Richtung gefolgt war.

Dian seufzte, denn mit einem Mal war ihr ganz schwer ums

Herz. Sie vermisste Alan Root und seine Frau Joan. Durch Zufall hatte sie das Ehepaar während ihrer Afrikareise kennengelernt, und im vergangenen Januar hatte Alan ihr in Kabara bei der Einrichtung eines eigenen Camps geholfen, wofür sie ihm immer noch sehr dankbar war.

»Aber eigentlich vermisse ich meinen Tracker Sanwekwe noch viel mehr als die beiden«, flüsterte Dian traurig, während sie wieder und wieder das undurchdringlich wirkende Buschwerk vor sich auseinanderschob und sich in Gedanken die wichtigsten Techniken zur Spurensuche aufzählte, die der Kongolese ihr beigebracht hatte.

Dass man die Bewegungsrichtung der Tiere immer am abgeknickten Buschwerk erkennen konnte.

Dass man vorausschauend suchen sollte, ob das Wachstum von Kletterpflanzen gestört oder die Rinde der Bäume verletzt war.

Dass man sich die Zeit nehmen musste, um Gassen einzelner Tiere, die sich von der Gruppe entfernt haben, nach oberflächlich abgeknickten Blättern abzusuchen, wenn diese wieder zurück zum Hauptpfad führten.

Und dass Gorillas mit ihrem Gang auf den Fingerknöcheln charakteristische Abdrücke im Waldboden hinterlassen, die man gut erkennen konnte, wenn man wusste, worauf man achten musste. Gorillas stützen bei ihrer speziellen Fortbewegungsart nämlich nicht die Handinnenflächen auf, wie Menschen es beim Krabbeln im Vierfüßlerstand tun, sondern winkeln die Finger ab, sodass nur die Außenseiten der Finger den Boden berühren.

Speziell nach diesen Abdrücken solle Dian im weichen Waldboden suchen, hatte Sanwekwe ihr in seinem gebrochenen Englisch geraten. Aus diesem Grund ließ Dian sich nun auf die Knie sinken, um das weiche Erdreich entlang des Weges genauer zu betrachten.

Die Tipps des Kongolesen hatten sich während ihrer ersten Monate in Kabara als äußerst hilfreich erwiesen, wenn es darum ging, die bereits ein wenig an Menschen gewöhnten dortigen Gruppen aufzuspüren. Normalerweise hatte Sanwekwe Dian in den Regenwald begleitet, doch hin und wieder war sie allein losgezogen, um das neu erworbene Wissen auf eigene Faust auszuprobieren.

Bei einer solchen Gelegenheit hatte sie zufällig herausgefunden, dass der besondere Geruch von Gorillas, ein Geruch nach Bauernhof und menschlichem Schweiß, noch stundenlang an niedrig wachsendem Laub haftet, an dem die Tiere vorbeiziehen. Und dass sie diesen Geruch auch dann noch riechen konnte, wenn die Tiere schon lange wieder verschwunden waren, bis zu vierundzwanzig Stunden lang.

Aus Schallers Buch hatte Dian gelernt, dass Gorillahaut zwei Sorten von Schweißdrüsen besitzt, eine davon in den Achselhöhlen, wo starker Angstgeruch abgesondert wird, die andere bei beiden Geschlechtern an Handflächen und Fußsohlen, was zum Einölen wichtig war.

Dank eigener Beobachtungen konnte sie dieses Wissen mittlerweile sogar ergänzen, denn sie hatte herausgefunden, dass der Achselangstschweiß erwachsener Männchen deutlich stärker roch als der erwachsener Weibchen.

Wieder und wieder ging Dian in der nächsten Stunde im dichten Blattwerk unweit des Camps in die Knie, schnupperte an Blättern, hob abgeknickte Zweige auf und betrachtete einzelne Tierspuren im weichen Waldboden.

Zu ihrer Enttäuschung konnte sie jedoch keinerlei Spuren entdecken, die auf durchziehende Gorillas hindeuteten. Alles roch erdig und manchmal ein wenig süßlich, doch sooft Dian sich auch auf den Boden kniete und schnupperte, sie konnte nichts riechen, was sie auch nur im Entferntesten an den einprägsamen Geruch der Menschenaffen erinnerte.

Irgendwann hatte Dian genug. Die Mittagszeit war bereits vorbei, und sie hatte Hunger.

Vor lauter Tatendrang hatte sie am Morgen ganz vergessen, sich etwas zu essen einzupacken. Nur an ihre Thermoskanne mit Tee und die Kamera, Notizblock und Stift hatte sie gedacht.

Dian sah auf die robuste Armbanduhr an ihrem linken Handgelenk und drehte sich dann zu ihrem Begleiter um, der ihr die ganze Zeit wortlos und in gebührendem Abstand gefolgt war, ohne sich einzumischen.

»*Turasubira inyuma.* Wir kehren um.«

»*Sinumva,* Lady. *Sinumva.*«

Der Blick des Burschen verfinsterte sich, und seine Körpersprache wurde noch abweisender, wenn das überhaupt noch möglich war.

»Das glaub ich dir nicht, dass du mich nicht verstehst.«

Sinumva war eines der wenigen Worte auf Kinyarwanda, das sie bereits kannte, schließlich hatte man es ihr auf dem Markt in Ruhengeri oft genug entgegengeschleudert, wenn sie es mit ihren paar Brocken Suaheli versuchte.

Dian schüttelte verärgert den Kopf. Nein, sie würde sich nicht noch einmal über den bockigen Burschen aufregen.

Entschlossen machte sie auf dem Absatz kehrt und ging an ihrem Möchtegernhelfer vorbei den gleichen Weg zurück, auf dem sie hergekommen waren.

Morgen ist auch noch ein Tag, dachte sie. Ich will Alyette schließlich nicht die ganze Zeit allein lassen.

Noch einmal sah sie auf ihre Uhr.

Die Gorillas liefen nicht weg.

Als Dian später am Abend nach dem Essen noch mit Alyette am Lagerfeuer saß und ihre erfolglose erste Suche schilderte, da berichtete sie der Freundin auch empört von der Unfähigkeit des jungen Trackers.

»So viel steht seit heute endgültig fest, Alyette: Ich brauche einen richtigen Fährtensucher, der mir hier oben hilft. Einen wie Sanwekwe. Er ist der Beste und hat viel Erfahrung. Schon als Junge in den 1920ern hat er mit seinem Vater für Carl Akeley gearbeitet und später auch für Schaller. Sanwekwe ist umgänglich und verständnisvoll und hat Lösungen für Probleme, noch bevor sie sich stellen.«

Sie sah Alyette entschlossen an.

»Joan Root hatte mir geraten, ihn zu engagieren, wenn mein Forschungsprojekt Erfolg haben soll. Und sie hat recht behalten. Er ist der beste Tracker der ganzen Virungas.«

»Joan Root, woher kennst du die denn?«, fragte Alyette neugierig, denn die Roots waren dank ihrer Film- und Fotoarbeiten bekannt in Afrika.

»Das war ein ulkiger Zufall«, antwortete Dian. »Letztes Jahr hat man Joan in London-Heathrow für den Flug nach Nairobi zum Schalter gerufen, da habe ich sie erkannt und angesprochen. Ich war damals auf dem Weg zu Dr. Leakey, um mit meiner Arbeit zu beginnen. Joan und ich kannten uns bereits flüchtig von meiner Safari. Wie auch immer, jedenfalls haben wir uns Plätze nebeneinander geben lassen, und ich habe Joan von meinen Plänen erzählt. Sie war, ehrlich gesagt, ziemlich schockiert, als sie erfuhr, dass ich eine Langzeitbeobachtung von Berggorillas übernehmen würde, ähnlich der, die

Jane Goodall über die Schimpansen am Gombe-Fluss durchführt.« Dian zuckte lapidar mit den Schultern. »Na, jedenfalls hat Joan gleich bemerkt, dass ich relativ unvorbereitet war auf das, was vor mir lag. Mir würden fundierte fachliche Vorkenntnisse, nützliche Sprachkenntnisse und das Wissen über kulturelle Gebräuche in der Region fehlen, hat sie mich gewarnt und mir geraten, wenigstens Sanwekwe als Fährtensucher anzuheuern. Er habe auch ihr und ihrem Mann Alan schon gute Dienste geleistet.«

»Einen erfahrenen Tracker einzustellen, ist sicher richtig, aber Sanwekwe ist jetzt nicht hier, das heißt, du musst irgendwie allein klarkommen«, warf Alyette ein. »Bestimmt musst du noch vieles lernen, da hat Joan vermutlich recht, aber lass dich bitte nicht unterkriegen, Dian. Ich persönlich bin überzeugt, dein herzerfrischender Enthusiasmus und dein Mut machen vieles andere mehr als wett.«

Dankbar sah Dian ihre Freundin an. Alyettes aufmunternde Worte taten gut.

»Ich vermisse ihn einfach, weißt du. Sanwekwe, meine ich, und heute ist mir endgültig klar geworden, dass ich den alten Fuchs hier dringend brauche. Schade, dass du ihn nicht kennst.« Dian lächelte traurig. »Wenn Sanwekwe mit diesem ganz speziellen schiefen Lächeln an seiner Pfeife zieht und mir ohne jedes Zögern in den Busch vorangeht, dann scheint es mir, als ob er selbst wie ein Gorilla denkt. Ob du es glaubst oder nicht, aber dieser Mann kann einer Fährte auch dann folgen, wenn der Nebel so dicht ist, dass er seine eigenen Füße nicht mehr sieht.«

Dian lächelte. »Und außerdem hat er mit einer anderen Sache mein Herz ohnehin für immer gewonnen.«

»Und die wäre?«, fragte Alyette neugierig.

»Eigentlich nichts Besonderes. In meiner zweiten Woche in Kabara haben er und ich ein altes Gorillaskelett im Wald gefunden und mitgenommen. Ich war gerade dabei, es abends in meinem Zelt zu säubern, als draußen ein bekanntes katholisches Kirchenlied gesungen wurde. Eines dieser alten Lieder, die ich selbst schon in der Messe gesungen habe. Auf Lateinisch!«

»Oh, wie schön.«

»Das war es. Ich bin rausgegangen und fand Sanwekwe, der am Feuer saß und sang. Ich habe mich zu ihm gesetzt, und wir haben zusammen gesungen. Es war wunderschön.« Dian strahlte bei der Erinnerung über das ganze Gesicht.

»Das glaube ich dir.«

»Wir haben am nächsten Sonntag sogar versucht, zusammen die heilige Messe zu feiern. Sanwekwe ist schon seit seiner Kindheit katholisch, ich bin erst als Erwachsene konvertiert. Ich hatte zu Hause einen väterlichen Freund, einen Trappistenmönch, mit dem ich viele lange Gespräche über den christlichen Glauben und das Für und Wider der Existenz Gottes geführt habe.«

Bei der Erinnerung an den freundlichen Pater Raymond aus Louisville wurde Dian das Herz erneut einen Moment lang schwer, doch sie konzentrierte sich auf das Hier und Jetzt. Heimweh würde nicht helfen, sondern sie nur traurig machen.

»Weißt du, Alyette, ich habe von Sanwekwe gelernt, wie man hier draußen zurechtkommt, aber ohne ihn fühle ich mich einfach schwächer. Nur er ist geduldig genug und wartet, bis ich nachkomme, wenn ich mich keuchend Schritt für Schritt durch den nassen Busch kämpfe.« Sie zuckte entschuldigend mit den Schultern, dann fuhr sie in ernstem Tonfall fort: »Als ich im Frühjahr von diesem Silberrücken angegriffen wurde, der bis auf zwei Meter an uns herankam, und mir vor Angst in die Hose gemacht habe, war Sanwekwe so geistesgegenwärtig, nicht gleich zu schießen. Mir schlägt immer noch das Herz schneller, wenn ich daran zurückdenke. Glaub mir, Alyette, dieser junge Bursche da drüben«, sie deutete auf das Zelt der Helfer, das ein Stück weit entfernt auf der Lichtung stand, »dieser Bursche wäre mir heute in einer ähnlichen Situation gewiss keine Hilfe gewesen. Nein, nur Sanwekwe würde ich, ohne zu zögern, wieder mein Leben anvertrauen.«

»Dann solltest du ihn herbitten«, schlug Alyette vor.

»Genau das werde ich auch machen. Gleich heute Abend werde ich ihm schreiben. Hoffentlich ist ihm bei all den Kämpfen drüben nichts passiert.« Dian seufzte. »Ich hätte ihm schon lange eine Nachricht schicken sollen, dass es mir gut geht und dass ich fliehen konnte. Aber vielleicht hat Sanwekwe ja mitbekommen, dass ich mittlerweile in Ruanda bin. In Afrika reisen die Gerüchte doch bekanntlich schneller als der Schall.«

»Wohl wahr«, antwortete Alyette, und ihre Mundwinkel zuckten über Dians Scherz amüsiert.

»Ich brauche Sanwekwe jedenfalls unbedingt bei mir in Karisoke!«

Kapitel 3

Du müssen mitgehen. Jetzt.«

Dian schlug die Augen auf. Das dunkel glänzende Gesicht des Soldaten schwebte dicht über ihrem. So dicht, dass sie das Gefühl hatte, die Nasenspitze des Mannes könnte jeden Moment ihre Stirn berühren.

Sein fauliger Mundgeruch drang an ihre Nase.

Dian unterdrückte ihren Würgereiz nur mit Mühe und spürte den Schmerz des Fußtritts an ihrer Rippe, noch bevor sie aus dem Augenwinkel heraus die Bewegung wahrnahm, die ihn auslöste.

Ein zweiter Soldat in der Uniform der kongolesischen Armee wollte den barschen Worten seines Kameraden ganz offensichtlich Nachdruck verleihen.

Ächzend rappelte Dian sich von der unbequemen Pritsche auf. Es war früh am Morgen, und von draußen drang ein wenig Sonnenlicht durch die geschlossenen Fensterläden des kargen, düsteren Raumes.

Dians Herz schlug vor Aufregung schneller.

Ob meine Wärter beschlossen haben, mir endlich zu glauben?, fragte sie sich hoffnungsvoll. Werden sie mich freilassen?

Seit der versprengte Trupp Soldaten vor ein paar Tagen im Camp auf der Kabarawiese aufgetaucht war, versuchte Dian, die Männer davon zu überzeugen, dass sie zu Unrecht festgehalten wurde.

Die Soldaten hatten sie den Berg hinunter in eine Art Gefängnis nach Rumangabo gebracht, und seitdem betonte Dian wieder und wieder, dass sie eine harmlose Forscherin sei und nichts mit dem aktuellen Konflikt zwischen Rebellen, Söldnern und kongolesischer Armee zu schaffen habe.

»Los, schnell.« Um Dian zum Gehen zu bewegen, stieß der zweite Soldat ihr nach dem Fußtritt zusätzlich das Gewehr in den Rücken.

»Ich brauche noch meine Sachen«, widersprach Dian und deutete auf die beiden Packtaschen in einer Ecke des kleinen Raumes, in denen ihre Kameras, die Objektive und Filmrollen und ein paar wichtige Ausrüstungsgegenstände waren.

»Du gehen, jetzt«, antwortete der Soldat kopfschüttelnd.

Dians Miene verfinsterte sich, doch sie gehorchte.

Sie griff nach ihrem olivgrünen Parka und zog ihn langsam und vorsichtig über den dicken blauen Armeepulli, das einzige Kleidungsstück, das ihr neben ihren Jeans, Wanderschuhen, Unterwäsche und Socken verblieben war.

Beim Anziehen der Jacke war sie sorgfältig darauf bedacht, dass die Männer nicht bemerkten, was sie unter der Kleidung versteckt hatte.

Seit ihrer Gefangennahme trug sie dort nämlich Tag und Nacht wichtige Dokumente und die abgetippten Aufzeichnungen der ersten sechs Beobachtungsmonate in Kabara bei sich.

Der Verlust der teuren Kameraausrüstung ist zu verschmerzen, dachte Dian, als sie zwischen den Soldaten aus dem Raum trat. Aber meine Notizen sind wertvoller als Gold. Zumindest für mich. Die Kerle sollen nur wagen, sie mir wegzunehmen. Dian ballte die Fäuste.

Als sie vor die Tür des Gebäudes trat, wurde sie vom hellen Sonnenlicht geblendet. Erst als sich ihre Augen ein wenig an das grelle Licht gewöhnt hatten, entdeckte sie den Käfig, der mitten auf dem menschenleeren Platz stand.

»Nein, bitte nicht, nicht schon wieder …«, stammelte sie ängstlich, hob abwehrend die Arme, und das verborgene Päckchen unter der Kleidung kam ins Rutschen.

Einige Blätter glitten heraus und fielen zu Boden.

»Neeeiiiin!«

Der lang gezogene Schrei ihrer eigenen Stimme ließ Dian aus dem Schlaf hochschrecken.

Hektisch sah sie sich um. Ihr Herz raste vor Angst.

Es war stockdunkel, kein Lichtschein drang an ihre Augen.

Dian tastete benommen über ihr Gesicht und ihren Körper. Sie fühlte Tränen auf ihren Wangen und wischte sie mit dem Ärmel des dünnen Pullis weg, in dem sie geschlafen hatte.

Langsam gewöhnten sich ihre Augen an die Dunkelheit, und Dian erkannte schemenhaft, dass sie in ihrem Zelt in Karisoke lag.

Allein.

»Es war nur ein Traum«, flüsterte sie erleichtert, schlug sich die Hände vors Gesicht, und ihr gehetzter Atem beruhigte sich langsam wieder.

Nicht zum ersten Mal war Dian nachts schweißgebadet aufgewacht, weil sie vom Kongo geträumt hatte.

»Denk bitte einfach nicht mehr daran«, versuchte sie sich zu beruhigen, wie jedes Mal, wenn ihr Unterbewusstsein im Schlaf die schlimmen Erinnerungen aufarbeiten wollte. »Was geschehen ist, ist geschehen. Sei dankbar, dass du mit dem Leben davongekommen bist. Andere hatten nicht so viel Glück.«

Nach ihrer geglückten Flucht nach Uganda hatte Dian für sich beschlossen, nicht mehr darüber zu sprechen. Mit niemandem. Nicht einmal mit Alyette oder Rosamond.

Weil an Schlaf nun nicht mehr zu denken war, stand sie auf, zündete ihre Öllampe an und setzte sich auf den Klappstuhl vor die große Holzkiste, die als Schreibtisch diente.

Sie zog einen Bogen Schreibpapier aus einer ledernen Kladde.

»Dann kann ich jetzt zumindest meinen Brief an Sanwekwe schreiben. Und an Dr. Leakey, damit er weiß, dass ich endlich einen geeigneten Platz gefunden habe und meine Studie fortsetzen werde.«

Am nächsten Morgen beim Frühstück betrachtete Alyette die übernächtigte Dian mitleidig. Sie hatte den Angstschrei mitten in der Nacht gehört und war besorgt zu ihr gelaufen.

Dian hatte an der Schreibtischkiste gesessen und geschrieben und Alyette prompt zurück ins Bett geschickt.

»Selbst wenn dein Brief tatsächlich heil bei Sanwekwe ankommt, heißt das noch lange nicht, dass er kommen wird«, warnte Alyette ihre Freundin vor allzu überzogenen Erwartungen.

»Warten wir es doch erst mal ab«, antwortete Dian genervt.

Sie hatte die beiden Briefe noch in der Nacht verfasst, und sobald es hell wurde, hatte sie den jungen Burschen, der sie am Vortag so genervt hatte, damit den Berg hinunter ins Dorf geschickt. Sie hatte ihm sogar zwei Dollar gegeben, ein fürstlicher Lohn, wie sie fand, und gesagt, er solle die Briefe schnellstmöglich nach Ruhengeri zur Post bringen.

»Mach dir bitte dennoch nicht allzu große Hoffnungen, Liebes«, fuhr Alyette fort. »Du vergisst, im Kongo bist du seit deiner Flucht eine Persona non grata, vielleicht traut Sanwekwe sich nicht, wieder für dich zu arbeiten. Wenn es dumm läuft, kann er danach nämlich nicht mehr zurück zu seinen Angehörigen.«

Alyette sah sie ernst an. Dian hatte ihr über die zweiwöchige Gefangenschaft und ihre abenteuerliche Flucht nur Bruchstücke erzählt. Davon, wie sie ihre Bewacher letztlich austrickste, um über die Grenze nach Uganda und zu Walter Baumgärtel ins *Travellers Rest Hotel* zu fliehen.

Alyette hatte zwischenzeitlich schlimme Gerüchte gehört, sogar von Gefangenschaft in einem offenen Käfig, mehrfacher Vergewaltigung und Folter war dabei die Rede gewesen, doch über den Wahrheitsgehalt dieser Berichte wollte Dian partout nicht reden. Nicht mal mit ihr oder Rosamond.

»Das weiß ich doch alles«, antwortete Dian nun ungeduldig. »Aber du kennst Sanwekwe nicht. Er ist loyal. Ich bin mir sicher, er wird keinen Moment zögern und sich auf den Weg machen.«

»Das hoffe ich für dich.«

»Ich glaube sogar, der gute Sanwekwe wird froh sein, überhaupt wieder Arbeit zu haben. Wegen der Kämpfe kommen doch derzeit keine Safaritouristen ins Land, und er kann als Fährtensucher und Jäger nichts mehr verdienen. Was soll er denn sonst tun? Rumsitzen und Körbe flechten vielleicht?« Dian schüttelte den Kopf. »Nein, Sanwekwe ist doch schon sein ganzes Leben lang Tracker. Er wird kommen, da bin ich mir sicher.«

Einen weiteren Tag blieb Alyette noch bei Dian im Lager und half bei der Arbeit, dann kehrte sie auf ihre Farm und zu ihrer Familie zurück.

Die folgenden Tage vergingen quälend langsam für Dian. Zwar gab es im Camp noch etliches zu tun, dennoch war sie zunehmend frustriert, denn sie fand bei ihren täglichen Streifzügen durch die Umgebung keinen einzigen Gorilla, geschweige denn eine ganze Gruppe.

Obwohl der junge Briefbote zwischenzeitlich ins Camp zurückgekehrt war, verzichtete Dian auf seine Begleitung. Stattdessen streifte sie allein durch das Buschland und stieg auf eigene Faust immer höher hinauf auf die umliegenden Berge.

Sie fand ein paar Kotspuren und einige Stellen mit platt gedrückter Vegetation, bei denen es sich möglicherweise um verlassene Gorillanester handeln konnte, doch ansonsten entdeckte sie keine Hinweise auf die Anwesenheit der scheuen Menschenaffen.

Langsam begann sie sich ernsthaft Sorgen zu machen, dass Karisoke vielleicht doch nicht der richtige Platz für ihre Studie war.

Doch immer wieder hörte Dian bei ihren Exkursionen ein fernes Brusttrommeln und manchmal auch ein paar aufgeregte Schreilaute, was bedeutete, dass es irgendwo in diesen undurchdringlich erscheinenden Wäldern doch Gorillas geben musste. Sie musste sie bloß finden.

Aber wenn Dian sich anschließend mühsam in Richtung der Geräusche durch das stachelige Unterholz schlug, wurde sie jedes Mal aufs Neue enttäuscht.

In den ersten Wochen in Karisoke bekam Dian nicht einen einzigen Gorilla zu Gesicht.

Kapitel 4

Mutlos, müde und vor Schlamm starrend kehrte Dian eines Nachmittags Mitte Oktober zurück in ihr Camp. Sie hatte sich eben erst umgezogen, die feuchten Kleider zum Trocknen aufgehängt und sich mit einem Becher heißen Tees an ihren provisorischen Schreibtisch gesetzt, da hörte sie draußen vor dem Zelt plötzlich Lärm und erregtes Stimmengewirr.

Mehrere einheimische Sprecher schienen heftig miteinander zu diskutieren. Dian verstand kein Wort, doch sie bemerkte, dass der Tonfall immer lauter und schärfer wurde.

Rasch stand sie auf, schlug die Plane des Zeltes zurück und trat hinaus, um nach dem Rechten zu sehen.

Ihre beiden Hutu-Helfer standen in der Mitte des Camps und stritten heftig gestikulierend mit einem schlanken Mann in einheimischer Kleidung, der mit dem Rücken zu Dian stand und ein langes Gewehr über der Schulter trug.

Ein zweiter, deutlich jüngerer Bursche stand unbeteiligt neben dem Älteren und schien abzuwarten, wie das Wortgefecht zwischen seinem Begleiter und den Campbewohnern ausgehen würde.

Dian musterte die Neuankömmlinge misstrauisch. Neben den Fremden standen diverse Kisten auf der Erde. Auch ein Vogelkäfig war dabei.

In diesem Moment erkannte sie den älteren der Besucher an seiner drahtigen Statur und der typischen Kopfbedeckung und rief erfreut seinen Namen.

»Sanwekwe!«

Alle vier Männer drehten sich gleichzeitig um. Sanwekwe, eigentlich kein Freund emotionalen Überschwangs, sah seine ehemalige Chefin, rannte auf sie zu und blieb nur wenige Zentimeter vor Dian im Gras stehen.

»Lady!«

»Sanwekwe!«

Beide schüttelten einander lachend und mit solcher Inbrunst die Hände, als würden zwei Totgeglaubte einander wiedersehen.

»Lady, Sachen. Da!« Sanwekwe deutete stolz auf die Kisten neben ihm. Er strahlte über das ganze Gesicht.

»Du hast meine Sachen mitgebracht?«, fragte Dian fassungslos. Offensichtlich hatte Sanwekwe ihre Ausrüstung aus Kabara vor den Soldaten in Sicherheit gebracht. Zumindest einen Teil davon.

Sanwekwe hatte alles aufbewahrt, wohl in der Hoffnung, Dian würde ein neues Lager gründen und ihn zu sich rufen. Denn genau das hatte sie ihm beim Abschied versprochen, als die Soldaten sie abführten.

Dian war zutiefst gerührt.

»Wie kann ich dir nur jemals danken, alter Freund?«

Sie nahm die Kisten in Augenschein und entdeckte neben einigen Kleidungsstücken und persönlichen Habseligkeiten auch ihre alte Olivetti-Schreibmaschine, die Sanwekwe vor Diebstahl oder der Beschlagnahmung durch die Behörden gerettet hatte.

In diesem Moment wäre Dian ihrem Tracker vor Begeisterung am liebsten um den Hals gefallen, hielt sich aber im letzten Augenblick noch zurück.

»Willkommen im Camp Karisoke, mein treuer Sanwekwe. Schau!«, sagte sie stattdessen und machte eine weit ausholende Armbewegung, als wollte sie ihm das kleine Camp und alles, was dazugehörte, auf einmal zeigen.

Sanwekwe nickte, gab seinem jungen Begleiter einen kurzen Befehl, dieser schnappte sich die Kisten und trug sie hinüber zu Dians Zelt, während die beiden Hutu ein wenig kleinlaut herumstanden und das herzliche Willkommen immer noch misstrauisch beäugten.

»Lady, schau.« Sanwekwe deutete auf den hölzernen Käfig, der als letztes Gepäckstück ein wenig verloren im Gras stand.

»Ich sehe es, Sanwekwe«, antwortete Dian und nickte zustimmend. »Du hast mir neue Hühner mitgebracht.«

»Nix neu. Schau.« Sanwekwe griff sich den Käfig und hielt ihn so vor Dians Gesicht, dass sie den Inhalt genau erkennen konnte.

»Aber das sind ja Dezi und Lucy!«, rief sie begeistert und klatschte vor Freude in die Hände.

Sanwekwe hatte die Henne Lucy und den Hahn Dezi mitgebracht, die Dian in Kabara als Haustiere gehalten hatte, obwohl Geflügel seiner Meinung nach in den Kochtopf gehörte.

»Du hast mir meinen Hahn und mein Huhn gebracht? Sie sind nicht bei dir im Kochtopf gelandet?«

Dian war gerührt, denn Sanwekwe schüttelte energisch den Kopf. Seine Loyalität und sein Vertrauen bedeuteten ihr mehr, als sie mit Worten ausdrücken konnte. Der treue Kongolese hatte an ihre Stärke und an ihren Überlebenswillen geglaubt.

Bald nach Sanwekwes Ankunft wurde Dians ruandischen Helfern endlich klar, dass seine Anwesenheit auch für sie nur Vorteile hatte. Sie gaben ihren stillen Protest gegen die Übernahme des Kommandos durch den Kongolesen kommentarlos auf, denn fortan war es nämlich Sanwekwe, der Dian auf Gorillasuche begleitete. Die Hutu begriffen schnell, dass die anfallenden Arbeiten im Camp deutlich weniger anstrengend waren als die kräftezehrenden Märsche im Regenwald mit einer missmutigen Dian Fossey im Schlepptau.

Die frischen Eier von Henne Lucy waren ebenfalls eine willkommene Ergänzung zum Speiseplan, befanden die Burschen, denn der bestand ansonsten nur aus Süßkartoffeln, Bohnen, Mais und anderem Gemüse.

Den größten Unterschied für die allgemeine Stimmung machte aber die Tatsache, dass Dians Laune sich nach Sanwekwes Ankunft merklich besserte, auch wenn sie bei den ersten gemeinsamen Streifzügen immer noch nicht auf Gorillas stießen. Sie entdeckten lediglich ein paar verlassene Schlafnester. Sanwekwe versicherte Dian aber, die Nester seien nicht alt, er werde die Gruppe finden, die sie hinterlassen habe.

»*Reka tugende,* los geht es, Sanwekwe. Lass uns die Gruppe von gestern suchen. Vielleicht halten sie sich doch noch dort oben auf.«

Dian deutete auf die Westflanke des Visoke, wo sie am Vortag die verlassenen Schlafnester gefunden hatten. Insgeheim hoffte sie, dass es sich bei der gesuchten Gruppe um eine der drei Gorillafamilien aus Kabara handelte, die plötzlich hier auf der anderen Seite der Berge aufgetaucht waren. Das neue Beobachtungsgebiet im Volcanoes-Nationalpark war zwar etwa fünfundzwanzig Quadratkilometer groß, doch Dian wusste nicht genau, wie weit Gorillagruppen durch den Regenwald zogen.

Gorillas kennen schließlich keine Grenzen und können querfeldein klettern, überlegte Dian, während sie Sanwekwe aus dem Lager folgte. Ganz egal, ob sich meine Annahme als falsch erweist, ich werde bei der Zählung der Gruppen trotzdem bei vier weitermachen und nicht wieder bei eins beginnen, entschied sie.

Sicher ist sicher.

Dian betrachtete den geraden Rücken ihres Fährtensuchers, der mit bedächtigen Schritten voran durch das kniehohe Gras schritt.

Ich habe ja gewusst, dass ich hier in Ruanda noch einmal ganz von vorne anfangen muss, schoss es ihr durch den Kopf. Und dass die Tiere hier nicht wie die in Kabara zumindest ein wenig mit menschlichen Beobachtern vertraut sind. Es kann Monate, wenn nicht gar Jahre dauern, bis sie sich an meine Anwesenheit gewöhnen.

Doch Dian lächelte zuversichtlich. Die Sonne schien, sie war guter Dinge, und mit einem Mal war sie davon überzeugt, dass ihre Suche an diesem Tag erfolgreich sein würde.

Sie waren etwa eine Stunde durch den dampfenden Regenwald bergan gestiegen, als Dian eine erste Pause brauchte. Erschöpft ließ sie sich auf einen alten Baumstumpf neben dem schmalen Trampelpfad fallen und schnappte nach Luft.

Als Sanwekwe dies bemerkte, drehte er sofort um und fragte besorgt: »Lady, okay?«

Dian nickte wortlos. Sie trank ein paar Schlucke Tee aus ihrer Thermoskanne und sah sich um.

Je höher sie hinaufstiegen, desto dünner wurde naturgemäß die Luft. Hohe Luftfeuchtigkeit erschwerte das Atmen zusätzlich, denn der Sonnenschein erhitzte den vom nächtlichen Regen durchweichten Boden und ließ Wasserdampf aufsteigen.

Als Dian ein wenig zu Atem gekommen war, zog sie eine flache Metalldose aus der Jackentasche und öffnete sie.

Ein plötzlicher Hustenanfall schüttelte ihren schmalen Oberkörper, und als er vorbei war, meinte sie spöttisch zu Sanwekwe: »Vielleicht sollte ich doch lieber ganz mit dem Rauchen aufhören, was meinst du?«

Dian grinste, als der Tracker ihr anstelle einer Antwort wortlos Feuer anreichte und die schlanke Zigarette anzündete, die sie aus der Metalldose gezogen hatte.

Sanwekwe war ebenfalls Raucher, allerdings rauchte er Pfeife, und das auch nur im Lager, nie draußen im Busch, um die Gorillas nicht zu vertreiben. Das silbern glänzende Sturmfeuerzeug in seiner Hand, Dians Geschenk zu seiner Rückkehr, war sein ganzer Stolz.

Gierig saugte Dian an ihrer Zigarette und blies den Rauch langsam und genusslich durch die Nase. Sie gestattete sich lediglich zwei, drei Züge, bevor sie den Glimmstängel sorgfältig ausdrückte und wieder in der Metallbox verstaute.

Vielleicht sollte ich auch nicht mehr hier draußen rauchen, schoss es ihr durch den Kopf. Zumindest würden meine Tabakvorräte dann länger reichen, und der beschwerliche Trip hinunter zum Markt bliebe mir erspart.

Unwillkürlich musste Dian schmunzeln. Wenn der Tabak zur Neige ging, rationierten sie beide das kostbare Kraut auf höchst unterschiedliche Weise. Sanwekwe streckte seinen restlichen Tabak mit getrocknetem Laub, während sie selbst jeweils nur ein paar Züge rauchte, nie eine ganze Zigarette, um so lange wie möglich mit einem Päckchen auszukommen.

Ein lautes Rascheln im Busch ließ Dian innehalten. Sanwekwe hob warnend die Hand und deutete in die Richtung, aus der das Geräusch kam.

»*Ngagi*, Gorilla«, flüsterte er und machte mit der Hand eine Bewegung, um anzuzeigen, dass es sich wohl um mehrere Tiere handelte.

Endlich!, dachte Dian und bewegte sich langsam und vorsichtig in die angezeigte Richtung. Sie hob das mit Laubranken umwickelte Fernglas vor die Augen und spähte hindurch.

Weil direktes Anstarren unter Gorillas als Drohung galt und durchaus zu Konflikten führen konnte, wickelte Dian jeden Morgen frisches Grünzeug um ihren Feldstecher, damit die merkwürdigen Glasaugen nicht mehr ganz so bedrohlich wirkten.

Nicht weit entfernt von ihrem Standort entdeckte sie auf einem sonnenbeschienenen Abschnitt des Waldes gut ein Dutzend Tagesnester. Zu ihrer Enttäuschung waren die Nester jedoch verlassen.

»Offensichtlich haben wir die Tiere beim Sonnenbad gestört«, flüsterte sie Sanwekwe zu und ließ den Blick durch das Fernglas langsam über das dichte Buschwerk streifen.

Rund um die verlassene kleine Lichtung erhob sich eine grüne Wand aus in sich verschlungenen Ästen und Blättern.

»Ich sehe nichts. Nicht die geringste Spur eines schwarzen Affenpelzes zu entdecken«, flüsterte sie frustriert, und Sanwekwe zuckte bedauernd mit den Schultern, bedeutete ihr aber, abzuwarten.

»Ich werde auf einen Baum klettern und von dort oben zumindest ein paar Fotos von den Nestern machen«, verkündete Dian. Sie legte ihren Rucksack ab und schlang sich die Kamera um den Oberkörper. Notizblock und Stift steckten ohnehin in einer der vielen Taschen ihres Parkas.

Der Baum, den Dian auswählte, stand direkt am Rande der Lichtung und war ziemlich glitschig. Sie war keine sonderlich gute Kletterin, und sosehr sie sich auch bemühte, kein Ziehen, Greifen oder Klammern und auch kein Keuchen brachten sie weit genug über den Boden, um gute Sicht auf die Nester zu haben.

Dian wollte gerade aufgeben, da kam Sanwekwe ihr mit einem mächtigen Schubs gegen ihr unvorteilhaft überhängendes Hinterteil zur Hilfe. Durch den unerwarteten Schwung wäre sie um ein Haar vornüber vom Baum gestürzt, konnte sich aber im letzten Moment abfangen. Irgendwie gelang es ihr dann schließlich doch noch, einen Ast zu ergreifen und sich in eine halbwegs bequeme Stellung ungefähr sechs Meter über dem Boden zu ziehen.

Als Dian sich endlich auf dem Ast eingerichtet hatte, um ihre Fotos zu machen, bemerkte sie völlig verblüfft, dass die gesuchte Gorillagruppe mittlerweile auf die Lichtung zurückgekehrt war und aufgereiht wie Zuschauer in der ersten Reihe eines Theaters wartete, was noch passieren würde.

Dian lächelte, als sie das glänzend schwarze Fell der Gorillas sah. Sie hatte angenommen, ihr weithin hörbares Keuchen und Fluchen und die unter ihrem Körpergewicht brechenden Zweige hätten die Tiere längst bis über den nächsten Berg verscheucht.

Doch weit gefehlt.

Am Rande der Lichtung zählte Dian insgesamt vierzehn Gorillas unterschiedlicher Größe, und es war keine der drei Kabara-Gruppen, sosehr sie es sich auch gewünscht hätte.

Die Gorillas saßen völlig frei im Hang, nebeneinander platziert wie ältliche Tanten auf ihrer Veranda hinterm Haus; sie hatten vor lauter Neugier wohl vergessen, sich hinter Laubvorhängen zu verbergen. Wie erwartungsvolle Kinozuschauer betrachteten sie interessiert das Spektakel. Instinktiv war ihnen klar, dass sie keine Angst haben mussten, weil diese fremde weiße Kreatur durch Kletterprobleme abgelenkt war, eine Tätigkeit, die sie verstanden.

Mit klopfendem Herzen zog Dian langsam und beinahe in Zeitlupe ihre Kamera am Riemen vom Rücken nach vorne. Allein die Tatsache, dass die Tiere ihrer Neugierde nachgaben und nicht wegrannten, war bereits ein großer Erfolg, das wusste sie.

Vorsichtig öffnete sie das Objektiv.

Nur nicht zu schnell bewegen, ermahnte Dian sich wortlos. Die Kunst der Bewegung ohne plötzlichen Ruck war das Erste, was ein Jäger sich aneignen musste, zumal ein Jäger mit der Kamera, denn sie wollte ihr gebanntes Publikum auf keinen Fall verscheuchen.

Wildtiere sind scheu und wachsam und verstehen es, zu entwischen, wenn man es am wenigsten erwartet. Kein Haustier kann so still sein wie ein wildes Tier.

Klick, klick, klick.

Ein erleichtertes Lächeln huschte über Dians Gesicht, und sie sah sich nach Sanwekwe um, der verdeckt unter ihrem Baum im hohen Buschwerk stand und zu ihr heraufsah.

Wortlos hob sie den rechten Daumen, und er nickte zurück.

Sie hatte es geschafft. Die Bilder waren im Kasten. Wenn sie entwickelt und vergrößert waren, konnte sie sich die einzelnen Gesichter und ihre so wichtigen »Nasenabdrücke« – die individuellen Formen und Falten – genau ansehen. Sie würde die Gesichter wieder und wieder zeichnen, um ihre Individualität einzufangen. Und sie würde den einzelnen Tieren Namen geben, selbst wenn andere Verhaltensforscher ihre Beobachtungsobjekte üblicherweise nur mit Nummern kennzeichneten.

Dian lächelte zuversichtlich. Schon in Kabara hatte sie gelernt, dass die Nasenabdrücke von Gorillas so charakteristisch waren wie menschliche Gesichtszüge und dass man die Tiere dadurch gut auseinanderhalten konnte.

Vorsichtig zog Dian ihr schwarzes Notizbuch aus der Vordertasche des Parkas, schlug es auf, zückte ihren Bleistift und begann, eine erste schnelle Skizze anzufertigen.

Heute ist ein großartiger Tag!, schoss es ihr durch den Kopf, während der Stift über das weiße Papier flog.

Es wird bestimmt eine Weile dauern, bis sich die neue Gruppe an mich gewöhnt hat. Nein, nicht »neue Gruppe«, Gruppe 4, korrigierte sie sich in Gedanken. Wenn ich Glück habe, akzeptierten sie mich bald und ergreifen nicht gleich die Flucht, wenn ich auftauche. Heute Abend muss ich Dr. Leakey unbedingt schreiben, dass ich gerade etwas fundamental Neues gelernt habe.

Dian hielt einen Moment inne, betrachtete ihr Kunstwerk kritisch und sah zu der Gorillagruppe, die immer noch neugierig zu ihr herüberschaute. Offenbar rechneten die Tiere damit, dass noch etwas Spannendes passierte.

Unbewusst hatte sie wohl tatsächlich alles richtig gemacht, denn die denkwürdige Begegnung im Busch unterschied sich bereits jetzt grundlegend von allen früheren Kontakten in Kabara. Dians merkwürdiges Kletterverhalten hatte eindeutig das Interesse der Gorillas geweckt, und Neugierde war auch für Menschenaffen ein starker Antrieb.

Vielleicht geht es bei dieser Gruppe mit der Gewöhnung sogar noch schneller als erwartet, überlegte Dian hoffnungsvoll, während sie weiter zeichnete. Vorwitzig genug scheinen sie jedenfalls zu sein. Sie lächelte zufrieden.

Als sie wenig später die erste Skizze beendet hatte, schrieb sie stolz in ihr Notizbuch: Gruppe 4, Nasenabdruck erwachsenes Männchen, Name… Sie überlegte einen Augenblick.

»Dich nenne ich Onkel Bert«, flüsterte Dian vergnügt und notierte den neuen Namen des prächtigen jungen Männchens mit dem silbern schimmernden Rückenfell, das ihr als Erstes aufgefallen war. »Du erinnerst mich irgendwie an meinen Onkel in Kalifornien.«

Kapitel 5

Dichter Nebel hing schon am frühen Nachmittag über den Hängen des Visoke. Das ist eher ungewöhnlich für Ende Oktober, dachte Dian.

Vor einigen Tagen hatte Sanwekwe eine zweite Familiengruppe entdeckt, deren Spur sie gerade durch das dichte Unterholz verfolgten, doch wegen der minütlich schlechter werdenden Sicht entschloss Dian sich notgedrungen, die Suche für diesen Tag abzubrechen.

»Wir sollten wohl besser umkehren«, sagte sie zu Sanwekwe, der daraufhin einen Schwamm und ein kleines Fläschchen mit einer hellen Flüssigkeit aus seiner ledernen Tasche zog.

»Ich mit Schwamm Licht machen, Lady, ja?«, bot er an und wollte sich den Schwamm hinten am Gürtel befestigen, damit Dian ihm folgen konnte.

Sie wusste, dass ein solcher »leuchtender« Schwamm ihrem Freund Alan Root einmal das Leben gerettet hatte, als Sanwekwe und er stundenlang im nassen Gebüsch festsaßen und hilflos mitansehen mussten, wie Dutzende Wilderer einen Elefanten zerlegten. Erst als es stockdunkel war, konnten sie den Rückweg antreten. Vor lauter Sorge hatte Alans Frau Joan damals sogar versucht, sie mithilfe einer Lampe vom Berg zu lotsen, doch die Nacht war so finster und undurchdringlich gewesen, dass die beiden die Lampe nicht sahen.

Damals hatte Joan erzählt, Sanwekwe habe zum Glück eine phosphoreszierende Flüssigkeit und einen Schwamm dabeigehabt, mit deren Hilfe Alan und er nass, durchgefroren und völlig erschöpft gegen drei Uhr morgens schließlich das Lager erreicht hatten.

»Nein, Sanwekwe, danke für deinen Vorschlag, aber für heute ist es genug. Wir gehen zurück zum Camp.«

Sanwekwe nickte, machte ein paar Schritte in die grobe Richtung, in der Karisoke lag, und hackte mit seiner Machete rigoros den Weg frei.

Nach nicht einmal zehn Minuten erreichten sie einen der schmalen Trampelpfade, die den Regenwald zu Dutzenden durchzogen und von Mensch und Tier gleichermaßen genutzt wurden.

Wie üblich ging der restliche Abstieg bedeutend schneller als der Aufstieg. Sie hatten kaum die Ausläufer ihrer Senke erreicht, als Vatiri, der junge Bursche, den Sanwekwe mitgebracht hatte, ihnen auch schon aufgeregt entgegengerannt kam.

»*Umushyitsi*, Lady, *Umushyitsi!*«

»Ein Besucher? Wer kann das sein?«

Fragend sah Dian sich zu Sanwekwe um, der nur mit den Schultern zuckte.

Entschlossen stapfte sie ein paar Schritte in die Richtung, in die Vatiri so lebhaft deutete. Im nächsten Moment sah sie im Nebel die Silhouette eines Mannes.

Der Mann saß vor ihrem Zelt und wartete.

Dian stockte der Atem.

Trotz der eingeschränkten Sicht hatte sie den hellhäutigen Besucher sofort erkannt.

Langsam ging sie auf den Mann zu.

»Alexie? Bist das etwa du?«, rief sie. Ihre Stimme klang ungläubig und auch ein wenig verärgert.

»Hallo, Dian. Etwas mehr Begeisterung habe ich mir schon erhofft, schließlich bin ich deinetwegen ein paar Tausend Kilometer weit geflogen.« Die sonore Stimme des gut aussehenden Mannes wirkte enttäuscht. »Trotzdem, schön, dich zu sehen.«

Alexie Forrester richtete sich zu seiner vollen Größe von fast zwei Metern auf, trat Dian entgegen, umarmte sie und schob sie dann ein wenig von sich weg.

Unter seinem musternden Blick spürte Dian, wie sie rot wurde, und versuchte, mit den Händen ihre zerzauste Frisur zu glätten. Hektisch rieb sie sich über das Gesicht. Vom Tag im Regenwald trug sie Schmutzspuren auf den Wangen und der Kleidung, einige störrische Haarsträhnen hatten sich aus ihrem Zopf gelöst und hingen ihr unordentlich um das blasse Gesicht.

»Wenn ich gewusst hätte, dass du kommst…«

Alexie fiel ihr ins Wort: »… dann hättest du es mir verboten.« Er sah sie eindringlich an. »Nach allem, was passiert ist, habe ich wohl das Recht, mich selbst vom Wohlergehen meiner Verlobten zu überzeugen.«

Alexies unerwartete Anwesenheit war Dian unangenehm. Bei seinem Anblick wirbelte in ihrem Kopf ein Kaleidoskop der Erinnerungen.

Alexies Farmerfamilie in Rhodesien und das Kennenlernen während Dians Safari. Sein Studium in den USA, die Verlobung und der Plan, erst nach Alexies Studienabschluss zu heiraten. Und nicht zuletzt Dians Entscheidung, ein paar Jahre das Verhalten frei lebender Berggorillas zu erforschen, von der Alexie völlig überrascht worden war.

Dians Freundinnen in Louisville hatten sie damals um den sieben Jahre jüngeren Verlobten beneidet, und ihre Mutter Kitty war über die unerwartet gute Partie ihrer einzigen Tochter ganz aus dem Häuschen gewesen.

Dian seufzte und wandte mit Mühe ihre Aufmerksamkeit wieder dem vorwurfsvoll blickenden Mann vor sich zu.

»Na schön, Alexie, dann bist du also jetzt hier. Das sehe ich«, antwortete sie ironisch. »Aber ich frage mich doch: Warum bist du hergekommen? Haben dich meine Eltern geschickt, oder bist du selbst auf diese glorreiche Idee verfallen?« Dian wartete seine Antwort gar nicht erst ab. »Ich habe euch doch geschrieben, dass es mir gut geht und dass ich meine Arbeit hier in Ruanda fortsetze. Ich verstehe, ehrlich gesagt, nicht, was du hier willst, Alexie.«

»Also hör mal, Dian. Kannst du dir das wirklich nicht denken?« Alexies Stimme klang tadelnd.

Als Dian energisch den Kopf schüttelte, schlug er einen versöhnlicheren Tonfall an. Er kannte ihr aufbrausendes Temperament und wollte nicht mit der Tür ins Haus fallen.

»Lass uns jetzt bitte nicht gleich streiten, Dian. Ich bin müde und habe Hunger. Außerdem habe ich mich auf dich und dein Camp gefreut, obwohl ich nur auf ziemlichen Umwegen hierhergefunden habe. Ich musste sogar ein paar ruandische Grenzposten mit zweihundert Zigaretten und einer Flasche Wein bestechen, damit sie mich überhaupt durchließen.«

Alexie grinste schelmisch, als er von der Bestechung berichtete.

Nun schlug auch Dian einen herzlicheren Tonfall an. »Also gut. Meinetwegen darfst du bleiben.« Irgendwie freute sie sich doch ein wenig, Alexie nach fast einem Jahr Trennung wiederzusehen.

Er hat mich einfach auf dem falschen Fuß erwischt, dachte Dian. Ich hasse jegliche Art von Überraschungen. Das hätte Alexie eigentlich wissen müssen.

»Heute Abend kannst du ohnehin nicht nach Ruhengeri zurückkehren. Es wird bald dunkel, und außerdem ist es zu neblig.«

Dian deutete auf das umliegende Gelände. Dichte Wolken hingen über den Gipfeln des Karisimbi und des Visoke, die bewaldeten Berghänge oberhalb des Camps waren bereits völlig im Nebel verschwunden.

»Wie hast du überhaupt hier heraufgefunden?«

»Du vergisst, meine Liebe, ich bin in Afrika aufgewachsen und keine verwöhnte kalifornische Stadtpflanze wie du. Ich habe meinen Vater schon als kleiner Junge auf Safaris begleitet.«

Alexie lachte und legte beschwichtigend den Arm um Dians Schultern, als diese gegen die Bezeichnung »Stadtpflanze« heftig protestieren wollte.

»Komm, Liebes, zeig mir lieber, wo ich heute Nacht schlafen kann.« Alexies Stimme nahm einen verschwörerischen Tonfall an. »Falls ich dazu überhaupt Gelegenheit bekomme.«

Er lachte anzüglich, und Dian schoss ein weiteres Mal die Röte in die Wangen. Sie schüttelte den besitzergreifend um ihre Schultern gelegten Arm ab und zeigte auf das kleine Zelt, in dem Teile ihrer Ausrüstung gelagert wurden.

»Das ist das Zelt für Gäste. Da kannst du dein Gepäck hinbringen und dich für die Nacht einrichten.«

Dian deutete auf den großen Rucksack neben dem Klappstuhl, auf dem Alexie gewartet hatte.

»Alles Weitere wird sich finden. Jetzt habe ich zu tun.«

Sie machte auf dem Absatz kehrt, marschierte in ihr Zelt

und zog die Leinenbahn, die den Eingang versperrte, mit Schwung hinter sich zu.

Minuten später hörte Alexie aus dem Zelt das beinahe wütende Klappern der Olivetti, während Dian drinnen ihre Notizen abtippte und darauf hoffte, dass ihr spontan aufgeflammter Zorn über das unverhoffte Auftauchen ihres Verlobten verrauchte.

Alexie wollte insgesamt fünf Tage in Karisoke bleiben, und Dian ging jeden Tag mit ihm in den Busch, weil sie ihm unbedingt Gorillas zeigen wollte. Doch all ihre Bemühungen, die beiden Gruppen aufzuspüren, die sie rund um das Camp bislang entdeckt hatte, blieben zunächst vergeblich. Erst am vorletzten Tag des Besuches hatten sie schließlich Glück.

Es nieselte schon den ganzen Vormittag leicht. Dicke Tropfen hingen an den hohen Gräsern entlang des Weges und durchnässten ihnen die Hosenbeine, als Sanwekwe am Waldboden endlich auf frischen Gorillakot stieß.

Der Tracker deutete darauf, Dian nickte und bückte sich, um Temperatur und Konsistenz der tierischen Hinterlassenschaft schnell mit der Hand zu prüfen.

»Wir müssen jetzt ganz leise sein«, flüsterte sie Alexie zu, nachdem sie sich wieder aufgerichtet hatte. »Der Kot ist noch warm, das heißt, der Gorilla, von dem er stammt, ist noch in der Nähe.«

Alexie nickte und folgte Dian, die wiederum Sanwekwe folgte.

Nach ein paar Minuten hob der Kongolese den rechten Arm, und sie blieben stehen.

»Gorilla«, flüsterte Dian, und Sanwekwe schob das Blattwerk vor ihnen ein wenig beiseite.

Über Dians Schulter hinweg konnte Alexie etwa zwanzig bis dreißig Meter vor ihnen im Dickicht einen riesigen schwarzen Körper mit silbrig glänzendem Rückenfell erkennen. Der Gorillamann war gerade beim Fressen. Selbst aus der Distanz sah Alexie große gelbweiße Zähne, mit denen das Tier genüsslich schmatzend die dicken Pflanzenstängel zermalmte, die es in seinen mächtigen schwarzen Pranken hielt.

»Das ist Onkel Bert«, flüsterte Dian begeistert. »Der jüngere der beiden Silberrücken aus Gruppe 4. Er scheint allein unterwegs zu sein, jedenfalls kann ich weder den älteren Silberrücken noch eines der Weibchen oder Jungtiere in der Nähe entdecken. Oder siehst du etwas, Sanwekwe?«

Der Kongolese schüttelte den Kopf.

Onkel Bert schien die Anwesenheit der Menschen ebenfalls bemerkt zu haben, denn er erhob sich von seinem Rastplatz am oberen Rand eines lang gezogenen Abhangs, der über und über mit wilden Selleriepflanzen bewachsen war.

Ruhig und ohne Hast kletterte der Silberrücken die Böschung hinunter, als wollte er den menschlichen Beobachtern die Gelegenheit geben, seinen mächtigen, starken Körper mit gebührendem Respekt zu bewundern.

»Onkel Bert?«, fragte Alexie mit normaler Stimme, als das Tier schließlich aus ihrem Sichtfeld verschwunden war. »Wie dein Onkel in Kalifornien?«

»Genau.«

»Das wird deinem echten Onkel Bert aber bestimmt nicht gefallen«, frotzelte er lachend.

»Mir doch egal«, antwortete Dian pampig. »Ich finde, dieser Onkel Bert hier schaut manchmal genauso mürrisch und missvergnügt drein wie mein Onkel daheim. Und damit er nicht so allein ist, habe ich eins der Weibchen zur Sicherheit

Tante Flossie genannt, genau wie meine eigene Tante.« Sie grinste vergnügt. »Ich habe den lieben Alten zu Hause übrigens schon einen Brief geschrieben, bisher aber noch keine Antwort bekommen, wie sie die Namensgebung finden.« Dann zuckte sie entschuldigend mit den Achseln. »Weißt du, Alexie, irgendwoher muss ich die Inspiration für die Namen meiner Gorillas doch nehmen. Ich kann sie nicht bloß nummerieren. Gorillas sind Individuen, und Menschen haben doch auch Namen, keine Nummern.« Sie seufzte. »Wahrscheinlich wird man mich dafür irgendwann heftig kritisieren und mir Vermenschlichung vorwerfen, genau wie meiner Kollegin Jane Goodall.«

»Das musst du selbst wissen, Dian«, antwortete Alexie und zuckte mit den Schultern. »Ist ja deine Studie.«

Dian nickte und sah erst auf ihre Armbanduhr, dann auf Sanwekwe, der mit einer Handbewegung fragte, ob sie den Gorilla verfolgen wolle.

»Was meinst du, Alexie, sollen wir versuchen, Onkel Bert diesen Abhang hinunter zu folgen, oder willst du lieber wieder zurück ins Camp gehen?«

»Ehrlich gesagt, mir reicht es für heute. Meine Hose ist klitschnass, und meine Stiefel sind seit Tagen überhaupt nicht trocken geworden.« Alexie deutete anklagend auf seine schlammstarrenden Schuhe. »Zumindest habe ich heute endlich einen deiner versprochenen Affen gesehen. Die anderen Tage hast du mich ja bloß stundenlang kreuz und quer durch den nasskalten Dschungel geschleift.«

»Als ob es meine Schuld wäre, dass die Tiere so scheu sind. Ich hatte dich gewarnt, Alexie. Man muss hier oben viel Geduld haben. Eigentlich solltest du froh sein, dass du überhaupt einen von ihnen zu Gesicht bekommen hast. Meiner neuesten Gruppe 5 sind Sanwekwe und ich bislang überhaupt erst einmal begegnet. Ziemlich weit weg vom Camp, in einer Schlucht beinahe auf der anderen Seite des Visoke. Ihren mächtigen Silberrücken habe ich übrigens Beethoven genannt. Wenn du ihn gesehen hättest, dann wüsstest du, warum.« Dian grinste breit. »Ich sage nur: Frisur.«

Auch wenn Dian manchmal sogar zu Scherzen aufgelegt war und sie und Alexie sich während der gemeinsamen Tage in Karisoke alle Mühe gaben, die alte Vertrautheit aufleben zu lassen, blieb dennoch eine merkwürdige Fremdheit zwischen ihnen bestehen. Die ursprüngliche Leichtigkeit der Beziehung war ihnen beiden abhanden gekommen. Es entstand keine echte Verbundenheit, körperliche Nähe oder gar Intimität.

Wann immer Alexie zärtlich wurde – und er versuchte es jeden Abend aufs Neue –, erstarrte Dian innerlich, wand sich aus seinen Armen und verwies auf die angeblich peinliche Anwesenheit von Sanwekwe und der anderen Helfer, die nicht weit von ihrem Zelt, also quasi in Hörweite, am Lagerfeuer saßen.

»Was hast du heute Nachmittag gefühlt, als du den Silberrücken gesehen hast, Alexie? Hattest du Angst?«, fragte Dian und sah ihren Verlobten neugierig an.

»Nein, Angst ist das falsche Wort«, antwortete Alexie nachdenklich. »Eher Respekt, großen Respekt. Schließlich begegnet man nicht alle Tage einem 200 Kilogramm schweren Koloss, der einen mit einem Prankenschlag aus den Stiefeln hauen kann.«

»Na, jetzt übertreib mal nicht. Ich schätze, Onkel Bert bringt höchstens 150 oder 160 Kilo auf die Waage.« Dian lächelte.

»150 oder 200 Kilo, welchen Unterschied macht das? Du hast doch gesagt, wenn er sich aufrichtet, ist er genauso groß wie ich. Na ja, und fast doppelt so schwer, egal wie du es rechnest«, antwortete Alexie und zwinkerte Dian zu. »Doch wie war es damals bei dir? Als du sie zum ersten Mal gesehen hast, hattest du denn Angst?«

»Nein, ich weiß es noch ganz genau, Angst war das Letzte, was mir in den Sinn gekommen ist.« Dians wohlklingende Altstimme wurde bei ihrer Antwort mit einem Mal ganz weich. »Als ich am Fuße des Mikeno zum ersten Mal eine Gruppe Berggorillas gesehen habe, da war ich einfach … ach, ich weiß nicht, wie ich es ausdrücken soll, ich war ganz betroffen von ihrer physischen Großartigkeit. Und von ihren freundlichen Gesichtern und der Sanftmut in ihren Augen, wenn sie dich anschauen, als ob sie herausfinden wollten, ob du ein vertrauter Freund oder möglicherweise doch ein Feind bist.«

Dian seufzte. »Jedenfalls hat mich ihr Anblick damals tief beeindruckt, und bis heute bin ich jedes Mal auf Neue ganz ergriffen, wenn ich das Glück habe, einem von ihnen zu begegnen. Meine erste Begegnung war beinahe mystisch, denn sie hat mein Leben für immer verändert, genau wie damals das von Carl Akeley.« Dian lächelte versonnen, dann sah sie Alexie an und fragte: »Habe ich dir eigentlich mal von ihm erzählt?«

Alexie nickte. »Ja, hast du. War er nicht Bildhauer oder so etwas?«

»Das auch, aber eigentlich war er Jäger und hat Anfang des Jahrhunderts Tiere für Sammlungen in Naturkundemuseen geschossen. Bei einer Expedition auf den Mikeno wurde er quasi bekehrt.«

»Wie, bekehrt? Hatte er ein religiöses Erweckungserlebnis?«, fragte Alexie irritiert.

»Nein«, antwortete Dian und lachte. »Er wurde nur vom passionierten Großwildjäger zu einem entschlossenen Tier- und Naturschützer, der sogar den belgischen König Albert I. dazu anregte, Mitte der 1920er-Jahre im Kongo seinen eigenen Nationalpark zu gründen. Den ersten in ganz Afrika übrigens.«

»Und dort hast du zum ersten Mal Gorillas gesehen?«

»Richtig, unweit der Kabarawiese mitten im Nationalpark. Dort liegt übrigens auch Carl Akeleys Grab. Als er 1925 an Malaria starb, wollte er dort begraben werden. Ich habe ihm regelmäßig Blumen aufs Grab gelegt.« Dian sprang plötzlich auf. »Dabei fällt mir etwas ein. Warte kurz, ich gehe schnell etwas holen.«

Alexie nickte, und Dian ging hinüber zu ihrem Zelt.

Nach ein paar Augenblicken war sie zurück und reichte ihm eine alte Postkarte, die an den Ecken etwas eingeknickt war.

»Akeley war wirklich ein talentierter Bildhauer. Hier, siehst du, das ist der *Alte Mann von Mikeno*, die Bronzebüste eines Berggorillas. Als Jugendliche habe ich sie im Brooklyn Museum gesehen und mir diese Postkarte gekauft.«

»Eine sehr schöne Skulptur«, lobte Alexie.

»Nicht wahr? Ich finde, der Künstler hat die Würde und das friedfertige Wesen meisterhaft eingefangen. Schon als Teenager hat es mich tief berührt, und glaub mir, ich habe nach meiner Safari lange in alten Schachteln in meinem Kinderzimmer kramen müssen, bis ich die Karte wiedergefunden habe. Zum Glück schmeißen meine Eltern ja nichts weg.« Dian grinste spöttisch.

»Apropos Eltern, weil du gerade von ihnen sprichst«, wechselte Alexie geschickt das Thema. »Kitty und Richard machen sich wirklich große Sorgen um dich, das ist dir hoffentlich bewusst?«

Dian sah ihren Verlobten vorwurfsvoll an.

Warum fängt er ausgerechnet jetzt wieder damit an, dachte sie genervt. Nicht zum ersten Mal erwähnte er den Kummer, den ihre Eltern mit sich herumtrugen, seit sie von den Kämpfen im Kongo gehört hatten.

»Deine Eltern sind sogar eigens nach New York gereist, um sich mit mir zu treffen und mir Geld zu geben, damit ich nach Afrika fliege«, fuhr Alexie fort, doch Dian schwieg verstockt.

Sie hatte ihren Eltern zwischenzeitlich nur das Nötigste berichtet. Nur, dass sie heil aus dem Bürgerkriegsgebiet herausgekommen sei und in Ruanda ein neues Lager aufbauen wolle. Und falls das nicht möglich sei, würde sie nach Westafrika gehen, um Flachlandgorillas zu beobachten.

Dian seufzte. Sie wollte nichts hören von den Sorgen ihrer Eltern oder warum sie ihren Verlobten hergeschickt hatten.

Sie ahnte den wahren Grund seines Besuches. Alexie sollte sie im Auftrag ihrer Eltern zur Heimkehr bewegen.

»Deine Eltern haben mich regelrecht angefleht, nach Ruanda zu reisen und dich endlich zur Vernunft zu bringen«, sagte Alexie nun wie zur Bestätigung und sah Dian eindringlich an. »Angeblich liebst du mich doch, Dian, aber seit ich hier bin, zeigst du mir bloß die kalte Schulter. Du meidest jedes Gespräch über uns, über unsere Zukunft. Nicht mal umarmen oder küssen darf ich dich«, setzte er frustriert hinzu. »Musst du denn immer so kalt sein wie ein Fisch, Dian? Fast ein Jahr haben wir uns nicht gesehen, geschweige denn das gemacht, was Liebende üblicherweise tun. Ich habe langsam das Gefühl, als ob etwas zwischen uns steht, als ob du mich nicht mehr liebst.«

Als Dian Luft holte, um zu widersprechen, brachte Alexie sie mit einer Handbewegung zum Schweigen. »Und schieb es jetzt nicht wieder auf die Einheimischen da draußen. Die sind nicht so zimperlich, wie du glaubst, schließlich sind wir verlobt. Zu Hause warst du doch auch nicht so kratzbürstig und abweisend.«

»Wir sind hier aber nicht in Louisville. Außerdem habe ich dich nicht hergebeten. Wenn dir mein Verhalten nicht passt, kannst du jederzeit wieder heimfahren«, antwortete Dian patzig und sprang auf.

»Ach, Dian«, setzte Alexie an.

Doch Dian fiel ihm ins Wort: »Lass uns heute Abend nicht streiten. Es war ein langer, anstrengender Tag. Ich bin hundemüde und möchte jetzt schlafen gehen. Wir reden morgen darüber, in Ordnung?«

Dian legte ihm sanft die Hand auf den Arm, als wollte sie ihre barschen Worte abmildern, dann drehte sie sich um und verschwand in ihrem Zelt.

Alexie starrte ihr wortlos hinterher.

Am Abend des fünften und letzten Tages kam schließlich der Augenblick der Wahrheit.

Tagelang war es ihnen beiden gelungen, den rosa Elefanten im Raum zu ignorieren. Sie hatten sich fast ausschließlich über Dians Arbeit, die Familien oder über Alexies Studium unterhalten.

Nach dem Abendessen nahm Alexie wortlos Dians Hand und überreichte ihr ein kleines blaues Schmucketui. Als sie es öffnete, funkelte ihr ein wunderschöner Verlobungsring entgegen.

Lange hatte Dian sich ein solches Schmuckstück von Alexie gewünscht, aber aus Vernunftgründen und Geldnot hatten sie bislang darauf verzichtet.

»Komm mit mir runter von diesem Berg, Dian, und wir heiraten sofort.«

Alexie sah seine Verlobte ernst an, doch als Dian nicht antwortete und auch keinerlei Anstalten machte, sich den glitzernden Diamantring an den Finger zu stecken, fuhr er fort: »Du kannst natürlich auch hierbleiben, aber dann sind unsere Heiratspläne ein für alle Mal erledigt. Überleg es dir, Dian. Du hast die Wahl. Entweder du kommst morgen mit mir mit, oder du bleibst auf diesem Berg, und ich gehe für immer.«

Dian schwieg weiterhin, verschränkte die Arme vor der Brust und sah ihren Verlobten lange an.

Schließlich antwortete sie mit leiser Stimme: »Reisende soll man nicht aufhalten, Alexie, und erpressen lasse ich mich auch nicht. Ich glaube, du weißt schon, wie meine Antwort lautet.«

Sie deutete mit einer ausladenden Armbewegung über die Karisokewiese und die umliegenden Berge.

»Das hier ist jetzt mein Zuhause, Alexie, und ich habe nicht vor, es zu verlassen. Weder dir noch meinen Eltern zuliebe. Bitte richte ihnen aus, dass sie sich keine Sorgen um mich machen sollen. Irgendwann werde ich sie wieder in Kalifornien besuchen. Sag ihnen, es tut mir leid, wenn meine Briefe sie beunruhigt haben und sie dadurch Kosten hatten. Und was uns beide angeht, Alexie ...«

Dian schwieg für einen Moment, als wollte sie die harsche Endgültigkeit ihrer Worte abmildern.

»Ich kann meine rosafarbene Brille nicht mehr finden, durch die ich unsere Beziehung bislang betrachtet habe, und wenn du dir selbst gegenüber ehrlich bist, dann hast du deine Brille auch längst abgesetzt.«

Sie sah ihn eindringlich an.

»Jedenfalls wäre das besser für dich. Sieh mich genau an, Alexie. Ich bin nicht mehr die Frau, die du aus Louisville kennst, diese freundliche, ein wenig schüchterne Beschäftigungstherapeutin, die im adretten Kleid im Park des Krankenhauses mit ihren kleinen Patienten spielt.«

Wieder machte sie eine Pause.

»Denk bitte nicht, ich hätte den Schock in deinen Augen nicht gesehen, als du mich und das Camp zum ersten Mal gesehen hast. Nein, widersprich mir nicht.«

Dian hob abwehrend die Hand, als Alexie den Mund öffnete.

»Ich weiß, ich habe mich verändert, und das ist auch gut so. Schöne Kleider, Make-up, eine hübsche Frisur … für mich zählen nun andere Dinge.«

Sie lächelte freundlich, aber distanziert, so als wäre Alexie ein Kind, das sie, die Erzieherin, vom Spielplatz nach Hause zu seiner Mutter schicken musste.

»Geh heim, Alexie, mach dein Studium fertig und such dir ein nettes, einfaches Mädchen, das du heiraten und mit dem du Kinder haben kannst. Ich wünsche dir jedenfalls alles Gute.«

Alexie nickte langsam, auf seinen markanten Gesichtszügen spiegelten sich widersprüchliche Empfindungen. Da war Enttäuschung, denn irgendwie hatte er wohl doch gehofft, dass Dian ihn nach Hause begleiten und heiraten würde, aber auch ganz eindeutig eine Spur von Erleichterung.

Nach einer Weile antwortete er schließlich: »Wenn dies dein Wunsch ist, dann soll es so sein, auch wenn ich nicht verstehe, was du an diesen blöden Affen findest.«

Das Wort *Affen* spie er beinahe verächtlich aus.

»Ob du es glaubst oder nicht, aber die Gorillas sind für mich keine blöden Affen«, äffte sie den verächtlichen Tonfall nach, denn Alexies abschätzige Worte verärgerten sie sehr. »Die Berggorillas da draußen sind viel mehr als das, und ich wünschte mir wirklich, du, meine Eltern, ja die ganze Welt würden das endlich kapieren. Sie sind unsere Verwandten, auch wenn der Mensch lange Zeit die Sichtweise bevorzugt hat, dass wir uns von diesen Tieren abheben und grundlegend unterscheiden. Dass wir Menschen so eine Art Waisen sind, ohne Familie, ohne Cousins und – ganz wichtig – ohne Eltern. Aber das stimmt einfach nicht. Die Gorillas, die Schimpansen, die Orang-Utans und wir Menschen sind Teil einer großen...«, nun huschte ein Lächeln über Dians schmale Lippen, »... und, wie ich finde, sehr lauten Familie.«

Sie sah ihren Ex-Verlobten eindringlich an.

»Du musst dir einfach bewusst machen, Alexie, dass es gerade mal sechs Millionen Jahre her ist, ein kurzer Zeitraum, wenn man die Erdgeschichte betrachtet, da gab es ein einzelnes Weibchen, das zwei Töchter hatte. Die eine wurde die Ahnin aller Schimpansen, und die andere...« Dian machte eine lange Pause. »Und die andere wurde unsere eigene Großmutter.«

Wieder hielt sie kurz inne und wartete, ob Alexie etwas auf ihre Worte erwidern würde, aber er schwieg.

»Ich kann nicht verstehen, dass du das nicht erkennst. Nicht, nachdem du Onkel Bert dort oben gesehen hast.« Sie schüttelte traurig den Kopf. »Weißt du, mein Vorgänger in

Kabara, ein Mann namens George Schaller, hat mal sehr treffend geschrieben, dass niemand, der einem Gorilla wahrhaft in die Augen blickt, unverändert aus diesem Kontakt hervorgeht. Dadurch verschwindet die vermeintliche Kluft zwischen Affe und Mensch, und man erkennt, dass der Gorilla noch immer in uns existiert und dass auch der Gorilla diese uralte Verbindung wiedererkennt.« Dian seufzte schwer. »Aus diesem Grund kann ich nicht mit dir nach Amerika zurückgehen. Heute nicht und überhaupt nicht mehr. Deshalb bleibe ich hier, Alexie. Ich will mehr über diese uralte Beziehung herausfinden. Will eine von ihnen werden und in ihre Gruppe aufgenommen werden.«

»Ich verstehe dich zwar nicht, aber ich spüre, dass es so besser ist. Für uns beide«, antwortete Alexie und strich Dian zärtlich über die Wange. Er lächelte traurig, aber seine Augen blieben trocken. »Du hast damals geweint, als du Mitzi, Shep und Brownie in Louisville zurücklassen musstest, und auch ich habe geweint, als wir uns voneinander verabschiedet haben.« Alexies Tonfall veränderte sich mit einem Mal, wurde hart. »Doch ich verspreche dir, Dian, diese Tränen waren die letzten, die ich jemals um dich geweint habe.«

Dians Gesicht verdunkelte sich bei seinen Worten, denn dass er ihre geliebten Hunde erwähnte, die sie schweren Herzens hatte zurücklassen müssen, riss eine kaum verheilte Wunde wieder auf.

»Doch einen letzten Rat oder, genauer gesagt, eine Warnung will ich dir vor meiner Abreise noch geben«, fuhr Alexie fort. »Wenn du bleibst, wird man dir noch vor Ende des Jahres die Kehle durchschneiden, und ich sage das aus voller Überzeugung, Dian. In Afrika kann man nicht vorhersagen, *wann* etwas passieren wird, man kann aber vorhersagen, *was* passieren wird. Es ist absurd zu glauben, dass du als weiße Frau allein auf diesem Berg leben, dich mit einer Horde Wilderer herumschlagen und dabei am Leben bleiben kannst.«

Alexie schüttelte betrübt den Kopf, während er dies sagte.

»Du hast mir doch vom Schicksal der drei weißen Jungs im Kongo erzählt, der Sohn deiner neuen Freundin Alyette und seine Begleiter, richtig? Wie grausam man sie gefoltert und getötet hat. Glaub mir, Dian, was nur ein paar Kilometer westlich von hier gerade passiert, lässt den Rest der Welt wie einen harmlosen Spielplatz erscheinen. Und du bist mittendrin, auch wenn es dir nicht so vorkommt. Aus meiner Sicht hast du nur eine einzige Überlebenschance, und ich rate dir dringend, meine Worte ernst zu nehmen.«

Wieder machte er eine vielsagende Pause, als ob er erwartete, dass Dian fragen würde, was diese Überlebenschance sei.

»Du musst so etwas wie eine Hexe werden, eine spirituelle Zauberin, die mit dunklen Mächten im Bund ist. Und dabei musst du so überzeugend sein und einen derartigen Schrecken verbreiten, dass die Leute dir möglichst aus dem Weg gehen. Hier in Afrika leben viele Menschen in einer Geisterwelt, in der praktisch alles eine spirituelle Bedeutung hat. Schaff dir Sirenen an, Rauchbomben, Masken oder irgendetwas anderes, ganz egal. Und dann lass alles offen herumliegen, damit jeder davon weiß.« Alexie seufzte. »Und außerdem solltest du jeden verprügeln, der dich dazu reizt, denn dann werden bald alle wissen, dass dort oben auf dem Berg eine Frau lebt, die sich überhaupt nicht wie eine Frau benimmt. Das wird sie in Schach halten.«

Kapitel 6

Dian ließ den Arm sinken. Ein tiefer Seufzer entwich ihrer Brust. Endlich war Alexie aus ihrem Blickfeld verschwunden, und sie konnte aufhören zu winken.

Noch einmal seufzte sie.

Ja, sie war standhaft geblieben und hatte dem Drängen ihres Verlobten widerstanden. Ihres Ex-Verlobten, korrigierte sie sich in Gedanken. Der Abschied war endgültig, und eigentlich müsste sie erleichtert sein.

»Aber warum bin ich es dann nicht?«

Dians Stimme klang zaghaft. Alexies warnende Worte vom Vorabend waren nicht ohne Wirkung auf sie gewesen. Die ganze Nacht über hatte sie grübelnd wach gelegen, und als er eben ins Dickicht des Waldes abgetaucht war, hatte sie für einen Moment lang den irritierenden Wunsch verspürt, ihm hinterherzulaufen.

Unwirsch schüttelte Dian den Kopf.

»Nur keine Sentimentalitäten, altes Mädchen. So ist es besser. Lass dir bloß keine Angst einreden. Man wird mir bis Ende des Jahres die Kehle durchschneiden, pah.«

Ärgerlich blähte sie ihre Nasenlöcher.

Natürlich musste man bei der Arbeit im Dschungel vorsichtig sein, egal ob als Frau oder als Mann, so viel hatten die vergangenen Monate sie gelehrt. Sie wusste um die Gefahren, die im Busch lauerten. Bewaffnete Wilderer, gefährliche Fallen, steile Schluchten, ganz abgesehen von den Gefahren durch wilde Tiere.

Selbstbewusst drückte Dian den Rücken durch. Sie würde es Alexie und all den anderen Zweiflern schon noch beweisen. Würde mutig sein, aber nicht leichtsinnig.

»Wer hat noch mal gesagt, die Angst sitzt hinten im Auto, man darf sie nur nicht ans Lenkrad lassen?« Dian zwang sich zu einem Lächeln. »Also immer schön auf dem Fahrersitz sitzen bleiben.«

»*Sinumva*, Lady?« Sanwekwe sah sie verständnislos an.

»Natürlich verstehst du mich nicht, Sanwekwe«, antwortete Dian freundlich und schnappte sich mit einem Ächzen den schweren Rucksack mit ihrer Ausrüstung, den ihr Spurensucher abmarschbereit neben sich abgestellt hatte.

»*Reka tugunde.* Los, brechen wir auf.«

»*Reka tugunde.*« Sanwekwe nickte und marschierte los.

Dian zog die dicken Handschuhe an, die sie vor der klammen Morgenkälte und dem stacheligen Brennnesseldickicht schützen würden, und folgte ihm langsam.

»Nein, ich werde mich nicht unterkriegen lassen. Ich werde mich den Gefahren stellen, die diese tolle Arbeit mit sich bringt, und mit jeder Entscheidung, mit jedem Nein, wird mein Mut weiter wachsen. Das hoffe ich zumindest«, flüsterte Dian, während sie dem Tracker aus dem Camp folgte.

Sie warf einen prüfenden Blick zum Himmel. In der Nacht hatte es wieder geregnet, und der Boden war feucht, doch es versprach ein sonniger Tag zu werden.

Sie trug lange Armeeunterhosen und hatte ihre Jeans oben in rote Wollstrümpfe geschoben, die in hohen Wanderstiefeln steckten. Diese robuste Montur hatte sich bewährt, bot sie doch sowohl Wärme als auch Schutz vor Nässe und den überall lauernden Stacheln und Dornen.

Sanwekwe trug nur sein Gewehr, seine Machete und eine leichte Tasche, doch Dian schleppte einen knapp acht Kilogramm schweren Rucksack mit sich herum. Darin befanden sich neben ihrem Fotoapparat, mehreren Objektiven und Filmen ein Notizbuch nebst Stift sowie eine Thermosflasche mit heißem Tee. Der schwerste und unhandlichste Teil ihrer Ausrüstung war jedoch das neue Nagra-Tonbandgerät.

Während sie Sanwekwe auf dem gut sichtbaren Pfad folgte, der aus dem Camp hinaus zum Visoke führte, erinnerte Dian sich, wie entschlossen sie mit Dr. Leakey um das Gerät gefeilscht hatte, denn ihr Geldgeber war sich nicht sicher gewesen, ob sich die hohen Kosten tatsächlich lohnen würden.

»Wenn ich schon so ein teures Gerät für Sie kaufe, dann sollten Sie aber eine wissenschaftliche Abhandlung schreiben«, hatte er gefordert. »Wenn das wirklich noch kein Forscher untersucht hat, dann müssen Sie diese, wie Sie es nennen, *Oahmmm-aaahhhh-ohhmmmm*-Lautsprache möglichst exakt und wissenschaftlich fundiert dokumentieren. Und Sie müssen sich theoretische Grundlagen aneignen, am besten auch eine Doktorarbeit schreiben. Nur dann wird all das Neue, was Sie über die Gorillas herausfinden, von der Fachwelt akzeptiert werden. Von mir aus können Sie Ihr Hauptaugenmerk ja auf die Kommunikation und das soziale Verhalten legen. Dann lohnt sich das viele Geld für das Tonbandgerät wenigstens.«

Beinahe seit Beginn ihrer Zusammenarbeit lag Louis Leakey Dian damit in den Ohren, dass sie die Feldforschung in Ruanda mit einigen Studiensemestern bei Professor Robert Hinde an der Universität von Cambridge ergänzen sollte. Genau wie ihre Kollegin Jane Goodall sollte Dian in England ihren Doktor als Verhaltensbiologin machen und ihrer Arbeit dadurch die akademische Glaubwürdigkeit verleihen, die sie verdiene.

»Ich bin also selbst schuld«, ächzte Dian, als sie das schwere Tonbandgerät von der einen auf die andere Schulter verlagerte, weil es sie beim Marschieren behinderte. »Aber zumindest sind meine jüngsten Erkenntnisse die ganze Schlepperei wert. Ohne meine lautmalerische Niederschrift des Ächzens und Rülpsens wäre mir wahrscheinlich gar nicht aufgefallen, dass sich bestimmte Lautfolgen wiederholen, ganz gleich, welcher Gorilla zu hören ist«, murmelte sie, obwohl ihr doch niemand außer Sanwekwe zuhörte. Der achtete aber nicht auf ihre Worte, sondern marschierte unbeirrt weiter.

Dian seufzte schwer. Sie hatte sich Dr. Leakeys Worte in Nairobi zwar geduldig angehört, doch war sie sich noch immer nicht sicher, ob sie das mit dem Studium wirklich wollte. An ihre Zeit an der Uni in Kalifornien hatte sie keine sonderlich guten Erinnerungen, und die Aussicht, mit Mitte dreißig noch einmal die Schulbank drücken zu müssen, machte ihr wahrlich keine Lust auf Freudensprünge.

»Wie auch immer«, sagte sie leise, während Sanwekwe vor ihr am Rande der Lichtung angekommen war, wo der Pfad sanft ansteigend im saftig grünen Buschwerk des Bergwaldes verschwand. »Letzten Endes haben wir beide das bekommen, was wir wollten. Ich mein Tonbandgerät und Leakey meine Zustimmung zum Promotionsstudium. Zumindest vorläufig.«

Ein kurzer Blick von Sanwekwe, ein Nicken von ihr, dann begannen sie den Anstieg auf den Visoke.

Dian kehrte mit ihren Gedanken zurück zu dem Gespräch mit Louis Leakey und dem Pakt, den sie mit Handschlag besiegelt hatten, bevor sie nach Ruanda aufbrach, um sich mit Alyette De Munck auf die Suche nach einem neuen Lagerplatz zu machen.

»Eines sage ich Ihnen aber gleich, Dr. Leakey. So ein streng wissenschaftlicher Ansatz, wie die in Cambridge das wollen, entspricht ganz und gar nicht meinem Charakter. Ebenso wenig das rein systematische Beobachten der Tiere, wie Schaller es gemacht hat. Ich habe schon in meiner Zeit in Kabara gemerkt, dass mir persönlich das nicht weit genug geht. Nichts gegen Schallers Methode, aber ruhig und unauffällig in großem Abstand stehen zu bleiben, mir Notizen zu machen und darauf zu hoffen, dass die Affen sich an mich gewöhnen und meine Anwesenheit ignorieren, das ist nicht das, was ich mir vorgenommen habe.«

»Schon wahr, Dian, Schallers Methode hat ihre Grenzen, aber ...«

»Nichts aber. Selbst wenn die Gorillas auf bestimmte Reize irgendwann nicht mehr reagieren und ich den Abstand verringern kann, dann darf ich nicht mal den Versuch machen, sie zu berühren, weil solche Interaktionen zu Problemen führen könnten? Und ich sage absichtlich ›könnten‹, denn Schaller hat es ja nicht mal ausprobiert. Nein, Sir, mein Weg ist das nicht. Ihrer etwa?«

»Ich weiß, ich weiß, Dian, Menschenaffen sind keine Mäuse, Ratten oder Kaninchen, das haben Sie schon mehrfach betont. Grundsätzlich bin ich derselben Ansicht wie Sie. Reines Beobachten wird die Erkenntnisse, die ich mir durch die Primatenstudien für meine Forschung über den Homo sapiens erhoffe, wohl auch nicht erbringen.«

»Eben, und deshalb will ich viel näher an die Gorillas heran als Schaller damals. Ich will echten physischen Kontakt zu ihnen aufnehmen, will quasi in ihre Familie aufgenommen werden, denn ich glaube, nur so werden wir wirklich etwas über ihr Sozialverhalten und die Interaktionen innerhalb ihrer Gruppen erfahren. Schaller hat mit seiner Methode zwar viele neue Erkenntnisse über das Freilandverhalten gewonnen und vor allem festgestellt, dass es sich vom Verhalten in Zoos doch sehr deutlich unterscheidet, aber leider nur äußerst wenig über ihr Fortpflanzungsverhalten, die Sterbe- und Geburtenrate oder wie und warum einzelne Weibchen von einer Gruppe in eine andere wechseln und wie die sozialen Beziehungen innerhalb einer Gruppe aussehen. Und das alles ist es, was mich interessiert, Dr. Leakey. Ich hoffe sehr, dass ich bald Antworten auf all meine Fragen bekommen werde, selbst wenn es mich Jahre kostet. Ich will der Welt da draußen zeigen, welch wunderbare Wesen meine sanften Riesen sind.«

»Immer langsam mit den jungen Pferden, Dian. Möglicherweise können Sie der Welt da draußen aber tatsächlich bald etwas zeigen. Das *National Geographic Magazine* hat nämlich erstes Interesse an einer Fotostory geäußert. Vielleicht werden Sie demnächst ja mein zweites Covergirl?«

»Covergirl?«

Das legendär gewordene Titelbild der hübschen blonden Jane Goodall, die lächelnd neben ihren Schimpansen im Gras sitzt, hatte Anfang der Sechzigerjahre viele Menschen weltweit fasziniert, darunter auch Dian. Nur mit einem Notizbuch, einem gebrauchten Fernglas und ihrer weiblichen Intuition ausgerüstet, hatte die junge Frau damals allein durch ihre Beobachtungen vieles vom bis dahin sicher geglaubten Wissen über das Wesen der Schimpansen auf den Kopf gestellt.

»Ganz genau, so wie Jane. Aber jetzt schauen Sie doch nicht so erschrocken. Haben Sie mir nicht erzählt, wie fasziniert Sie von Janes Arbeit waren, als Sie sie am Gombe besucht haben?«

»Natürlich. In diesen wenigen Tagen habe ich enorm viel über Janes Methode der Gewöhnung gelernt. Aber auch ganz praktische Dinge, wie das Bestimmen und Pressen von Pflanzen oder wie man ein komplexes Kompassgerät auswertet, wie man den Längen- und Breitengrad bestimmt oder mit diversen Sturmlampen hantiert.«

»Sehen Sie, Dian, niemand muss das Rad neu erfinden. Jane hat ihr Wissen mit Ihnen geteilt, und Sie werden das Ihre irgendwann ebenfalls weitergeben. Glauben Sie mir, am Anfang hatte es Jane sogar schwerer als Sie, denn vor ihr hat nie eine Frau jemals eine Langzeitstudie bei Primaten gemacht.«

»Aber zumindest musste Jane nicht im Schatten eines anderen Wissenschaftlers arbeiten. Schallers Fußstapfen sind schon ziemlich groß, nicht wahr?«

»Das stimmt, doch an Sie beide werden auch nicht dieselben Erwartungen gestellt wie an Schaller oder andere Kollegen. Schließlich haben Sie beide keine fachliche Vorbildung. Jane war lediglich drei Jahre lang meine Sekretärin hier im Museum, bevor ich sie und ihre Mutter an den Gombe geschickt habe.«

»Dann stimmt diese Geschichte wirklich? Dass Janes Mutter mitreisen musste? Jane hat mir erzählt, die Behörden in Tansania hätten dem Plan sonst nicht zugestimmt. Eine unverheiratete junge Frau von sechsundzwanzig Jahren allein im Dschungel, das ginge gar nicht, habe man gesagt.«

»Natürlich stimmt das. Weshalb hätte Jane Sie denn belügen sollen? Sie wissen doch, Dian, dass ich der Überzeugung bin, eine alleinstehende Frau ohne wissenschaftliches Training ist für eine Primatenstudie am besten geeignet. Frauen wie Sie oder Jane sind unvoreingenommen. Und einerseits härter im Nehmen als Männer, andererseits aber auch hartnäckiger und geduldiger.«

Leakey hatte gelächelt und beinahe beschwörend hinzugefügt: »Glauben Sie einem alten Mann wie mir. Frauen sind generell aufmerksamere Beobachterinnen. Sie sind sensibler für Mutter-Kind-Beziehungen und erkennen Details, die zunächst nicht relevant erscheinen, sich später jedoch als entscheidend erweisen können. Die Gründe dafür liegen meines Erachtens in der Evolution, weil Frauen über viele Generationen für die Betreuung und das Gedeihen des Nachwuchses zuständig waren. Und außerdem vermute ich, eine Frau wirkt weniger bedrohlich und löst weniger Aggressionen bei den Affenmännchen aus, was bei der Beobachtung natürlich ein Vorteil ist.«

Dian erinnerte sich, dass sie ihm widersprechen wollte, doch er hatte sie mit einer Geste zum Schweigen gebracht.

»Janes Erfolg in Tansania gibt mir recht, und bei Ihnen bin ich ebenfalls sehr zuversichtlich. Ich glaube, nach zwölf Jahren Suche habe ich endlich die richtige Person gefunden.«

Weil der Pfad deutlich steiler wurde und sie heftig nach Luft schnappen musste, kehrte Dian aus der Welt ihrer Gedanken in die Gegenwart des Marsches zurück. Auch die Vegetation aus Blättern, Lianen und Ästen wurde nun dichter, sodass Sanwekwe, der lediglich ein paar Meter vor ihr ging, immer wieder vom ineinander verschlungenen Blattwerk verschluckt wurde.

Dian blieb einen Augenblick stehen.

»Und weil Dr. Leakey sich so sicher war, dass ich die Richtige bin, kraxle ich jetzt freiwillig schwer bepackt durch den Busch, obwohl kein Gorilla weit und breit in Sicht ist«, keuchte sie erschöpft.

Als Sanwekwe bemerkte, dass Dian eine Pause brauchte, kehrte er sofort um und wartete geduldig.

Dian trank einen Schluck aus der mitgebrachten Thermoskanne, doch auf ihre geliebte Pausenzigarette verzichtete sie lieber.

Sie betrachtete das Dickicht entlang des schmalen Trampelpfades, die wild wuchernden Pflanzen wirkten wie eine massive grüne Wand. Dian wusste, von nun an kamen sie noch langsamer voran. Sanwekwe würde den Weg an einigen Stellen mit der Machete frei schlagen müssen, da sonst kein Durchkommen war.

Dian schloss die Augen und lauschte den Geräuschen des Nebelwaldes. Insekten surrten und vielstimmiges Vogelzwitschern drang aus dem feuchten Dschungel an ihr Ohr.

Leider keine Gorillalaute.

Enttäuscht schraubte Dian die Thermoskanne zu und steckte sie zurück in den Rucksack.

»*Reka tugende?*«, fragte der aufmerksame Sanwekwe, als er ihre Aufbruchstimmung bemerkte.

Dian nickte, schulterte den Rucksack und legte sich den Tragegurt des Tonbandgeräts wieder quer über die Brust. Beides hatte sie während der kurzen Pause ins Brennnesseldickicht zu ihren Füßen gestellt.

»Ja, lass uns weitergehen.«

Kapitel 7

»Und damit beschäftigst du dich seit fast einem Jahr, Dian? Mit Scheiße?«

Ratlos betrachtete Alyette den eigenwilligen Versuchsaufbau.

»Und was sollen diese komischen Stöcke da? Ich dachte, du wolltest etwas über das Sozialverhalten und die Sprache der Gorillas lernen?«

Im hohen Gras der Lichtung hatte Dian im Abstand von 20, 40 und 60 Metern lange Holzstäbe aufgestellt, um das Abschätzen von Distanzen zu üben. Am Rande des Camps hatte sie eine teilweise überdachte hölzerne Station aufgebaut, auf der sich etliche Kot- und Futterreste in allerlei Verfallszuständen befanden.

Täglich roch sie ausgiebig an den Exkrementen und notierte akribisch den Einfluss unterschiedlicher Witterungsbedingungen auf ihre Sammelstücke aus dem Wald. So wollte sie künftig das Alter von Spuren genauer bestimmen können, wenn sie im Busch darauf stieß.

»Auch von Gorillascheiße kann man viel lernen, glaub mir, Alyette«, antwortete Dian und lächelte geduldig. »Und die Stöcke brauche ich, um Abstände zwischen einzelnen Nestern oder Tieren besser einzuschätzen.«

Alyette war nicht die Erste, die von ihrer neuen Faszination für die Hinterlassenschaften der Gorillas irritiert war. Doch je mehr Dian sich in dieses Thema vertiefte, desto spannender fand sie es. Es störte sie überhaupt nicht, wenn andere ihr Interesse daran nicht nachvollziehen konnten.

Ihre einheimischen Helfer hatten die Station zwar gebaut, dann aber angewidert zugesehen, als Dian die ersten Kotproben darauf verteilte. Selbst Sanwekwe hatte den Kopf geschüttelt, sich durch Bestechung mit einem kleinen Päckchen Tabak dann aber doch bereit erklärt, fortan Kotproben im Wald aufzusammeln.

»Mit dieser Station habe ich herausgefunden, dass sonniges, warmes Wetter frische Kothaufen oder Futterreste durch Austrocknen in wenigen Stunden alt erscheinen lässt, während Regen oder dichter Nebel genau das Gegenteil bewirken. Und auch die Anzahl und der Entwicklungszustand von Fliegeneiern oder Larven, Kernen oder ganzen Früchten im Kot helfen mir, auf das ungefähre Alter des Kots oder das letzte Aufenthaltsgebiet der Tiere zu schließen. Einige Früchte gibt es nur in einem bestimmten Gebiet auf dem Mikeno, wenn ich also Reste davon finde, weiß ich, dass das Tier kurz davor in dieser Gegend war.«

»Larven, igitt.« Alyette schüttelte sich. »Das mag ja alles richtig sein, aber ...«

»Oft ist es überhaupt erst der Kot«, fuhr Dian unbeirrt fort, »der uns auf die Spur einer Gorillagruppe bringt. Durchfall oder Blut von nur einem Tier sind oft ein Krankheitszeichen, wenn aber viele Gruppenmitglieder am Pfad Durchfallkot absetzen, deutet das auf Fluchtverhalten hin und bedeutet leider viel zu häufig, dass trotz des Verbots wieder Wilderer im Nationalpark unterwegs sind. Meistens sind es diese fiesen Pygmäen.«

»Nenn die Batwa nicht so«, antwortete Alyette streng. »Sie sind nicht fies, und die Jagd auf Buschgazellen gehört zu ihrer traditionellen Lebensweise und ist keine Wilderei.«

»Lass uns bitte nicht schon wieder darüber streiten, ob die Batwa wildern oder nicht.«

Über Alyettes Verständnis für die kleinwüchsigen Jäger und ihre Methoden hatten sie bereits mehrfach hitzig diskutiert, deshalb kehrte Dian rasch wieder zu ihrem Lieblingsthema zurück.

»Säugende Gorillaweibchen scheiden zum Beispiel weißlich umhüllten Kot aus. Ich vermute, das kommt daher, dass die Gorillamutter während der ersten Lebensmonate des Kleinen auch dessen Hinterlassenschaften frisst«, erklärte Dian.

Alyette ging bereitwillig auf das verbale Friedensangebot ein, denn sie wusste, wie verbohrt ihre Freundin sein konnte, wenn es um das Wohlergehen ihrer Gorillas ging. Deshalb fragte sie neugierig: »Du hast gesagt, Gorillamütter säugen ihre Jungen, bis sie ein neues Baby haben, und zwar manchmal bis zu fünf Jahren?«

»Richtig. Das ist mit ein Grund, weshalb ihre Geburtenrate so niedrig und jedes überlebende Jungtier wichtig ist. Es sind eben nicht nur Wilderei, Viehzucht oder Landwirtschaft, die ihr Überleben bedrohen, sondern auch viele Krankheiten. Ich kann zum Beispiel schon mit bloßem Auge erkennen, dass manche Tiere schlimm unter Bandwürmern leiden, was weder von der Jahreszeit noch vom Gelände abhängig zu sein scheint. Ich habe hier leider kein Labor mit Mikroskop zur Verfügung, jedenfalls noch nicht, sonst könnte ich mir das genauer ansehen.«

Dian deutete mit einem bedauernden Schulterzucken auf das Lager und ihr mittlerweile halb vermoderte Zelt. Knapp ein Jahr im nasskalten Klima des Bergregenwaldes hatte deutliche Spuren hinterlassen.

»Gut, dass du es ansprichst, Dian, denn genau deshalb bin ich eigentlich gekommen. Rosamond hat gesagt, dass du immer noch in deinem verrotteten Zelt haust. Das werden wir nun schleunigst ändern. Los, Sanwekwe, komm mal her!«, rief Alyette den Tracker zu sich und erklärte ihm in seiner Sprache, was genau sie vorhatte.

Der wortkarge Mann nickte immer wieder eifrig, während sie ihm mit ausholenden Bewegungen die Details erläuterte.

Eine stabile Hütte wäre großartig, dachte sich Dian und musste insgeheim lächeln, als sie sah, wie entschlossen Alyette das Kommando im Camp übernahm.

Rasch wog sie das Für und Wider des Vorschlags ab. Eine feste Unterkunft bedeutete etwas Langfristiges. Vielleicht war es tatsächlich an der Zeit, die Endgültigkeit des neuen Lagers zu akzeptieren? Dian seufzte.

Sie war noch nicht völlig über ihren erzwungenen Weggang aus Kabara hinweg. Die Kämpfe im Kongo hatten zwar mittlerweile aufgehört, doch die leise Hoffnung auf eine baldige Rückkehr hatte sich nicht erfüllt.

»Also gut, Alyette. Eine anständige Unterkunft wäre tatsächlich schön. Dann werde ich zukünftig hoffentlich nicht mehr unsanft aus dem Schlaf gerissen, weil sich ein verstörter Elefant in meinen Zeltschnüren verheddert hat.«

»Wie bitte?« Entsetzt drehte Alyette sich zu Dian um. »Ein Elefant war im Camp?«

»Nicht nur einer«, antwortete Dian lachend. »Normalerweise stören mich die nächtlichen Geräusche nicht, die Elefanten und Büffel üblicherweise machen, wenn sie zum Trinken an unseren Lagerbach kommen. Sie sind Teil meiner Nachtruhe, doch in besagter Nacht war es, als würde einer der Vulkane ausbrechen. Mein Zelt schwankte und flatterte wie ein schweres Segel im Sturm, ich dachte schon, gleich werde ich unter Leinwand und Elefantendreck zu Brei gestampft.«

Fassungslos starrte Alyette ihre Freundin an. Davon hatte sie nichts gewusst.

»Um Himmels willen, Dian. Ist dir etwas passiert? Wie bist du da bloß rausgekommen?«

»Na ja, zum Glück habe ich meine Bratpfanne zu packen bekommen und ordentlich Krach geschlagen. Irgendwie habe ich den wütenden Elefanten damit vertrieben.«

Alyette schüttelte sprachlos den Kopf.

»Es ist nichts weiter passiert, kein Grund, sich nachträglich noch den Kopf darüber zu zerbrechen«, wiegelte Dian ab und kam wieder auf Alyettes Planungen zurück. »Was hast du Sanwekwe eben eigentlich erklärt?«

»Nur das, was ich vorhabe. Dass wir dir eine Hütte bauen werden«, antwortete Alyette, deutete mit einer weit ausgreifenden Bewegung über die Lichtung und strahlte dabei über das ganze Gesicht. »Du hast jetzt die Qual der Wahl, meine Liebe. Wo soll dein Häuschen stehen? Such dir einen Platz aus.«

Alyette hatte drunten im Dorf knapp ein Dutzend Träger, Werkzeug und Baumaterial zurückgelassen, die am nächsten Tag in Karisoke eintreffen würden. Sie sollten eine stabile Hütte errichten, damit Dian zukünftig zumindest im Trockenen wohnen und arbeiten konnte.

Alyette hatte vorgesehen, dass Sanwekwe und die Helfer im Camp bis dahin das vorgesehene Baugelände roden und vorbereiten sollten.

Nachdem Dian sich für einen Platz entschieden hatte, machten die Männer sich unverzüglich an die Arbeit. Noch vor dem Abendessen war der künftige Bauplatz fast völlig von dichten Grassoden befreit, und der grobe Grundriss war abgesteckt.

Nach dem Abendessen saßen die Freundinnen noch wie üblich mit Dians Lieblingsgetränk, einem Glas Kentucky Bourbon, am Lagerfeuer vor den Zelten und unterhielten sich.

»Vorhin habe ich übrigens vergessen, dir etwas Lustiges zum Thema Gorillakot zu erzählen, Alyette. Frischer Kot dient den Tieren manchmal sogar als eine Art ›Fertiggericht‹.« Dian deutete Anführungszeichen in der Luft an.

Alyette runzelte irritiert die Stirn. »Wie bitte? Was meinst du damit?«

»Ich habe kürzlich zugesehen, wie Maisie, eines der jüngeren Weibchen aus Gruppe 4, sich einfach die Hinterbacken zur Seite geschoben und ihren Kot mit der Hand aufgefangen hat. Dann hat sie hineingebissen und beim Kauen genüsslich mit den Lippen geschmatzt, während ich beim Zusehen einen Lachanfall unterdrücken musste. Ob du es glaubst oder nicht, man konnte den Genuss auf den faltigen Zügen der Affendame ganz deutlich ablesen.«

Beide Frauen schüttelten sich vor Lachen, als Dian eine Grimasse schnitt, das Schmatzen nachahmte und dabei die Augen verdrehte, als ob sie vollkommen verzückt sei.

»Und Maisie ist beileibe kein Einzelfall, das kannst du mir glauben«, ergänzte Dian. »Ich habe das Verhalten auch ein paarmal bei anderen Gorillas beobachtet. Es scheint, als ob sie diese Fertigmahlzeit am häufigsten tagsüber zu sich nehmen, nach längeren Ruhepausen bei nasskaltem Wetter und während der Regenzeit, wenn nur wenig Zeit zum Umherstreifen und zur Nahrungssuche bleibt.« Sie lachte, wurde aber schnell wieder ernst. »Das Aufnehmen von Fäkalien ist aber keine Besonderheit von Gorillas. Es kommt bei den meisten Wirbeltieren vor, einschließlich uns Menschen.«

Alyette verzog bei Dians Worten erneut angewidert das Gesicht.

»Ist meist ein Zeichen von Mangelerscheinung, was auch zu meinen Beobachtungen passen würde. Glaub mir, Alyette, alles, was mit den Gorillas zu tun hat, ist faszinierend, und beinahe täglich lerne ich etwas Neues dazu.«

»Das glaube ich dir. Ich finde das, was du erzählst, auch wirklich spannend, aber wie du es hier so lange allein im Wald aushältst, das ist und bleibt mir ein Rätsel.«

Dian zuckte lapidar mit den Schultern.

»Ich habe, ehrlich gesagt, gar nicht so viel Zeit, um darüber nachzudenken. Klar fühle ich mich als Pionierin auf meinem Gebiet gelegentlich einsam«, gab sie zu, »aber mich erfüllt doch auch ein großes Gefühl der Befriedigung und Dankbarkeit, wie es kein Nachfolger oder keine Nachfolgerin je empfinden wird. Für mich sind die Gorillas die Belohnung für all die Strapazen und die Isolation. Was kann es Besseres geben, als hier an jedem einzelnen Tag zu erleben, wie mein Wissen über sie und ihr Vertrauen mir gegenüber stets ein klein wenig weiter wachsen.«

Dian strahlte über das ganze Gesicht, und Alyette glaubte ihr jedes Wort.

Dian reichte ihrer Freundin ein paar Fotos, die sie in Ruhengeri hatte entwickeln lassen.

»Sieh mal, da kannst du unterschiedliche Nestformen sehen. Forscher wissen zwar schon lange, dass Gorillas tagaktiv sind und sich jeden Abend an einem anderen Ort ein Nest bauen, in dem sie die Nacht verbringen. Ich habe nun herausgefunden, dass diese Nester fast ausschließlich aus ungenießbarer Vegetation bestehen. Disteln, Nesseln, Sellerie und die vielen anderen Futterpflanzen eignen sich offensichtlich nicht zum Nestbau.«

Dian deutete auf eines der Fotos.

»Woher weißt du, dass du ein Schlafnest gefunden hast?«, fragte Alyette, während sie das Foto genauer betrachtete. »Ich sehe hier bloß niedergedrückte Pflanzen. Könnten auch von einem Büffel stammen, der sich hingelegt hat.«

»Wenn du genau hinsiehst, dann erkennst du, dass die Vegetation nicht willkürlich abgeknickt wurde.« Dian deutete auf einige Stellen auf den Abzügen. »Die Schlafnester der erwachsenen Tiere sind fest und dicht und ähneln am Boden liegenden ovalen Blätterwannen. Die Tiere biegen sich Stängel von Lobelien oder Greiskraut zurecht und ziehen sich die blätterbesetzten Spitzen unter den Körper. Dadurch bildet sich eine kissenartige Unterlage. Ein Rind legt sich bloß einfach so auf den Boden.« Dian zwinkerte vergnügt. »In der Regenzeit bauen die Gorillas sich ihre Nester oft in die geschützten Hohlräume alter Baumstämme, die sie mit Moos und loser Erde ausstopfen. Da kann man morgens gleich ein bisschen vermoderte Baumrinde oder ein paar Wurzeln zum Frühstück verputzen. Sehr praktisch.«

Ein breites Grinsen umspielte Dians Lippen, als sie davon erzählte, und auch Alyette amüsierte die Vorstellung, sein Bett einfach als schnellen Morgenimbiss zu verspeisen.

»Jungtiere spielen den Nestbau bloß und errichten meist windige Blätterhaufen, denn sie schlafen so lange im Nest ihrer Mutter, bis diese wieder ein Neugeborenes hat. So haben sie genügend Zeit, auszuprobieren und zu lernen, wie es richtig geht. Ich bin mir sicher, der Nestbautrieb ist grundsätzlich angeboren, obwohl die Kleinen natürlich von älteren Familienmitgliedern lernen.«

»Genau wie bei uns Menschen«, antwortete Alyette lachend. »Es dauert bei Kindern ja auch eine Weile, bis sie gelernt haben, wie man sein Bett macht. Als Mutter kann ich ein Lied davon singen. Mein Yves hat es erst im Internat richtig gelernt.«

Ein dunkler Schatten huschte über Alyettes Gesicht, wie immer, wenn sie von ihrem ermordeten Sohn sprach.

Dian nickte. Trotz der Dunkelheit und des Scheins des Feuers hatte sie die Veränderung im Gesicht ihrer Freundin bemerkt, und auch ihr wurde das Herz schwer, als sie ihren Kummer sah.

Yves De Munck und seine Freunde waren nun beinahe ein Jahr tot, doch Alyette schien noch immer in tiefer Trauer gefangen. Um sie aufzuheitern, erzählte Dian weiter: »Ich habe mal im Zoo von Los Angeles ein dort geborenes Weibchen beobachtet, das hatte im Gehege einen großen Strohhut gefunden, den der Wind einer Besucherin vom Kopf geweht hatte. Du weißt schon, so ein Wagenrad.«

Sie deutete mit den Händen eine Krempe an, die mehr einem mexikanischen Sombrero denn einem Damenhut glich.

»Jedenfalls lag der Hut nun da, und was macht das Gorillaweibchen, obwohl es noch nie in ihrem Leben im Regenwald war, geschweige denn gelernt hat, wie man ein richtiges Gorillanest baut?«

Alyette zuckte ratlos mit den Schultern.

»Sie schnappt sich den Hut, rupft ihn fein säuberlich in Fetzen und ›baut‹ sich ein Nest, das sie anschließend unerschütterlich gegen ihre Käfiggenossen verteidigt. Es war ihres, sie hatte es gebaut, und niemand durfte es haben. Und sie ist mit diesem Verhalten kein Einzelfall. Viele in Gefangenschaft geborene Zoogorillas drapieren alles halbwegs Geeignete um oder unter ihren Körper, ganz genau so, wie frei lebende Gorillas die Vegetation nutzen. Für mich ist das eindeutig der Beweis, dass der Nestbau angeboren ist und nicht nachgeahmt wird.«

Alyette nickte zustimmend und schlug dann herzhaft gähnend vor: »Vielleicht sollten wir jetzt selbst unsere Nester aufsuchen. Zum Glück müssen wir sie nicht erst bauen, auch wenn bei mir als Mutter von sieben Kindern der Nestbautrieb ganz bestimmt ziemlich ausgeprägt ist.«

Kapitel 8

Früh am nächsten Morgen gingen die Arbeiten am Bauplatz weiter. Sanwekwe und die Helfer hoben Entwässerungsgräben aus, und als am späten Vormittag der Trupp der Träger mit dem Baumaterial und den Werkzeugen auftauchte, ging es richtig los.

Drei Wochen lang sägten und hämmerten die Männer, dann stand eine einfache, aber geräumige Holzhütte mit einem Dach aus Wellblech auf der Lichtung. Verglichen mit dem ständig feuchten Zelt kam sie Dian geradezu wie ein Palast vor.

Endlich ein richtiges Zuhause.

Es gab einen Kamin aus Lavagestein, Bücherregale, Schränke, einen drei Meter langen Arbeitstisch, drei Fenster mit Blick auf die Wiese und die umliegenden Vulkane und gerade Wände, verkleidet mit Bambusmatten. Alyette hatte sogar gelb gemusterte Vorhänge mitgebracht, die dem Raum sofort eine heimelige Atmosphäre gaben.

Die Bretter für die Regale und den Tisch hatte Dian selbst geglättet und poliert. Dort würde sie allabendlich sitzen, ihre Tagesnotizen abtippen und die Tonbandaufnahmen transkribieren.

Wenn sie durchnässt von einem ihrer Streifzüge zurückkam, konnte sie sich jetzt einfach trockene Sachen anziehen und musste nicht in feuchte Kleidungsstücke vom Vortag schlüpfen.

»Welch ein Luxus!« Dian rekelte sich wohlig auf ihrer Pritsche. »Ich habe besser geschlafen als seit Monaten.«

Die erste Nacht, die sie in ihrem neuen Zuhause verbracht hatte, war traumlos vergangen.

»Sogar die Zahnschmerzen sind heute Morgen fast weg.«

Vorsichtig tastete Dian über ihre geschwollene Wange. Seit Wochen wurde sie von heftigen Zahnschmerzen geplagt, die immer schlimmer wurden. Ihr Kiefer war oft dick geschwollen und pochte heftig, ihr Gesicht schimmerte in allen Farben des Regenbogens und sah aus, als ob ihr jemand eine heftige Backpfeife verpasst hätte.

Um die Schmerzen zu lindern, schluckte sie zum Einschlafen Codein und trank tagsüber ein afrikanisches Gebräu namens *Darwa*. Alyette gegenüber hatte sie behauptet, es sehe aus wie eine Mischung aus Scheiße und dem Inhalt eines Staubsaugerbeutels.

Und schmecke auch ganz genauso.

Sie strich sich vorsichtig über die Wange. Schon zweimal hatte sie sich mit einer heißen Nadel die vereiterte Kieferhöhle aufgestochen, damit die Flüssigkeit abfließen konnte. Eine äußerst schmerzhafte Prozedur, die leider nur wenige Tage lang Erleichterung gebracht hatte.

Vor ein paar Tagen waren ihr beim Zähneputzen zwei Goldinlays ausgefallen, weil sie in den maroden Zähnen keinen Halt mehr fanden. Dian hatte sich ziemlich erschrocken, die Bruchstücke dann aber sorgfältig eingesammelt und in eine kleine Dose gepackt. Möglicherweise konnte der Zahnarzt sie wiederverwenden und sie selbst hoffentlich Kosten sparen.

»Vielleicht hätte ich mir vor Afrika einfach ein künstliches Gebiss machen lassen sollen, dann hätte ich nun wenigstens keine Zahnprobleme. Den Blinddarm habe ich mir schließlich auch prophylaktisch rausnehmen lassen«, feixte sie, während sie sich mit einem Ächzen von ihrem Bett erhob.

Louis Leakey hatte ihr damals in Kentucky scherzhaft zur Entfernung ihres Blinddarms geraten, da ein Durchbruch im Busch das Todesurteil bedeuten könne. Seine Frau Mary und auch ein Assistent hatten einen solchen Blinddarmdurchbruch beide nur knapp überlebt.

Dian hatte ihn beim Wort genommen und sich im Sommer vor ihrer Abreise nach Afrika tatsächlich vorsorglich ihren völlig gesunden Blinddarm entfernen lassen. Ihre Eltern und Freunde hatten sie für verrückt erklärt, denn zu diesem Zeitpunkt war noch überhaupt nicht klar gewesen, ob Leakey die versprochenen Forschungsgelder überhaupt auftreiben würde. Dian hatte sich aber nicht beirren lassen.

»Und das habe ich jetzt davon.«

Mit sarkastischem Gesichtsausdruck betrachtete Dian ihre geschwollene Wange in einem kleinen Spiegel.

»Wenn ich nicht bald etwas wegen meiner Zahnschmerzen unternehme, fallen mir die restlichen Plomben mitsamt den Zähnen auch noch aus, dann brauche ich ohnehin ein künstliches Gebiss. Auch egal, mehr als weich gekochte Kartoffeln kann ich sowieso nicht mehr beißen.« Ein grimmiger Ausdruck trat auf ihr Gesicht. »Und für etwas anderes habe ich auch kein Geld mehr.«

Seit Monaten wartete Dian auf den angekündigten Scheck der *National Geographic Society,* die sich mittlerweile an den Kosten des Camps beteiligte. Im Gegenzug sollte sie einen großen Fotoartikel über ihre Forschungsergebnisse verfassen.

Dian seufzte. Sie brauchte dringend Geld. Ihr Land Rover Lily benötigte neue Reifen, und seine Achse war gebrochen; sie hatte sich sogar schon von Alyette Geld geliehen, damit sie wenigstens Sanwekwe und die anderen Helfer bezahlen und Lebensmittel kaufen konnte.

Dian zog die Lippen über die maroden Zähne nach innen.

»Wie eine zahnlose alte Frau sehe ich aus.«

Sie strich sich eine Strähne aus dem Gesicht und zupfte an der Haut rund um ihre Augen.

»Graue Haare habe ich bekommen, und meine Haut wird auch immer faltiger.«

Noch einmal seufzte sie schwer. Vor Karisoke war sie regelmäßig zur Kosmetikerin gegangen, hatte sich geschminkt, allerlei Cremes benutzt und auch sonst großen Wert auf ein gepflegtes Erscheinungsbild gelegt.

Sie dachte an den erschrockenen Blick ihres Ex-Verlobten Alexie, als er sie bei seinem Besuch mit zerzausten Haaren und ihrer wenig schmeichelhaften Arbeitskluft gesehen hatte.

»Der Schreck war ihm wahrlich anzusehen«, sagte Dian spöttisch zu ihrem Spiegelbild und zupfte an ihrem ziemlich strohig gewordenen Haar herum, bis es ihr kreuz und quer vom Kopf abstand. »Dabei hat er mir doch geraten, dass ich zur Hexe werden und damit alle in die Flucht schlagen soll, bäh.«

Dian streckte ihrem Spiegelbild die Zunge heraus, aber das Lachen blieb ihr im Halse stecken. Traurig schüttelte sie den Kopf.

»Meinem Aussehen tut das Leben in dieser Einsiedelei wahrhaftig nicht gut.«

Ernst blickte sie in den Spiegel.

»Aber was soll ich tun?«, flüsterte sie, und ihre Stimme

klang verzweifelt. »Ich kann hier doch nicht weg. Jeden Tag finde ich neue Fallen. Und nur meine Anwesenheit hält diese Gangster davon ab, noch tiefer in das Schutzgebiet vorzudringen und Tiere zu massakrieren.«

Ein lautes Klopfen an der Hüttentür und der Ruf: »Frühstück ist fertig!«, ließen Dian erschrocken zusammenzucken.

»Ich komme gleich, Alyette. Gib mir noch fünf Minuten!«, rief sie zurück.

Während sie sich anzog, fragte Dian sich nachdenklich, weshalb sie sich eigentlich so schwertat damit, das Camp für eine Weile zu verlassen. Lag es nur an den schwelenden Konflikten mit den Einheimischen? Seit sie in Karisoke lebte, kam es regelmäßig zu Zusammenstößen mit den Bewohnern der Dörfer in der Nähe des Volcanoes-Nationalparks. Ruanda war klein, es gab sehr viele Menschen, die ernährt werden mussten, und die Ackerfläche war begrenzt.

Dian seufzte, öffnete die Tür der Hütte und trat hinaus auf den freien Platz. Das Wetter war großartig, und jemand hatte den Frühstückstisch direkt vor ihrer Behausung gedeckt.

Wahrscheinlich Alyette, dachte Dian und sah ihre Freundin mit einer Kanne Kaffee in der Hand aus dem Küchenzelt kommen.

»Guten Morgen, Dian. Sieh doch, die Sonne scheint, und zum Abschied wollte ich uns ein nettes Frühstück mit Blick auf dein wunderschönes neues Zuhause gönnen.«

Alyette deutete lächelnd auf den gedeckten Tisch.

»Wundervoll, danke«, antwortete Dian und nahm den Becher mit dampfend heißem Kaffee entgegen, den ihre Freundin ihr reichte.

»Bist du mir eigentlich noch böse wegen gestern Abend?«, fragte Alyette, nachdem sie sich hingesetzt hatten. »Ich will mich nicht schon wieder mit dir streiten. Du weißt doch hoffentlich, dass ich deine Sorge um die Gorillas natürlich nachvollziehen kann?«

Dian nickte wortlos und trank einen Schluck Kaffee.

»Du weißt aber auch, Liebes«, fuhr Alyette fort, »dass die Menschen hier auch Rechte haben. Afrika gehört schließlich den Afrikanern.«

»Ich bin dir nicht böse, Alyette, aber ich würde mir wünschen, du könntest mich und meinen Kampf für die Gorillas etwas besser verstehen.«

»Ach, Dian, das tue ich ja, aber versuch du bitte auch, meine Argumente nachzuvollziehen. Nein, sag jetzt nichts, lass mich ausreden.« Alyette hob beschwichtigend die Hand, weil ihre Freundin widersprechen wollte. »Ich habe heute Nacht lange gegrübelt, ob ich das Thema noch einmal anschneiden soll, aber ich finde, es ist meine Pflicht. Ich bin auch aus Ruanda, auch wenn ich weiß bin. Für die Menschen hier sind die Berge Gemeinschaftsland, auf dem sie seit Generationen leben. Sie bestellen das Land, ihre Tiere weiden dort, und ja, sie stellen auch kleine Fallen auf, um Springböcke und kleine Säugetiere zu fangen. Fleisch ist eben sehr kostbar hier.«

»Pah, was redest du da, Alyette? Kleine Fallen für Springböcke? Das sind keine kleinen Fallen, glaub mir«, antwortete Dian nun aufgebracht. »Hast du einmal gesehen, wie grässlich diese tückischen Drahtschlingen sind oder wie die Gruben mit angespitzten Bambuspfählen aussehen und wie grausam sie die Tiere aufspießen, wenn sie dort hineinstürzen?«

Dian schüttelte sich vor Abscheu und fuhr fort: »Ich habe mehr als einmal verletzte Tiere in Todesangst darin entdeckt und befreit. Oder ihr Leiden durch einen erlösenden Schuss aus meiner Pistole beendet. Und glaub bloß nicht, dass keine

Gorillas darunter waren. Jungtiere haben meist nicht die Kraft, sich selbst zu befreien, wenn sie nicht das Glück haben, dass ihnen ein älteres Tier zu Hilfe kommt.« Mit betrübter Miene fuhr sie fort: »Glaub mir, zusehen zu müssen, wie ein verzweifeltes Jungtier panisch schreiend versucht, seine gefangene Hand oder seinen Fuß aus einer Schlinge zu bekommen, und es durch das Gezerre nur noch schlimmer macht, das zerreißt einem schier das Herz.«

Alyette wirkte erschüttert bei dieser Schilderung, sie erwiderte aber nichts.

»Ich habe sogar mal beobachtet, wie ein Silberrücken ein junges Tier seiner Gruppe, das mit dem Handgelenk in eine Drahtschlinge geraten war, mit den Zähnen befreit hat. Geschieht das schnell, kann die Wunde heilen. Wenn der Draht dabei jedoch zu tief ins Gelenk einschneidet, entsteht oft Wundbrand. Manchmal fällt das vereiterte Körperteil später ab und lässt das Tier fürs Leben verstümmelt zurück. Einem erwachsenen Weibchen in Gruppe 5 fehlen zum Beispiel einige Finger an beiden Händen.« Dian seufzte schwer. »Im schlimmsten Falle führen diese Verletzungen jedoch zu Blutvergiftung und damit zu einem langsamen und qualvollen Tod.«

Dian sah ihre Freundin eindringlich an. »Niemand kann die Brutalität und Heimtücke der Batwa-Fallen leugnen, Alyette. Auch du nicht. Selbst ich bin mal in einer ihrer Fallgruben gelandet, weil ich zu arglos war.«

»Um Himmels willen, wie ist das passiert?«, fragte Alyette erschrocken.

»Ich war allein in Kabara unterwegs und schlug mit meiner *Panga* einen Weg durch ein Feld dicht stehender Nesseln. Es war ein ziemlicher Schock, als ich mich plötzlich zweieinhalb

Meter tiefer wiederfand, das kannst du mir glauben. Zum Glück war ich in einer alten, längst vergessenen Grube gelandet, deren Pfähle vermodert und umgefallen waren.«

»Und wie bist du wieder rausgekommen?«

»Ich war verständlicherweise erst mal ziemlich panisch. Es war noch früh am Morgen, und mir war klar, dass man mich erst bei Einbruch der Dämmerung, also viele Stunden später, vermissen würde. Zum Glück war die Machete mit mir in die Grube gefallen. Damit konnte ich ein paar Kerben in die bröckelige Grubenwand schlagen und langsam hochklettern, und als ich Wurzeln am oberen Rand zu fassen bekam, zog ich mich daran heraus.«

Dian verzog das Gesicht zu einem schiefen Grinsen.

»Glaub mir, Alyette, einer der seltenen Fälle in meinem Leben, wo ich für meine Körpergröße echt dankbar war. Wir haben die Grube später mit starken Ästen abgedeckt, damit nicht noch mehr Unheil geschehen konnte.«

»Ich begreife ja, dass dir dieses Thema große Sorgen bereitet, Dian, aber du musst auch die Einheimischen verstehen. Fleisch ist kostbar, und die Tutsi-Hirten nehmen lieber eine gefangene Antilope, als dass sie eines ihrer Rinder schlachten.«

»Jaja, das weiß ich alles, aber die Wilderer werden immer unverschämter. Sie führen ihre Raubzüge mittlerweile auch in höher gelegenen Waldgebieten und damit direkt im Gorillagebiet durch. Ein paar Tage, bevor du gekommen bist, sind diese Kerle ganz offen über meine Wiese spaziert. Einer ist sogar frech über die Schnüre meines Zeltes gesprungen und hat mir dabei einen hämischen Blick zugeworfen. Zwar hat die Regierung endlich eine Handvoll Wachen und einen Wildhüter eingestellt, um das illegale Betreten des Parks zu verhindern, aber das kümmert diese Kerle nicht im Geringsten. Die Wachen werden bestochen oder zusammengeschlagen.« Dian ignorierte Alyettes schockierten Blick. »Ist alles schon passiert. Die Wilderer wissen, dass sie etwas Verbotenes tun, aber es ist ihnen gleichgültig.«

Dian redete sich nun wirklich in Rage, sie ließ Alyette nicht mehr zu Wort kommen.

»Alle in diesem Land sind einfach zu gleichgültig«, klagte sie. »Lebende Gorillas nützen deinen lieben Landsleuten nichts. Sie bringen kein Geld ein, weder den Leuten in den Dörfern noch der Wirtschaft allgemein. Man interessiert sich nicht für sie.« Dian lachte bitter. »Die meisten Menschen hier haben ja noch nie einen Berggorilla gesehen, und wenn, dann vielleicht durch das Visier eines Gewehres. Sie wissen nicht, welch wundervolle Wesen sie sind. Wie sanftmütig und wie liebevoll im Umgang mit ihren Jungtieren. Und wie sehr sie uns Menschen ähneln. Keine Spur von einem Hollywood-Monster wie King Kong.«

Dians Stimme klang nun beinahe verzweifelt.

»Ob du es glaubst oder nicht, Alyette, sosehr ich den Dauerregen hier in den Bergen auch hasse, mittlerweile bete ich manchmal sogar für Regen. Denn wenn es regnet, kommen weniger Eindringlinge herauf in mein Gebiet. Sobald die Sonne scheint, gehen die Wilderer auf die Jagd, die Viehhirten treiben ihre Rinder in den Wald, und ab und zu verirrt sich sogar ein Tourist hier herauf. Du kannst sicher sein, danach finde ich Durchfallspuren von ängstlich geflohenen Gorillas, und es dauert Tage und manchmal noch länger, bis ich wieder auf eine Gruppe stoße und sie beobachten kann.«

Mutlos zuckte sie mit den Schultern.

»An manchen Tagen entdecken Sanwekwe und ich Dutzende Fallen und machen sie unschädlich, aber wir können gar nicht so viele Fallen zerstören, wie diese Verbrecher wieder aufstellen. Ich bin jedes Mal froh, wenn ich kein verletztes oder verendetes Tier darin entdecke, ob Gorilla oder Springbock, das ist mir gleich.« Sie hielt einen Augenblick inne, dann fragte sie: »Du sagtest eben, Afrika gehört den Afrikanern, richtig?«

Alyette nickte.

»Grundsätzlich stimme ich dir da zu, aber nicht, was den Nationalpark angeht. Da bin ich absolut kompromisslos. Es gibt auch in Ruanda Gesetze, die diesen kostbaren Lebensraum vor Übergriffen schützen sollen, und bei Gott, ich werde dafür sorgen, dass diese Gesetze durchgesetzt werden.«

Zornig schlug Dian mit der Faust auf den Frühstückstisch. Das Geschirr klapperte, und ein Löffel fiel ins weiche Gras.

Alyette legte ihrer Freundin beschwichtigend die Hand auf den Arm.

»Bitte, Dian, ich kann deinen Ärger nachvollziehen, aber ich mache mir trotzdem Sorgen um dich. Von deinen Leuten habe ich gehört, dass du nun auch aktiv gegen die Viehhirten vorgehst. Nicht bloß gegen Wilderer.« Alyette sah Dian ernst an. »Stimmt es, dass du eine Kuh erschossen hast?«

Die Männer hatten Alyette erzählt, Dian habe mit ihrer Pistole in eine Herde geschossen und damit gedroht, jeden Monat eine weitere Kuh zu erschießen, sollten die Hirten ihre Tiere weiterhin im Schutzgebiet des Nationalparks weiden lassen.

»Das stimmt. Und wenn schon?« Dian verschränkte abwehrend die Arme vor der Brust. »Leider musste eine Kuh dran glauben, aber ich habe nur aus Not zu einer solch drastischen Methode gegriffen.« Sie seufzte. »Mit den Hirten ist einfach nicht zu reden. Sie wollen nicht zuhören, und all meine anderen Versuche, das Eintreiben von Vieh in den Park zu beenden, sind bislang gescheitert. Ich habe die Kühe sogar mal mit grüner Farbe besprüht, doch das hat sie gar nicht gestört.«

»Oh, Dian«, rief Alyette nun aufgeregt, »bitte hör auf damit! Du bringst die Leute nur immer mehr gegen dich auf. Wenn du weiter so agierst, machst du dir noch mehr Feinde, als du ohnehin schon hast. Denk an die kongolesischen Soldaten, die in den Bergen nach dir suchen und angeblich sogar Kopfgeld zahlen wollen.«

An Dians Mienenspiel konnte man sehen, wie sehr ihr die eindringliche Warnung missfiel. Sogar Dr. Leakey hatte kürzlich in einem Telegramm gewarnt, Dian solle kein unnötiges Risiko eingehen.

»Fang du nicht auch noch damit an, Alyette!«, rief sie erbost. »Ihr macht euch alle viel zu viele Sorgen um mich. Ich will hier einfach nur meine Arbeit machen und in Ruhe gelassen werden. Und was den Schutz der Gorillas betrifft, da mache ich das, was ich für richtig halte. Das ist meine Art von aktivem Naturschutz und damit basta.«

Mit diesen Worten beendete Dian die hitzige Diskussion.

Kapitel 9

Pok pok pok.

Das vertraute Geräusch des Brusttrommelns eines mächtigen Silberrückens drang an Dians Ohr. Sie hielt inne und lauschte angestrengt in den Wald hinein.

Es klang nahe. Vielleicht fünfzig Meter entfernt.

Dian sah sich um. Das Geräusch kam von weiter oben, ein Stück den steilen Hang des Visoke hinauf.

Welches Tier war es? Onkel Bert, Whinny, Rafiki, Beethoven oder vielleicht sogar ein unbekanntes Exemplar?

Dian wusste es nicht, denn nur am Klang der Trommelgeräusche konnte sie die einzelnen Silberrücken nicht unterscheiden. Ihr Herzschlag beschleunigte sich, wie immer, wenn sie sich in der Nähe eines der starken Gorillamännchen wusste.

Wahrscheinlich ist es Onkel Bert, dachte sie und versuchte, jedes unnötige Geräusch zu vermeiden. Gestern hatte sie den jungen Silberrücken und seine Familie ganz in der Nähe beobachtet.

Pok pok pok.

Sie sah fragend zu Sanwekwe, doch der zuckte nur mit den Schultern und deutete ein lautloses Trommeln auf den Oberschenkeln an.

Dian schüttelte den Kopf. In Kabara hätte sie sich jetzt auf die Oberschenkel geschlagen und das Brusttrommeln nachgeahmt, um die Tiere anzulocken. Damals hatte sie noch gedacht, das Trommeln sei in der Sprache der Gorillas eine Art Einladung. Manchmal hatte sie mit dieser Taktik sogar Erfolg gehabt, insbesondere dann, wenn sie weiter als dreißig Meter von dem trommelnden Tier entfernt war.

Gar nichts habe ich damals über ihre Sprache gewusst, dachte Dian selbstkritisch. Ich habe ungewollt falsche Botschaften übermittelt und nicht geahnt, dass Brusttrommeln Aufregung anzeigt und ein Alarmsignal ist, keine Beschwichtigungsgebärde.

Dian ging langsam und vorsichtig in die Knie. Sie hatte gelernt, hastige Bewegungen in der Wildnis zu meiden. Man konnte nie wissen, welches Tier sich gerade in der Nähe aufhielt und einen vor Schreck plötzlich ansprang.

Oder vor lauter Panik wegrannte, dachte sie zähneknirschend und erinnerte sich an einige Dutzend gescheiterter Annäherungsversuche, die so geendet hatten.

Dian kniete sich auf den erdigen Waldboden und begann, aufmerksam an den umliegenden Pflanzenstängeln zu schnüffeln auf der Suche nach dem ganz besonderen Schweißgeruch der großen Tiere.

Nachdem sie zusätzlich noch herausgefunden hatte, dass aufrechtes Stehen oder Gehen die Furcht der Gorillas zunächst einmal vergrößerte, näherte sie sich ihnen ohnehin so oft wie möglich auf allen vieren.

»Und jetzt krieche ich wie ein Trüffelschwein hier im Wald herum«, witzelte Dian leise. Sie strich mit der Nase über die umliegenden Blätter und hob einige abgeknickte Riesenlobelienstängel auf, die entlang des schmalen Pfades wuchsen.

Da Gorillas fast nie trinken, bevorzugen sie diese saftigen Stängel besonders in trockeneren Monaten, da Lobelien in ihren fleischigen Stängeln viel Flüssigkeit speichern.

Dian roch mit geschlossenen Augen an den Knickstellen.

Der Stängel roch erdig und ein wenig süßlich.

Nicht der erhoffte Gorilladuft, und doch war hier definitiv etwas Großes durchgezogen.

Sie hob ein paar niedergetrampelte Vernoniablätter vom Boden auf, eine Baumart, die zum Lieblingsfutter der Gorillas gehörte und bei der sie neben den Blüten auch die Rinde und das Mark verspeisten.

Wieder zog sie die Nase kraus und schnüffelte an den Blättern. Nichts.

Der erhoffte schweißige Geruch fehlte.

Dian runzelte nachdenklich die Stirn und betrachtete das platt getretene Grün. Gorillas mochten frische, nicht zertrampelte Vegetation als Futter und folgten deshalb nur selten über längere Strecken den Pfaden anderer Tiere.

Sie drehte sich zu Sanwekwe um und schüttelte den Kopf. Gorillas waren nicht hier gewesen, und für eine Büffelherde war die Spur vor ihnen zu schmal.

Meist verfolgte Sanwekwe Dians Leidenschaft für das olfaktorische Fährtenlesen mit leicht spöttischem Gesichtsausdruck.

Doch dieses Mal stimmte er ihr zu.

»Kein Gorilla, Lady.«

Enttäuscht stand Dian auf, klopfte sich die Blattreste von den Knien und lauschte noch einmal ins Unterholz hinein.

Der Regenwald um sie herum war still, so still er eben sein konnte. Außer den Geräuschen von Vögeln und dem Rascheln kleinerer Tiere am Boden konnte sie nichts Ungewöhnliches hören. Trotzdem war Dian sich sicher, dass sich zumindest ein Gorilla gar nicht weit von ihnen entfernt aufhalten musste.

Zu nahe hatte das Brusttrommeln geklungen.

Sie gab Sanwekwe mit einer Handbewegung zu verstehen, dass sie dem Geräusch weiter folgen wollte.

Der Tracker nickte.

Er nahm sein Buschmesser und begann, bergaufwärts einen groben Weg in die Richtung zu schlagen, aus der sie das Brusttrommeln gehört hatten.

Der Hang war steil und dicht an dicht mit dicken Schlingpflanzen bewachsen. Sanwekwe musste mehrere geräuschvolle Hiebe setzen, bis er eine Bresche geschlagen hatte, die breit genug war, damit Dian und er hindurchschlüpfen konnten.

Dian spähte angestrengt in die grüne Wand über ihren Köpfen und achtete auf mögliche Anzeichen für Bewegung. Falls dort tatsächlich ein Gorilla hockte, dann konnten die Machetenschläge ihn alarmieren und schlimmstenfalls zum Angriff nötigen.

Dians Herz klopfte heftig, Anspannung schnürte ihr den Magen zusammen.

Ein solcher Angriff ist das Letzte, was wir jetzt brauchen, schoss es ihr durch den Kopf.

Auch wenn sich angreifende Gorillas meist nur verteidigten und niemanden bewusst verletzen wollten, war die instinktive menschliche Reaktion wohl die Flucht.

Dians Mundwinkel zuckten bei dem Gedanken.

Darin unterscheide ich mich nicht von den meisten anderen Menschen. Und dabei weiß ich doch, dass eine solche Flucht prompt die Verfolgung auslöst.

Ein leichter Schauder lief Dian über den Rücken, sie wusste, dass ihre Anspannung nicht unbegründet war. In einer ganz ähnlichen Situation war sie schon einmal angegriffen worden.

Damals war sie ganz allein einen steilen Hügel emporgestiegen, als mit einem Mal ein Geräusch wie zerspringendes Glas ertönte. Die Schreie einiger Gorillamänner erschütterten die Luft, sie kamen von oben her durch die Pflanzen drohend auf Dian zugerannt.

Es hatte sich angefühlt, als ob ein wild gewordener Traktor direkt auf sie zuraste, doch zum Glück erkannte der dominante Silberrücken der Gruppe, ein erfahrener Gorillamann mit Namen Rafiki, Dian im letzten Moment. Er bremste etwa einen Meter vor ihr ab, woraufhin seine vier Begleiter ungeschickt auf ihm landeten.

Dian rutschte immer noch das Herz in die Hose, wenn sie an diese Angst einflößende Begegnung dachte. Vor lauter Schreck hatte sie sich damals langsam zu Boden sinken lassen, um so unterwürfig wie möglich zu erscheinen.

So nahe waren ihr die aufgebrachten Gorillamänner gekommen, dass sie sah, wie das Haar an ihren Scheitelkämmen senkrecht zu Berge stand. Die Eckzähne waren entblößt, und die normalerweise sanftbraune Iris ihrer Augen glühte gelb.

Die Luft war vom Angstgeruch der Affen durchdrungen gewesen, und über eine halbe Stunde lang hatten alle fünf lautstark geschrien, sobald Dian auch nur die kleinste Bewegung machte.

Was blieb mir damals also anderes übrig, als reglos zwischen den dichten Ranken sitzen zu bleiben, den Kopf gesenkt zu halten und zu hoffen, dass nicht mein letztes Stündlein geschlagen hatte, erinnerte sich Dian angespannt. Gleichzeitig behielt sie aber den Hang über sich im Blick.

Eigentlich war der Tag damals wunderschön gewesen.

Dian erinnerte sich noch gut an die warmen Sonnenstrahlen auf ihrer Haut, von den Lianen in kleine Lichter und Flecken zerteilt, und wie die Gorillas ihr schließlich gestattet hatten, beschwichtigend an ein paar Pflanzen zu knabbern.

Selbst jetzt noch spürte sie ein Gefühl der Erleichterung beim Gedanken an den glimpflichen Ausgang jener brenzligen Begegnung, als die fünf Gorillas schließlich steifbeinig bergaufwärts verschwanden.

Das war in all den Monaten nicht das einzige bedrohlich wirkende Aufeinandertreffen geblieben, dennoch war Dian tief in ihrem Inneren überzeugt, dass Gorillas im Grunde ihres Wesens sanftmütig waren und solche Angriffe lediglich als Täuschungsmanöver dienten.

Was soll ich machen, fragte Dian sich stumm, wenn plötzlich ein mächtiger Silberrücken mit Unterarmen so dick wie die Schenkel eines Sumoringers, Händen so groß wie Baseballhandschuhe und riesigen Eckzähnen wie die eines Löwen auf mich zustürmt?

Allein bei der Vorstellung musste sie vor Aufregung heftig schlucken.

Dian legte sich beruhigend die Hand aufs Herz und starrte den Hang hinauf zu Sanwekwe, denn so abgeklärt und furchtlos, wie sie gerne vorgab zu sein, war sie in Wahrheit längst nicht.

Ihre Miene verfinsterte sich.

Alexie hatte sie gefragt, was sie bei einem Angriff machen würde, und sie hatte kaltschnäuzig geantwortet, das Gleiche wie bei einem angreifenden Nashorn – so lange stehen bleiben, wie sie sich traute, und im letzten Moment wegspringen und hoffen, dass das Tier aus dem Schwung seiner Bewegung heraus an ihr vorbeilief.

Und erst dann davonrennen.

Und auf keinen Fall zugeben, dass ich Angst gehabt habe, dachte Dian, und ihre Mundwinkel zuckten spöttisch.

»Weiter, Lady?«

Sanwekwes ruhige Stimme drang plötzlich an Dians Ohr und riss sie aus ihren Gedanken.

Der Spurensucher hatte sich umgedreht und deutete mit der Hand gen Himmel.

Dian sah auf ihre Armbanduhr.

Es war bereits drei Uhr nachmittags, und sie wusste, der Rückweg ins Lager würde mindestens zwei Stunden dauern.

Wenn sie noch bei Tageslicht dort ankommen wollten, mussten sie die Suche bald beenden.

»Also gut, Sanwekwe, Schluss für heute. Wir kehren um.«

Der Tracker nickte.

Es war nicht der erste Tag, an dem sie keinem einzigen Gorilla begegnet waren, und es würde gewiss nicht der letzte bleiben.

Die Tagesnotizen sind heute Abend schnell abgetippt, dachte Dian verdrossen, aber zumindest bleibt mir dann etwas Zeit, um ein paar Briefe zu schreiben.

Langsam begannen sie mit dem Abstieg.

An manchen Tagen arbeitete Dian abends noch lange und war anschließend zu müde, um sich noch um ihre Korrespondenz zu kümmern. Das Abtippen der Notizen war wichtig und kam immer zuerst, erst danach folgte die Kommunikation mit der Welt. Ein knurrender Magen kann warten, fand Dian, doch die Tageseindrücke wurden schal, wenn man sie nicht sofort verarbeitete.

Aus diesem Grund hatte sie sich auch angewöhnt, ihre Post immer erst nach den Notizen zu öffnen, selbst wenn ihr das manchmal äußerst schwerfiel, weil sie nach Neuigkeiten förmlich lechzte.

Ich könnte zur Abwechslung heute Abend ja mal wieder etwas Radio hören, schoss es Dian durch den Kopf, als sie Sanwekwe den steilen Pfad hinab zum Lager folgte.

In den ersten Monaten in Karisoke hatte sie die Ereignisse der Welt noch mit ihrem alten Kurzwellenradio verfolgt, doch in letzter Zeit beunruhigten die Nachrichten über den mit aller Härte geführten Krieg in Vietnam sie zunehmend.

Dians Miene verfinsterte sich. Es war nicht nur dieser fürchterliche Krieg, auch andere Ereignisse in der Heimat hatten ihr die Lust auf Nachrichtensendungen gründlich verdorben. Im April hatte man Dr. Martin Luther King erschossen, und Anfang Juni war dann der demokratische Senator Bobby Kennedy im Vorwahlkampf zu den Präsidentschaftswahlen ermordet worden.

Doch Dian konnte die Verbindung zum Rest der Welt nicht völlig abreißen lassen. Sie schrieb regelmäßig Briefe und Berichte an Louis Leakey, an ihre Eltern und einige ausgewählte Freunde. Etwa alle vier Wochen marschierte sie hinunter ins Dorf, fuhr mit dem Jeep nach Ruhengeri auf den Markt, um frische Vorräte zu besorgen, und hatte dabei immer einen Stapel Briefe im Gepäck, um sie auf dem Postamt aufzugeben.

Und jedes Mal, wenn jemand zu Besuch nach Karisoke kam, freute Dian sich, wenn er oder sie Post dabeihatte. Manchmal vergingen lange Wochen ganz ohne Nachrichten, dann kamen plötzlich mehrere Briefe auf einmal.

Dank der unzuverlässigen lokalen Post kam es leider immer wieder vor, dass Dians Briefe gar nicht oder erst nach einem später geschriebenen Brief bei den Empfängern ankamen. Manchmal wurde sie auch nach Dingen gefragt, von denen sie keine Ahnung hatte, weil der dazugehörende Brief vorher verloren gegangen war.

Jedenfalls blieb die Korrespondenz Freude und ständiges Ärgernis zugleich für Dian.

Als Dian und Sanwekwe am Nachmittag zurück ins Camp kamen, wartete dort unerwarteter Besuch mit ein paar Briefen im Gepäck, die das Postamt in Ruhengeri für Karisoke mitgegeben hatte.

»Roz, das ist aber eine schöne Überraschung!«, rief Dian. Sie strahlte über das ganze Gesicht, als sie die Besucherin erkannte. »Was führt dich denn in meine Eremitage?«

Sie eilte auf die ältere Frau zu, die soeben aus der Vorratshütte des Camps trat und sich die Hände an den Hosenbeinen abwischte.

»Was denkst du denn? Ich will dein neues Haus bewundern«, antwortete Rosamond Carr lachend. »Alyette hat mir so viel davon erzählt, dass ich es mir nun unbedingt selbst ansehen musste.«

Die Freundinnen umarmten sich herzlich.

»Schön hast du es hier mittlerweile.«

Rosamond schob Dian ein wenig von sich weg und ließ den Blick über die Senke streifen. Sie nickte anerkennend. Bei ihrem ersten Besuch vor einigen Monaten hatte Dian noch im Zelt gehaust. Dann war die Hütte gebaut worden, und mittlerweile war Camp Karisoke sogar noch weiter gewachsen. Die Helfer hatten zwei weitere, kleinere Hütten errichtet, um dort Vorräte und Ausrüstungsgegenstände zu lagern. Irgendwann sollten auch noch Unterkünfte für Gäste und Mitarbeiter hinzukommen, denn es war abzusehen, dass die Forschungsstation weiter wachsen würde.

Über kurz oder lang würde Dian zusätzliche einheimische Helfer anheuern müssen und vor allem Studenten, die sie bei ihrer Forschungsarbeit, der Zensuszählung und beim Schutz der Gorillas unterstützten.

»Na, dann will ich dich nicht länger auf die Folter spannen und dir mein neues Haus und den Rest des Camps zeigen.«

Lachend legte Dian ihrer Freundin den Arm um die Schulter, und gemeinsam schlenderten sie durch das Gras.

Optisch gesehen waren die zwei Amerikanerinnen ein seltsames Paar. Dian, groß, schlank und dunkelhaarig, überragte die zierliche Rosamond mit dem elegant frisierten weißen Haar um Haupteslänge. Trotz der körperlichen Gegensätze waren die gegenseitige Achtung und das Verständnis füreinander selbst für einen unbeteiligten Beobachter deutlich zu spüren.

Später beim Abendessen in Dians Hütte herrschte eine ausgesprochen fröhliche Stimmung, denn Rosamond hatte nicht nur ein vorgekochtes Abendessen und allerlei Vorräte mitgebracht, sondern auch einen fünf Monate alten Hundewelpen.

»Das ist Cindy, sie stammt von Alyettes Farm und soll deine neue Freundin werden. Alyette und ich fanden, du brauchst hier oben jemanden zum Liebhaben.« Mit diesen Worten hatte Rosamond der völlig verdatterten Dian nach der ersten Begrüßung das beige-braune Fellbündel in die Arme gedrückt.

Nun saßen sie bei selbst gemachter Pilzsuppe und kaltem Huhn und tranken Tee mit leckeren Mandelkeksen.

Cindy lag eingerollt auf Dians Schoß und schlief selig, während ihrer neuen Besitzerin die Freude über die kleine Gefährtin ins Gesicht geschrieben stand.

»Ich bin pappsatt!« Vergnügt klopfte Dian sich mit der Hand auf den flachen Bauch. »Vielen Dank für dieses köstliche Mahl, Roz. So gut hat es mir schon seit Monaten nicht mehr geschmeckt.«

Dian hatte so viel gegessen wie seit Langem nicht mehr. Rosamonds Menü war großartig gewesen, nicht zu vergleichen mit ihrem eigenen Kochrepertoire im Camp.

In Louisville hatte Dian gerne gekocht und häufig Gäste bewirtet. Vor allem ihre Backkünste, allen voran ihre legendäre Nusstorte, waren äußerst beliebt gewesen. Aber hier im Busch begnügte sie sich meist mit gekochten Kartoffeln, Corned Beef und Würstchen aus der Dose.

»Und nochmals vielen Dank für Cindy. Ich hatte auch schon über einen neuen Hund nachgedacht, aber weiter war ich noch nicht.«

»Gern geschehen.« Rosamond lächelte. »Ich habe dir auch ein paar frische Lebensmittel mitgebracht. Sanwekwe hat alles in der neuen Vorratshütte verstaut. Ein bisschen Obst und Gemüse, auch wenn Alyette behauptet, dass du kein Gemüse magst und allergisch gegen Früchte bist. Das konnte ich kaum glauben.«

Rosamond sah die Freundin zweifelnd an, doch bevor Dian antworten konnte, fuhr sie fort: »Aber egal, ich weiß auch gar nicht, ob du das mit deinen schlimmen Zähnen überhaupt alles essen kannst.«

Sie hatten sich beim Abendessen über Dians heftige Zahnschmerzen unterhalten, die seit Alyettes Besuch an Intensität sogar noch zugenommen hatten.

»Ich danke dir trotzdem. Ich werde halt alles weich kochen, damit ich so wenig wie möglich kauen muss«, antwortete Dian achselzuckend. »Zumindest deine leckeren Kekse kann ich essen, wenn ich sie in den Tee stippe. Ich nehme mir noch einen, wenn du gestattest?«

Dian griff in die kleine Metalldose, die Rosamond auf den Tisch gestellt hatte, tauchte den Keks in ihren Tee und steckte ihn vorsichtig zwischen die geschwollenen Kieferknochen.

Beim Geräusch der Keksdose öffnete die kleine Cindy ein Auge und wedelte mit dem Schwanz.

»Greif ruhig tüchtig zu, Dian, und nein, Cindy, die sind nicht für dich, sondern ganz allein für dein neues Frauchen«, sagte Rosamond und lachte, als die Hündin enttäuscht den Kopf sinken ließ, als ob sie jedes Wort verstanden hätte. »Ich habe dir noch eine große Dose mitgebracht. Sie steht drüben in der Vorratshütte.«

»Wunderbar, danke. Du bist eine wahre Freundin, Roz.«

Sie plauderten noch eine Weile, doch irgendwann konnte Rosamond ihr Gähnen nicht länger unterdrücken. Vor Müdigkeit wäre sie beinahe von der schmalen Holzbank gekippt, auf der sie saß.

»Sei mir bitte nicht böse, aber lass uns morgen weiterreden, Dian. Das Bett ruft, und ich kann es nicht länger ignorieren. Schließlich bin ich älter als du.« Rosamond hob entschuldigend die Achseln und lächelte verschmitzt. »Cindy und ich sind heute schon im Morgengrauen aufgebrochen.«

Sie stand auf und wandte sich der Hüttentür zu, um zu dem kleinen Zelt hinüberzugehen, das für Besucher vorgesehen war. Ein Helfer hatte Rosamonds Sachen direkt nach ihrer Ankunft dorthin getragen.

»Schlaf gut, meine Liebe. Ich werde Cindy ihren Schlafplatz richten und dann noch ein paar Notizen abtippen und die Post lesen, die du mitgebracht hast. In Vollmondnächten wie dieser ist es schade, wenn man allzu früh ins Bett geht. Du wirst sehen, Roz, der Wald draußen wirkt nun beinahe violett, und die schneebedeckten Kappen des Karisimbi reflektieren das Mondlicht. Jeder Baum auf der Lichtung zeichnet seine eigene, einzigartige Silhouette gegen den blausilbernen Himmel.« Ein verträumter Ausdruck trat auf Dians Gesicht. »Selbst die Tiere da draußen spüren diese besondere Stimmung und verhalten sich anders. Du hast wirklich Glück, dass du eine dieser magischen Mondnächte miterleben darfst.«

Mit diesen Worten stand sie ebenfalls auf und begleitete die Freundin zur Tür. Die Frauen umarmten sich zum Abschied, anschließend setzte Dian sich an ihren Schreibtisch unter eines der Fenster.

Als Rosamond wenig später einen letzten Blick zur Hütte hinüberwarf, sah sie Dian im Schein einer Lampe konzentriert arbeiten, völlig unbeeindruckt von dem gewichtigen Besucher, der gerade an ihrem Fenster vorbei zur Wasserstelle schritt.

Rosamond blieb schier das Herz stehen, als sie den schlaflosen Elefanten erkannte, der quer durch das Camp marschierte, als ob er am anderen Ende der Welt eine Verabredung hätte.

Kapitel 10

»Unmöglich. Ich kann hier nicht weg.« Dian schüttelte heftig den Kopf.

»Du musst aber endlich etwas gegen deine Zahnschmerzen unternehmen«, insistierte Rosamond. »Und da bald dieser Professor kommt, wird es ohnehin noch eine Weile dauern, bis du reisen kannst. Damit hast du genügend Zeit, dir deinen *Muzungo,* deinen Weißen, zu organisieren, da du es Sanwekwe offensichtlich nicht zutraust, hier eine Weile allein die Stellung zu halten.«

Den kritischen Unterton in Rosamonds Stimme überhörte Dian geflissentlich. Sie war immer noch sauer über die Neuigkeiten, die ihre Freundin mit der Post gebracht hatte.

Schon mehrfach hatte Louis Leakey Dian gedrängt, sich endlich mit Professor Hinde wegen ihres Promotionsstudiums in Verbindung zu setzen, doch sie hatte es bislang nicht getan, obwohl sie es schon vor Monaten versprochen hatte. In seinem jüngsten Brief hatte er Dian nun vor vollendete Tatsachen gestellt.

»Dieser Professor aus Cambridge will sich also demnächst mein Camp ansehen, und Leakey hält das auch noch für eine ganz großartige Idee.« Dians Stimme klang aufgebracht. »Dem ist wohl nicht bewusst, wie es hier in Ruanda gerade zugeht und dass irgendwelche Fortbildungen oder die wissenschaftliche Anerkennung auf meiner Dringlichkeitsliste ziemlich weit unten rangieren.« Sie stampfte wütend mit dem Fuß auf.

»Wenn nicht bald etwas geschieht, um die verbliebenen Gorillas zu schützen, dann wird es hier zukünftig nichts mehr geben, was ich beobachten kann. Da brauche ich hier vor allem niemanden, der eh schon alles weiß und mir bloß zwischen den Füßen herumsteht. Das Einzige, was ich wirklich bräuchte, wäre das versprochene Geld für mehr Ranger, um die verdammten Wilderer zu vertreiben.«

Dian hielt kurz in ihrer Tirade inne, dann seufzte sie resigniert: »Doch am allermeisten bräuchte ich Alan, damit er hier die Stellung hält, solange ich weg bin, um mir meine kaputten Zähne richten zu lassen!«

Rosamond nickte mitfühlend. So emotional hatte sie Dian noch nie erlebt.

»Reg dich doch bitte nicht auf, Liebes«, sagte sie besänftigend. Es musste blanke Verzweiflung sein, die aus ihrer Freundin sprach.

Und elende Schmerzen.

»Wenn du nicht bald etwas dagegen unternimmst, dann fürchte ich langsam um deinen Verstand, Dian, nicht nur um den Zustand deiner Zähne. Du könntest ernsthaft buschkrank werden.«

»Jetzt übertreibst du aber. Buschkrank, pah.«

»Ich mache mir halt Sorgen um dich. Irgendwo habe ich mal gelesen, dass viele Forscher, die für ihre Studien jahrelang allein leben, irgendwann psychisch krank werden.« Rosamond sah Dian ernst an. »Du wärst also keine Ausnahme. Ich habe dir zwar Cindy zur Gesellschaft mitgebracht, aber du lebst hier oben doch wirklich ziemlich isoliert. Ich weiß, ich weiß, du hast Sanwekwe und deine anderen Helfer, aber sei ehrlich, die meiste Zeit hier oben verbringst du allein für dich. Oder stimmt das etwa nicht?« Rosamond sah Dian herausfordernd an.

Die Freundin hatte trotzig die Arme vor der Brust verschränkt, ihr bewegtes Mienenspiel verriet aber, dass die besorgten Worte der Älteren nicht spurlos an ihr abprallten.

Deshalb fuhr Rosamond auch unbeirrt fort: »Und aus diesem Grund rate ich dir dringend, in deinem eigenen Interesse: Steig öfter von deinem Berg runter, Liebes. Triff dich mit anderen Menschen. Du wirst dich sonst langsam verändern, ohne es selbst zu merken.«

Sie lächelte Dian aufmunternd zu.

»Wirklich, du brauchst jemanden zum Reden, jemanden, mit dem du deine wunderbaren Erfahrungen teilen kannst.«

Dian verdrehte bei Rosamonds Worten die Augen.

»Zumindest könntest du Alyette oder mir ruhig öfter mal einen Besuch abstatten.«

»Roz, ich weiß, du meinst es gut, und grundsätzlich stimme ich dir ja zu. Manchmal wünschte ich mir wirklich jemanden an meiner Seite, mit dem ich meine Arbeit besprechen und dem ich all die kleinen und großen Erlebnisse erzählen kann.« Dian zuckte ein wenig ratlos mit den Achseln. »Aber was soll ich denn machen? Ich kann hier nicht einfach so weggehen und die Gorillas ohne Schutz zurücklassen. Glaub mir, es geht wirklich nicht.«

Weil Dian wild entschlossen schien, sich dafür sogar klaglos mit diesen entsetzlichen Zahnschmerzen zu quälen, meinte Rosamond halb scherzhaft, halb tadelnd: »Ich sehe schon, worauf es mit dir hinausläuft. Wir werden dich wohl an Händen und Füßen fesseln müssen, bevor du bereit bist, Karisoke und deine Gorillas zu verlassen.«

»Dafür müsstest du Cindy und mich erst mal kriegen«, ging Dian lachend auf den frotzelnden Tonfall ein und sprang mit dem Welpen im Arm rasch vom Frühstückstisch auf, um in gespielter Panik davonzulaufen.

Es war Ende Juli, und Alan Root und Robert Hinde kamen zufällig am selben Tag im Lager Karisoke an.

Obwohl Dian gewusst hatte, dass der britische Professor sie in ihrem Camp besuchen wollte, war sie dennoch völlig überrascht, als eines Nachmittags ohne Vorankündigung zwei weiße Männer am Rande der Lichtung standen.

Kurz zuvor waren Sanwekwe und sie von ihrem täglichen Streifzug in den Regenwald zurückgekommen, und Dian hatte sich mit einer Tasse frisch aufgebrühtem Tee vor ihrer Hütte in die Nachmittagssonne gesetzt. Sie war blendender Laune, denn ihre finanzielle Situation hatte sich zwischenzeitlich gebessert. Der versprochene Scheck war endlich angekommen, die Schulden waren bezahlt, der Land Rover repariert, und es blieb noch genug Geld übrig, um die Unterhaltskosten für Karisoke einige Monate lang zu decken.

Und dann waren Sanwekwe und sie an diesem Tag auch noch zufällig auf Gruppe 5 gestoßen, und es war ihnen gelungen, die Tiere zwei Stunden lang ununterbrochen beim Fressen und beim Sonnenbaden zu beobachten und ein paar der Jungtiere sogar beim wilden Spiel.

Dian war sehr froh gewesen, als sie sah, dass die Gorillafamilie allem Anschein nach gesund war und kein Tier fehlte. Ein gutes Zeichen, offensichtlich zeigten ihre abschreckenden

Maßnahmen bei den Hirten und Jägern der Gegend langsam Wirkung.

Seit Dian die Kuh erschossen und gedroht hatte, jeden Monat ein weiteres Blutopfer zu nehmen, gab es deutlich weniger Eindringlinge im Schutzgebiet des Nationalparks.

Dian hatte den Eindruck gewonnen, dass die Gorillas seither entspannter waren und weniger scheu wirkten. Sie legte die Hand über die Augen, weil sie im Gegenlicht der tief stehenden Nachmittagssonne erkennen wollte, wer die Besucher waren.

Beide Männer waren groß gewachsen und schlank, doch damit erschöpften sich ihre Gemeinsamkeiten auch schon. Der jünger wirkende Mann hob die Hand zum Gruß, und Dian erkannte zu ihrer großen Freude ihren Freund Alan Root.

»Alan!«, rief sie erfreut und stand auf, um den Besuchern entgegenzugehen. »Das ist aber eine schöne Überraschung. Ich wusste gar nicht, dass du kommen wolltest.«

Dian bewunderte Alan sehr für seine Arbeit. In ihren Augen war er der geborene Naturforscher, denn er hatte ihr erzählt, dass er bereits als kleiner Junge von vier Jahren Schmetterlinge und Blumen, mit zehn dann Schlangen gesammelt hatte und mit siebzehn von der Schule abgegangen war. Alan hatte nicht studiert, sondern sich sein Wissen selbst angeeignet. Seine Tierfilme waren äußerst gut recherchiert, und außer der Stimme des Sprechers kamen darin keine Menschen vor, nur Tiere und Pflanzen, die Landschaft und das Wetter.

Dian liebte vor allem Alans Tierfotos. Er war auch der Einzige, den sie kannte, dem sie ihr Camp und vor allem die Gorillas anvertrauen wollte, daher war seine unerwartete Ankunft für sie ein echter Grund zur Freude.

Wenn Alan bereit wäre, Karisoke kurzfristig und für einen begrenzten Zeitraum zu übernehmen, konnte sie sich endlich um ihre Zähne kümmern.

Nach der freudigen Begrüßung ihres Freundes blickte Dian neugierig auf den zweiten Besucher, einen blassen, schlaksigen Mann um die fünfzig, der neben dem dynamischen, braun gebrannten Naturburschen Alan aussah, als käme er geradewegs aus einem Kloster.

»Liebe Dian, darf ich dir Professor Robert Hinde von der Universität Cambridge vorstellen? Und das hier, Sir, ist Miss Dian Fossey, von der ich Ihnen beim Aufstieg schon so viel erzählt habe.«

»Angenehm.« Der Engländer reichte Dian die schmale Hand zum Gruß.

»Ebenfalls«, antwortete Dian und taxierte ihr Gegenüber kritisch.

Eine strenge, fast asketische Erscheinung mit klugen Augen, die einen scharfen Verstand vermuten lässt, dachte Dian. Er sieht aus wie der Prototyp eines Professors an einer englischen Elite-Universität.

Dian war wider Willen beeindruckt.

»Sie sind also Janes Doktorvater, richtig?«

Robert Hinde nickte, antwortete aber nicht gleich.

Von Dr. Leakey wusste sie, dass Hinde während des Zweiten Weltkrieges als Pilot der Royal Air Force in Afrika im Einsatz gewesen war und mittlerweile das Institut für Verhaltensforschung der Universität Cambridge in Madingley leitete. Leakey hatte ihr auch erzählt, Hinde sei studierter Ornithologe und erst spät in seiner Karriere zur Arbeit mit Menschenaffen gekommen. Er habe Jane als Doktorandin angenommen, obwohl sie kein vorbereitendes Studium vorweisen konnte, und habe sich nun bereit erklärt, auch ihre Promotion zu betreuen. So würde Madingley zukünftig zwei der drei großen Menschenaffenarten untersuchen und Cambridge damit zum weltweit führenden Zentrum für Primatenforschung avancieren.

»Nun denn, Professor Hinde.« Dian verzog ihr geschwollenes Gesicht zu einem schmerzhaften Lächeln. »Willkommen in Karisoke.«

»Cindy scheint Sie sehr zu mögen, Professor. Darauf können Sie sich etwas einbilden, denn sie mag längst nicht jeden«, sagte Dian lächelnd, als die Hündin sich nach dem Abendessen neben Hinde setzte und sich das Fell kraulen ließ. Cindys gelassene Reaktion sprach sehr für den Engländer, denn Dian glaubte seit jeher an den untrüglichen Instinkt ihrer Vierbeiner.

Sie hatte an diesem Abend für ihre Gäste spontan einen würzigen Fleischeintopf gekocht, der ihnen ausgezeichnet geschmeckt hatte.

»Und ich sie«, antwortete Hinde lachend. »Cindy erinnert mich an unsere alte Familienhündin. Sie konnte auch sehr wählerisch mit ihrer Zuneigung sein.«

Sie plauderten noch eine Weile entspannt und erzählten einander von den diversen Vierbeinern, die im Laufe der Jahre das Leben mit ihnen geteilt hatten.

Natürlich nahmen die Gorillas den größten Raum ein, und wider Erwarten war Dian vom großen Fachwissen ihres Gesprächspartners äußerst beeindruckt.

Je weiter der Abend fortschritt, desto gelöster wurde sie, denn Robert Hinde war äußerst zuvorkommend und hörte ihr interessiert zu.

Irgendwann erwähnte Dian wie beiläufig: »Dr. Leakey hat mich Ihretwegen vor vollendete Tatsachen gestellt. Hat gar nicht gefragt, ob mir Ihr spontaner Besuch überhaupt recht ist.«

Der Professor nickte. »Dr. Leakey hat mich gewarnt, ich solle nicht zu viel erwarten. Sie würden wahrscheinlich nicht sonderlich begeistert sein, wenn ich auftauche, hat er mir am Telefon gesagt. Und er hat mehrfach betont, dass einzig und allein Sie entscheiden würden, ob ich Sie auf eine Beobachtungstour zu den Gorillas begleiten darf.«

Dieser schlaue Fuchs Leakey weiß ganz genau, dass er mich aus der Distanz ohnehin zu nichts zwingen kann und zumindest den Anschein einer freien Entscheidung erwecken muss, dachte Dian amüsiert. Dann willigte sie ein und sagte: »Also gut, Professor, morgen nach dem Frühstück geht es los. Seien Sie kurz nach Sonnenaufgang bereit. Und du natürlich auch, Alan. Es wird ein langer Tag werden.«

Wie angekündigt, ging es anderntags gleich nach dem Frühstück unter Sanwekwes Führung los, und wie immer blieb Hündin Cindy im Lager zurück.

Es hatte die ganze Nacht lang geregnet, der Boden war nass und schwer. Die Gruppe kam nur langsam voran, denn ihre Stiefel versanken fast bis an die Knöchel im morastigen Waldboden. Immer wieder mussten sie kurze Pausen einlegen und Atem schöpfen, denn die dünne Bergluft machte insbesondere dem untrainierten Hinde sehr zu schaffen.

Nach gut drei Stunden Fußmarsch entschied Dian, dass es Zeit für eine längere Pause sei. Sie setzten sich auf ein paar morsche Baumstümpfe entlang eines Hanges, der von tiefen, langen und teilweise recht steilen Rillen durchzogen war.

Nachdem jeder einen Becher Tee aus den mitgebrachten Thermoskannen getrunken hatte, sagte Dian: »Hier in der Nähe hält sich Gruppe 8 gerne auf, eine Junggesellengruppe von nicht ausgewachsenen Männchen. Sie werden von einem großen Silberrücken angeführt, den ich Rafiki nenne. Die Gruppe hat keine Jungtiere oder Weibchen, die beschützt oder verteidigt werden müssen, daher tolerieren sie in der Regel meine Anwesenheit in ihrer Nähe und werden Sie und Alan hoffentlich ebenfalls akzeptieren, Professor.«

Dian deutete auf ein Gebiet oberhalb des Rastplatzes.

»Wenn wir Glück haben, können wir sie dort oben treffen. Falls sie nicht auf die andere Seite der Schlucht hinübergewechselt sind.« Dian deutete auf eine prägnante Klippe auf der anderen Seite. »Dann heißt es, den ganzen Weg hinunterklettern und auf der anderen Seite wieder hinauf.«

»Können wir nicht dort drüben auf die andere Seite klettern?«, fragte Robert Hinde und deutete auf einen mächtigen Baumstamm, der an einer schmalen Stelle so praktisch über der Rille im Hang lag, als ob ihn eine riesige Hand genau zu diesem Zweck dorthin platziert hätte. Man konnte deutlich sehen, dass der Stamm nicht nur von Tieren als Brücke benutzt wurde. Einige abgehackte Äste wiesen auf menschliches Einwirken hin.

Dian schüttelte heftig den Kopf.

»Nein, da gehe ich nicht drüber. Entweder Sie folgen mir dorthin, wohin ich Sie führe, oder ...«

Sie machte eine bedeutungsschwangere Pause.

»Nein, nein. Alles in Ordnung.« Robert Hinde hob beschwichtigend die Hände. »Sie sind hier draußen der Boss.«

Dian stand auf und klopfte sich ein paar Blätter von den Hosenbeinen.

»Bitte entschuldigen Sie mich einen Moment. Ein menschliches Bedürfnis.«

Sie ging ein paar Meter zurück auf dem Pfad, über den sie gekommen waren. Dann schlug sie sich seitwärts in die Büsche und verschwand im dichten grünen Blattwerk.

Die drei Männer wandten der Stelle diskret den Rücken zu.

»Was ist das Problem? So tief scheint es dort doch gar nicht hinunterzugehen«, erkundigte sich Professor Hinde und deutete erneut auf die Baumstammbrücke.

»Sie hat Höhenangst«, antwortete Alan Root. »Ist mir schon in Kabara aufgefallen. Als ich sie danach gefragt habe, hat sie mir nur erklärt, dass sie vor etlichen Jahren in Kalifornien mit dem Auto beinahe ins Meer gestürzt wäre. Ich weiß nur so viel: Dian saß auf dem Beifahrersitz, als die aufgeweichte Straße unter dem Auto plötzlich nachgab und das Fahrzeug langsam auf den Klippenrand zurutschte. Im letzten Augenblick konnten ihre Freundin und sie entkommen, bevor der Wagen in der Tiefe verschwand.«

»Um Himmels willen, da bekäme ich auch Höhenangst«, antwortete Hinde betroffen.

»Schsch, kein Wort mehr darüber. Es wäre ihr bestimmt nicht recht, dass ich Ihnen davon erzählt habe«, zischte Root. Er hatte bemerkt, dass Dian auf dem Weg zurück zu ihnen war.

»Genug ausgeruht? Können wir weiter?«, fragte sie vergnügt, als sie die Männer erreicht hatte.

Ihre Begleiter nickten, standen auf und klopften sich wie sie Blätter und morsche Holzreste von der Kleidung.

Dian warf einen prüfenden Blick auf ihre Armbanduhr.

»Entweder wir finden die Gruppe bald, oder wir kehren für heute um und versuchen morgen an einer anderen Stelle erneut unser Glück.«

Zehn Minuten vergingen, schweigend stapften die vier im Gänsemarsch durch den Wald, dann hob Sanwekwe, der wie üblich die Führung übernommen hatte, plötzlich den rechten Arm.

Augenblicklich blieben alle stehen und lauschten.

Dian kräuselte die Nase und sog schnüffelnd die feuchte Luft ein. Ein breites Lächeln huschte über ihr geschwollenes Gesicht.

Sie nickte.

Es roch eindeutig nach Gorilla.

Langsam und vorsichtig setzte die Gruppe sich wieder in Bewegung. Sanwekwe schob das dichte Blattwerk vor sich ein wenig beiseite und spähte hindurch.

Er drehte sich um, winkte Dian zu sich, und sie blickte ebenfalls durch die grüne Blätterwand.

Was sie sah, ließ ihr Herz schneller schlagen.

Vor ihr auf einer kleinen Lichtung lagerte Gruppe 8 mit ihrem Silberrücken Rafiki, alle fünf Mitglieder vereint bei einer nachmittäglichen Ruhepause.

Dian zog ihren Kopf aus der Lücke im Gebüsch zurück und drehte sich zu ihren Begleitern um.

»Sie haben großes Glück, Professor«, flüsterte sie. »Dort drüben liegen fünf Tiere und machen Siesta. Sie müssen ganz leise sein, keine unnötigen Bewegungen oder Geräusche.«

»Und wenn sie sich von uns gestört fühlen?«

»Ruhig Blut, Professor. Rafiki hat mich gesehen und schien nicht beunruhigt«, antwortete Dian, warf ihrem Gast dann aber einen strengen Blick zu und meinte tadelnd: »Ich hatte Sie doch gebeten, hier draußen im Busch immer die Kappe zu tragen. Warum haben Sie sie abgesetzt?«

Am Vorabend hatte Dian den Professor darauf hingewiesen,

dass sein dichtes graues Kopfhaar von den Affen fälschlicherweise als Silberrückenfell und dadurch als mögliche Bedrohung missgedeutet werden könnte. Hinde war daraufhin zum Gästezelt gegangen und hatte in seinem Gepäck nach seinem Käppi gekramt.

»Mir war zu heiß«, murmelte der Professor wie ein ertappter Schuljunge.

»Bitte setzen Sie die Mütze wieder auf. Sicher ist sicher.«

Dian wusste nicht, wie die Tiere sich verhalten würden. Jane Goodall hatte erzählt, wie unterschiedlich ihre Schimpansen auf verschiedene Haar- und Kleidungsfarben von Besuchern reagiert hatten, und sie selbst erinnerte sich noch ganz genau, wie sie mit ihrer Umhängetasche aus künstlichem Leopardenfell in Gombe bei einer Schimpansenfrau Panik ausgelöst hatte.

Bei ihren Gorillas wollte Dian deshalb lieber kein Risiko eingehen.

»Los, Professor. Kommen Sie her und sehen Sie selbst.«

Dian deutete auf die Lücke in der Vegetation, durch die sie die Gruppe gesehen hatte.

Hinde trat näher, und obwohl er in seinem Leben bereits unzählige verschiedene Tierarten beobachtet hatte, war der Moment, als er zum ersten Mal frei lebende Berggorillas in ihrer natürlichen Umgebung sah, wohl auch für ihn etwas ganz Besonderes, denn er lächelte glücklich.

Nach dem Abendessen kam Robert Hinde noch einmal auf die Erlebnisse des Tages zu sprechen.

»Ich kann es immer noch nicht glauben, der Affe... wie hieß er noch mal... Peanuts, richtig? Er hat tatsächlich mit meinen Schnürsenkeln gespielt.«

Der Professor schüttelte den Kopf, so als könnte er das Erlebte immer noch nicht richtig einordnen. Seine Begegnung mit der Gorillagruppe hatte ihn schier überwältigt. Nachdem sie sich ihnen vorsichtig genähert hatten, war eines der Tiere, ein junges Männchen namens Peanuts, auf sie zugekommen und hatte sich in Dians Nähe niedergelassen.

Als er selbst sich dann neben Dian zu Boden sinken ließ und wie diese vorgab, an ein paar Selleriestängeln zu knabbern, da dauerte es nicht lange, bis Peanuts sich Hindes ausgestreckten Beinen näherte und mit den Schnürsenkeln seiner Wanderstiefel spielte.

»Ja, sie finden beinahe alles interessant, was man so dabeihat«, antwortete Dian lachend. »Mir haben sie schon ein Notizbuch und einen Handschuh stibitzt. Alles wird untersucht, und vor allem die Jungtiere sind furchtbar neugierig und wollen ständig spielen. Puck, ein Jungtier aus Gruppe 5, scheint dabei ganz besonders erfinderisch zu sein. Er liebt meine Kameraobjektive und das Fernglas, eigentlich alles, was glänzt oder worin sich etwas spiegelt, und schnappt sich diese Dinge, wann immer er sie zu fassen bekommt. Dann untersucht er sie neugierig, richtet sich auf und dreht sich um die eigene Achse, das Objektiv vors Auge haltend, und schaut sich die Pflanzen oder seine Familie an. Ich nenne es das Admiral-Nelson-Spiel, es ist zu drollig, ihm dabei zuzuschauen. Ich habe auch schon mal beobachtet, wie er das Objektiv quasi wie ein Mikroskop auf den Boden richtet und konzentriert auf die Pflanzen am anderen Ende der Linse starrt. Das nenne ich sein Marie-Curie-Spiel.«

Wie eine stolze Mutter strahlte Dian über das ganze Gesicht, als sie vom Forscherdrang des jungen Gorillas erzählte.

»Haben Sie schon mal versucht, die Tiere aus der Hand zu

füttern? Jane Goodall hat mit ihren Bananen ja große Erfolge erzielt.«

»Ich weiß, ich habe letztes Jahr in Gombe gesehen, wie sie während der Polio-Epidemie die mit Medikamenten präparierten Bananen an ihre Schützlinge verteilt hat und sie die Medizin ganz freiwillig genommen haben.«

»Ja, genau, diese Bananen kosten die Universität dreitausend Pfund im Jahr«, fiel Hinde Dian lachend ins Wort. »Sie können sich gar nicht vorstellen, wie lange ich auf meine Kollegen von der Verwaltung einreden musste, bis sie diesen Sonderposten für Gombe bewilligt haben. Wenn Sie jetzt auch Geld für Futterbananen wollen, dann bekomme ich wirklich ein Problem.«

Er zuckte in gespielter Verzweiflung mit den Schultern.

»Keine Sorge, das will ich nicht«, antwortete Dian lachend. »Jane hat mir damals erzählt, dass Schimpansen ein umfangreiches Kräuterwissen besitzen und sich bei Krankheit oder Vergiftung bestimmte Pflanzen im Mund zusammenrollen, anstatt sie zu fressen, und sich so selbst mit Kräutern, Rinden oder Tonerde behandeln. Ich frage mich, ob Gorillas so etwas auch tun.« Sie lächelte. »Jedenfalls sind es offene Fragen wie diese, die ich in Karisoke in Zukunft beantworten will. Aber meine Gorillas sind lange nicht so zutraulich wie Janes Schimpansen. Zumindest noch nicht. Aber vielleicht werden sie mir irgendwann auch aus der Hand fressen, wer weiß?«

»Ehrlich gesagt weiß ich nicht, ob das so wünschenswert wäre, Dian«, mischte sich Alan Root in das Gespräch ein. Bislang hatte er meist schweigend zugehört. »Ich finde es nicht gut, wenn du dich immer näher an die Tiere heranarbeitest und sie noch mehr an dich gewöhnst. Man muss sie nicht berühren oder von ihnen berührt werden, *beobachten* genügt auch, finde ich. Als Beobachter sollte man versuchen, unsichtbar zu werden – und am besten im Laub verschwinden. Erst wenn die Gorillas deine Anwesenheit akzeptieren und sie so natürlich ist wie die einer Waldgazelle, erst dann kannst du ihr *natürliches* Verhalten erkennen und beeinflusst es nicht durch deine Anwesenheit. George Schaller ist immer nur am Rand einer Gruppe stehen geblieben und hat lediglich zugesehen«, schloss er tadelnd.

»Jaja, ich kenne deine Argumente, Alan, aber ich bin anderer Ansicht«, antwortete Dian rasch. »Ich bin jetzt weit über ein Jahr hier draußen und habe meine eigenen Erfahrungen gemacht. Und ich habe jetzt schon mehr Beobachtungsstunden angesammelt als Schaller in seiner ganzen Zeit in Kabara. Ich mache die Dinge halt auf meine Art. Diese Gorillas haben mich gelehrt, sie aus sich selbst heraus zu akzeptieren und sie nie über das Level an Toleranz, zu dem sie bereit sind, hinaus zu bedrängen.« Sie sah ihre Gesprächspartner ernst an. »Jeder menschliche Beobachter ist letztlich immer auch ein Eindringling in den Lebensraum des wilden Tieres und muss sich daran erinnern, dass die Rechte dieses Tieres höher stehen als sein eigenes Interesse. Doch was meinen Sie, Professor? Als mein zukünftiger Mentor haben Sie doch bestimmt auch eine Meinung? Soll ich die Gorillas füttern oder nicht?«

»Ich habe bislang keinerlei spezielle Erfahrung mit Gorillas und sollte mich aus dieser Diskussion besser heraushalten«, antwortete Hinde und hob abwehrend die Hände. »Doch etwas kann ich Ihnen nach dem heutigen Tag bereits sagen, auch wenn es Ihnen wahrscheinlich nicht so recht schmecken wird.«

Robert Hinde sah seine zukünftige Studentin ernst an.

»Ich habe heute gesehen, wie Sie vorgehen, Dian, und was Sie da draußen notieren. Und was nicht. Damit Ihre beeindruckenden Forschungsergebnisse in der Welt der Wissenschaft akzeptiert werden, müssen Sie unbedingt Ihre Dokumentationsmethoden vereinheitlichen, das heißt, Sie müssen mehr statistische Daten erheben und diese professionell verarbeiten. Und Sie müssen sich ganz grundsätzlich einige theoretische Grundlagen der Verhaltensforschung aneignen und dazu auch Zeit bei uns in Cambridge verbringen und Kurse belegen. Was aber das Thema Gewöhnung betrifft...« Er machte eine Pause, als wollte er kurz nachdenken, bevor er sein Urteil traf.

»Ich weiß nur, dass Jane Goodall mit ihrer Methode zu ganz außerordentlichen neuen Erkenntnissen gelangt ist, und habe die Hoffnung, dass es bei Ihnen hier in Karisoke ganz ähnlich laufen könnte, Dian. Ich darf Sie doch Dian nennen?«

»Natürlich, Professor.«

»Robert.«

»Dann also Robert.«

Dian stand auf und ging hinüber zu einem kleinen Regal, nahm eine halb volle Flasche Whiskey und drei kleine Gläser heraus, stellte sie auf den Tisch und goss jedem einen Schluck der goldgelben Flüssigkeit ein.

»Ein guter Bourbon aus meiner alten Heimat Kentucky, die ja bekannt ist für Pferderennen und Bourbon-Cocktails. Hier, bitte. Ist zwar kein Mint Julep, aber immerhin.«

Sie reichte Robert und Alan jeweils ein Glas, dann hob sie ihr eigenes zum Toast.

»Auf gute Zusammenarbeit.«

»Auf gute Zusammenarbeit.«

Nach Professor Hindes Abreise blieb Alan noch ein paar Tage bei Dian in Karisoke. Eigentlich hatte er dort Filmaufnahmen machen wollen, doch der Dauerregen verhinderte dies fast ständig. Und auch Dians standhafte Weigerung, sich mit ihrem geschwollenen Gesicht auf Zelluloid bannen zu lassen.

Sie kamen überein, dass Dian im September in die USA reisen und Alan bis dahin in Nairobi jemanden organisieren würde, der das Lager während ihrer Abwesenheit beaufsichtigen konnte.

Alan und seine Frau sollten nach Dians Reise nach Karisoke kommen – wann, konnte er noch nicht sagen, da er andere Verpflichtungen hatte –, doch dann würde er die gewünschten Filmarbeiten für den *National Geographic* übernehmen.

Zwei Wochen nach Alans Abreise erhielt Dian zwei Briefe, einen von Alan und einen von seiner Frau Joan.

Alans Brief begann mit einer Entschuldigung, dass er ihr noch keinen Vertreter besorgt habe, aber er sei drei Tage nach seiner Rückkehr aus Ruanda von einer Puffotter in die rechte Hand gebissen worden. Vierundzwanzig Stunden habe es auf Messers Schneide gestanden, ob er ins Gras beiße oder nicht, schrieb er lakonisch.

Joans Brief war ausführlicher und aufschlussreicher. Es sei Alan sehr schlecht gegangen, sein Arm sei immer noch geschwollen und die Hand nicht zu gebrauchen. Er wollte eine riesige Puffotter melken, während Joan ihn fotografierte, und sei dabei gebissen worden. Obwohl er die Schlange bereits gemolken hatte, war noch genügend Gift in den Zähnen gewesen, dass es ihm äußerst schlecht ging und man ihn schnellstmöglich nach Nairobi ins Krankenhaus fliegen musste. Dank des Einflusses von Louis Leakey sei ein Spezialist aus Südafrika hinzugezogen worden, und mittlerweile sei Alan zum Glück auf dem Wege der Besserung, so Joan.

Dian war schockiert, als sie die beiden Briefe las. Sie machte sich Sorgen um Alan, gleichzeitig hoffte sie aber, dass er trotz seiner Krankheit ihre eigene Not nicht vergaß.

Sie hatte ihre Auslandsreise bereits vollständig geplant und brauchte nun nur noch einen Stellvertreter für Karisoke. Sobald dieser eintraf, wollte sie zunächst nach Nairobi fliegen, um Dr. Leakey zu besuchen und ihm von ihren Ergebnissen zu berichten, anschließend nach Cambridge, um ihr Promotionsstudium zu besprechen, dann nach Washington, D. C., wo sie über weitere Fördermittel verhandeln musste, und zu guter Letzt würde sie noch ihre Freunde in Louisville und ihre Eltern in Kalifornien besuchen.

Ganz oben auf der Prioritätenliste stand ihr Besuch beim Zahnarzt. Mit den ausgefallenen Goldfüllungen im Gepäck hoffte sie auf ein baldiges Ende der zermürbenden Schmerzen.

Als Dian zwei Wochen später endlich die erlösende Nachricht von den Roots erhielt, war sie unendlich erleichtert.

Der Mann, den Alan auserkoren hatte, würde am 20. September in Karisoke ankommen, sodass ihr noch genügend Zeit blieb, ihn vor ihrer Abreise zumindest grob mit dem Lager und den Gorillagruppen vertraut zu machen.

Er sei ein guter Freund, schrieb Alan, ebenfalls Brite, lebe aber seit seinem ersten Lebensjahr in Afrika und spreche fließend Suaheli. Als ehemaliger Offizier der *King's African Rifles* ein wahrer britischer Gentleman, sei der Mann seit seiner Zeit als Verkäufer von Autos der Marke Jaguar auch ein geschickter Automechaniker. Er arbeite jedoch bereits seit vierzehn Jahren erfolgreich als Fotograf und Filmemacher.

Er habe kürzlich bei archäologischen Ausgrabungen mit Richard Leakey, dem Sohn von Louis, im Norden Kenias gearbeitet und freue sich auf die Gelegenheit, frei lebende Gorillas filmen und fotografieren zu können.

Dians Neugier war geweckt.

Kapitel 11

Robert Campbell trat mit hoch erhobenem Kopf aus dem Buschwerk und sah sich um. Als er ein Stück weit entfernt vor einer Holzhütte eine schlanke Gestalt auf einem Stuhl erblickte, hob er zum Gruß kurz die Baskenmütze von seinem Kopf.

»Tatsächlich sehr britisch«, murmelte Dian, die mit lang ausgestreckten Beinen in ihrem Klappstuhl saß und ihren Nachmittagstee trank.

Es war Freitag, der 20. September, und Robert Campbell traf genau zum verabredeten Zeitpunkt in Karisoke ein, stellte sie erfreut fest. Seine Verlässlichkeit gefiel ihr, stand sie doch im positiven Kontrast zum eher laxen Verhältnis ihrer afrikanischer Mitarbeiter zu einigen von ihr sehr geschätzten Tugenden wie Pünktlichkeit und Zuverlässigkeit.

Und noch etwas anderes gefiel Dian gleich.

Robert Campbell war groß gewachsen und schlank und hatte ein schmales, aristokratisch geschnittenes Gesicht. Dian schätzte, dass er um die vierzig war, denn beim flüchtigen Lüften der Mütze hatte sie seine beginnende Glatze sehen können.

»Eitel wie alle Briten«, murmelte sie spöttisch und grinste verstohlen. »Da hat er doch die Mütze ganz schnell wieder aufgesetzt, damit ich seinen kahlen Schädel nicht bemerke.«

Dian stellte ihren Emaillebecher auf den Boden, stand auf und ging ihrem Besucher über die Lichtung entgegen.

»Sie müssen Robert Campbell sein«, begrüßte sie ihn forsch. »Alan Root hat Sie für heute angekündigt. Wenigstens sind Sie pünktlich.«

Sie streckte ihm die Hand entgegen.

»Dian Fossey, erfreut, Sie kennenzulernen.«

Sie schüttelten sich die Hände.

So erfreut, wie sie Campbell gegenüber behauptete, war Dian in Wirklichkeit gar nicht. Eigentlich hatte sie sich Alan als ihren Vertreter gewünscht, doch da er nicht kommen konnte, schien ihr ein Freund von ihm das kleinste Übel zu sein. Zumindest würde sie nun zum ersten Mal seit beinahe zwei Jahren nach Hause reisen können.

»Dann muss ich halt in den sauren Apfel beißen«, hatte sie ihrer Freundin Rosamond nach Alans Absage enttäuscht geschrieben. »Aber ich will seinen Ersatzmann ziemlich kühl und reserviert behandeln, damit er keinesfalls den Eindruck bekommt, als wäre er sonderlich willkommen.«

In ihrem Antwortbrief hatte Rosamond geraten, dem Mann zumindest eine Chance zu geben. Sie könne froh sein, dass ihre Reisepläne nicht gänzlich ins Wasser gefallen waren.

»Robert Campbell, aber nennen Sie mich bitte Bob«, antwortete Campbell nun freundlich. »Alan und Joan haben mir schon viel von Ihnen erzählt, Miss Fossey. Und Dr. Leakey ebenfalls.«

»Aha, dann bin ich gespannt, ob ich diesen Berichten auch gerecht werde.« Dians Mund verzog sich zu einem säuerlichen Lächeln. »Kommen Sie, ich zeige Ihnen, wo Sie schlafen werden.«

Ohne viel Federlesens machte sie auf dem Absatz kehrt

und ging hinüber zu ihrem alten Zelt, das ein Stück entfernt an einem anderen Platz auf der Wiese aufgebaut worden war. Bob Campbell sollte in den nächsten Wochen dort schlafen, denn Dian hatte keineswegs vor, ihm in ihrer Abwesenheit die Hütte zu überlassen.

Zumindest schien er keine luxuriöse Unterkunft erwartet zu haben, denn er folgte ihr ohne Murren, nickte und ließ sich das grundlegende Layout des Lagers erklären.

Dian zeigte ihm das Küchenzelt, die kleine Hütte, in der Ausrüstung und Vorräte lagerten, und führte ihn zum Schluss zur Latrine am Rande des Camps.

»So, jetzt haben Sie alles gesehen und sollten allein klarkommen. Ich habe jedenfalls noch zu arbeiten. Angenehme Nachtruhe wünsche ich.« Mit diesen Worten drehte Dian sich um und ging in Richtung ihrer Hütte davon.

Verdattert, weil seine Gastgeberin ihn einfach so stehen ließ, kehrte Bob in das Zelt zurück und räumte die wenigen mitgebrachten Habseligkeiten und Kleidungsstücke in die alten Holzkisten, die ihm als Schrank und Tischersatz dienen sollten.

Seine Freunde Alan und Joan Root hatten ihn vorgewarnt. Dian Fossey sei ein spezieller Charakter, hatten sie gesagt, und er solle sich von ihrer Schroffheit nicht abschrecken lassen. Sie sei zwar spröde, aber eigentlich herzensgut, könne dies aber schlecht zeigen, hatte Alan betont. Vor allem attraktiven Männern wie Robert gegenüber würde Dian das schwerfallen, hatte Joan diese Beschreibung ergänzt.

»Spröde ist ein wenig untertrieben«, murmelte Bob nun, während er sich in seiner spartanischen Bleibe umsah. »Frostig wie die kühle Bergluft am Morgen trifft es eher. Aber egal, ich bin hier, um Gorillas zu filmen, und nicht, um eine nette Frau kennenzulernen.«

Er zog den klappbaren kleinen Bilderrahmen aus dem Rucksack, den er auf Reisen immer dabeihatte, und stellte ihn geöffnet auf eine der Kisten. Von einem der beiden Fotos lächelte ihm das Gesicht seiner Ehefrau Heather entgegen, das andere war ein Gruppenbild, das Bob selbst im Kreise einiger Männer zeigte. Nur wenn man das Bild genau betrachtete, erkannte man in der Gruppe Prinz Philip, den Herzog von Edinburgh und Ehemann der britischen Königin Elisabeth II. Der Herzog stand in tropentauglicher Kleidung inmitten seiner Begleiter und lächelte in die Kamera.

Liebevoll betrachtete Bob das Foto seiner Frau Heather.

Sie war Tierärztin in Nairobi, und ihre ganze Familie war eng mit Familie Leakey befreundet. Heather betreute auch die vielen Tiere der Leakeys.

Bob selbst hatte zunächst gezögert, das Vertretungsangebot in Karisoke anzunehmen, doch Heather hatte ihm sehr zugeraten. Ein paar Wochen bei den Gorillas wären eine großartige Chance, und er sei doch oft längere Zeit für seine Arbeit unterwegs. Das habe ihrer Ehe nie geschadet, hatte sie ihm erklärt.

Bob seufzte und packte weiter aus.

Nachdem er seine Unterkunft fertig eingerichtet und sich ein einfaches Abendessen zubereitet hatte, trat Bob vor dem Zubettgehen noch einmal vor sein Zelt, um den Geräuschen des nächtlichen Waldes zu lauschen.

Er stand mit dem Rücken zum Zelteingang, und seine schlanke Silhouette zeichnete sich im Schein der Kerosinlampe deutlich ab. Minutenlang stand er dort und lauschte hinaus ins Dunkel.

Der Wechsel zwischen den Klängen des Tages und denen der Nacht war faszinierend.

Nur in Dians Hütte am anderen Ende der Lichtung brannte noch Licht.

Bob lief ein Schauer über den Rücken.

Die Nacht wurde bereits empfindlich kühl, und der Schlafsack, der ihm bei früheren Safaris immer gute Dienste geleistet hatte, erschien Bob mit einem Mal für diese Witterung etwas zu dünn.

»Vielleicht sollte ich kurz zu ihr rübergehen und um eine Decke bitten?«, murmelte er, doch noch während er darüber nachdachte, erlosch das Licht in Dians Hütte.

Bob zuckte mit den Schultern. »Dann eben nicht. Morgen ist auch noch ein Tag.«

Er ging zurück in sein Zelt und bemerkte nicht, dass im Schutz des Hüttenfensters eine stumme Beobachterin den Atem anhielt, während sie neugierig jede seiner Bewegungen verfolgte.

Erst als Minuten später auch das Licht in Bobs Zelt gelöscht wurde, löste der Schatten sich aus dem Dunkel der Umgebung.

Ohne die Lampe auf ihrem Schreibtisch erneut anzuzünden, tastete sich Dian quer durch den Raum hinüber zu ihrem Bett und schlüpfte hinein.

Am nächsten Morgen stiegen sie gleich nach dem Frühstück über die unsichtbare grüne Grenze in den Kongo. Sie waren auf der Suche nach Dians bislang zugänglichster Gorillagruppe.

Als sie Gruppe 8 nach längerem Suchen tatsächlich fanden, demonstrierte Dian Bob, wie man sich in der Nähe der Tiere niederlässt und sie zunächst aus sicherer Entfernung beobachtet.

Bob hörte und sah aufmerksam zu. Er hatte bislang keinerlei Erfahrung mit Gorillas, doch sein Leben in Afrika und seine Kenntnisse als Fotograf und Filmemacher hatten ihn Geduld und Ausdauer im Umgang mit wilden Tieren gelehrt.

Leider stellte er unterwegs schnell fest, dass seine Kamera und das Filmequipment für das Klima im Bergregenwald wenig geeignet waren. Durch den moosbeladenen Baldachin aus Hageniapflanzen drang nur schwaches Tageslicht, es war düster und feucht, und das dicke schwarze Fell der Gorillas hob sich kaum vom schattigen Hintergrund der Pflanzen ab.

Bob erkannte instinktiv, dass seine filmische Aufgabe wohl viel herausfordernder werden würde, als er es erwartet hatte. Nachdem er die scheuen Menschenaffen jedoch mit eigenen Augen gesehen hatte, war er noch begieriger als zuvor, bald mit der Arbeit loslegen zu können.

Auch am nächsten Tag begleitete Bob Dian zu den Gorillas, und sie erklärte ihm so viel über die Tiere, wie sie nur konnte.

Ihm brummte bereits der Schädel von all den Informationen, und als Dian Sanwekwe am Nachmittag schließlich das Zeichen zur Umkehr gab, atmete Bob erleichtert auf.

Morgen würde sie abreisen, und dann hatte er das Camp für sich allein.

»Sie dürfen sich auf keinen Fall von den einheimischen Burschen einschüchtern lassen«, warnte Dian, während sie gemeinsam den steilen Berghang zurück zum Camp hinabstiegen. »Denken Sie immer daran, Sie sind der Chef in Karisoke, das heißt, Sie müssen den faulen Kerlen sagen, wo es langgeht.«

»Machen Sie sich diesbezüglich keine Sorgen«, antwortete Bob. Es war nicht das erste Mal, dass Dian dies betonte. »Wir werden schon miteinander klarkommen. Ich weiß, wie man mit Afrikanern reden und arbeiten muss.«

Dian verzog skeptisch das Gesicht, doch Bob lächelte sie zuversichtlich an.

Was ihn anging, so wussten beide Seiten genau, was sie voneinander zu erwarten hatten.

Nach einer weiteren Stunde Fußmarsch hatte der dreiköpfige Trupp das Camp gerade wieder erreicht, als Vatiri auf Dian zurannte und aufgeregt mit einem Telegramm wedelte.

Briefe waren in Karisoke selten genug, ein Telegramm war etwas Außergewöhnliches. Es konnte sehr Gutes beinhalten, aber auch sehr schlechte Nachrichten.

Für Bob stand außer Frage, um welches von beiden es sich diesmal handelte, denn nachdem Dian das Telegramm geöffnet und überflogen hatte, griff sie sich mit der Hand ans Herz, ließ das Papier fallen und rannte wortlos in ihre Hütte.

Bob trat näher und hob den schmalen Papierstreifen auf, der im Gras lag. Er strich das Telegramm glatt und las.

Die Nachricht war von Louis Leakey.

BEDAURE SEHR FOLGENDES TELEGRAMM DURCHGEBEN
ZU MÜSSEN EINGEGANGEN AM 18. TEXT: VATER
SELBSTMORD BEGRÄBNIS MORGEN IN TRAUER UND
LIEBE KAY ENDE

Kapitel 12

B ob hob den Kopf und lauschte in die Dunkelheit.

War da etwas? Ein Geräusch vor seinem Zelt hatte ihn aufgeschreckt. Eine Art heiseres Kratzen.

Wieder war das merkwürdige Geräusch zu hören, dieses Mal etwas lauter.

Bob stand auf, packte seine Lampe am Griff und schob die Zeltplane beiseite.

Er leuchtete nach draußen.

Ein schmaler Schatten löste sich aus der dunklen Umgebung.

»Ach, Sie sind es.« Bob klang überrascht. »Geht es Ihnen gut? Was führt Sie mitten in der Nacht zu mir?«

Seit der Ankunft des Telegramms am Nachmittag hatte Bob nichts mehr von Dian Fossey gehört oder gesehen, und das war bereits viele Stunden her. Sie hatte sich wortlos in ihre Hütte zurückgezogen, und Bob hatte sich den Rest des Tages im Lager beschäftigt. Er hatte sich um sein Zelt und seine Ausrüstung gekümmert und kontrolliert, ob für seinen Aufenthalt alles in Ordnung war.

Selbst als irgendwann die Dunkelheit über der Lichtung hereinbrach, drang kein Laut oder Lichtschein aus Dians Hütte. Bob hatte es mehrfach überprüft. Hatte hin und her überlegt, ob er klopfen sollte, um zu fragen, ob er etwas für sie tun könne, oder ob er Dian mit ihrer Trauer besser in Ruhe ließ.

Bob hatte sich für Letzteres entschieden, wohl das einzig Richtige, was er als Außenstehender tun konnte. Wenn Dian mit ihm reden wollte, dann würde sie das tun. Oder auch nicht. Es wäre jedenfalls ihre Entscheidung. Er würde sie nicht bedrängen.

Nun stand Dian Fossey vor ihm, und selbst im schwachen Schein der Lampe konnte Bob ihre vom langen Weinen geröteten Augen erkennen.

»Darf ich reinkommen?«

Dians Stimme war nur ein Flüstern.

»Natürlich, bitte kommen Sie herein.«

Bob trat beiseite und gab den Weg frei. Zu zweit war es mit einem Mal voll im Zelt. Er sah sich um.

»Bitte nehmen Sie doch Platz.«

Er deutete auf eine Holzkiste und ließ sich selbst auf den Rand seiner Schlafpritsche sinken.

»Wie kann ich helfen?«

Er sah Dian fragend an.

»Ich wollte mich bei Ihnen entschuldigen«, begann sie stockend. »Ich wollte Sie vorhin nicht einfach so stehen lassen, aber …« Sie hielt inne.

»Sie müssen sich nicht entschuldigen, Miss Fossey.«

»Nennen Sie mich doch bitte Dian. Miss Fossey klingt so förmlich.« Ein schwaches Lächeln huschte über ihr blasses Gesicht.

Bob nickte. Er spürte, dass sie noch etwas anderes auf dem Herzen hatte. Seine Geduld wurde belohnt.

»Mein Vater hat Selbstmord begangen.«

Wieder nickte Bob und sah Dian mitfühlend an.

»Die längste Zeit meines Lebens waren wir uns fremd, mein Vater und ich«, fuhr sie fort. »Meine Eltern haben sich scheiden lassen, da war ich erst sechs Jahre alt. Ich wuchs bei meiner Mutter und ihrem zweiten Mann auf. Zu meinem biologischen Vater hatte ich viele Jahre lang keinen Kontakt.«

Erneut nickte Bob, schwieg aber immer noch, um Dians Redefluss nicht zu unterbrechen. Schweigen war nach Bobs Erfahrung ohnehin häufig die passende Reaktion.

»Mein Vater hat auch noch einmal geheiratet. Seine Frau hat das Telegramm geschickt.«

Dian ließ den Kopf sinken und starrte auf ihre Stiefel.

»George, mein Vater, hat erst vor ein paar Jahren wieder Kontakt zu mir aufgenommen. Wir hatten ein schwieriges Verhältnis, aber wir waren auf dem Weg, dies zu ändern. Wir haben uns ab und an geschrieben und uns sogar dreimal getroffen, um uns besser kennenzulernen. Einmal in Chicago, einmal in New York und einmal in San Francisco.«

Wieder verstummte sie einen Moment, und Bob wartete, ob sie fortfahren würde.

»Hier, das ist mein Vater in seiner alten Marineuniform während des Zweiten Weltkriegs.«

Sie reichte ihm ein kleines Schwarz-Weiß-Foto, dem man die Spuren des Alters deutlich ansah. Er fand es bezeichnend, dass sie das Foto mit nach Afrika genommen hatte.

»Mein Vater hat mir vor einiger Zeit geschrieben, er habe einen Artikel in der Zeitung von San Rafael gelesen, in dem über mich und mein ›afrikanisches Abenteuer‹ berichtet wurde.« Sie deutete Anführungszeichen in der Luft an. »Er sei sehr stolz gewesen, als ich dort die Tochter von George Fossey genannt wurde.« Dian lächelte, und Bob konnte sehen, wie ihr bei den eigenen Worten erneut Tränen in die Augen stiegen.

»Ich habe mich oft gefragt, wie er Karisoke und mein Leben hier wohl finden würde«, fuhr sie fort. »Mein Vater hat mir mal erzählt, dass er die Wildnis, die ungezähmte Natur, sein ganzes Leben lang sehr geliebt habe, aber leider nie die Möglichkeit hatte, sie wirklich zu erleben. Vielleicht habe ich diese Liebe von ihm geerbt?« Sie sah Bob beinahe bittend an.

»Bestimmt«, antwortete er, denn eine positive Bestätigung schien angebracht zu sein.

»Jedenfalls ging es meinem Vater in letzter Zeit nicht sonderlich gut, das habe ich seinem letzten Brief angemerkt, aber seine zweite Frau schien sich gut um ihn zu kümmern. Ich habe oft an ihn gedacht und wollte ihn auch besuchen, wenn ich jetzt nach Hause fahre. Und nun dies. Ich kann es einfach nicht fassen. Irgendwie kommt es mir so vor, als ob mein Vater nun im Tod realer ist, als er es im Leben war.«

Traurig schüttelte Dian den Kopf, dann zog sie einen zerknitterten Umschlag aus ihrer Jackentasche.

»Das ist der Brief, mit dem mein Vater damals wieder Kontakt zu mir aufgenommen hat. Ich habe ihn noch keiner Menschenseele gezeigt, aber dir möchte ich ihn vorlesen, Bob.«

Es war das erste Mal, dass sie ihn duzte.

Bob lief ein sanfter Schauer über den Rücken, als sie seinen Vornamen mit ihrer rauchigen, fast ein wenig erotisch klingenden Stimme aussprach.

Er nickte.

Dian zog den Brief aus dem Umschlag, entfaltete ihn und drehte sich ein wenig zur Lampe, um die Schrift besser lesen zu können.

Dann las sie vor.

»Meine liebste Dian, ich kann mir vorstellen, dass Du überrascht bist, von mir zu hören, doch ich habe Deine Adresse erst heute ausfindig machen können. Vor über einem Jahr habe ich Hazel – das ist der zweite Vorname meiner Mutter – geschrieben und nach Deiner Adresse gefragt, doch keine Antwort von ihr erhalten.

Ich bin wieder verheiratet, meine Kleine, mit einer wundervollen Person, und wir sind sehr glücklich. Es ist vor zwei Jahren passiert. Im Augenblick leben wir in Inverness an der Tomales Bay. Es ist wunderschön hier oben. Rehe und Waschbären und Wachteln. Ich weiß bereits, dass Du die Idee aufgegeben hast, Tierärztin zu werden oder in der Landwirtschaft zu arbeiten, und Dich für Beschäftigungstherapie entschieden hast.

BITTE schreib Deinem Daddy und erzähl ihm davon. Falls Du ein Foto von Dir hast, BITTE schick es mir. Kathryn will meine schöne Tochter ebenfalls gerne kennenlernen und hat vorgeschlagen, dass wir Dich vielleicht besuchen könnten, wenn Du möchtest. Kommst Du überhaupt noch an die Küste?

BITTE, mein Kleines, schreib mir und erzähl mir von Dir. Ich war so begierig darauf zu wissen, wie es Dir geht und was Du machst, etc. BITTE, mein Kleines, bitte schreib mir.

All meine Liebe, Dein Vater George Fossey«

Dian ließ den Brief sinken. Heiße Tränen rannen ihr über die Wangen, und Bob reichte ihr sein Taschentuch.

Mit dankbarem Lächeln nahm sie es entgegen.

»Weißt du, Bob, erstaunlicherweise war mein Vater der Erste, der sich überhaupt Sorgen um mich machte, als er letztes Jahr von den Unruhen im Kongo hörte. Nicht meine Mutter oder Dr. Leakey. Mein Vater sah auf der Landkarte nach, und da die Kämpfe nahe genug an Kabara waren, rief er George Murphy an, den Senator von Kalifornien, der wiederum bei der *National Geographic Society* anrief, die sich mit dem Außenministerium in Verbindung setzte.« Sie lächelte traurig. »Mein Vater hat eine wahre Lawine für mich losgetreten.«

Dian seufzte und stand mit einem Ruck auf.

»Danke fürs Zuhören. Ich wollte nur, dass du das weißt.«

Mit diesen Worten drehte sie sich um, trat aus dem Zelt und eilte mit raumgreifenden Schritten über die Wiese zurück zu ihrer Hütte.

Bob starrte ihr lange nach.

Am nächsten Morgen reiste Dian ab, und Bob blieb allein in Karisoke zurück.

Wie geplant führte ihre Reise erst nach Nairobi, dann nach Cambridge und schließlich nach Washington, D.C., wo Dian die wenigen Filmaufnahmen, die Alan Root im Sommer gemacht hatte, dem Fördermittelkomitee des *National Geographic* vorlegte. Man hielt eine Pressekonferenz ab, um von Dians Forschungen zu berichten.

Erst im Anschluss daran reiste sie nach Kentucky, um sich bei ihrem alten Zahnarzt die kaputten Zähne richten zu lassen. Viele Stunden verbrachte sie im Zahnarztstuhl und ließ sich bei der Gelegenheit im Krankenhaus auch eine kleine Wucherung auf der Augenhornhaut entfernen.

Die Tage in Louisville vergingen schnell, dennoch empfand Dian sie als enttäuschend, obwohl sich ihre alten Freunde ehrlich bemühten, ihr ein Gefühl des Nach-Hause-Kommens zu vermitteln.

In dem kleinen Cottage, in dem sie gewohnt hatte, lebte mittlerweile ein fremdes Ehepaar, und auch sonst fühlte

Dian sich fremd und fehl am Platz. Sie reagierte ungehalten auf ahnungslose oder gar herablassende Reaktionen auf ihre Geschichten aus Afrika und empfand das Leben in Louisville insgesamt als deutlich weniger angenehm, als sie es in Erinnerung hatte.

Schließlich war es an der Zeit, nach Kalifornien zu reisen.

Dian freute sich zwar auf das warme, sonnige Klima ihrer Heimat, fürchtete jedoch die unterkühlte Atmosphäre im Haus ihrer Eltern. Sie wusste, was sie dort erwartete.

Sie war ein einsames, unglückliches Kind gewesen, das nur wenige Freunde hatte und stattdessen Trost bei Tieren suchte. Sie lernte früh reiten, war sogar Mitglied ihrer Highschool-Equipe – ein Hobby, das sie Jahre später dazu brachte, den Job im Pferdestaat Kentucky anzunehmen –, doch das Verhältnis zu ihrer Mutter Kitty war von klein auf nicht unproblematisch. Dian sei linkisch, schlaksig, halte sich nicht gerade genug und sei ohnehin viel zu groß für eine Frau, nörgelte die hübsche, zierliche Blondine Kitty, ein ehemaliges Mannequin, unentwegt. Sie und Dians Stiefvater Richard Prize, ein erfolgreicher Geschäftsmann, gaben der heranwachsenden Dian ständig das Gefühl, ihren Ansprüchen nicht zu genügen.

Dian seufzte schwer. Vor nicht mal einer Stunde hatte sie vor der Haustür ihrer Eltern gestanden, den Finger für einen Moment zögernd über der Klingel, bevor sie schließlich doch geläutet hatte.

Wäre ich doch nur zuerst zu Tante Flossie und Onkel Bert gefahren, dachte sie verärgert, denn kaum war Kittys erste Willkommensfreude verflogen, da hatten die üblichen Vorwürfe begonnen.

Dian sehe schrecklich aus, ihre Haare und Fingernägel

seien eine Katastrophe, und überhaupt, sie sei ja noch dünner geworden. Nur noch Haut und Knochen. Afrika tue ihr nicht gut, und es sei kein Wunder, dass sie keinen neuen Mann finde, nachdem sie den, der sie heiraten wollte, vergrault habe.

Trotzig und mit abwehrend vor der Brust verschränkten Armen sah Dian ihre Mutter an.

»Was soll das heißen, vergrault? Ich habe Alexie nicht vergrault. Ich lasse mir nur kein Ultimatum stellen und mich erpressen.«

»Ach, Kind, erpressen, das klingt so hart. Wir haben es doch nur gut gemeint, und Alexie auch«, antwortete Kitty. »Er hat dich so geliebt, aber du musstest ihm ja gleich den Laufpass geben. Dabei war er eine so gute Partie! Ihr habt doch ganz gut zusammengepasst und überhaupt…«

Kitty Prize sah ihre Tochter vorwurfsvoll an.

»Was überhaupt?«, fragte Dian ungehalten.

»Überhaupt dieses Leben, das du dort drüben führst. Was du alles aufgegeben hast!« Kitty machte eine bedeutungsvolle Pause. »Es zerreißt mich förmlich. Warum bestrafst du uns nur so, Kind?«

Dian verdrehte genervt die Augen. Sie war es wirklich leid, sich immer wieder für die späte Berufsentscheidung rechtfertigen zu müssen.

»Es ist meine Karriere, Mutter. Mein Lebenswerk«, antwortete sie gepresst.

»Lebenswerk!«, höhnte Kitty und sah sich um Unterstützung heischend zu ihrem Ehemann um.

»Und diese grausigen Briefe, die du schreibst. All diese entsetzlichen Details«, ergänzte Richard Prize die Vorwürfe seiner Gattin quasi auf Knopfdruck. »Sie haben solch fürchterliche Auswirkungen auf deine Mutter. Musst du sie damit auch noch belasten? Genügt es dir nicht, zu wissen, dass wir uns Sorgen machen?«

»Ich schreibe nur, was ist«, antwortete Dian ärgerlich.

Die ungeschminkte Wahrheit über ihre harten Lebensbedingungen und die immer wieder auftretenden Konflikte mit den Einheimischen verschwieg sie den beiden ohnehin schon seit geraumer Zeit. Nach Alexies gescheiterter Rettungsmission war sie dazu übergegangen, in ihren Briefen nur noch eine abgeschwächte Version zu liefern, quasi eine so rosige Version der Realität, dass es beinahe an pure Fiktion grenzte.

»Ich will euch nicht beunruhigen, Mutter, ich teile euch nur mit, was ich dort drüben tue. Und es ist das, was ich tun will. Das müsst ihr verstehen, bitte. Ich bin sechsunddreißig Jahre alt, und es ist mein Leben.«

Damit war die Frage für Dian erledigt. Sie wollte weder die gelöste Verlobung von Alexie noch den Freitod ihres biologischen Vaters diskutieren, und in Letzterem waren Tochter und Mutter sich überraschenderweise sogar einig.

Über George Fossey wurde während Dians Besuch im Hause Prize kein weiteres Wort verloren.

Die restlichen Tage in Kalifornien vergingen in relativer Ruhe. Immer wenn Kitty mit einem Thema anfing, das ihrer Tochter nicht behagte, wechselte Dian konsequent das Thema und bewahrte so mit großer Mühe eine Art unbehaglichen Waffenstillstand.

An einem der letzten Tage dort besuchte Dian schließlich ihre Lieblingsverwandten, Flossie Chapin, die Schwester ihrer Mutter, und deren Ehemann Bert.

Als Kind hatte Dian nur im Hause der Chapins echte Zuneigung und familiäre Nähe gespürt, und sie fühlte sich ihnen immer noch sehr verbunden.

Als sie mit zwölf Jahren von zu Hause weglief, um in Europa Kriegswaisen des Zweiten Weltkriegs zu helfen, deren Schicksal sie zu Tränen gerührt hatte, waren Onkel und Tante ihre Fürsprecher bei den wütenden Eltern gewesen, nachdem man Dian an den Schiffskais in San Francisco aufgegriffen hatte.

Natürlich wollte sie den beiden endlich Fotos der Gorillas zeigen, für die sie als Namenspaten fungiert hatten.

»Das hier ist die ganze Gruppe«, erklärte Dian gut gelaunt und legte zwei große Abzüge auf den Tisch vor ihren Onkel. »Und das hier ist Onkel Bert.« Sie deutete auf eines der Fotos. »Der Silberrücken hat mich irgendwie an dich erinnert. Schade, dass mein Brief in der Post verloren gegangen ist, sonst wüsstest du bereits von deinem pelzigen Namensvetter«, sagte Dian lachend.

»Also wirklich, Dian«, tadelte Tante Flossie, als sie das wenig begeisterte Gesicht ihres Mannes bemerkte. »Ist dir denn nichts Besseres eingefallen als ausgerechnet der Name *Onkel Bert?*«

»Schau doch selbst, bevor du vorschnell urteilst«, antwortete Dian und schob ihrer Tante den etwas verschwommenen Abzug über den Esstisch, damit sie den Gorilla besser sehen konnte.

»Aber das ist ja…« Weiter kam die Tante nicht, dann wurde sie von einer solchen Lachsalve geschüttelt, dass ihr Tränen über die Wangen liefen.

»Du hast recht!«, rief sie und japste nach Luft. »Er hat den gleichen verkniffenen Gesichtsausdruck wie du, Bert, als ob ihm eine Laus über die Leber gelaufen wäre.«

»Exakt«, kicherte Dian, denn genau dieser Ausdruck auf

dem faltigen Affengesicht hatte sie bei der Namensgebung inspiriert.

Sie schob eine weitere Fotografie über den Tisch, auf der das älteste Weibchen von Gruppe 4 im Profil zu sehen war. Flossies dicker Bauchansatz war deutlich zu erkennen.

»Darf ich euch jetzt auch noch Tante Flossie vorstellen? Ich habe mir gedacht, der gute Onkel Bert sollte dort drüben nicht allein sein. Normalerweise schaut das Tantchen aber nicht so missmutig drein, doch vielleicht hatte sie Ärger mit ihrem Gatten!« Dian prustete und zwinkerte ihrem Onkel vergnügt zu, als ihr die echte Tante Flossie in gespielter Empörung auf den Oberarm knuffte.

Kurz vor der Abreise überreichten ihre Eltern Dian einige Schmuckstücke aus dem Nachlass ihres leiblichen Vaters George Fossey, die seine Witwe an die Adresse der Prizes geschickt hatte, weil sie fürchtete, die Erbstücke könnten auf dem Postweg nach Ruanda verloren gehen.

Dian freute sich sehr über das Geschenk und versprach, den Schmuck in Ehren zu halten.

Der endgültige Abschied von ihren Eltern war unerwartet herzlich, denn trotz aller Kritik konnten Kitty und Richard einen gewissen Stolz auf Dians wachsende Bekanntheit und ihren Erfolg doch nicht gänzlich von der Hand weisen, und so schieden die drei letztlich im Guten voneinander.

Als Abschiedsgeschenk bekam Dian von ihnen einen batteriebetriebenen Kassettenrekorder, und auf dem Weg zum Flughafen besorgte sie sich schnell noch ein paar ihrer Lieblingsmusikstücke, darunter klassische Klaviermusik, die Beatles, Frank Sinatra, Édith Piaf, ein wenig Jazz und den Soundtrack des Kinofilms *Doktor Schiwago*.

Die Rückreise führte Dian zunächst nach London, wo sie sich mit Louis Leakey und Robert Hinde zum Abendessen im Haus von Jane Goodalls Mutter traf, mit der ihr Mentor seit Langem befreundet war.

Leakey hatte selbst gekocht, Ente mit afrikanischem Dressing und allerlei exotischen Beilagen, die er allerdings erst während des Kochens kreierte.

Und so schmeckten sie auch, befand Dian amüsiert.

Nach dem Abräumen verschwanden die Gastgeberin und der Möchtegernkoch in der Küche, und Dian war froh, dass sie nach der Küchenschlacht, die Leakey darin geschlagen hatte, nicht beim Aufräumen und Putzen helfen musste.

»Sie müssen sich unbedingt ein paar Standardmethoden der Forschungsanalyse aneignen, Dian«, nahm Hinde den Gesprächsfaden wieder auf. »Wann können Sie endlich für ein paar Monate nach Cambridge kommen?«

Seit seinem Besuch in Karisoke war Robert Hinde von Dians Arbeit begeistert, und sie hatte angefangen, ihm jeweils Kopien ihrer Arbeitsberichte für Leakeys Stiftung zu schicken. Hinde hätte sie lieber gestern als morgen in seinem Institut begrüßt.

»Sie brauchen wirklich eine solide akademische Grundlage«, fuhr er fort. »Nur so sichern Sie Ihrer bahnbrechenden Arbeit die angemessene Aufmerksamkeit.«

Dian seufzte.

»Wenn Sie wüssten, Robert, wie schwierig es war, überhaupt für eine Weile aus Karisoke wegzukommen. Ich weiß ja, was wir bei Ihrem Besuch besprochen haben, und ich habe mir in den letzten Wochen natürlich auch meine Gedanken gemacht. Doch solange ich niemanden habe, der mein Lager betreut, kann ich nicht nach Cambridge reisen. Und außerdem muss endlich auch das Thema Tierzählung angegangen werden.«

Ihre Miene verfinsterte sich, und sie sah den Professor ernst an.

»Ich schätze, dass die Gesamtzahl der Berggorillas, die George Schaller 1960 ausgemacht und gezählt hat, durch die stetige Wilderei und die vielen Brandrodungen mittlerweile um die Hälfte gesunken ist. Wenn ich das auf die gesamte Population hochrechne, dann ist die Gefahr, dass die Berggorillas aussterben, noch viel größer, als wir angenommen haben. Spätestens in ein, zwei Jahrzehnten wird es keine Berggorillas mehr geben. Weder in den Virungas noch sonst irgendwo.«

»Ich verstehe Ihre Sorgen, Dian, und ich werde alles in meiner Macht Stehende tun, um einen Assistenten für Sie zu finden. Ich befürchte aber, dass die Universität die Finanzierung nicht übernehmen kann, weil ihr dafür die Mittel fehlen. Vielleicht könnte ja die *National Geographic Society* diesen Zensus finanzieren?«

»Vielleicht, doch ich fürchte, es wird noch eine Weile dauern, bis das alles geklärt ist und ich nach Cambridge kommen kann«, antwortete Dian rasch. »Aber erzählen Sie mir jetzt doch bitte von Ihren eigenen Untersuchungen.«

Wie jeder von seiner Forschung überzeugte Wissenschaftler ging auch Robert Hinde bereitwillig auf Dians geschickten Themenwechsel ein und drängte sie nicht weiter in die Enge.

Drei Tage nach dem Essen in London war Dian zurück in Zentralafrika und wurde am kleinen Flughafen von Gisenyi von ihrer Freundin Rosamond in Empfang genommen.

Rosamond hatte Land Rover Lily bereitgestellt, sodass Dian

nach Kisoro fahren konnte, um nach einer Übernachtung in Walters Hotel früh am nächsten Morgen Lebensmittel einzukaufen und noch am selben Tag heimzukehren nach Karisoke.

Da man Bob Campbell vorsichtshalber eine Nachricht geschickt hatte, saß dieser quasi auf gepackten Taschen, als Dian am folgenden Nachmittag die Forschungsstation erreichte.

Obwohl die Reise bereits ein paar Tage länger gedauert hatte als abgemacht, würde er noch eine weitere Nacht im Lager verbringen, um über die Ereignisse der vergangenen Wochen zu berichten.

Kaum hatte Dian den Rand der Karisoke-Lichtung erreicht, da hatte ihre Hündin Cindy sie bereits entdeckt und rannte im gestreckten Galopp auf sie zu.

»Hallo, mein Mädchen! Ach, was habe ich dich vermisst!«, rief Dian, begeistert über die stürmische Begrüßung.

Cindy sah fröhlich und gut genährt aus, und ihr helles Fell glänzte im Sonnenlicht. Offensichtlich hatte Bob sich während ihrer Abwesenheit liebevoll um den Hund gekümmert.

Rasch ließ Dian ihren Blick über das Camp wandern. Bob war nirgendwo zu sehen, aber auf den ersten Blick wirkte alles ordentlich und aufgeräumt.

Die Sonne stand bereits tief am Horizont, es würde nicht mehr lange dauern, bis die Dunkelheit hereinbrach.

Dian atmete auf und spürte, wie die Anspannung der langen Reise langsam von ihr abfiel.

Sie schnappte sich ihr Gepäck, rief Cindy, schlenderte hinüber zu ihrer Hütte und schloss wenig später mit einem Seufzer der Erleichterung die Tür hinter sich und ihrem Hund.

»Endlich wieder daheim.«

Bobs Bericht würde bis zum Abendessen warten müssen. Jetzt wollte Dian erst einmal auspacken.

»Und gleich morgen früh nach Bobs Abreise werde ich auf den Visoke steigen und nach meinen Gorillas suchen«, erklärte sie Cindy, und die Hündin drehte beim Klang von Dians Stimme aufmerksam den Kopf hin und her.

Während sie den Hund hinter den Ohren kraulte, dachte Dian daran, dass ihr die lange Reise zumindest eines ganz klar vor Augen geführt hatte: Karisoke war ihr Zuhause. Hier gehörte sie hin.

»Und ich werde so lange bleiben, wie ich nur kann, und alles in meiner Macht Stehende unternehmen, dass meine Gorillas überleben. Und vielleicht hatte Alexie ja doch recht mit seinem Rat«, ergänzte sie grimmig und breitete die vier Halloween-Masken, die sie in Los Angeles gekauft hatte, vor sich auf dem Bett aus.

Die Auswahl an gruseligen Horrormasken im dortigen Kostümbedarf war enorm gewesen, Dian hatte ein gutes Dutzend unterschiedlicher Masken anprobiert, eine grauenhafter als die andere. Sie erinnerte sich, dass der Verkäufer sie ganz merkwürdig angesehen hatte, als sie ihn fragte, bei welcher der Masken er sich vor Angst fast in die Hose mache.

Dian nahm eine der Masken, zog sie sich über den Kopf und drehte sich zu dem kleinen Spiegel um, der an der Wand neben der Waschschüssel hing.

Eine narbenzerfurchte weiße Fratze mit blutrot geränderten Augen starrte ihr entgegen.

»O ja, ihr Verbrecher werdet schon sehen!«, rief sie laut und drohte ihrem Spiegelbild spielerisch mit der Faust. »Ich werde jeden da draußen das Fürchten lehren.«

Ein dunkles Knurren unterbrach sie.

Dian drehte sich um, die Maske immer noch auf dem Kopf.

Cindy stand direkt hinter ihr, die Nackenhaare gesträubt, die Zähne gebleckt und knurrte bedrohlich aus tiefster Kehle.

Hastig zog Dian sich die Maske vom Kopf.

»Schsch, alles gut, Mädchen. Ich bin es doch nur. Du musst keine Angst vor mir haben.«

Kaum hatte sie die Maske abgenommen, da veränderte sich auch die Körperhaltung der Hündin. Cindys Anspannung ließ sofort nach, sie wedelte mit der Rute und versuchte, Dians Gesicht abzuschlecken.

»Nicht, Cindy. Aufhören.« Dian lachte. »Jedenfalls weiß ich nun, dass die Masken funktionieren, wenn selbst du Angst vor mir hast.«

Mit einem zufriedenen Lächeln legte sie die Halloween-Masken in eine stabile Metallkiste, in der bereits mehrere Dosen Tränengas und eine Wasserpistole lagen, und schob alles unter ihr Bett.

Beim Abendessen lobte Dian Bob Campbell freundlich: »Ich bin wirklich zufrieden mit dem Zustand meines Lagers.«

Obwohl das für ihre Begriffe eigentlich ein großes Lob war, nahm Bob die Würdigung mit einiger Zurückhaltung auf, wie sie fand.

»Ich habe nur getan, was von mir erwartet wurde«, antwortete er verhalten. »Habe meinen Auftrag erfüllt und über tausend Meter Film abgedreht, die ich an die *National Geographic Society* schicken werde.«

Dian nickte zustimmend, und Bob lieferte ihr daraufhin einen ausführlichen Bericht über die Geschehnisse der zurückliegenden Wochen.

Er schloss mit den Worten: »Diese Berggorillas sind wirklich faszinierende Geschöpfe. Ich könnte mir gut vorstellen, noch einmal nach Karisoke zurückzukehren und weitere Filmaufnahmen zu machen, falls du mir dazu die Gelegenheit gibst.«

»Kommt Zeit, kommt Rat. Vielleicht bleiben wir zunächst einmal per Brief in Kontakt und prüfen eine mögliche längerfristige Zusammenarbeit?«, antwortete Dian vorsichtig.

Anderntags verabschiedeten sich die beiden beinahe freundschaftlich voneinander.

Als Bob sich am Rand der Senke befand, wo er gleich ins dichte Grün des Busches eintauchen würde, drehte er sich noch einmal um. Er warf einen letzten Blick auf Karisoke und bemerkte, dass Dian mit verschränkten Armen auf den Stufen ihrer Hütte stand und ihm nachsah.

Obwohl Bob Campbell nur wenige Wochen in der Isolation des Lagers verbracht hatte, war ihm schnell klar geworden, welche Herausforderung es sein musste, Monate, wenn nicht gar Jahre allein hier oben zu verbringen.

Wie schon bei seiner Ankunft hob er seine Baskenmütze zum Gruß, und Dian winkte zurück.

Dann drehte Bob sich um und wurde schon nach wenigen Schritten vom dunkelgrünen Blätterdickicht verschluckt.

»Du weißt es noch nicht, Bob Campbell, aber wir beide werden uns bestimmt wiedersehen«, flüsterte Dian, während Bobs hoch aufgeschossene Gestalt im Unterholz verschwand.

Sie lächelte siegessicher, drehte sich um und ging zurück zu ihrer Hütte.

Kapitel 13

Lady, Lady, komm schnell!«, drängte Vatiri und deutete auf Sanwekwe, der gut einhundert Meter von ihnen entfernt auf der Wiese wild mit den Armen wedelte.

Dian war an diesem Tag nicht wie gewohnt mit ihrem Tracker im Busch unterwegs gewesen, da sie Sanwekwe tags zuvor als Begleiter von Alyette nach Ruhengeri geschickt hatte. Ihre Freundin war drei Tage zu Besuch gewesen und wollte wieder nach Hause. Bei der Gelegenheit sollte Sanwekwe sich in Ruhengeri um die Post kümmern und ein paar Lebensmittel besorgen, die es im Dorf am Fuß des Berges nicht gab.

An seiner Stelle wollte der junge Vatiri Dian als Spurenleser begleiten, da er sich laut Bob während ihrer Abwesenheit geschickt angestellt hatte und sie mehr tüchtige Männer brauchte, um ihr großes Beobachtungsgebiet dauerhaft frei von Fallgruben und Drahtschlingen zu halten. Nur so würde der Nationalpark dem wachsenden Druck durch die Wilderer standhalten.

Dian sah sofort, dass im Lager etwas nicht stimmte. Selbst aus der Distanz erkannte sie, dass Sanwekwes sonst fast immer beinahe ausdrucksloses Gesicht verzerrt war und er heftig winkte.

Hat es wieder eine Konfrontation mit den Wilderern gegeben?, fragte Dian sich ängstlich.

Vor ein paar Tagen, beim bislang jüngsten Vorfall und dem ersten nach Dians Rückkehr, hatten fünfzehn Jäger mit ihren Hunden eine wilde Büffelherde mitten in Gruppe 5 hineingetrieben. Die Gorillas waren in Panik davongerannt.

Dian hatte sich daraufhin wutschnaubend eine ihrer Horrormasken aufgesetzt und war mit ihrer ziemlich echt aussehenden Wasserpistole in der einen, der Kamera und einer Dose Tränengas in der anderen Hand schreiend hinter den Männern hergestürmt, bis sie in alle Windrichtungen auseinanderstoben.

Dian schüttelte den Kopf, um die schlimme Erinnerung an das Aufeinandertreffen zu verscheuchen. Der Schaden war kaum mehr gutzumachen, sie hatte die Gorillagruppe bislang nicht wieder auffinden können.

Den Kontakt zu Gruppe 5 zu verlieren, war schlimm. Voller Anspannung dachte Dian an ihr gestriges Gespräch mit Alyette zurück, in dem sie über ihre derzeitigen Schwierigkeiten berichtet hatte.

»Die langen Märsche, das nasskalte Klima und die Höhenluft setzen meiner Gesundheit schon wieder ziemlich stark zu. Und manchmal dauert es Stunden, bis wir überhaupt eine Gruppe lokalisieren können, weil sie ihre alten Lieblingsplätze aufgegeben haben und sich nun in den schwer zugänglichen Regionen hinter der Grenze zum Kongo aufhalten.«

»Um Himmels willen, Dian! Du weißt doch, wie gefährlich es dort drüben ist«, war Alyettes angsterfüllte Antwort gewesen.

»Ich weiß, das brauchst du nicht auch noch zu betonen. Ich habe auf meiner Reise jedenfalls beschlossen, zukünftig sollte mich ein Filmemacher und Fotograf, vorzugsweise Alan oder Bob, dauerhaft hier unterstützen. Und außerdem brauche ich einen Forschungsassistenten aus Cambridge. Ich habe eingesehen, dass ich die Arbeit hier oben nicht ganz allein bewerkstelligen kann.«

»Das sage ich dir doch schon seit Langem, Dian.«

»Jaja, ich weiß, du und Rosamond und Louis Leakey und meine Eltern. Jeder sagt mir das. Aber weißt du, was mich am Ende wirklich überzeugt hat?«

»Keine Ahnung, was?«

»Dass ich endlich filmische Beweise brauche, um meine Beobachtungen zu untermauern. Kurz vor meiner Abreise bin ich Rafiki so nahe gekommen, dass ich ihm Zigarettenrauch ins Gesicht blasen musste, um ihn auf Abstand zu halten. Wer wird mir so ein Erlebnis glauben, wenn ich keinen filmischen Beweis habe? Jeder wird doch annehmen, dass ich mir die Geschichte ausgedacht habe.«

Sie atmete durch und fuhr fort: »Außerdem brauche ich endlich gutes Filmmaterial und Fotos als Ergänzung zu meinen Notizen und den Tonbandaufnahmen. Von meiner ganzen Arbeit im Kongo sind mir ja nur ein paar Aufzeichnungen und Skizzen geblieben. So etwas darf nie wieder passieren, Alyette, und deshalb habe ich Alan geschrieben. Ich habe ihn gedrängt, endlich sein Versprechen wahr zu machen und nach Karisoke zu kommen, um mich und die Gorillas zu filmen.«

Der aufgeregte Sanwekwe stand mittlerweile vor ihr, und Dian sah, dass in seinen Augen Panik flackerte. Hastig riss sie sich aus der Erinnerung an Alyettes Besuch in die Gegenwart zurück.

Sie hob beruhigend die Arme. So völlig außer sich hatte sie den Kongolesen noch nie erlebt.

»Was gibt es denn?«

Atemlos stammelnd und mit ausladenden Gesten erklärte Sanwekwe in bruchstückhaftem Englisch, durchsetzt mit Suaheli, Kinyarwanda und vielleicht noch anderen Sprachen, dass Hündin Cindy von Wilderern entführt worden sei.

Dian verstand nur, dass ihr Hund spurlos verschwunden war und niemand im Camp etwas gehört oder gesehen hatte. Sanwekwe hatte nur eine Pfotenspur und Abdrücke nackter Männerfüße entdeckt.

»Entführt? Bist du sicher?«

Sanwekwe nickte hastig.

Wütend packte Dian ihn am Arm und zog ihn hinter sich her.

»Zeig mir die Stelle«, befahl sie barsch, und als sie die Fußspuren erreichte, brauchte man kein geschulter Spurenleser zu sein, um zu erkennen, dass der Hund hochgehoben und fortgetragen worden war.

Obwohl Dian nicht genau wusste, ob tatsächlich Wilderer oder nur ein paar Hirten verantwortlich waren, beschloss sie, quasi zur Vergeltung ein paar der Rinder als Geiseln zu nehmen, die widerrechtlich in den Wiesen neben dem Camp weideten.

»Los, Sanwekwe, bring mir Seile, wir holen uns diese Kühe«, wies sie ihn an. Ihre Männer fingen mit einigen Schwierigkeiten acht Watussirinder mit weit ausladenden Hörnern ein und brachten sie ins Camp, wo sie einen provisorischen Pferch um fünf riesige Kosobäume bauten.

Während ihre Leute dünne Stämme abhackten, um die Zwischenräume zwischen den Bäumen zu füllen, knüpfte Dian eine Netzeinfriedung, wozu sie jedes Stückchen Schnur im Lager verbrauchte.

Gegen Mitternacht war das Gebilde vollendet und wurde für stark genug befunden, um die sieben Kühe und den Bullen einzusperren. Mit vereinten Kräften schob man acht widerstrebende Tiere an den Hinterteilen in den Kraal, vernagelte den Eingang mit Blech, fachte rundherum Lagerfeuer an und begann erschöpft, Nachtwache gegen Viehdiebe zu schieben, die in diesem Fall die rechtmäßigen Eigentümer waren.

Unter dem funkelnden Sternenhimmel glich die Szene einem Hollywood-Western, doch alles blieb ruhig.

Am nächsten Morgen schickte Dian Sanwekwe ins Dorf und ließ verkünden, dass sie jeden Tag eine Kuh erschießen werde, bis sie ihren Hund wiederbekäme.

Die Drohung wirkte.

Die Menschen hatten nicht vergessen, dass die wütende weiße Frau schon einmal eine Kuh erschossen hatte, um ihren Standpunkt klarzumachen.

Wer auch immer Cindy entführt hatte, bekam offensichtlich genügend sozialen Druck, denn der mögliche Verlust ihrer wertvollen Rinder wog schwer für die Dorfbewohner. Noch am selben Abend brachte jemand den jungen Hund an den Rand der Senke und ließ ihn dort frei. Freudig bellend rannte Cindy schnurstracks zurück zu Dian, die heilfroh war, dass sie ihre Drohung nicht wahr machen musste. Sie wollte schließlich nicht noch mehr unschuldige Kühe töten.

Anderntags trieben Sanwekwe und die anderen die Rinder zurück ins Dorf, und der Friede war wiederhergestellt.

Zumindest vorübergehend.

Wochen gingen ins Land, das Jahr neigte sich dem Ende zu. Dian hatte endlich wieder Kontakt zu all ihren Gruppen hergestellt, doch am Morgen des 24. Dezember machten ihr

Beethoven und sein Weibchen Effie das schönste Weihnachtsgeschenk, das sie sich nur wünschen konnte.

Ganz in der Früh waren Sanwekwe und sie aufgebrochen und hatten sich an den langen, anstrengenden Aufstieg auf den Karisimbi gemacht. Durch den moosbeladenen Baldachin aus Hageniapflanzen drang nur wenig Tageslicht, eine graue Wolkendecke verdeckte den Gipfel des Vulkanberges, und es nieselte.

In einer kleinen Schneise weit oben auf dem Berg stießen sie auf Gruppe 5, die gerade ihr Frühstück einnahm, und zu Dians Erleichterung schien die Gorillafamilie vollzählig zu sein. Alle Tiere, vom knopfäugigen Jungtier bis zum mächtigen Silberrücken, wirkten putzmunter und kerngesund. Sie kauten an den Blättern der Vernoniabäume herum, die am Rande der Lichtung wuchsen.

»Zum Glück hast du mich vorhin daran erinnert, dass heute Heiligabend ist«, flüsterte Dian. »Und Beethoven und Effie haben vielleicht für das beste Geschenk überhaupt gesorgt.«

Sanwekwe verzog sein Gesicht zu einem schiefen Grinsen und nickte ihr zu.

Das früh ergraute Haar klebte Dian in nassen Strähnen am Kopf, und mit der feuchten, schlammbeschmutzten Montur aus Wanderstiefeln, abgetragenen Jeans und einem alten Armeeparka bot sie wahrlich keinen attraktiven Anblick. Doch in diesem Moment strahlte sie über das ganze Gesicht und wirkte glücklich und wunderschön.

»Nur leider passt das Wetter so gar nicht zu Weihnachten«, fügte sie lachend hinzu. »Jedenfalls nicht zu einem Weihnachtsfest, wie ich es von zu Hause gewohnt bin.«

Bei diesen Worten schaute sie zum Himmel und bemerkte

mit sorgenvoller Miene, dass er nicht mehr ganz so dunkel und wolkenverhangen wirkte wie zuvor. Es ließ sich bereits erahnen, dass die Wolkendecke bald aufbrechen würde. Spätestens um die Mittagszeit würden dann die letzten Regentropfen im Licht der afrikanischen Sonne glitzern, und in weniger als einer halben Stunde wäre die Vegetation abgetrocknet.

Begeistert deutete Dian auf die beiden ausgewachsenen Berggorillas, die sich ein wenig von der Gruppe entfernt hatten und nun intensiv miteinander beschäftigt waren, während der Rest der Gruppe das Treiben geflissentlich ignorierte.

Noch war es düster und feucht im Nebelwald, und das dicke schwarze Fell des erwachsenen Weibchens hob sich kaum vom schattigen Hintergrund der Pflanzen ab. Nur das hellsilbrig schimmernde Rückenfell ihres Partners direkt hinter ihr war deutlich auszumachen.

»Zu Hause in Südkalifornien sitzen meine Eltern jetzt in Sommerkleidung vor einem mit allerlei Glitzerkram geschmückten Tannenbaum aus Plastik, während ich hier mit nassen Klamotten im afrikanischen Busch hocke und zwei Gorillas beim Sex beobachte.« Dian grinste. »Und doch würde ich auf gar keinen Fall mit meinen Eltern tauschen wollen.«

Sanwekwe nickte zustimmend, obwohl er gewiss nur einen Bruchteil ihrer Worte verstanden hatte.

»Jaja, Lady. Du immer Arbeit, nix Pause.«

»Tja, Sanwekwe, das ist halt mein selbst gewähltes Schicksal. Für Verhaltensforscher gibt es leider keine Feiertage.« Sie lachte und zuckte mit den Achseln. »Den Tieren im Busch ist es egal, welcher Tag heute ist, und mir, ehrlich gesagt, auch. Die Hauptsache ist doch, Beethoven akzeptiert meine Anwesenheit endlich wieder.«

Bei der ersten Begegnung nach ihrer Rückkehr hatte der

Silberrücken aggressiv reagiert, doch die heutige Beobachtung war ein großer Durchbruch, denn noch nie war es Dian bislang gelungen, Berggorillas bei der Kopulation zu beobachten.

»Und weißt du was, alter Freund?« Man konnte Dians Stimme anhören, dass sie innerlich vor Begeisterung über das Gesehene völlig aus dem Häuschen war. »Wenn wir Glück haben, gibt es schon bald wieder Nachwuchs.« Sie hielt einen Moment inne. Jedes Neugeborene diente dem Überleben der Art und war allein deshalb schon ein Grund zur Freude. Lächelnd fuhr sie fort: »Und sollte Effie tatsächlich wieder Mutter werden, dann gebe ich dem Kleinen einen ganz besonderen Namen. Irgendetwas mit Weihnachten. Vielleicht Santa?«

»Jesus, Lady. So nennen.« Sanwekwe nickte mit Nachdruck, und Dian kicherte leise.

»Prima Idee, Sanwekwe. Wenn Effie dieses Jahr ein Jungtier bekommt, dann werde ich es Jesus nennen, selbst wenn es ein Weibchen ist. Das verspreche ich dir.«

Es dauerte nicht mehr lange, da ließ Beethoven von seiner Gefährtin ab, die sich umgehend wieder zu den anderen Familienmitgliedern trollte, während er sichtlich zufrieden mit seinem bisherigen Tagwerk am Stängel einer Riesenlobelie knabberte.

Nach einer Weile entschied er, dass es Zeit zum Aufbruch sei, und kletterte entschlossen den steilen Abhang hinauf, der die Lichtung an der Nordseite begrenzte und auf dem die Menschen ihm nicht folgen konnten. Seine Familie stieg ihrem Anführer ohne Zögern hinterher und verschwand aus Dians Sichtfeld. Sie beschloss, die Beobachtung für heute zu beenden und nach Karisoke zurückzukehren.

So freudig der Tag begonnen hatte, solch eine unangenehme Wendung nahm er, als Sanwekwe und sie am Nachmittag ins Lager zurückkehrten und dort von einem fremden Besucher samt seinem einheimischen Begleiter erwartet wurden.

Schon aus der Distanz konnte Dian sehen, dass der Fremde dem Prototypen eines amerikanischen Touristen glich, rotgesichtig, feist und selbstherrlich.

Kaum hatte er Dian entdeckt, da rannte er schon auf sie zu.

»Sie sind Dian Fossey, richtig?«

Dian nickte verhalten.

»Ich will die Gorillas sehen. Sie müssen sie mir zeigen.«

Auf Worte wie »will« und »müssen« im Zusammenhang mit ihren Gorillas reagierte Dian mittlerweile äußerst allergisch.

»Ich muss Ihnen gar nichts zeigen«, antwortete sie daher frostig, machte auf dem Absatz kehrt und marschierte auf ihre Hütte zu.

»Miss Fossey, ich bin so weit gereist, und es soll Ihr Schaden nicht sein!«, rief ihr der Mann hinterher und wedelte dabei mit einem Packen Dollarscheine.

Dian drehte sich langsam zu ihm um. Sie atmete schwer, ein sicheres Anzeichen, dass sie ihren Zorn nur noch mit Mühe beherrschen konnte. Der tödliche Blick, den sie dem fremden Besucher zuwarf, hätte bei einem zarter besaiteten Vertreter der Spezies Mann gewiss eine Reaktion hervorgerufen, doch entweder war dieses Exemplar zu dumm, oder er konnte sich einfach nicht vorstellen, dass er einen Korb bekommen würde.

Dian deutete auf den Visoke, der sich hoch über der weiten Lichtung erhob.

»Bitte sehr, da oben leben die Gorillas. Suchen Sie sie selbst. Auf mich brauchen Sie dabei aber nicht zu zählen.«

Der Amerikaner schnappte empört nach Luft. »Warten Sie es nur ab, Miss Fossey!«, rief er aufgebracht. »Dann werde ich halt so lange warten, bis Sie zu Ihrer nächsten Tour aufbrechen, und Ihnen einfach folgen.«

»Wagen Sie es bloß nicht, Sie Wicht!«, brüllte Dian ihm daraufhin entgegen, und was dann folgte, war nicht für feinfühlige Ohren bestimmt.

Nach einem hitzigen Wortgefecht mit dem ungebetenen Eindringling drehte Dian sich schließlich um, öffnete den Eingang zu ihrer Hütte, ließ Cindy hineinschlüpfen und schlug die Tür dann mit einem lauten Knall hinter sich zu.

Im Schutz ihrer gelben Fenstervorhänge verfolgte sie anschließend mit kaum verhohlener Häme, wie ihr Landsmann vergeblich versuchte, Sanwekwe Geld anzubieten, damit er ihn zu den Gorillas führte.

Dian war mächtig stolz auf ihren Tracker, weil dieser das lukrative Angebot ablehnte und den Mann ebenfalls stehen ließ und zu seinem Zelt ging.

Mit mühsam beherrschter Wut im Bauch sah sie wenige Minuten später, dass der Fremde und sein einheimischer Begleiter tatsächlich in den Busch aufbrachen. Nach gut einer halben Stunde kehrten sie jedoch ins Lager zurück, und Dian bemerkte voller Genugtuung, dass der korpulente Amerikaner schwer schnaufend hinter dem schlanken Tutsi herlief und zeternd zu ihr herüberbrüllte, dass er sich beim amerikanischen Botschafter über sie beschweren werde.

»Nur zu, ich bitte darum!«, brüllte Dian durch das offene Fenster. Anschließend sagte sie trocken zu Cindy, die neben dem Schreibtisch auf dem Boden lag: »Jaja, der Aufstieg auf den Visoke ist mit dieser dicken Wampe bestimmt ganz schön anstrengend.«

Sie lachte gehässig, und Cindy wedelte bei Dians Worten zustimmend mit dem Schwanz.

Anfang Februar erhielt Dian einen Brief von Bob Campbell, der vor Begeisterung nur so übersprudelte.

Bob schrieb, er habe soeben ein Telegramm vom *National Geographic* erhalten, der anfrage, ob er Interesse habe, anstelle von Alan Root den Filmauftrag für Dians Forschungsarbeit zu übernehmen. Ob sie davon bereits wisse, fragte er hoffnungsvoll, weil er es kaum erwarten könne, den Auftrag anzunehmen. Er wäre dann mindestens ein Jahr in Karisoke und könnte dem Projekt fast seine gesamte Zeit widmen.

Dian ließ den Brief sinken.

Bob Campbell würde zurückkehren, und sie wusste nicht, ob sie sich darüber freuen oder sauer sein sollte, weil man mal wieder über ihren Kopf hinweg entschieden hatte.

Sie persönlich hätte Alan vorgezogen, schließlich waren sie miteinander befreundet, doch die Heilung seiner verletzten Hand zog sich immer noch hin. Außerdem hatte Alan in seinem letzten Brief von anderen Verpflichtungen berichtet, die er nicht so schnell umorganisieren könne.

Was Bob anbetraf …

Dian las seinen Brief noch einmal.

Seine Ankündigung löste gemischte Gefühle bei ihr aus. Einerseits war sie froh, dass nun bald jemand die Film- und Fotodokumentation übernehmen würde, und Bob hatte bereits bewiesen, dass er gut in seinem Job war. Andererseits wusste sie nicht, ob es klug wäre, so lange Zeit allein mit ihm im Camp zu verbringen.

Bob ist schließlich kein unattraktiver Mann, dachte Dian. Er ist zwar verheiratet, aber das ist für die meisten Männer vielleicht ein Grund, aber kein Hindernis.

Und für mich? Sie lächelte.

In der kurzen gemeinsamen Zeit hatte sie eine gewisse körperliche Anziehungskraft gespürt. Mehr war da aber nicht gewesen.

Noch nicht.

Dians Mundwinkel sanken verärgert herab, als sie die zweite Nachricht las, die an diesem Tag gekommen war.

Es war ein Telegramm aus Nairobi. Leakeys Sekretärin schrieb, ein Student sei bei ihnen angekommen, der bei dem geplanten Zensus helfen solle. Ob man ihn nach Karisoke schicken könne?

Nun spürte Dian echte Verärgerung in ihrer Magengegend wachsen. Es war eine Sache, wenn der *National Geographic* ohne Rücksprache mit ihr den Fotoauftrag einfach an Bob Campbell vergab, etwas anderes aber, wenn Louis Leakey und die Universität von Cambridge gleichfalls ohne jegliche Rücksprache jemanden schickten, den sie überhaupt nicht kannte und der immerhin ihr Assistent werden sollte.

»Was denken sich diese Kerle eigentlich? Ich bin doch nicht ihr Lakai!«, fauchte sie wütend. »Leakey behandelt mich wie ein kleines Mädchen, frei nach dem Grundsatz: ›Ich weiß am besten, was gut für dich ist.‹ Es interessiert ihn nicht, was ich von seinen Entscheidungen halte, und wie es scheint, interessiert es auch sonst niemanden. Robert Hinde am allerwenigsten.«

Dian schlug mit der Faust so fest auf den Tisch, dass ihr leerer Teebecher umkippte und ein kleiner Rest der braunen Flüssigkeit über Bobs Brief lief.

Cindy, die wie so oft zu Dians Füßen unter dem Schreibtisch lag, zog den Schwanz ein, legte die Ohren an und verkrümelte sich eiligst. Sie kannte das aufbrausende Temperament ihrer Herrin.

»Ständig soll ich aktuelles Datenmaterial liefern, neue Gorillalaute auf Band aufnehmen und am besten täglich Fotos von ungewöhnlichen Szenen machen.« Dian redete sich immer mehr in Rage. »Dabei haben wir die Population noch nicht einmal vollständig gezählt und wissen nicht, von wie vielen Tieren wir in den Virungas überhaupt noch ausgehen können. Was denken sich diese … diese Männer!«

Das Letzte spie Dian förmlich aus.

Sie hasste es, wenn sie bei wichtigen Entscheidungen nicht miteinbezogen wurde, egal ob von Mann oder Frau. Sie hatte es schon immer gehasst, doch die Art, wie diese etablierten Männer nun über sie bestimmten, machte Dian wirklich unglaublich wütend.

»Sie können mir doch alle gestohlen bleiben. Sie werden schon sehen, was sie davon haben, wenn sie Dian Fossey einfach so vor vollendete Tatsachen stellen.«

Dians Ärger über Leakey, Hinde und den *National Geographic* war noch nicht gänzlich verraucht, da nahm bereits ein anderes, viel größeres Problem ihre Aufmerksamkeit in Anspruch.

Am 24. Februar erhielt sie eine Nachricht von einem befreundeten Arzt in Ruhengeri, dass mit Genehmigung der Regierung ein Gorillababy für den Zoo in Köln eingefangen worden sei. Das Tier werde in einem Käfig in der Nähe seines Büros gehalten, und es ginge ihm sehr schlecht. Ob Dian dem Tier helfen könne?, wollte der Arzt wissen.

Als Dian von dem gefangenen Jungtier erfuhr, tobte sie.

Sie wusste, dass erwachsene Tiere in einer Gorillagruppe bis zum Letzten kämpften, um ein Junges zu verteidigen, und daher vermutete sie, dass mehrere erwachsene Tiere sterben mussten, damit dieses eine Jungtier für den Zoo eingefangen werden konnte. Sein Fang war ein klarer Verstoß gegen das Nationalpark-Abkommen und ein Verbrechen gegen die Grundsätze des internationalen Tierschutzes.

Völlig außer sich vor Wut und Sorge, marschierte Dian gleich am nächsten Morgen hinunter von ihrem Berg und fuhr eiligst mit dem Land Rover nach Ruhengeri.

Ihr Ziel war die heruntergekommene alte Armeebaracke, die das ORTPN *(L'Office Rwandais du Tourisme et des Parcs Nationaux)*, das Tourismusbüro für Ruanda und seine Nationalparks, derzeit als Verwaltungssitz nutzte.

Als Dian auf den staubigen Vorplatz der Baracke fuhr, bemerkte sie eine Gruppe Einheimischer, die sich in einer Ecke des Platzes um einen winzigen Käfig versammelt hatten.

Dian parkte den Jeep, sprang hinaus und rannte zu dem Menschenauflauf. Dort schubste sie die Umstehenden beiseite und entdeckte einen jungen Gorilla, etwa zwei Jahre alt, der im dunklen Käfig kauerte und schwach die Zähne bleckte.

»*Kuva hano*, fort von hier, alle!«, herrschte Dian die zahlreichen Kinder und Erwachsenen an und scheuchte sie weg, damit sie die Käfigtür öffnen und sich das gefangene Tier ansehen konnte.

Der kleine Gorilla, ein Männchen, stank fürchterlich, er schien todkrank zu sein. Offensichtlich hatten ihn die Wilderer tagelang mit Händen und Füßen an Bambusstangen gefesselt. Die Wunden der Drahtfesseln hatten sich schlimm entzündet, das Tier war unterernährt, dehydriert und atmete schwer.

Hastig schloss Dian die Tür wieder, drohte den Umstehenden mit der Faust und stürmte wutschnaubend ins Büro des zuständigen Beamten, der etwas Englisch konnte. Er sah sie mit finsterer Miene an.

»Woher kommt dieser Gorilla da draußen, und was haben Sie mit ihm vor?«, herrschte sie den Mann an, ohne ihn zu begrüßen.

Obwohl ihm Dians Zorn wie eine Feuerwand entgegenschlug, wehrte sich der Beamte und antwortete trotzig: »Nette deutsche Besucher waren hier. Wollen Berggorilla, besser zwei, für Zoo von Köln. Munyaruriko hat gefangen.«

Dian kannte den Namen. Der Mann war ein bekannter Wilderer, ruchlos in seinen Methoden, doch zu diesem Zeitpunkt wusste sie noch nicht, dass zehn erwachsene Tiere am Südausläufer des Karisimbi ihr Leben für das Jungtier geopfert hatten.

»Warum haben Sie das zugelassen? Sie wissen doch, dass für ein Jungtier etliche erwachsene Tiere sterben müssen. Erinnern Sie sich nicht mehr an das Massaker von 1948?«

Damals waren im Auftrag der Regierung sechzig ausgewachsene Berggorillas getötet worden, um einige wenige Jungtiere für verschiedene Zoos einzufangen. Keines von ihnen hatte in Gefangenschaft überlebt.

Dian tobte innerlich, als der Beamte ihren Vorwurf mit einer wegwerfenden Bewegung vom Tisch wischte und behauptete, dieses Mal liege der Fall anders.

»Die Deutschen bringen nagelneuen Land Rover, zahlen viel Geld für Naturschutz«, antwortete er widerspenstig. »Ich fahren mit nach Deutschland, nur leider Gorilla nicht reisefähig. Selbst sehen, du Gorilla pflegen.«

Dian musste sich zurückhalten, um ihrem Gegenüber nicht

über den Schreibtisch hinweg eine Ohrfeige zu verpassen. Doch da sie fürchtete, dass das Gorillababy in seinem schlechten Zustand in dem Käfig nur noch ein oder zwei Tage überleben würde, war sie dem Beamten gegenüber zu fast jedem Zugeständnis bereit, solange er ihr nur erlaubte, das Tier mit nach Karisoke zu nehmen.

»Ich soll das Tier gesund pflegen?«, fragte sie.

»Ja, dann Affe Deutschland reisen«, antwortete der Beamte nickend.

Schweren Herzens willigte Dian schließlich ein, das kranke Tier aufzupäppeln, damit es später nach Deutschland ausreisen konnte. Insgeheim hoffte sie natürlich, den letzten Teil der Abmachung nicht einhalten zu müssen, doch zunächst einmal stand das Überleben des kleinen Gorillas im Vordergrund. Alles Weitere würde sich ergeben.

Nachdem sie das Büro des Beamten verlassen hatte, schickte Dian ihren Leuten in Karisoke eiligst eine Nachricht, dass sie ein Jungtier mitbringen würde. Sie wies sie an, den Vorratsraum ihrer Hütte zu einer Art Gorilla-Kinderzimmer auszubauen, mit Massen an Zweigen und Blättern zum Nestbau und als Futter.

Sie selbst fuhr in großer Hast nach Kisoro, um Antibiotika, Salben, Glukose, Vitamine, Dosenmilch und andere Vorräte für das Tier zu besorgen.

Unterdessen wurde Coco, so hatte Dian das Gorillakind genannt, in einem geliehenen Kinderlaufstall, über den man ein paar Bretter geschnallt hatte, ins Dorf am Fuß des Berges gebracht. Von dort trugen Helfer den kleinen Gorilla hinauf zur Forschungsstation.

In den darauffolgenden Tagen kümmerte sich Dian ausschließlich um Coco. Alles andere musste warten.

Da Gorillakinder mehrere Jahre von ihren Müttern gesäugt werden, versuchte Dian wieder und wieder, dem kranken Jungtier die mit Medikamenten angereicherte Flaschenmilch einzuflößen. Rund um die Uhr blieb sie bei Coco, schlief und kuschelte mit ihm, weil kleine Gorillas in den ersten Jahren im Nest ihrer Mutter schlafen und innigen Körperkontakt brauchen.

Jeden Tag säuberte Dian das Kinderzimmer von Cocos Angstdurchfall, desinfizierte den Boden und streute anschließend wieder frisches Gras und Zweige aus.

Am fünften Tag nach seiner Ankunft im Camp zeigte der kleine Patient endlich erste Anzeichen von Besserung. Dian freute sich unbändig, aber nur wenige Tage später ereilte sie der nächste Schock.

An einem Vormittag Anfang März war Dian gerade dabei, Coco zu füttern, als sie draußen laute Stimmen hörte. Sie rannte aus ihrer Hütte, um nachzusehen, wer den Lärm verursachte, und erblickte eine Gruppe fremder Träger, die ein Holzfass schleppten, das zwischen zwei Bambusstangen hing.

Einer der Männer ging auf Dian zu und reichte ihr eine weitere Nachricht ihres Arztfreundes aus Ruhengeri.

»Hier ist noch ein Tier für den Kölner Zoo, und der Beamte meinte, du sollst dich auch darum kümmern. Ich nehme an, er hat sich nicht getraut, dich selbst darum zu bitten«, las Dian.

Sie ließ den Zettel sinken und öffnete das Fass. Große braune Augen starrten sie von unten her an.

Das Jungtier war weiblich und schien zum Glück in einem etwas besseren Zustand zu sein als der kleine Coco.

»Komm her, meine Kleine«, flüsterte Dian und streckte dem Tier die Arme entgegen. Als ob es wüsste, dass sie es gut mit ihm meinte, kletterte das Gorillakind auf Dians Arm und kuschelte sich eng an sie. Dian trug es in ihre Hütte und setzte es dort im Kinderzimmer neben Coco ins Gras.

»Jetzt bin ich zum zweiten Mal Gorillamama geworden«, flüsterte Dian, und eine Träne der Rührung lief ihr über die Wangen. Hastig wischte sie sie weg.

»Wie sollen wir dich nennen, meine Kleine?« Sie betrachtete den Neuzugang. »Was haltet ihr von Pucker?«

Als sie den Namen aussprach, hoben beide Gorillas den Kopf.

»Dann also Pucker«, lachte sie. »Coco und Pucker, das passt.«

Nach drei Wochen intensiver Pflege ging es beiden Jungtieren endlich deutlich besser. Dian war erleichtert, schlief aber noch immer jede Nacht bei ihnen und gab ihnen die Flasche.

Cocos Wunden an den Handgelenken waren nicht mehr entzündet und verheilten immer besser, der Appetit der Kleinen war zurück, und sie wurden täglich aktiver.

Die kleine Pucker hatte zwar immer noch wunde Stellen im Gesicht, die sich zu Dians Verdruss noch ausbreiteten, denn es war jedes Mal ein Kampf, die Heilsalbe aufzutragen. Danach dauerte es lange, bis Pucker wieder zutraulich wurde.

Jeden Morgen spielte Dian mit den Gorillakindern und nahm sie mit auf kurze Spaziergänge, ständig gefolgt von Hündin Cindy, die aufpassen musste, dass Coco und Pucker sie nicht am Schwanz zogen.

Dian trug meist eines der Jungtiere auf dem Arm und führte das zweite an der Hand im Camp herum, wie eine Mutter es mit ihren Kleinkindern auf dem Spielplatz tun würde.

Sie pflückte Brombeeren, die wild auf der Lichtung wuchsen, und fütterte die Kleinen mit diesen Leckereien. Wenn die Sonne schien, setzte sie sich mit ihnen ins warme Gras, und die schwarzen Fellknäuel spielten miteinander.

Dabei war nichts vor ihren neugierigen schwarzen Fingern sicher, weder Dians Haarzopf noch ihre Schnürsenkel oder die großen Gesäßtaschen ihrer Jeans, in der ihr Notizbuch und der Stift steckten, damit sie jederzeit etwas notieren konnte.

Pucker und Coco kugelten spielerisch übereinander, spielten Fangen, und je kräftiger und mutiger sie wurden, desto häufiger versuchten sie, die Hündin Cindy in das immer rauer werdende Spiel einzubeziehen, was manchmal sogar gelang.

Dian lachte in diesen sonnigen Märzwochen viel und vergaß die langen, sorgenvollen Stunden, in denen sie um das Leben ihrer Ziehkinder gebangt hatte.

Wann immer sie konnte – meist, wenn die Kleinen nach dem Füttern und Toben ein Nickerchen machten –, schrieb sie Dutzende zornige Briefe an Tierschutzorganisationen weltweit, von denen sie sich Unterstützung erhoffte.

Mehrmals in der Woche schickte sie Vatiri oder einen der Helfer mit den Briefen nach Ruhengeri. Viele einflussreiche Persönlichkeiten aus aller Herren Länder schrieben auf Dians Bitte hin Protestbriefe nach Köln, doch sämtliche Bemühungen nützten nichts. Sogar an den Bürgermeister von Köln hatte Dian sich gewandt in der Hoffnung, dieser würde Druck auf den städtischen Zoo ausüben, damit die Jungtiere in Afrika bleiben konnten.

Je länger Coco und Pucker in Karisoke lebten und je besser es ihnen dank Dians mütterlicher Pflege ging, desto näher rückte der Zeitpunkt der geplanten Abreise.

Und desto bedrückter wurde Dian.

Ende März kam der zuständige Beamte des Tourismusbüros persönlich ins Camp und teilte Dian mit, das Abreisedatum der Jungtiere sei nun für Anfang April festgelegt.

Dian flehte ihn an, den Tieren noch ein paar weitere Wochen Rekonvaleszenz zu gönnen. Er wolle doch nicht, dass die beiden gleich nach ihrer Ankunft in Köln starben, oder?, warnte sie ihn listig. Das würde gewiss auf ihn zurückfallen, drohte sie und manipulierte den Beamten damit so geschickt, dass er einer Verlängerung bis Anfang Mai zustimmte.

Am Tag nach dem Besuch des Beamten kehrte auch Bob Campbell wieder nach Karisoke zurück.

Kaum hatte er die Senke erreicht, hatte Dian ihn auch schon entdeckt und rannte ihm entgegen.

Vor Erleichterung wäre sie ihm beinahe um den Hals gefallen, doch im letzten Moment hielt sie sich zurück.

»Wie gut, dass du endlich da bist, Bob!«, rief sie aufgeregt, als sie vor ihm stand. »Du musst meine Kleinen unbedingt filmen und viele Fotos von ihnen machen. Die schicke ich dann nach Kigali ans Ministerium und an ein paar einflussreiche Regierungsleute. Vielleicht können wir damit doch noch etwas bewirken.«

Bob konnte sehen, dass die nackte Verzweiflung aus Dian sprach, wenn sie tatsächlich hoffte, ein paar Farbfotos könnten bei den zuständigen Behörden in allerletzter Sekunde einen Gesinnungswandel bewirken.

»Morgen, Dian«, vertröstete er sie. »Morgen früh mache ich die Aufnahmen für dich. Jetzt ist das Licht schon zu schlecht. Du musst dich noch eine Nacht gedulden.«

»Geduld ist zwar nicht meine Stärke«, antwortete Dian

atemlos, »aber dir zuliebe werde ich mich bemühen. Ich bin jedenfalls so froh, dass du wieder hier bist.«

Sie konnte es kaum erwarten, ihm die beiden Kleinen zu zeigen, nahm Bob bei der Hand und zog ihn hinter sich her zu ihrer Hütte.

Bob folgte ihr verwundert. Einen solchen Überschwang an Gefühlen war er von Dian nicht gewohnt. Die Sorge um die beiden Jungtiere schien sie verändert zu haben, sie wirkte weicher und viel zugänglicher. Geradezu mütterlich.

»Hast du eigentlich alles mitgebracht, worum ich dich gebeten habe?«, fragte Dian, denn Bob hatte neben seiner Kamera- und Fotoausrüstung auch spezielles Holz dabei, aus dem er zwei große und bequeme Kisten bauen sollte, damit Coco und Pucker den langen Transport nach Deutschland unversehrt überstanden.

Bob nickte. Er hatte Dians Einkaufsliste bis auf das letzte Stück abgearbeitet und neben dem Holz einen Vorrat an Filmen, Batterien, mehrere Lampen und zwei Paar Stiefel besorgt.

Dian zuckte entschuldigend mit den Schultern, dann sagte sie: »Ich kann dir aber leider das Geld, das du ausgelegt hast, derzeit nicht zurückgeben. Die *National Geographic Society* weigert sich, die zusätzlichen Kosten zu tragen, und bis der nächste reguläre Scheck kommt, dauert es noch einen Monat.«

Am nächsten Morgen schien die Sonne vom Himmel, als Dian mit Coco, Pucker und Cindy im Schlepptau aus ihrer Hütte trat.

»Guten Morgen, Bob«, rief sie ihm schon von Weitem entgegen und strahlte über das ganze Gesicht. »Heute ist doch das perfekte Wetter für Filmaufnahmen, richtig?«

Bob nickte und schickte sich an, Dians kleine Familie auf

dem Spaziergang über die Lichtung zu begleiten, die Filmkamera immer im Anschlag.

Dian nahm den kleinen Coco an die Hand, setzte sich Pucker auf die Hüfte, und gemeinsam durchstreiften sie das Gelände, während Bobs Kamera lief.

Als sie den Bachlauf erreichten, der dem Camp als Wasserquelle diente, hob Dian auch Coco auf den Arm und trug beide Jungtiere über das Wasser.

»Wie alle Gorillas sind auch meine Babys wasserscheu!«, rief sie Bob zu und lachte über das ganze Gesicht. In diesem Moment bemerkte Bob durch die Linse seiner Kamera, dass Dian wunderschön aussah, wenn sie glücklich war.

Und in diesem Moment war sie glücklich, das konnte er sehen.

Nach einer Weile erreichten sie eine sonnenbeschienene Stelle. Dian setzte die Gorillakinder im Gras ab und ließ sich ebenfalls auf das weiche grüne Polster sinken.

Bob zoomte näher heran.

Seine Kamera fing Dians gelöstes Lachen ein, wie sie mit den Kleinen im Gras umherkullerte, wie sie die beiden knuddelte und mit ihnen Hoppereiter spielte. Ein Blinder konnte die Begeisterung in den faltigen schwarzen Gesichtern der Gorillakinder erkennen, und als Hündin Cindy sich erweichen ließ, ebenfalls mitzuspielen, da entstanden solch fantastische Aufnahmen einer echten Familienidylle, dass selbst Kameramann Bob gerührt schlucken musste und sich verstohlen eine Träne aus dem Augenwinkel wischte.

Kapitel 14

Neeeeiiin, das dürfen sie nicht! Sie dürfen sie nicht mitnehmen. Nur über meine Leiche.«

Dians Stimme klang verzweifelt. Soeben war die Nachricht im Camp eingetroffen, dass Coco und Pucker am 3. Mai die Reise nach Köln antreten mussten. Der Termin sei endgültig, Diskussion zwecklos, so die Parkverwaltung.

Bob Campbell sah sie voller Mitgefühl an, als Dian ihm das Unheil bringende Schreiben zum Lesen hinhielt.

In der kurzen Zeit, in der er wieder in Karisoke war, hatte er verstanden, wie sehr die bevorstehende Abreise Dians seelisches Gleichgewicht bedrohte, wie aufgewühlt und verbittert sie innerlich war.

Dians Stimmungsschwankungen waren extrem geworden, manchmal reagierte sie aufbrausend, dann wieder kurz angebunden, mal himmelhoch jauchzend, mal zu Tode betrübt. Sie schwankte zwischen Wutausbrüchen und Weinkrämpfen, und nur wenn sie mit den kleinen Gorillas zusammen war, mit ihnen spielte oder sie fütterte, wirkte sie für den Moment glücklich und gelöst.

Dians Achterbahn der Gefühle und das ständige Auf und Ab ihrer Stimmung schuf für alle Beteiligten im Camp eine äußerst schwierige Situation.

»Bitte, Dian, beruhige dich. Deine Leute und ich können nichts dafür. Es war doch nur noch eine Frage der Zeit, bis du den Abreisetermin erfahren würdest«, versuchte Bob sie zu beschwichtigen.

Seit seiner Rückkehr hatte er ihr geholfen, so gut er konnte. Hatte zwei Transportkisten zusammengezimmert, die Dians gestrengen Richtlinien für die Überführung nach Deutschland standhielten.

»Ach, Bob«, schluchzte Dian nun verzweifelt. »Halt mich bitte nicht für naiv, aber ich habe so gehofft, dass ich das Unausweichliche aufhalten kann.«

»Du bist nicht naiv. Ich sehe nur die Realität. Du hattest von Anfang an keine Chance, fürchte ich.«

»Eines sag ich dir, all die großen Tierschutzorganisationen dieser Welt können mir gestohlen bleiben. Ich habe unzählige Bittbriefe geschrieben, aber jetzt habe ich kein Vertrauen mehr, weder in den *World Wildlife Fund,* die New Yorker *Zoological Society* noch in die Londoner *Flora and Fauna Preservation Society.* Alles nur Schwätzer. Von wegen Wohl der Tiere, pah, die betreiben doch allesamt nur theoretischen Tierschutz«, fuhr sie verbittert fort. »Du wirst schon sehen, Bob. Jetzt, wo Coco und Pucker in den Zoo kommen, wird der illegale Handel mit Wildfängen weiter zunehmen. Egal, wie ungesetzlich und unmoralisch das Ganze ist, niemand ist gewillt, etwas dagegen zu unternehmen.«

»Leider hast du damit wohl recht. Wenn der Kölner Zoo deine süßen Berggorillakinder zeigt, dann werden bestimmt auch andere Zoos weltweit auf die Idee kommen, dass sie solch putzige Kameraden unbedingt in ihrer Menagerie brauchen. Und was das bedeutet, das wissen wir beide nur zu gut«, erwiderte Bob traurig. »Aber was willst du dagegen tun? Wenn du Coco und Pucker nicht herausrückst, wird die Regierung dir die Aufenthaltsgenehmigung entziehen, und du musst Ruanda verlassen. Und dann kannst du für die verbliebenen Berggorillas überhaupt nichts mehr bewirken, das ist dir doch klar?«

Er sah Dian fragend an.

»Ich weiß«, presste sie zwischen zusammengebissenen Zähnen hervor. »Ich muss dafür sorgen, die Feinde meiner Gorillas in Zukunft effektiver aus dem Nationalpark herauszuhalten.«

»Was meinst du mit *deine Gorillas?* Die Gorillas gehören dir doch nicht.«

Dian verdrehte genervt die Augen.

»Oh Bob, keine Haarspaltereien bitte. Außer mir gibt es hier doch niemanden, der sich für sie einsetzt. Ganz egal, was du von meinen Methoden hältst, ich werde *meine* Gorillas«, sie betonte das Possessivpronomen extra deutlich, »jedenfalls mit allen Mitteln beschützen, notfalls mit Gewalt.«

Dians Miene war bei diesen Worten mit einem Mal grimmig und entschlossen. Ein klarer Beweis, wie persönlich sie den Kampf für das Überleben der Berggorillas nahm.

Anderntags kam die Stunde des Abschieds.

Dian trat mit rot geränderten Augen aus ihrer Hütte, die beiden Kleinen auf dem Arm. Coco und Pucker wirkten verstört und klammerten sich ängstlich an sie. Sie spürten offensichtlich, dass irgendetwas bevorstand.

Bob und die Träger standen auf der Wiese bereit. Die Transportkisten waren vorbereitet. Frisches Laub und kleine Obststücke bedeckten deren Boden.

In den Tagen zuvor hatten Coco und Pucker mit den neuen

Kisten spielen dürfen. Dian hatte sie ihnen gezeigt, sie durften sie ausgiebig untersuchen, durften hinein- und wieder herauskrabbeln, und Dian hatte sie mit leckeren Beeren gefüttert, um ihnen die Scheu vor den unbekannten Boxen zu nehmen. Ganz klein machte sie sich, kroch ebenfalls hinein und kuschelte mit Coco und Pucker, während sie schmatzend die saftigen Brombeeren futterten.

»Überlass den Rest mir«, bat Bob, als Dian mit den Kleinen auf dem Arm bei ihm stand. Er wollte ihr die Tortur ersparen, den Abtransport ihrer Schützlinge überwachen zu müssen.

»Nein, Bob. Ich bleibe bei ihnen. Bis zum Schluss.«

Sie sah Bob ernst an, hatte Tränen in den Augen, wirkte aber gefasst.

»Ich will nicht, dass sie unnötig Angst haben. Das Ganze wird schon schrecklich genug für sie werden. Ich will sie jetzt nicht im Stich lassen. Nicht noch einmal.«

Mit ihren Worten spielte Dian auf ihre Niederlage im Kampf gegen die ruandischen Behörden an. Obwohl sie wusste, dass sie alles in ihrer Macht Stehende getan und Himmel und Hölle in Bewegung gesetzt hatte, war sie letztlich doch gescheitert.

Die ganze Prozedur des Einladens dauerte nur wenige Minuten. Kaum waren Coco und Pucker in ihren Transportkisten verstaut, brach die Trägergruppe umgehend auf. Bob würde die Tiere noch den Berg hinunterbegleiten und dann nach Karisoke zurückkehren, so war es ausgemacht.

»Auf Wiedersehen, meine Kleinen«, flüsterte Dian mit erstickter Stimme, während der kleine Trupp mit den beiden Kisten im dichten Grün des Waldes aus ihrem Sichtfeld verschwand.

Solange Coco und Pucker Dian noch sehen und hören konnten, hatte sie sich mit aller Macht zusammengerissen. Sie wollte ihre Kleinen nicht unnötig beunruhigen. Doch kaum war sie allein, da brach die mit Mühe bewahrte Fassung wie ein Kartenhaus in sich zusammen.

Dian begann, heftig zu schluchzen, Tränen kullerten ihr über die Wangen. Sie drehte sich auf dem Absatz um und rannte über die Wiese, auf der sie so oft mit ihren Lieblingen gespielt hatte.

Tief hinein in den Wald lief sie, lief so lange, bis sie nicht mehr laufen konnte. Dann sank sie auf den moosbewachsenen Waldboden und weinte, bis sie keine Tränen mehr hatte.

Um sich von ihrem Kummer abzulenken, stürzte Dian sich am nächsten Tag sofort wieder in ihre Forschungsarbeit. Während der Wochen mit den jungen Gorillas war sie nicht ein einziges Mal zu einer Beobachtungstour in die umliegenden Berge aufgebrochen. Das hatte sie nicht weiter bekümmert, denn durch die Pflege und das enge Zusammenleben mit Coco und Pucker hatte sie so viel Neues gelernt, dass die Zeit nicht verloren schien.

Dummerweise war Dians Tonbandgerät ausgerechnet kurz vor Cocos Ankunft kaputtgegangen, und sie hatte keine Zeit gehabt, sich um Ersatz zu kümmern, weil sie mit der Pflege der Kleinen alle Hände voll zu tun hatte.

Zudem verschlechterte sich in den darauffolgenden Tagen das Wetter, und die Arbeit im Bergwald wurde noch schwieriger als sonst. Es regnete viel, und die Temperaturen sanken.

Dian und Bob mussten zurechtkommen mit dem steten Wechsel aus Kälte, gegen die man sich warm anziehen musste, Schwitzen, weil man trotzdem beim Marschieren in Wallung kam, und Untätigkeit beim Beobachten, bei der einem die eisige Temperatur unweigerlich in die Knochen kroch.

Manchmal saßen sie stundenlang mit stoischer Ruhe in Regen und Kälte, weil die Temperaturen in der großen Höhe bis nahe an den Gefrierpunkt fielen.

»Mach jetzt bloß kein Foto von mir«, drohte Dian Bob mit dem Finger. »Ich zieh dir den Film aus der Kamera, wenn du es doch tust.«

Mittlerweile kannte Bob seine Begleiterin gut genug, um zu wissen, dass dies keine leere Drohung war. Die beiden waren gerade eine gute halbe Stunde lang relativ steil bergan geklettert, und die Luft war dementsprechend dünn. Dians Gesicht war verzerrt, und sie keuchte schaurig, als wären ihre Lungen nicht in der Lage, die Muskeln mit genügend Sauerstoff zu versorgen. Mit schwerem Marschgepäck auf solche Höhen zu steigen, war anstrengend, und die feuchtkalte Luft machte den Aufstieg zusätzlich beschwerlich.

»Als ob ich das wagen würde«, antwortete Bob ein wenig gekränkt.

Er hatte es bislang immer vermieden, Dian in einem solch derangierten Zustand zu fotografieren. Seine Fotos würden die geplante Fotoreportage bebildern, da war es nur verständlich, dass Dian darauf gut aussehen wollte. Oder zumindest nicht so, als ob sie kurz vor dem Exitus stünde.

»Du musst die Gorillas fotografieren, nicht mich«, betonte Dian immer wieder, wenn Bob sie aufforderte, näher an die Tiere heranzurücken, da er sonst nicht beide Spezies, Mensch und Tier, gemeinsam auf ein Bild bannen könne.

»Die Gorillas sind viel wichtiger als ich.«

An diesem Tag war Dian besonders schlecht gelaunt. Sie alle hatten eine unruhige Nacht hinter sich und waren todmüde.

»Lass uns bitte eine Pause machen, Bob«, schnaufte Dian. »Fünfzehn Minuten.«

Bob nickte Sanwekwe zu, stellte seinen Rucksack mit der Kameraausrüstung neben sich auf den Waldboden und trank einen Schluck aus seiner Thermoskanne.

»Ich werde einfach nicht wach«, klagte Dian, nachdem sie ebenfalls aus ihrer Flasche getrunken hatte. »So ein Alarmstart wie heute Nacht ist nichts für mich. Zum Glück hat mich Cindy mit ihrem Gebell rechtzeitig gewarnt. So ein kluges Tier. Das alles hätte noch viel schlimmer ausgehen können.«

Bob nickte bestätigend.

»Stimmt. Es ist schon merkwürdig, dass dein Kaminfeuer irgendwie außer Kontrolle geraten ist, doch dass du so geistesgegenwärtig warst, rauszurennen, dir die Eimer aus dem Küchenzelt zu schnappen und das Wasser ins Feuer zu schütten – ehrlich, Dian, ich weiß nicht, ob ich in deiner Situation auch so blitzschnell gehandelt hätte«, antwortete Bob und warf ihr einen bewundernden Blick zu.

»Ja, ich hatte großes Glück«, antwortete sie lächelnd.

Bobs Lob freute sie, doch der Gedanke an den Brand trieb ihr gleichzeitig auch einen Schauder über den Rücken.

Zum Glück hatten das Geschrei und der Lärm auch die anderen Campbewohner geweckt, und gemeinsam war es ihnen gelungen, das Feuer zu ersticken. Erst als der Morgen dämmerte, konnten sie das ganze Ausmaß des Schadens überblicken.

»Jedenfalls könntest du die Gelegenheit nutzen und anlässlich der Reparatur vielleicht eine stabilere Küche und ein großes Vorratsgebäude bauen lassen. Wenn du schon mal dabei bist.«

»Gute Idee, Bob. Ich werde ein Telegramm an Alyette aufgeben. Wenn wir zurück sind, schicke ich Nemeye hinunter ins Dorf. Sanwekwe meint, der junge Bursche sei flink und stelle sich als Tracker ziemlich geschickt an. Ich könne ihm ruhig verantwortungsvollere Aufgaben übertragen. Vielleicht ist Alyette bereit, den Bau zu beaufsichtigen, was meinst du?«

»Jedenfalls wären ihre Sprachkenntnisse unschätzbar«, antwortete Bob lachend. »Mein Kinyarwanda reicht dafür bestimmt nicht aus.«

»Und meins erst recht nicht!« Dian kicherte. »Also los, lass uns weitergehen, die Pause ist vorbei. Hoffentlich finden wir Gruppe 8 bald, und ich kann Peanuts vielleicht noch ein wenig mehr aus der Reserve locken. Er hat sich beim letzten Mal wirklich sehr für mich interessiert.«

Sie marschierten weiter und stießen nach etwa einer Stunde tatsächlich auf die gesuchte Gruppe.

Dian lächelte, als sie das tiefschwarze Fell der Gorillas inmitten des dunklen Grüns der Hageniapflanzen entdeckte.

»Siehst du, da drüben sitzen sie. Auf diese Weise wendet sich dieser schlimme Tag doch noch zum Guten«, flüsterte sie Bob zu.

Wie üblich nahm Dian ihre Beobachtungsposition auf dem dicht bewachsenen Waldboden ein, wo die Gruppe gerade eine Pause machte. Zwei der Tiere kauten auf Selleriestängeln herum, die drei anderen schienen einfach in ihren Tagesnestern zu dösen.

Bob ließ sich mit etwas Abstand zu Dian gleichfalls auf die Erde sinken und machte seine Fotoausrüstung bereit.

Es dauerte nicht lange, da bewegte sich der halbwüchsige Peanuts, das jüngste Männchen der Gruppe, neugierig in ihre Richtung.

Als Peanuts nahe genug herangekommen war, zog Dian

langsam und ganz vorsichtig einen Schokoriegel aus der Vordertasche ihres Parkas und knisterte und raschelte so umständlich mit der Verpackung herum, dass der junge Affenmann das Objekt der Begierde auch ganz gewiss hören und sehen musste.

Sie imitierte das typische *naoom, naoom,* jenen tief aus dem Hals kommenden Rülpslaut, den sie schon so oft von zufriedenen Gorillas beim Fressen gehört hatte.

Auch Coco und Pucker hatten ihre Begeisterung mit diesem Laut immer lautstark kundgetan, wenn es saftige Brombeeren zum Naschen gab.

Vorsichtig riss Dian die Zellophanverpackung auf, packte den Riegel aus und tat so, als ob sie daran knabbern würde.

Zu diesem Zeitpunkt war Peanuts bereits so fixiert auf den Schokoriegel, dass er ihn keinen Moment mehr aus den Augen ließ und aufgeregt auf und ab hüpfte.

Dian legte die Schokolade zwischen sich und den Affen auf ein paar abgeknickte Zweige. Peanuts hätte nur den Arm ausstrecken müssen, um den Riegel zu erreichen, doch stattdessen griff er nach dem Laub unter dem Riegel und versuchte, die Blätter mitsamt der Leckerei zu sich zu ziehen.

Beinahe hätte er es auch geschafft, als der Riegel plötzlich durch eine Lücke im niedergedrückten Laub rutschte und aus Peanuts Sichtfeld verschwand.

Wie ein zorniges kleines Kind fing der junge Schwarzrücken zu zetern und wild zu hüpfen an, als er begriff, dass der Schokoriegel verschwunden war und er nicht mehr an das Objekt seiner Begierde herankam.

Frustriert trollte er sich anschließend wieder zu seiner Gruppe, nicht ohne sich mehrfach prüfend umzudrehen, ob Dian den Riegel nicht vielleicht doch wieder in der Hand hielt.

Peanuts lautstarkes Gezeter schien das allseitige Zeichen zum Aufbruch zu geben, denn binnen weniger Minuten hatte sich die ganze Gruppe aufgemacht und war im Dickicht auf der anderen Seite der Lichtung verschwunden.

»O Mann, war der sauer«, kicherte Dian und drehte sich zu Bob um. »Wie Rumpelstilzchen ist er herumgehüpft und hat geschimpft.«

»Willst du sie verfolgen, oder langt es dir für heute?«

»Ich denke mal, für heute kehren wir um.« Sie sah den Fotografen hoffnungsvoll an. »Du hast doch eben Fotos gemacht, richtig?«

Als er zustimmend nickte, meinte sie spöttisch: »Na, hoffentlich sind deine Aufnahmen auch etwas geworden.«

»Ich kann für nichts garantieren, das Licht war nicht sonderlich gut, aber vielleicht hatten wir Glück.«

»Peanuts wird wirklich immer zutraulicher«, freute sich Dian. »Bevor ich die Kleinen bekam, hat er sich sogar mal mein Französischbuch geschnappt, und, welch ein Zufall, er hat es sogar richtig herum gehalten.« Sie strahlte. »Wie ein kleiner, äußerst wissbegieriger Schüler hat er ausgesehen, das hättest du wirklich sehen müssen. Da könnten sich viele Kinder eine Scheibe abschneiden. Und ich mir, ehrlich gesagt, auch.«

Seit einigen Monaten versuchte Dian, sich im Selbststudium Kenntnisse der ehemaligen Kolonialsprache anzueignen. Zur eigenen Enttäuschung bislang leider relativ erfolglos.

»Französisch ist auch wirklich schwierig«, bestätigte Bob.

»Ja genau, und mir fehlt die Zeit oder das Talent, es ernsthaft zu erlernen. Vielleicht sollte ich mir Peanuts als Lehrer nehmen«, meinte Dian vergnügt.

Meist wirkte Dian auf Beobachter ernst und eher streng, doch wenn sie zu Scherzen aufgelegt war und wie gerade eben sogar kicherte, dann sah sie mit einem Mal unglaublich attraktiv aus.

Hastig blickte Bob zur Seite.

Er wollte nicht, dass Dian bemerkte, wie fasziniert er sie angestarrt hatte.

Am 17. Mai tauchte Alyette De Munck mit dem gewünschten Baumaterial und ein paar Helfern im Schlepptau in Karisoke auf. Dians Hilferuf hatte sie erreicht, und Alyette war nur zu gerne bereit, ihrer Freundin mal wieder aus der Patsche zu helfen.

Die beiden Frauen begrüßten einander überschwänglich. Es war das erste Mal seit Dezember, dass sie sich wiedersahen, und die Freude war ihnen deutlich anzusehen.

»Ich habe alles dabei, was wir brauchen, und noch so einiges mehr, was du nicht angefordert hast«, antwortete Alyette lachend auf Dians ungeduldige Frage, ob sie auch an alles gedacht habe.

»Danke, du bist die Beste. Und danke ganz besonders für das Tonbandgerät und die neuen Bänder. Mein altes Aufnahmegerät ist kaputtgegangen, und Bob hat vergessen, eines mitzubringen, obwohl ich ihn darum gebeten hatte.«

Sie warf einen gespielt vorwurfsvollen Blick hinüber zu Bob, der das Wiedersehen der Freundinnen aus der Distanz beobachtet hatte.

»Du kannst ruhig zu uns kommen, Bob. Wir beißen nicht!«, rief sie und stellte ihn ihrer Freundin anschließend vor.

»Aha, Sie sind also Bob Campbell. Ich habe schon viel von Ihnen gehört.« Alyette reichte Bob die Hand.

»Hoffentlich nur Gutes«, antwortete er, und sein Gesicht nahm einen jungenhaften, beinahe verlegenen Ausdruck an.

Zum Glück sah er nicht, wie Dian hinter seinem Rücken den Kopf schüttelte und sich ihren rechten Zeigefinger warnend auf die Lippen legte.

Alyette verstand ihre Freundin auch ohne Worte.

Dian hatte nämlich in ihren Briefen an Alyette zunächst recht abfällig über Bob Campbell berichtet, doch in ihrem letzten Brief hatte sie auf einmal einen gänzlich anderen Tonfall angeschlagen. Sie hatte von Bobs Professionalität und seinen Fotografenkünsten geschwärmt.

»Aber natürlich nur Gutes. Wieso sollte es anders sein?«, antwortete Dian hastig. »Aber jetzt entschuldige uns bitte. Wir zwei Hübschen haben so viel zu besprechen. Ich muss dir doch erst mal das ganze Ausmaß des Schadens zeigen.«

Sie legte ihrer Freundin den Arm um die Schulter und zog sie mit sich in Richtung Hütte.

Sie waren kaum außer Hörweite, da neckte Alyette Dian mit den Worten: »Sieh an, du scheinst dich langsam doch noch für ihn zu erwärmen. Und so übel sieht er doch gar nicht aus.«

»Ich habe nie gesagt, dass er übel aussieht«, kam prompt Dians Replik.

»Nur dass er dir auf die Nerven geht und du lieber Alan als Fotografen hättest.«

»Stimmt, aber er stellt sich recht gut an. Und außerdem…«
Sie verstummte.

»Außerdem?«

»Außerdem ist die Auswahl an groß gewachsenen, attraktiven und halbwegs intelligenten weißen Männern hier draußen im Busch nicht gerade riesig«, antwortete Dian trotzig.

»Da muss man zuschnappen, wenn einem mal ein passendes Exemplar über den Weg läuft!« Alyette kicherte.

»Was du immer denkst! Bob ist verheiratet, und wir sind bloß Kollegen.«

»Bloß Kollegen ... Und warum bist du eben ganz rot geworden, als du ihn mir vorgestellt hast?«

»Ich und rot? Dass ich nicht lache.« Dian schüttelte energisch den Kopf. »Themenwechsel«, befahl sie streng, und Alyette wusste, mehr würde sie in diesem Moment nicht aus ihr herausbekommen.

»Du musst mich bald mal wieder auf der Farm besuchen kommen«, bat Alyette wenige Tage später beim Abschied. »Und Sie natürlich auch, Bob. Sorgen Sie dafür, dass Dian öfter von diesem Berg runterkommt. Sie wird sonst noch buschkrank.«

»In Ordnung, ich gebe mein Bestes«, antwortete Bob lachend und salutierte scherzhaft. Er hatte miterlebt, wie selbstverständlich die energische Alyette während der Bauarbeiten das Kommando im Camp übernommen hatte.

Niemand hatte ihren Anweisungen widersprochen, schon gar nicht Dian. Die war nämlich heilfroh gewesen, dass ihre Freundin die Helfer beaufsichtigte und zu Sorgfalt und Eile antrieb und sie das nicht selbst tun musste.

Das Ergebnis konnte sich wirklich sehen lassen. Dians Hütte war repariert und eine neue Küche errichtet worden, inklusive eines großen Vorratsraumes, den man abschließen konnte.

Zufrieden mit der Arbeit, hatte Dian Alyette an ihrem letzten gemeinsamen Abend mit einem leckeren Mahl überrascht und zur Feier des Tages auch Bob dazu gebeten.

Normalerweise bereiteten sie jeder für sich die Mahlzeiten

zu, so war es ihnen beiden am liebsten. Dian fand, tagsüber waren sie lange genug zusammen, da bot ein ruhiges Abendessen allein eine willkommene Auszeit voneinander.

»Mach es gut, Alyette. Grüße Roz bitte von mir, und ich verspreche, ich komme euch beide ganz bald besuchen.«

Dian legte die Hand aufs Herz wie zum Schwur, umarmte die Freundin ein letztes Mal und winkte ihr nach, bis sie und ihre Begleiter von der Lichtung verschwunden waren.

Dann wandte sie sich wieder Bob zu, der neben ihr stand und wartete.

»Also los, an die Arbeit. Die Gorillas warten auf uns.«

Sie hätte ihm beinahe aufmunternd auf die Schulter geschlagen, bremste sich aber im letzten Augenblick.

Bislang hatte Dian körperlichen Kontakt zwischen ihnen strikt vermieden, selbst solch eine harmlose Berührung.

»Dann wollen wir mal.«

Dian wandte Bob den Rücken zu und ging voraus.

»Vielleicht sollten wir die Einladung tatsächlich bald annehmen«, meinte Bob und lächelte.

Der gestrige Abend hatte sein Bild von Dian erneut verändert. Es war schön gewesen, die Freundinnen zusammen zu sehen. Wie sie miteinander lachten und kleine Anekdoten erzählten.

Dian hatte sehr gelöst und zufrieden gewirkt.

Kapitel 15

ber du musst doch selbst zugeben, Dian, dass du bei unserer ersten Begegnung schon etwas abenteuerlich ausgesehen hast.«

Rosamond Carr lachte bei ihren Worten so herzhaft, dass sich ihr zierlicher Körper schüttelte und die dünnen goldenen Armreifen an ihrem Handgelenk klirrten.

»Was hätte ich denn tun sollen?« Dian schürzte schmollend die Lippen. »Ich konnte aus Rumangabo doch nur das mitnehmen, was ich ohne Verdacht am Leib tragen konnte. Die Soldaten hätten doch sonst Lunte gerochen, dass ich fliehen wollte.«

Sie verschränkte die Arme abwehrend vor der Brust.

»Jaja, das ist mir schon klar.« Rosamond nickte verständnisvoll. »Aber dass du für den Empfang beim amerikanischen Militärattaché in Kigali dann ein sommerliches Blumenkleid mit einem Paar ausgelatschter alter Turnschuhe kombiniert hast, das war doch wirklich ziemlich abenteuerlich.«

»Ich würde es eher skurril nennen«, ergänzte Alyette lachend.

»Oder exzentrisch«, schlug Bob vor, der dem Erinnerungsgeplänkel der Freundinnen beim Essen bisher weitgehend schweigend zugehört hatte.

Dian und er waren, wie versprochen, an den Kivusee gefahren, um Rosamond und Alyette zu besuchen. Bob war von Rosamond Carrs kleiner Plantage Mugongo sehr beeindruckt. Dians Landsfrau hatte sich am östlichen Ufer des Sees ein kleines Paradies geschaffen, mit einem hübschen Cottage und einem gepflegten englischen Garten, in dem sie prächtige Blumen züchtete.

Die vier saßen nun zusammen in Rosamunds Wohn- und Esszimmer, das mit seinem Kamin, den dicken Teppichen und Kissen und insbesondere den vielen Büchern und alten Ausgaben des *New Yorker* so gemütlich wirkte, als ob es sich in den englischen Cotswolds oder irgendwo im ländlichen New England befände und nicht mitten in Zentralafrika.

»Oder merkwürdig«, beendete Rosamond lachend die Suche nach einem passenden Adjektiv für Dians ungewöhnliches Schuhwerk. »Das war jedenfalls der Ausdruck, mit dem die Frau des US-Botschafters mich an jenem Tag vorgewarnt hat. Ich würde beim Lunch eine – ich zitiere – *merkwürdige Landsmännin* treffen, die auf der Suche nach einem geeigneten Ort für ihr Forschungscamp sei, hat sie mir auf dem Weg zum Haus des Attachés zugeraunt.«

Weil Dian immer noch schmollte, bemühte sich Rosamond, die Wogen zu glätten.

»Sei nicht sauer, Dian. Du hast trotzdem wunderschön ausgesehen. Mit deinen glänzenden langen Haaren und diesem wunderschönen Kleid. Es war zartviolett, richtig?«

Als Dian zustimmend nickte, fuhr sie fort: »Aber diese Turnschuhe! Was hast du dir bloß dabei gedacht?«

»Ich habe auf die Schnelle keine anderen in meiner Größe gefunden.« Entschuldigend zuckte Dian mit den Schultern und deutete auf die Füße der anderen unter dem Esstisch.

»Nicht jede hat so zierliche kleine Füße wie du, Roz. Die meisten einheimischen Frauen hier tragen kleinere Schuhgrößen als ich, und meine roten Riemchensandalen hatte ich damals noch nicht gefunden, die sind allerdings mittlerweile auch schon lange hinüber. Da hattest du recht mit deiner Prognose, Alyette. Sie haben in Karisoke tatsächlich keine vier Wochen gehalten.«

Dian grinste breit, als sie die schicken Ledersandalen erwähnte, die schon vor langer Zeit im Müll gelandet waren.

»Finde hier in Ruanda mal auf die Schnelle ein passendes Paar Schuhe für eine Frau, die so groß gewachsen ist wie ich«, schloss sie.

»Ich weiß noch, wie sehr du mir leidgetan hast, aber wenn Sie jetzt glauben, Bob, dass Dian das irgendwie gestört hätte ...« Rosamond wandte sich nun direkt an Bob, der ihr gegenüber am runden Esstisch saß. »Weit gefehlt. Kaum hatten wir uns zum Lunch gesetzt, an einen wunderschön gedeckten Tisch mit Kristallgläsern und Silberbesteck, da zückte sie auch schon ihr Notizbuch – eins von der billigen Sorte, die man hier für zehn Franc an jeder Ecke bekommt – und begann, mir Fragen zu stellen. Es waren zwanzig, wenn ich mich recht erinnere. Du hattest sie nummeriert und hast sie eine nach der anderen auf mich abgefeuert.«

Dian nickte ergeben. Rosamond war so in Fahrt mit ihrer Geschichte, sie würde gewiss nicht aufhören, selbst wenn es Dian peinlich war, wenn von jenem ersten Treffen berichtet wurde.

»Deine erste Frage lautete: Kann ich Ihre Plantage als Basislager benutzen, um meine Gorillastudien weiter zu betreiben?«

»Wie lange kannten Sie beide sich da?«, fragte Bob neugierig dazwischen.

»Höchstens zehn Minuten, kurze Begrüßung der Gäste, etwas Small Talk, dann wurden wir zu Tisch gebeten. So viel zu Dians Zielstrebigkeit.« Rosamond zwinkerte ihrer Freundin verschwörerisch zu.

»Wir haben uns beinahe sofort in die Wolle bekommen, weil du behauptet hast, auf dieser Seite des Karisimbi gebe es gar keine Gorillas, und ich dir widersprochen habe, weißt du noch?«, stichelte Dian.

Alyette schaltete sich ein: »Eure armen Gastgeber, ihr Lunch war mit einem Mal alles andere als das erhoffte gesellschaftliche Ereignis. Man kann sich das pikierte Gesicht des Militärattachés lebhaft vorstellen. Streit, an meiner Tafel, unmöglich!«, imitierte sie dessen aufgeblasene Art zu sprechen.

Obwohl Amerikaner, war der Attaché in der ganzen Gegend für seine steife, britisch überkorrekte Art verschrien. Ihn sich vorzustellen, während sich zwei seiner weiblichen Gäste am Tisch stritten, anstatt sich an gesellschaftliche Gepflogenheiten zu halten und höflich Konversation zu betreiben, trieb allen am Tisch, die den Attaché kannten, ein Grinsen auf die Lippen.

»Ich bin nicht nach Afrika gekommen, um an solch blöden Empfängen teilzunehmen«, verteidigte sich Dian. »Mir ging es nur um meine Arbeit. Außerdem hatte ich mit meiner Prognose doch recht. Es *gibt* auch auf dieser Seite der Berge Gorillas. Ich musste nur jemanden finden, der mir half, sie aufzuspüren. Zumindest hattest du da die richtige Idee, Roz.«

Dian deutete auf Alyette.

»Ohne Rosamonds Mithilfe hätten wir beide uns wahrscheinlich nicht kennengelernt, und ich wäre ziemlich aufgeschmissen gewesen. Vielleicht gäbe es Karisoke dann gar nicht?«

Sie warf ihrer Freundin einen dankbaren Blick zu.

»Sie haben Dian geholfen, Karisoke zu gründen?«, fragte Bob neugierig. Er wusste bislang nur, dass Alyette beim Bau der Hütte geholfen hatte.

»Ja, Dian und ich sind tagelang durch die Virungas gestreift, immer auf der Suche nach einem geeigneten Platz für das neue Lager.«

»Und dann haben wir eines Tages mit dem Fernglas die Senke entdeckt. Natürlich hieß sie noch nicht Karisoke. Den Namen habe ich ihr gegeben.«

Bob nickte, den Ursprung des Namens hatte ihm sein Freund Alan schon erklärt.

»Und von da an ist alles Geschichte«, schloss Dian. »Aber lasst uns jetzt von etwas anderem reden. Was gibt es Neues von Walter Baumgärtel? War eine von euch in letzter Zeit im *Travellers Rest Hotel*?«

Dian sah die Freundinnen erwartungsvoll an, doch beide schüttelten den Kopf.

»Kennst du sein Hotel in Kisoro eigentlich, Bob?«

»Wer kennt es nicht? Das *Travellers Rest* ist in ganz Zentralafrika berühmt. Ich weiß nicht mehr, wer es gesagt hat – dieses Hotel sei *der* Treffpunkt für Verrückte und Wissenschaftler und der einzige Ort der Welt, wo man Gorillaklatsch hören könne.«

»Das hat Robert Ardrey in seinem Buch *Adam kam aus Afrika* geschrieben, über die Abstammung des Menschen«, bestätigte Dian lachend. »Walter hat mir sein signiertes Exemplar gezeigt, als ich ihn damals kennenlernte. Er war unglaublich stolz, dass sein Hotel darin erwähnt wird. Das war schon vor sechs Jahren, kaum zu glauben!« Sie schüttelte den Kopf. »Auf meiner Haustour mit diesem fürchterlichen Jäger, diesem Alexander.«

Dian spielte auf ihre Safari mit John Alexander an, einem bekannten Großwildjäger und Reiseleiter, den sie angeheuert hatte, um eine etwa 1500 Kilometer lange Schleife durch Ostafrika abzufahren, die zu allen größeren Wildtiervorkommen führte.

»Haustour?«, fragte Bob neugierig.

»So nannte er unsere Rundreise. Wir fuhren von Nairobi aus nach Südwesten, dann im Uhrzeigersinn in das Buschland von Tsavo und weiter an den Rand der Massai-Steppe im nördlichen Tansania. Dort habe ich den Ngorongoro-Krater und die Serengeti gesehen. Und dann waren wir in der Olduvai-Schlucht, wo Louis Leakey und seine Frau Fossilien der ersten Menschen gefunden haben.«

»Und da hast du Dr. Leakey kennengelernt? Ich dachte, du hast ihn bei einem Vortrag in Kentucky getroffen?«

»Das war unsere zweite Begegnung.« Dian wollte aber jetzt nicht über Leakey reden, deshalb wechselte sie schnell das Thema. »Und seit wann kennst du Walter?«, fragte sie.

»Schon ein paar Jahre. Es gibt nicht so viele Lodges in der Gegend, die seinen Standard haben.«

»Ihr hättet das Hotel mal sehen sollen, bevor Walter es 1954 übernommen hat«, warf Alyette ein. »Ein heruntergekommenes Holzgebäude mit nur einem Raum und drei separaten Lehmhütten. Der Name *Travellers Rest* sei pure Ironie gewesen, hat er mir erzählt. Gäste habe es keine gegeben, nur einen Stapel unbezahlter Rechnungen und den irischen Vorbesitzer, der die Hand ausstreckte, weil er es kaum erwarten konnte, seine Ablöse zu bekommen und zu verschwinden.« Sie lachte. »Walter erzählt die Geschichte immer wieder gerne, wenn neue Gäste kommen und fragen, wie er als Österreicher denn an dieses Gasthaus mitten in Afrika gekommen sei.«

»Das muss ein ziemlicher Schock für ihn gewesen sein, wenn das *Travellers Rest* tatsächlich so heruntergekommen war, wie Sie sagen, Alyette. Wenn man eines dieser großen Landgasthäuser Ostafrikas erwartet, aus behauenem Stein und dicken Holzbohlen gebaut, mit einem riesigen offenen Kamin, aufmerksamem Personal, Badewannen und so weiter, und dann drei Lehmhütten und ein verwahrlostes Holzhaus vorfindet.« Bob schüttelte lachend den Kopf.

»Ganz besonders, wenn man sieht, was Walter mittlerweile daraus gemacht hat«, bestätigte Dian.

Walter Baumgärtel hatte die Schulden des Vorbesitzers gezahlt, das Gebäude renoviert und eine Toilette installiert. Er ließ Rasen anlegen, einen Gemüsegarten, ein Blumenbeet und einen Kräutergarten, und pflanzte an den Außenmauern Bougainvilleas, die mittlerweile farbenprächtig blühten und das Gemäuer überwucherten.

»An meinem ersten Morgen dort wurde ich vom Glucksen Dutzender Hühner geweckt, die im Hof herumliefen«, fuhr sie fort. »Auf meiner Terrasse saß Walters Siamkatze und leckte frische Milch aus einer Schale, und als ich aus dem offenen Fenster sah, entdeckte ich Walter, der in seinem gestreiften Pyjama über den Innenhof schlenderte und einen Eimer mit heißem Wasser für mein Bad dabeihatte. Es war ein ganz besonderer Moment, beinahe magisch. Im Hintergrund konnte ich die blaugrünen Nebelberge sehen, wie sie im blassen Morgendunst ihrer eigenen Geheimnisse zu verschwinden schienen.« Dian lächelte angesichts der schönen Erinnerung versonnen.

»Das hast du sehr schön ausgedrückt, Dian. Richtig poetisch.« Bob warf ihr einen bewundernden Blick zu.

»Jeder von uns hat dort bestimmt schon mal einen ähnlich

wundervollen Morgen erlebt.« Dian seufzte. »Ich für meinen Teil kehre jedenfalls immer wieder gerne ins *Travellers Rest* zurück. Es ist mein zweites Zuhause hier in Afrika.«

Für einen Augenblick lang schien sie tief in ihre Gedanken versunken zu sein, dann richtete Dian sich mit einem Ruck in ihrem Stuhl auf.

»Es war übrigens Walter, der mich damals als Erster nach Kabara geschickt hat. Ich hatte ihm nämlich erzählt, dass ich unbedingt Berggorillas sehen und vielleicht ein Kinderbuch darüber schreiben wolle. Er hat mich auf Joan und Alan verwiesen, die gerade im Kongo waren, um Gorillas zu filmen.«

Mit einem Mal wurde Dian ganz ernst.

»Du musst wissen, Bob, ich verdanke Walter Baumgärtel mein Leben. Wenn er nicht gewesen wäre, als ich damals mit dem Land Rover und den Soldaten ankam, dann ...«

Sie sprach nicht weiter.

»Lasst uns bitte nicht mehr von diesen schlimmen Dingen sprechen«, unterbrach Rosamond hastig.

Alyettes Miene hatte sich bei Dians Worten verfinstert, eine düstere Stimmung hing plötzlich über der vorher noch so fröhlichen Runde.

Rosamond stand auf und blickte ihre Gäste erwartungsvoll an.

»Wer möchte noch ein Dessert? Ich habe Grießflammeri mit Früchten gemacht.«

»Aber sehr gerne doch.«

»Immer.«

»Für mich bitte auch«, antwortete Dian und erhob sich ebenfalls. »Warte, ich helfe dir.«

Sie begleitete ihre Freundin in die Küche, doch kaum waren sie außer Hörweite, fragte Dian: »Na, wie findest du ihn?«

»Wen, Bob?«

»Wen sonst.«

»Nett, ein wenig zu ruhig für meinen Geschmack, aber wir drei haben ihn auch kaum zu Wort kommen lassen. Warum fragst du?«

»Ich finde ihn auch nett. Am Anfang hat er mich genervt, da musste er sich ständig Zeug von mir ausborgen, weil seine eigene Ausrüstung nicht vollständig war. Ich habe ihn nur toleriert, weil es nicht anders ging, aber mittlerweile ...« Dian verstummte, und Rosamond sah, wie ihr die Röte in die Wangen schoss.

»Ja?«

»Mittlerweile gefällt er mir ziemlich gut. Und ich ihm auch, denke ich. Er hat mir vorhin Komplimente für mein Aussehen gemacht, nachdem ich mich umgezogen hatte. Er kennt mich ja nur in unförmigen Jeans und meiner Buschmontur. Wenig sexy, das kannst du mir glauben. Anders als das hier.«

Sie strich über den dünnen Stoff des Kleides, das ihre schlanke Figur vorteilhaft zur Geltung brachte. Sie hatte es zusammen mit ein paar anderen Kleidungsstücken für solche Gelegenheiten bei Rosamond auf der Plantage deponiert. Ihren »Stadtkleiderschrank« nannte sie das.

Bob hatte ganz große Augen gemacht, als Dian nach kurzer Erfrischungstoilette mit dezent geschminktem Gesicht, elegant hochgesteckten Haaren und schicken Schuhen aus dem kleinen Gästezimmer trat, in dem sie schlief, wenn sie auf Mugongo war.

»Vergiss aber bitte nicht, der Mann ist verheiratet«, warnte Rosamond.

»Oh, Roz, du klingst schon wie meine Mutter«, antwortete

Dian und verdrehte die Augen. »Wir sind beide erwachsen und treffen unsere eigenen Entscheidungen.«

»Ich weiß, ich weiß. Ich will nur nicht, dass du dir Hoffnungen machst und später enttäuscht wirst.«

»Lass das bitte meine Sorge sein.«

Mit diesen Worten nahm Dian das Tablett mit den kleinen Desserttellern und stieß die Tür zum Flur mit der Schulter auf.

Kapitel 16

Wir waren jetzt 19 Tage hintereinander draußen bei den Gorillas, und ich bin wirklich einen großen Schritt weitergekommen. Gute Teamarbeit. Vielen Dank, Bob.«

Dian strahlte den Fotografen an und reichte ihm ein Glas vom guten Kentucky Bourbon, den sie für besondere Anlässe in ihrem Nachttisch versteckt hielt.

Sie saßen gemeinsam am Tisch in der Hütte, denn zur Feier des Tages hatte sie Bob mal wieder zum Essen eingeladen. Ein voller Erfolg, wie sie fand, denn Bob hatte ihre Kochkünste ausgiebig gelobt und war in bester Stimmung.

Er hob sein Glas und prostete Dian zu.

»Cheers. Auf das gute Wetter. Und auf… uns.«

Er trank einen kräftigen Schluck der honiggelben Flüssigkeit.

»Hmm, ausgezeichnet. Ein wirklich guter Tropfen.«

»Auf uns.«

Dian lächelte, und ihr Herz schlug schneller.

Erwartungsvoll sah sie ihn an.

Was hatte sein Toast zu bedeuten? Gab es denn ein *uns*?

Seit ihrer Rückkehr vom Kivusee war das Wetter trocken und sonnig gewesen, und Bob hatte ein paar ganz außergewöhnlich schöne Fotos von Dian und den Gorillas gemacht.

Und auch sonst waren sie sich nähergekommen. Noch

nicht ganz so nah, wie Dian es sich gewünscht hätte, doch Bob hatte viel von seiner anfänglichen Zugeknöpftheit abgelegt. Er lachte mehr, erzählte von seinen früheren Aufträgen als Fotograf, und manchmal warf er ihr einen solch intensiven Blick zu, dass Dian ein Kribbeln über den Rücken lief, als wäre dort eine Kohorte Ameisen unterwegs.

Einmal hatte nicht viel gefehlt, und sie hätten sich draußen im Busch geküsst, doch im letzten Moment machte Bob einen Rückzieher und lenkte Dians Aufmerksamkeit auf ihren gemeinsamen Liebling, den jungen Schwarzrücken Digit.

Digits Name war Bobs Idee gewesen, denn er hatte bemerkt, dass dem Tier zwei Finger – englisch »digit« – der rechten Hand zusammengewachsen waren, möglicherweise die Folge einer Drahtfallenverletzung als Jungtier.

»Was mich anbelangt, hat der *National Geographic* jedenfalls genügend tolle Fotos, um deinen Artikel zu bebildern. Wie steht es eigentlich damit?«

Bobs Frage riss Dian aus ihren Gedanken erbarmungslos zurück in die Gegenwart der Hütte.

»Im letzten Brief hieß es, sie wollen den Artikel in der Dezemberausgabe dieses Jahr, spätestens aber im Januar bringen«, fuhr Bob fort. »Wahrscheinlich sogar als Titelstory, wie bei Jane damals, aber jetzt ist schon Ende Juli.«

»Wann sollte ich diesen Artikel denn deiner Meinung nach schreiben?«

Dians Stimme klang scharf, und die gute Stimmung war mit einem Mal dahin. Sie sah Bob vorwurfsvoll an.

»Diese täglichen Beobachtungstouren sind kräftezehrend genug für mich, und jetzt soll ich auch noch eine Reportage schreiben? Warum habe ich mich darauf bloß eingelassen?« Beinahe resigniert schüttelte sie den Kopf.

Dank des stabilen trockenen Wetters der letzten Wochen ging es ihr gesundheitlich gut. Ihre angeschlagene Lunge wurde weniger stark belastet als bei Regenwetter, dennoch waren die langen Märsche in großer Höhe anstrengend und kraftraubend.

Ihre Feldforschung und die allabendliche Niederschrift der Notizen und Tonbandaufnahmen waren eine Sache, fand Dian. Sich aber hinzusetzen und einen langen Text über ihre Arbeit in den Vulkanbergen zu schreiben, das schmeckte ihr gar nicht. Dian seufzte.

»Willst *du* den Artikel nicht lieber für mich schreiben? Bitte, bitte, lieber, lieber Bob.«

Sie lächelte Bob herausfordernd an und klimperte übertrieben mit den Augenlidern.

»Ich würde mich auch bei dir revanchieren.«

Wieder klimperte Dian kokett mit den Wimpern, doch womit sie sich revanchieren würde, das ließ sie offen.

Bobs Blick und die neugierig hochgezogene Augenbraue waren aber vielversprechend.

Fand zumindest Dian.

Sie fühlte sich im Augenblick stark und gesund… und attraktiv.

»Keine Chance, meine Liebe.« Lachend schüttelte Bob den Kopf. »So einfach kannst du dich nicht aus der Affäre ziehen. Mit ein bisschen Augengeklimper und einer vagen Andeutung.« Er grinste breit. »Ich bin nur dein Fotograf. Du schreibst den Text schön selbst, schließlich finanzieren diese Leute dir dein Camp.«

»Jaja, ich weiß. Du musst mich nicht immer wieder darauf hinweisen.« Sie seufzte herzerweichend. »Aber einen Versuch war es wert. Und du bist dir wirklich ganz sicher?«

Noch ein vielsagender Blick und eine neckisch hochgezogene Augenbraue, doch Bob ließ sich nicht umstimmen.

»Tja, zu schade, aber da du dich meiner offensichtlich nicht erbarmen willst, werde ich mich für heute wohl oder übel an meinen Schreibtisch zurückziehen und noch etwas arbeiten.«

»Tja, wirklich zu schade.« Bob lachte breit, während er ihr half, das Geschirr abzuräumen.

Als sie fertig waren, fragte Dian: »Ich weiß ja, was ich noch machen werde, aber was ist mit dir? Arbeitest du auch noch, oder genießt du den lauschigen Abend?«

»Ich habe dir doch erzählt, dass ich später Radio hören will.«

»Ach ja, richtig. Das Mondabenteuer.«

Bob hatte auf dem Rückweg ins Camp erwähnt, dass er in der Nacht die Liveübertragung der Mondlandung von Apollo 11 über Kurzwelle hören wollte. Die ganze Nacht wollte er dafür aufbleiben.

»Mir wäre meine Nachtruhe dafür ja viel zu schade«, meinte Dian lachend. »Aber wenn du das hören willst, dann wünsche ich dir viel Vergnügen.«

Sie stand auf, streckte ihren Rücken und ging die wenigen Schritte hinüber zum Schreibtisch, auf dem sich ein Durcheinander aus Notizbüchern und losen Blättern stapelte, neben einer Schachtel mit alten Gorillaknochen, die einer der Helfer vor wenigen Tagen zufällig im Busch gefunden und mitgebracht hatte.

Dian betrachtete die Schachtel mit einem Seufzen.

Diese Knochen muss ich auch noch vermessen, dokumentieren und nach Cambridge schicken für die dortige Sammlung, dachte sie entmutigt.

Und dann dieser Artikel.

Mit einem Plumps ließ Dian sich auf den Stuhl fallen und betrachtete das Chaos auf ihrem Schreibtisch.

Wo soll ich anfangen?

Es war schier zum Verzweifeln.

»Gute Nacht, Dian. Und viel Erfolg beim Schreiben!«, rief Bob munter, als er die Hüttentür hinter sich schloss und hinüber auf die andere Seite des Baches schlenderte, wo sein Zelt unter einem Hageniabaum stand.

Es war mitten in der Nacht, die Mondfähre *Eagle* hatte erfolgreich auf dem Erdtrabanten aufgesetzt, und alle warteten darauf, dass Neil Armstrong seinen später berühmt gewordenen ersten Satz »Das ist ein kleiner Schritt für einen Menschen, aber ein riesiger Sprung für die Menschheit« sprach, als Bob plötzlich laute Hilferufe aus Dians Hütte hörte.

Erschrocken sprang er auf und stieß dabei das Radio um, das mit einem Quäken zu Boden fiel und verstummte.

Er eilte über die dunkle Lichtung auf den Lichtschein zu, der aus Dians Unterkunft drang.

Als er die Hütte erreichte, sah er Dian im Türrahmen stehen, tränenüberströmt und nur mit einem dünnen Pulli und einer alten Pyjamahose bekleidet, das Haar zerzaust und völlig aufgelöst.

»Was ist passiert? Geht es dir gut?«

»Oh, Bob, jemand hat meine Schmuckkassette gestohlen. Das ganze Geld ist weg. Auch der Schmuck, den ich von meinem Vater habe.«

Bob wusste, Dian hing an diesen Erbstücken. Sie hatte eine der Ketten, einen schönen Ring und ein Paar Ohrringe bei Rosamonds Abendessen getragen. Auf Nachfrage hatte sie ihm erklärt, ihr verstorbener Vater habe ihr den Goldschmuck hinterlassen.

»Warum hast du den Schmuck überhaupt mit nach Karisoke genommen? Du hättest ihn doch bei deiner Freundin lassen können, zusammen mit deinen Kleidern?«

Dian nickte unter Tränen.

»Hätte ich, aber ich will den Schmuck in meiner Nähe haben. Er ist das Letzte, was mich mit meinem Vater verbindet, und ich trage ihn manchmal abends hier in der Hütte, wenn ich arbeite. Ich fühle mich meinem Vater dann besonders nahe.«

Sie zog schniefend die Nase hoch, und Bob reichte ihr sein Taschentuch. Dian schnäuzte sich heftig.

»Und wie hast du bemerkt, dass der Schmuck weg ist?«

»Ich weiß nicht, wieso, aber ich bin mitten in der Nacht aufgeschreckt, weil ich schlecht geträumt habe. Und dann hatte ich das Gefühl, dass ich mich vergewissern müsste, ob alles an seinem Platz ist. Das Bargeld und der Schmuck. Ich bewahre beides zusammen in einer kleinen Metalldose auf, so einem billigen Ding mit Emailleblumen auf dem Deckel.« Sie sah Bob Hilfe suchend an. »Bitte halt mich nicht für verrückt, aber manchmal hilft es mir, wenn ich einem solch irrationalen Impuls einfach nachgebe, ohne ihn zu hinterfragen.«

»Kein Thema, Dian. So etwas kennt doch jeder.« Er lächelte sie beruhigend an. »Manchmal muss man einfach zurückgehen und nachsehen, ob man den Herd ausgemacht hat oder ob die Tür abgeschlossen ist.«

Dankbar nickte Dian.

»Ja, genau. Jedenfalls bin ich aufgestanden, habe Licht gemacht und bin zu meinem Schreibtisch gegangen, um die Dose zu überprüfen.«

»Und?«

»Nichts und. Die Schublade war leer und die Dose weg. Mitsamt ihrem Inhalt. Das Geld sollte für mindestens drei Monate reichen, um die Männer zu entlohnen und Vorräte zu kaufen.«

»Was willst du jetzt machen?«

»Was schlägst du vor? Soll ich wie ein wild gewordener Stier im Lager rumlaufen, alle wecken und sie zwingen, mir ihre Habseligkeiten zu zeigen? Ich glaube ohnehin nicht, dass es einer meiner Männer war, der die Dose gestohlen hat.«

»Wer denn sonst?«

»Keine Ahnung, aber so schwierig dürfte es nicht sein, ungesehen hier ins Camp zu kommen und in meine Hütte einzudringen, wenn wir beide unterwegs und die Männer auf Wildererpatrouille sind.« Sie hielt einen Moment inne. »Wenn ich es mir recht überlege, irgendwer bleibt doch immer im Camp, und was weiß ich, was die Burschen dann treiben? Vielleicht hat ja doch einer von ihnen mit dem Dieb gemeinsame Sache gemacht? Diebisches Pack allesamt.«

»Nun mach aber mal halblang, Dian. Eben warst du noch überzeugt, keiner deiner Männer könne etwas damit zu tun haben, und jetzt ist jeder von ihnen ein möglicher Komplize des Diebes?«

Bob hatte schon öfter bemerkt, dass Dian bezüglich ihrer einheimischen Helfer eine sehr ambivalente Einstellung pflegte. Einerseits wusste sie genau, was sie an ihnen hatte, vor allem an dem treuen Sanwekwe, der ihr nicht nur einmal im Busch den Rücken freigehalten hatte, wenn eine Situation mit Affen oder Wilderern brenzlig wurde. Andererseits betonte sie oft genug, wie unzuverlässig die Männer seien und wie faul und arbeitsscheu.

Als einer der Helfer mehrere Familienmitglieder nacheinander sterben ließ, nur um bezahlten Urlaub zu bekommen, um zu den diversen Beisetzungen zu fahren, war Dian zuerst mitfühlend gewesen. Als sie dann aber erfuhr, dass sich die angeblich Verstorbenen sämtlich bester Gesundheit erfreuten, wurde sie furchtbar wütend, verwies den Mann aus dem Lager und entließ ihn.

»Ach, hör auf, Bob. Niemand ist unfehlbar, und was soll man von Menschen erwarten, denen der Schutz der Gorillas nicht genauso viel bedeutet wie mir? Die sich von Wilderern bestechen lassen, damit sie wegschauen, und für die der Tierschutz nur ein typischer *Mzungu*-Spleen ist?«

Dians Stimme schwankte zwischen Ärger und Verzweiflung. Tatsächlich war es bereits vorgekommen, dass offizielle Parkwächter Bestechungsgelder von Wilderern angenommen hatten, doch ihre eigenen Leute standen nicht unter Verdacht. Bis jetzt.

»Die Menschen in Ruanda akzeptieren das Jagdverbot im Park doch nur aus Gründen der Staatsräson, wenn überhaupt«, fuhr Dian wütend fort. »*Nyamu* heißt sowohl Fleisch als auch Tier auf Kisuaheli, richtig? Daran siehst du doch, welche Einstellung die Einheimischen haben. Tiere sind zum Essen da, das brauche ich dir doch nicht zu erklären.«

Dian hatte sich mittlerweile in Rage geredet, und Bob wusste, bei ihren verbalen Rundumschlägen würde kein Stein auf dem anderen bleiben.

»Die Nationalparks sind doch schon zu Kolonialzeiten gegründet worden und haben die Unabhängigkeit nur überlebt, weil sie Devisen bringen und die Touristen anlocken«, schimpfte Dian wie erwartet weiter. »Als ob irgendjemand diese faulen Gaffer wirklich braucht! Touristen verschrecken nur die Gorillas, bringen einem den Tagesablauf durcheinander und stehlen mir wertvolle Forschungszeit.«

Dians Stimme hatte mittlerweile einen hämischen Klang angenommen, denn die zunehmende Zahl von Gorillatouristen im Reservat war zum ständigen Ärgernis geworden. Besucher wie der dreiste Amerikaner an Weihnachten waren leider kein Einzelfall geblieben.

»Mein kleines Paradies hier oben verkommt noch zu einer Zirkusmanege für die große Affenshow. Aber nur über meine Leiche, Bob. Du kannst mir glauben, bevor ich das zulasse, brenne ich Karisoke eher persönlich nieder.«

Wieder liefen ihr Tränen über die Wangen, und Bob nickte.

»Das bedeutet aber doch nicht, dass deine Leute schlecht sind, dass sie dich bestohlen haben und mit den Wilderern gemeinsame Sache machen. Bitte bleib bei den Fakten, Dian.«

Er appellierte an ihre Vernunft, konnte aber sehen, wie aufgewühlt und irrational sie durch den nächtlichen Diebstahl war. Mit einem Mal brach Dians ganze Aggression in sich zusammen, und ein heftiger Weinkrampf schüttelte ihren Körper.

»Ach, Bob, was soll ich denn jetzt machen? Ich habe kein Geld mehr, und wenn es mir nicht gelingt, neues aufzutreiben, dann kann ich Karisoke nicht halten, und sie werden mir meine Gorillas wegnehmen.«

Um Dian zu trösten, legte Bob die Arme um sie. Es war das erste Mal, dass er dies überhaupt tat. Er spürte Dians warme, weiche Haut durch den dünnen Pullover, spürte auch, wie sie zitterte und ihm entgegensank.

Dann hob er sie hoch und trug sie zurück in ihre Hütte. Obwohl Dian beinahe so groß wie er selbst war, wirkte sie federleicht, als sie sich in seine Arme schmiegte. Bob trug Dian über die Schwelle und legte sie vorsichtig auf ihrem Bett ab, wo das zerknüllte Bettzeug noch warm war von ihrem Körper und nach Dians blumigem Parfüm duftete.

»Versuch zu schlafen, Liebes. Morgen bei Tageslicht wird alles anders aussehen«, murmelte er, während sie ihre Arme fest um seinen Hals geschlungen hielt, als wollte sie ihn nie wieder loslassen.

»Bleib.«

Fast unhörbar leise drang das kleine Wort an sein Ohr.

Und Bob blieb.

Am nächsten Morgen weckten ihn Sonnenstrahlen, die durch das offene Fenster direkt auf das Bett fielen.

»Guten Morgen, du.«

Dian stützte den Ellenbogen auf und betrachtete Bobs Gesicht von der Seite. Mit dunklen Bartstoppeln hatte sie ihn noch nie gesehen. Ganz egal, wie früh sie zu ihren Touren aufbrachen, Bob war immer frisch rasiert.

Der Bartschatten stand ihm gut, fand Dian. Machte sein schmales Gesicht markanter.

»Guten Morgen.« Bob kniff die Augen zusammen. »Hast du meine Brille gesehen? Ich sehe dich ganz verschwommen.«

»Vielleicht solltest du sie nicht aufsetzen«, scherzte Dian. »So unscharf sehe ich frühmorgens bestimmt besser aus.«

Sie reichte ihm das Gestell, das auf der kleinen Ablage neben dem Bett lag. »Na schön, aber auf deine Verantwortung!«

Bob nahm die Brille und schob sie sich auf die Nase. Dann sah er Dian eindringlich an.

»Nein, kein Unterschied. Genauso schön wie vorher.«

Dian gab ihm einen Kuss auf die Nasenspitze und war mit einem Satz aus dem Bett gesprungen.

Sie fühlte sich heute Morgen, als könnte sie Bäume ausreißen, ihr sonst in der Früh so steifer Körper fühlte sich zehn Jahre jünger an. Ach was – zwanzig!

Dian lächelte, während sie hinüber zum Kamin ging, um das Feuer zu schüren und Wasser für den Morgenkaffee heiß zu machen.

»Wie trinkst du ihn? Schwarz oder schwarz? Zucker ist aus, und wenn du Milch möchtest, ich habe leider auch kein Milchpulver mehr.«

Ihre Stimme klang fröhlich.

Bob gähnte, und Dian sah, wie er sie mit hungrigen Blicken verfolgte.

Die vergangene Nacht war kurz gewesen.

Erst die Radioübertragung der Mondlandung und dann die Aufregung über den Diebstahl und dann …

Dian grinste verstohlen, als sie daran dachte.

Eigentlich hatte sie es die ganze Zeit über kommen sehen. Seit sie vom Kivusee zurück waren, hatte sie es gespürt.

Der Abend dort war eine Art Wendepunkt gewesen. Sie hatten viel gescherzt und gelacht und waren blendend gelaunt gewesen, und Bob hatte gesagt, dass er sie beinahe nicht wiedererkannt habe, so anders sehe sie aus. Als strahle sie von innen heraus.

Bob hat seinen Blick kaum von mir abwenden können, erinnerte sich Dian glücklich, doch dann huschte ein dunkler Schatten über ihr Gesicht, denn mit einem Mal kam ihr Bobs Frau in den Sinn.

Bob hatte gesagt, er liebe Heather. Sie sei ein guter Kamerad, eine tolle Tierärztin und eine großzügige Frau.

»Aber sie ist eben nicht hier«, murmelte Dian, während sie den Kaffee bereitete.

Heather Campbell war über 1300 Kilometer weit entfernt in Nairobi.

Rasch schob Dian den Gedanken an Bobs Ehefrau beiseite.

Bob war jetzt in Karisoke.

Hier bei ihr.

Nichts anderes zählte.

Kapitel 17

Am späten Nachmittag war Dian schließlich wieder zurück im Camp. Im Schlepptau hatte sie den neuen Forschungsassistenten, den Dr. Leakey per Telegramm angekündigt hatte. Er hieß Michael Burkhart, und sie hatte ihn am Flughafen von Ruhengeri aufgesammelt, nachdem sie bei dieser Gelegenheit noch die lästige Diebstahlsanzeige bei der dortigen Polizei erledigt hatte.

Die Wahrscheinlichkeit, dass sie Geld oder Schmuck wiederbekommen würde, war gering, doch das Geld stammte von der *National Geographic Society*, und sie musste zumindest über dessen Verwendung beziehungsweise den Verlust Rechenschaft ablegen.

Die ganze Angelegenheit auf der Polizeistation war ärgerlich und lästig gewesen, und Dian war in denkbar schlechter Stimmung, als sie endlich am Flughafen eintraf.

Michael Burkhart sollte ihr beim Zensus helfen, um die aktuelle Zahl der Berggorillas zu erfassen und Dians Annahme zu verifizieren, dass sich ihre Zahl seit Schallers Zählung vor zehn Jahren halbiert hatte.

»Bob, das hier ist Michael Burkhart, Leakeys neuer Mann für die Bestandsaufnahme. Bob Campbell, mein Fotograf«, stellte sie die Männer einander vor.

Die beiden begrüßten sich mit Handschlag. Der jüngere Burkhart war bärtig und genauso groß wie der schlanke Bob, wirkte aber viel stämmiger.

»Wir beide werden ihm hier in Karisoke das Nötige beibringen, was er wissen muss. Dann wird er auf der anderen Seite des Visoke ein eigenes Camp haben und von dort aus Gorillas zählen«, erklärte Dian. »Für den Zensus will ich das ganze Gebiet abdecken, alle Vulkanberge, von jeder Talsenke bis zu jedem Gipfel. Jede Rinne, jede Schlucht und jeder Abhang müssen durchforscht werden. Es wird mühselig werden, das ist Ihnen hoffentlich klar, Burkhart?«

Dian sah den Mann abweisend an, und Bob konnte sehen, dass sie von dem Neuankömmling wenig überzeugt war.

Der Student nickte zögerlich.

»Du willst ihn allein da raufschicken? Ohne Erfahrung? Er ist doch gerade erst angekommen.«

Bob warf Dian einen überraschten Blick zu. Seine unausgesprochene Kritik an ihrer Entscheidung war überdeutlich.

»Warum nicht?« Dian sah ihn herausfordernd an.

»Na ja, sollte er zunächst nicht besser ein paar Wochen bei uns hier im Camp bleiben, um zu lernen?«

Dian schnaubte verächtlich.

»Mir hat am Anfang auch keiner geholfen, als ich allein und ohne Erfahrung in Kabara angefangen habe. Ich wusste auch nur das bisschen, was Jane und Alan mir beigebracht haben. Außerdem, je früher wir mit der Bestandsaufnahme loslegen, desto besser. Wir haben es schon viel zu lange vor uns hergeschoben, das weißt du ganz genau.«

»Aber du hattest in Kabara immerhin Sanwekwe«, warf Bob ein, doch als er den scharfen Blick sah, den Dian ihm daraufhin zuwarf, schwieg er.

Bob hatte sich schon einmal die Zunge verbrannt, als er Dians Führungsstil vor anderen kritisiert hatte. Ein zweites Mal wollte er den Fehler nicht begehen, besonders jetzt nicht, wo sie sich nähergekommen waren.

Es ginge ihn nichts an, wie sie ihr Camp leite, hatte Dian Bob damals unmissverständlich klargemacht. »Hart, aber fair« sei ihr Motto.

Grundsätzlich sei daran nichts falsch, hatte er geantwortet, doch er sei der Meinung, die Atmosphäre in einem Camp werde immer von dem bestimmt, der das Sagen habe, und Dian stelle schon extrem hohe Ansprüche. Bob unterdrückte ein Seufzen.

In diesem Punkt war Dian ziemlich eigensinnig und stur.

Er wandte seine Aufmerksamkeit dem neuen Assistenten zu.

»Sie werden natürlich auch einen Tracker bekommen. Keine Sorge, Burkhart, ganz allein schicken wir Sie nicht da raus. Und irgendwer muss uns doch Ihre Ergebnisse nach Karisoke bringen.«

Dian verzog bei Bobs Worten die Lippen und deutete auf eine Ecke des Lagers.

»Dort drüben können Sie Ihr Zelt aufbauen. Dr. Leakey hat mir geschrieben, Sie sind Pfadfinder? Dann sollte Ihnen der Aufbau wohl keine Schwierigkeiten bereiten. Wir sehen uns beim Abendessen.«

Mit diesen Worten ließ sie den verblüfften jungen Mann stehen und ging hinüber zu ihrer Hütte.

»Machen Sie sich nichts draus. So behandelt sie jeden Eindringling in ihr Camp«, erklärte Bob versöhnlich. »Sie hat das Sagen hier, merken Sie sich das. Je weniger Sie das infrage stellen, desto besser werden Sie mit ihr auskommen.«

Er griff sich eine der beiden Taschen, die der Neuankömmling mitgebracht hatte.

»Kommen Sie, ich helfe Ihnen mit dem Zelt, und Sie können mir derweil erzählen, wie Sie überhaupt an diesen Job gekommen sind.«

Bob begleitete den immer noch konsterniert dreinschauenden Burkhart zu dem Teil des Lagers, auf den Dian gezeigt hatte.

»Stimmt das mit den Pfadfindern eigentlich? Ich weiß nur, dass Sie Leakey angesprochen haben und Anthropologie, Verhaltensforschung und Ökologie studieren, richtig?«

Das zumindest hatte Dian erzählt, als sie ihm Burkharts bevorstehende Ankunft angekündigt hatte.

»Richtig, und nein, kein Pfadfinder. Ich bin aus San Diego und daher Surfer. Keine Ahnung, wie Dr. Leakey darauf kommt, aber wir haben uns damals nicht lange unterhalten. Er meinte nur, ich könnte den Job haben, wenn ich mir den Blinddarm herausnehmen und meine Zähne richten lasse.«

Burkhart lächelte verhalten. »Genau wie Miss Fossey es getan habe. Sicher sei sicher.«

Nach nur zwei Tagen Vorbereitung machte Dian ihre Ankündigung wahr, und Michael Burkhart musste bildlich gesprochen ins kalte Wasser springen, vielmehr, er musste sein Camp hoch oben nahe dem Gipfel des Visoke aufschlagen.

Zwar begleiteten Dian und Bob ihn und halfen ihm, einen geeigneten Ort für das kleine Lager zu suchen, doch dann würde er auf sich allein gestellt sein.

Die beiden Einführungstage in Karisoke waren in Windeseile vergangen. Burkhart hatte im Schnellkurs gelernt, Gorillanester zu identifizieren und zu zählen, Dian machte ihn mit dem Kot der Tiere vertraut, den der Student recht angewidert betrachtete, und schließlich versuchte sie, ihm die Kunst des Rülpsens beizubringen.

»Ihre Rülpsversuche klingen zwar eher wie das Meckern einer Ziege«, befand sie stirnrunzelnd, als der neue Assistent sie hilflos imitierte. »Aber vielleicht werden die Gorillas sich sogar an diesen Begrüßungslaut gewöhnen, wenn Sie nur lange genug bleiben.«

Doch genau das war von Anfang an das Problem, das Dian mit ihrem jungen Landsmann hatte. Sie bezweifelte, dass er die nötige Härte und Ausdauer aufbringen würde, die man im Regenwald brauchte. Denn kaum war Burkhart auf sich allein gestellt, da klagte er über gesundheitliche Probleme mit der Höhe und der dünnen Luft, kränkelte und schickte beinahe täglich einen Helfer mit Nachrichten und Forderungen nach Karisoke, die Dians Ansicht nach jedoch in kürzester Zeit immer merkwürdiger und abenteuerlicher wurden.

Burkhart hatte darauf bestanden, mindestens drei Mann zur Unterstützung zu bekommen und nicht bloß den einen, den Dian ihm zugestehen wollte. Widerwillig hatte sie schließlich nachgegeben und für Karisoke zwei neue Burschen aus dem Dorf angeheuert, die ebenfalls erst angelernt werden mussten.

Zumindest wurde Dian von ihren Leuten, allen voran dem junge Vatiri, über Burkharts Arbeit oder eher den Mangel daran auf dem Laufenden gehalten.

Laut Vatiri verbrachte ihr Assistent seine Zeit weniger mit der Suche und Zählung der Affen, sondern mehr mit Schwimmen im wunderschönen Ngezi-Kratersee und dem Rauchen selbst gedrehter Joints.

Als Dian davon erfuhr, wurde sie fuchsteufelswild, und Bob hatte Mühe, sie davon abzuhalten, schnurstracks auf den

Berg zu klettern und ihren faulen Assistenten hochkant raus-
zuwerfen.

»Lass das Dr. Leakey übernehmen«, riet Bob, als Dian ihm
Vatiris Beobachtung schilderte und ein paar der wirren Notizen zeigte, die dieser mitgebracht hatte.

»Der Kerl ist zu nichts nutze, und seine Unterlagen sind
unbrauchbar«, schimpfte Dian aufgebracht. »Stell dir vor, er
hat mir vorgeschlagen, ich solle Yamaha oder Honda anru-
fen und einen Motorrad-Deal mit ihnen abschließen. Ich
solle Werbung für deren Ausrüstung machen, dann gäben sie
mir die Motorräder gratis, mit denen wir die Arbeit von fünf
Tagen in vier Stunden machen könnten. Und die Wilderer
würde ich auch noch erschrecken. Quasi eine Win-win-Situ-
ation. Kannst du dir das vorstellen?«

Bob sah sie fassungslos an. »Mit dem Motorrad im Steil-
hang auf Gorillasuche? Spinnt der?«

»Keine Ahnung, aber er muss Halluzinationen haben,
wenn er solchen Schwachsinn schreibt.«

Bob nickte zustimmend.

»Schreib ihm, er soll umgehend nach Karisoke zurückkommen. Und wenn er da ist, sagst du ihm, dass Dr. Leakey
ihn sprechen will.«

»Gute Idee. Soll der sich doch mit ihm herumschlagen.
Schließlich hat er ihn ausgesucht, obwohl ich dringend gebeten hatte, jemanden zu schicken, der wirklich qualifiziert ist.«

Michael Burkhart entschied sich jedoch für einen anderen
Weg. Eigenmächtig ignorierte er Dians Aufforderung, nach
Karisoke zu kommen, und reiste stattdessen direkt nach Nairobi, um Louis Leakey zu sagen, wie unfähig Dian sei und
dass er selbst das Lager richtig in die Hand nehmen könne.

Im Museum der kenianischen Hauptstadt angekommen, versuchte Leakeys Sekretärin, Burkhart abzuweisen, aber als dieser sah, dass Dr. Leakey durch die Hintertür in sein Büro schleichen wollte, stellte er ihn dort zur Rede.

»Dr. Leakey, wir müssen miteinander reden. Miss Fossey hat einen Nervenzusammenbruch und ruiniert das Gorillaprojekt. Sie stößt jeden vor den Kopf, behandelt die Leute schlecht und weiß alles besser.«

Als Leakey etwas erwidern wollte, fiel Burkhart ihm ins Wort: »Ich habe mir das genau überlegt, Sir. Wir müssten ein Hotel in den Virungas bauen und brauchen dafür entsprechende Werbung. Die Leute sollen kommen, um sich die Gorillas anzusehen. Wir brauchen einen Partner, ein Unternehmen für Abenteuerreisen oder so etwas. Und wir müssen dafür sorgen, dass es den Einheimischen gut geht und sie sich nicht wieder die Köpfe einschlagen. Das ist schließlich einer der Gründe, wieso ich Gorillas erforsche, Dr. Leakey. Ich will herausfinden, was bei der Entstehung des Menschen falsch gelaufen ist.«

Die Augen des jungen Wissenschaftlers flackerten vor Erregung, und Leakey sah ihn befremdet an. Burkhart hatte ihn völlig überrumpelt. Ein Blinder konnte sehen, dass irgendetwas mit ihm nicht stimmte. Sein Redeschwall war äußerst irritierend, und Louis Leakey wusste dank Dian bereits von seiner fehlenden Leistungsbereitschaft und dem Marihuanakonsum.

Bob Campbell lachte herzhaft, als Dian ihm mit verstellter Stimme Burkharts Redeschwall vorlas, den Dr. Leakey in seinem Brief angeblich Wort für Wort wiedergegeben hatte.

Erschöpft vom Liebesspiel, lag sie in Bobs Armen und hatte den Brief auf seiner nackten Brust abgelegt, um besser vorlesen zu können.

Nachdem ihr Assistent bei ihm gewesen sei, schrieb Leakey, habe er sich sofort hingesetzt, um ihr von dem merkwürdigen Aufeinandertreffen zu berichten. Sie habe wohl recht mit ihrer Vermutung, Burkhart sei höhenkrank geworden oder habe zu viel Gras geraucht.

»Oder beides.« Dian kicherte. »Ich kann mir lebhaft vorstellen, wie der bärtige Kerl meinem friedliebenden Dr. Leakey auf die Pelle gerückt ist.« Sie grinste Bob an. »Er schreibt, Burkhart habe bestimmt zwanzig Kilo abgenommen, seit er ihn in San Diego das letzte Mal gesehen habe. Richtig verwahrlost habe er ausgesehen, ein nervliches Wrack. Nach gerade mal gut einem Monat allein im Busch, pfff.«

Dian verdrehte spöttisch die Augen.

»Angeblich ist er von Kenia aus nach Israel in ein Kibbuz gereist. Dort will er seine angegriffenen Nerven beruhigen. Die armen Kibbuzim! Aber wenigstens sind wir ihn jetzt los.«

Zufrieden kuschelte sie sich wieder in Bobs Arme.

»Das stimmt, aber du hast immer noch das Problem mit deinem Zensus. Wie willst du das allein hinbekommen? Du und ich, wir können nicht das ganze Gebiet durchkämmen.«

Bob stützte sich auf den Ellenbogen und sah Dian fragend an.

»Das, mein Lieber, lass mal meine Sorge sein«, antwortete sie bestimmt. »Ich werde Professor Hinde schreiben, und er wird jemanden finden, der besser geeignet ist. Einstweilen...« Dian drückte ihren Geliebten sanft wieder zurück auf den Rücken und küsste ihn erst auf den Mund, bevor sie sich dann langsam in tiefere Gefilde vorarbeitete.

»Einstweilen werden wir uns die Arbeit teilen«, beendete Bob den angefangenen Satz. »Und vielleicht kannst du deine

Freundin Alyette ja für das Projekt gewinnen? Du könntest ihr morgen schreiben, und dann sehen wir weiter.«

Mittlerweile war Dian mit ihren Küssen jedoch so weit südlich angelangt, dass Bob scharf den Atem einsog und jeglicher Gedanke an den Zensus oder Alyettes Hilfe schlagartig aus seinem Kopf verschwanden.

»Du Teufelsweib«, flüsterte er und überließ sich ganz Dians kundiger Führung.

Kapitel 18

Hältst du das für eine kluge Idee, Dian? Diese Affenart lebt doch nicht so hoch oben im Gebirge.« Bob sah Dian streng an, doch ihr bittender Blick rührte ihn auch. Er wusste, wie sehr sie die Gorillakinder vermisste.

Dian hatte ihm gerade mit empörten Worten geschildert, wie ihr an der Tankstelle in Gisenyi ein bewaffneter Mann aufgefallen war, der mit unstetem Blick und einem Körbchen um ihren Land Rover schlich, bis er ihr schließlich den Inhalt des Korbes für dreißig Dollar zum Kauf anbot.

»Du hättest es auch nicht übers Herz gebracht, Nein zu sagen. Diese kleine Uganda-Meerkatze hier kauert doch schon mehr tot als lebendig im Körbchen.«

»Das verstehe ich ja, aber dein Verhalten war trotzdem leichtsinnig. Was alles hätte passieren können. Warum hast du ihm nicht einfach das Geld gegeben?«

»Spinnst du? Dann hätte der Kerl doch bekommen, was er wollte, und wahrscheinlich gleich den nächsten Affen gefangen und gequält!«, antwortete Dian empört. »Außerdem habe ich kein Geld zu verschenken. Nein, es war völlig richtig, dass ich mir den Korb geschnappt und dem Verbrecher mit dem Gefängnis gedroht habe, sollte er es noch einmal wagen, Tiere zu fangen.«

»Dieses Mal ist es zum Glück glimpflich ausgegangen, aber mach so etwas bitte nicht noch einmal. Der Kerl war schließlich bewaffnet! Versprich es mir, Dian.«

Sie nickte ergeben. »Willst du dir die Kleine denn nun mal ansehen? Ich habe sie in meine Hütte gebracht und werde sie Kima nennen.«

»Also gut, dann will ich deine neue Mitbewohnerin mal kennenlernen.«

Nach Kimas Ankunft änderte sich das Leben im Lager Karisoke grundlegend. Der kleine Affenkobold wurde zum Liebling der Bewohner. Mit ihrem Schabernack und ihrer drolligen Art eroberte die kleine Meerkatze die Herzen im Sturm. Selbst der sonst so gestrenge Sanwekwe schmolz dahin, wenn die Kleine ihr Köpfchen drehte und mit den langen, dunklen Wimpern klimperte, wenn man mit ihr sprach.

Fremde Besucher im Camp mochte Kima aber gar nicht. Sie kreischte und griff die Besucher sogar an. Und wenn Dian sie daraufhin einfing und einsperren wollte, musste selbst sie sich vor Kimas spitzen Zähnen in Acht nehmen.

Nachdem Dian das Äffchen zunächst mit Obst und Gemüse aufgepäppelt hatte, lernte Kima irgendwann auch richtige Menschenkost zu schätzen. Gebackene Bohnen, Kartoffelchips und Käse waren ihre Leibspeisen, und Dian musste höllisch aufpassen, wenn diese Dinge auf den Tisch kamen, denn Kima war so flink, dass sie sich die Leckereien schnappte, ehe man sich's versah, und sich dann feixend mit ihrer Beute davonmachte.

Die kleine Meerkatze probierte alles, was ihr interessant erschien, und machte selbst vor Klebstoff, Filmmaterial und Lampenöl nicht halt. Ein ausgesprochenes Faible entwickelte sie für *Pombe*, das rötlich-trübe, süß schmeckende Bananenbier, Lieblingsgetränk der einheimischen Helfer, das diese ganz traditionell durch Fermentieren von mit der Hand zerquetschten Bananen und Wasser und festem grünem Gras zur Klärung herstellten.

Ähnlich wie Coco und Pucker zerpflückte Kima aber auch sonst alles, was ihr in die Finger kam. Seit wieder ein Affe in Karisoke lebte, hielt Dian ihre Hütte und den Schreibtisch stets gut aufgeräumt, weil alles, was herumlag, sonst in der Krone des nächsten Kosobaumes landete oder zerfetzt wurde.

Nachdem Kima mehrfach Sachen von Dians Schreibtisch gestohlen hatte, bastelte sie ihr sogar eigenes Spielzeug. Sie nähte kleine Püppchen aus alten Socken und besorgte Kima einen Koalabären aus Stoff als Spielgefährten, dessen glänzende Knopfnase und dunkle Augen dem Affenkind ähnlich sahen.

Da Kima keine Artgenossen zum Spielen hatte, trug sie ihr *Toto*, ihr Baby, täglich stundenlang im Lager herum, denn anders als Coco und Pucker durfte sich das Äffchen frei in Hütte und Wald bewegen.

Zu Dians Freude entfernte sie sich nie weit von der Station, und in kalten Nächten schlief sie ohnehin am liebsten bei Dian in der Hütte in einem Drahtkäfig mit Pendeltür, den sie jederzeit verlassen konnte.

Gemeinsam mit Hündin Cindy und den Hühnern Walter und Wilma, den Nachfolgern von Dezi und Lucy, bildete die junge Meerkatze fortan ein ungewöhnliches Empfangskomitee für Dian und Bob, das die beiden nachmittags bei ihrer Rückkehr aus dem Nebelwald erwartete.

Und wenn Dian abends neben dem knisternden Kaminfeuer ihre Aufzeichnungen abtippte, ihre pelzigen Gefährtinnen bereits tief schlummerten und draußen Eulen, Baumschliefer, Antilopen und Elefanten zu hören waren, dann verspürte Dian ein herrlich heimeliges Gefühl von Harmonie und Frieden.

»Nein, Kima, du kannst nicht mitkommen. Heute nicht und auch sonst nicht.«

Lachend versuchte Dian, sich das Äffchen von der Schulter zu ziehen, doch Kima klammerte sich an ihrem dicken Zopf fest.

»Kannst du mir bitte mal helfen, Bob?«

Dian sah sich um und entdeckte ihren Geliebten ein paar Meter entfernt in einen Brief vertieft. Als er nicht reagierte, rief sie etwas lauter: »Bob, ich brauche hier wirklich deine Hilfe. Kima, du kleiner Quälgeist, lass mich los!«

Mühsam versuchte sie, das flinke Tierchen zu fassen, doch Kima kletterte immer wieder über Dians Kopf hinweg und ihren Rücken hinunter und wieder hinauf, sodass sie ihrer nicht Herr wurde.

»Booobb!«

Nun erst reagierte Bob, wandte ihr seine Aufmerksamkeit zu, stopfte den Brief hastig in seine Weste und ging hinüber zu Dian.

»So, du kleiner Kobold.«

Mit geschicktem Griff schnappte er sich die tollkühne Kletterin, die Dians Haarzopf schließlich widerwillig losließ. Er setzte das Äffchen vorsichtig auf den Boden, und es trollte sich laut keckernd davon.

»Danke. Bist du fertig?« Dian griff nach dem Rucksack mit ihrer Ausrüstung und schwang ihn auf den Rücken.

»Einen Augenblick noch. Ich muss nur noch meine Kamera holen, dann können wir los.«

Bob ging hinüber zu seinem Zelt und steckte den Brief seiner Ehefrau tief unten in seinen Schlafsack.

Mit der Fotoausrüstung in der Hand gesellte er sich wieder zu Dian, die mit ihrem jüngsten Tracker Nemeye am Rand der Lichtung stand und ungeduldig wartete.

»So, wir können los.«

Dian und Bob waren heute spät dran. Noch war es trocken, doch das Wetter drohte sich zu ändern. Von Osten her drängten dichte Wolken in ihre Richtung, und laut Nemeyes Wetterprognose würde es bald regnen.

Regen war grundsätzlich kein Problem, doch es hatte sich herausgestellt, dass es einfacher war, Gorillagruppen bei trockenem Wetter aufzuspüren, weil diese dann aktiver waren, sich mehr bewegten und dadurch im Gebüsch besser zu hören waren.

Nemeye sollte recht behalten.

Die drei waren noch keine halbe Stunde marschiert, als der Nieselregen losging. Binnen weniger Minuten goss es wie aus Kübeln, sodass man kaum noch die Hand vor Augen sehen konnte und ein Weitergehen sinnlos schien. Es blieb ihnen nichts anderes übrig, als unter den ausladenden Blättern einiger großer Hageniabäume Schutz zu suchen und zu hoffen, dass der Regen bald nachließ.

Nemeye suchte sich ein halbwegs geschütztes Plätzchen ein wenig abseits, und Bob und Dian hockten sich nebeneinander unter den größten Baum und lehnten sich an den Stamm.

Die Regentropfen prasselten laut auf die langen Regencapes, die sie zusätzlich über ihre Regenjacken gezogen hatten.

Diese Capes hielten zwar die gröbste Nässe ab, doch es dauerte nicht lange, da wurde die feuchte Kälte vom Waldboden spürbar, und Dian begann, mit den Zähnen zu klappern.

»Komm her und lehn dich an mich. Dann wird dir etwas wärmer.«

Bob hob den Arm, damit Dian näher rücken konnte. In dieser Höhe wurden Nässe und Kälte auf dem Berg schnell durchdringend.

»Das nützt nichts. Mir ist immer noch kalt«, maulte sie nach ein paar Minuten, und Bob konnte sehen, dass ihre Lippen von der Kälte langsam blau anliefen.

Er küsste sie zärtlich.

»Besser?«

Dian schüttelte den Kopf.

Wieder beugte Bob sich zu ihr hinüber und küsste sie, dieses Mal mit aller Leidenschaft, die er aufbringen konnte.

Der Kuss schien endlos lange zu dauern, und sie vergaßen alles um sich herum.

Schließlich lösten sie sich atemlos voneinander.

»Und jetzt? Besser?«, fragte Bob, und ein verschmitztes Zwinkern umspielte seine Augen.

»Hmm. Viel besser. Noch ein paar von diesen Küssen, und meine Jacke fängt von innen Feuer.«

Dian lächelte glücklich. Seit sie und Bob zusammen waren, machten ihr die schwierigen Bedingungen und die anstrengenden Märsche viel weniger aus als zuvor.

Liebe verleiht offensichtlich wirklich Flügel, dachte sie zufrieden.

»Na, dann werden wir uns mal besondere Mühe geben«, antwortete Bob lachend und vergrub seine Lippen in ihren Nacken.

Schließlich ließ der Regen nach, und wenig später brach die Wolkendecke auf. Sonnenstrahlen blitzten hindurch. Von Minute zu Minute wurde die Luft wärmer, feuchte Schwaden stiegen aus dem regennassen Boden auf.

Dian löste sich aus Bobs Armen, stand auf, schüttelte ihr Regencape aus und packte es weg. Nachdem Bob und Nemeye ihrem Beispiel gefolgt waren, marschierten sie weiter den Hang des Visoke hinauf, immer auf der Suche nach Gruppe 4, die sie am Vortag dort oben angetroffen hatten.

»Ich hoffe, wir finden Onkel Bert, Digit und die anderen heute noch einmal«, schnaufte Dian nach einer Weile und drehte sich zu Bob um, der ihr wie üblich langsam folgte. »Mit ein wenig Glück haben sie sich nicht allzu weit von ihrem gestrigen Lagerplatz entfernt. Ich würde doch so gerne noch mal ausprobieren, ob ihnen mein Gesang wirklich gefällt oder ob das gestern Zufall war.«

Bob nickte zustimmend. Am Vortag hatte Dian einem Impuls folgend plötzlich ein Lied angestimmt, während sie die Gorillas beobachteten. Zuerst ganz leise, dann etwas lauter hatte sie den Musicalhit *Hello Dolly* zum Besten gegeben, und Gruppe 4 hatte aufmerksam zugehört und zustimmende Geräusche gemacht.

Nach dreimal *Hello Dolly* hatte sie zur Abwechslung den Countrysong *Cool Water* von Burl Ives gesungen, und Onkel Bert und seine Familie waren daraufhin Stück für Stück näher gerückt, als ob sie den Text von den kühlen Wassern besser hören wollten.

Bob hatte fasziniert zugesehen, wie Dians dunkle, melodische Stimme die Affen ganz offensichtlich in ihren Bann schlug.

»Was willst du ihnen denn heute vorsingen? Wieder *Hello*

Dolly, oder nimmst du etwas Moderneres? Etwas Rock 'n' Roll vielleicht? Möglicherweise stehen sie auf Elvis?«, schlug Bob grinsend vor.

»Keine Ahnung«, antwortete Dian lachend. »Ich werde mich einfach inspirieren lassen. Elvis ist gar keine schlechte Idee. Oder ich singe ihnen *My Way* vor. Ich habe es auf Kassette. Kima und Cindy scheinen es zu mögen, jedenfalls wenn Sinatra es singt. Bei mir bin ich da nicht so sicher.«

Dian lachte herzhaft, doch dann wurde sie wieder ernst.

»Erst mal müssen wir die Gruppe wiederfinden. Jedenfalls ist die Reaktion der Gorillas auf menschlichen Gesang etwas, das ich weiter untersuchen will. Ich sollte Robert Hinde schreiben und ihm von meiner Entdeckung berichten. Vielleicht lassen sich ihre Reaktionen auf Gesang ja in meine Doktorarbeit integrieren. Gorillas als Musikfans, mit ihren ganz eigenen Vorlieben, das wäre doch was, nicht wahr?«

Bob nickte.

»Wenn du davon in deinem Artikel berichtest, werden die Leute ihn mit noch mehr Begeisterung lesen als ohnehin schon, das verspreche ich dir.«

»Fang nicht wieder damit an.«

Dian verzog das Gesicht, als Bob das ungeliebte Thema zur Sprache brachte. Die Reportage sollte im Januar, also in nicht mal zwei Monaten, erscheinen, und die 2500 Dollar, die sie dafür erhalten hatte, wogen in ihren Augen die Nerven und den Stress längst nicht auf.

Ein paar Tage zuvor war der erste Entwurf des Layouts per Post gekommen, und die Zeitschrift hatte auf Abgabe des endgültigen Manuskriptes gedrängt.

Die Auswahl der Bilder hatte Dian im gleichen Maße empört und schockiert. Auf einem Foto hielt sie sich so krumm, als ob sie einen Buckel hätte, und mit den schwarzen Ringen unter den Augen sah sie aus, als würde sie den nächsten Winter nicht überleben.

»Wenn sie tatsächlich diese Bilder nehmen, dann ist das mein erster und letzter Artikel für den *National Geographic*. Ich würde am liebsten auf alles ein ›Nicht zur Veröffentlichung‹ stempeln.« Dian redete sich in Rage. »Auf einem der Fotos könnte man auf den ersten Blick meinen, Jackie Kennedy halte einen Babygorilla im Arm, doch auf den zweiten Blick muss man erkennen, es kann nur Jackies Großmutter sein, denn niemand kann so viele Falten um die Augen haben und damit immer noch etwas sehen.« Sie deutete auf ihre Augen. »Sei ehrlich, Bob, sehe ich wirklich so alt aus?«

Er schüttelte pflichtschuldig den Kopf. Keine Frau würde eine ehrliche Antwort auf eine solche Frage schätzen, am allerwenigsten Dian.

Die Zeit im Regenwald ohne Kosmetik und Friseur forderte ihren Tribut, das hatte sie von Anfang an gewusst, doch dass dieser Tribut so schnell und so deutlich sichtbar sein würde, hatte wohl nicht nur Dian selbst überrascht. Und es hatte sie empfindlich getroffen.

»Was ist nur aus der hübschen jungen Frau auf den Bildern in meinem Fotoalbum geworden?«, klagte sie frustriert. »Ich habe es dir eigentlich gar nicht zeigen wollen, aber ich wollte dir doch beweisen, dass ich nicht immer in diesem Räuberzivil herumgelaufen bin.«

Dian deutete an sich herunter. Ihre alte Jeans, die Stiefel und der Armeeparka waren feucht und wiesen deutliche Spuren von Schlamm auf.

»Ich bin aber sehr froh, dass du mir die Fotos gezeigt hast, vor allem eines«, antwortete Bob hastig. »Du trägst darauf eine schmal geschnittene weiße Bluse, und dein schönes dunkles Haar ist zu einem kurzen Bob frisiert, der dein Gesicht umschmeichelt. Und auf dem anderen Bild, das mir besonders gut gefallen hat, trägst du dieses blaue Ensemble mit passendem Kopftuch, da haben mich der Stil der Kleidung und dein Lächeln tatsächlich an Jackie Kennedy erinnert.«

»Wirklich?«

Dian strahlte Bob wegen des Kompliments und des Vergleichs mit der früheren First Lady an.

Ob Bob wohl bemerkt hat, dass ich mir inzwischen die Haare färben muss?, schoss es Dian erschrocken durch den Kopf, und sie fasste sich an die praktische Zopffrisur, die nicht mehr die geringste Ähnlichkeit mit dem kecken Kurzhaarschnitt aus Studentinnentagen hatte.

»Wirklich, Dian, du hast doch eben gesagt, das Foto von dir, Coco und Pucker findet in deinen Augen Gnade, nicht wahr?«

Dian nickte.

»Eben, und exakt dieses Bild wollen sie doch auf das Cover bringen. Wäre das nicht großartig?«

»Ja, das wäre es. Das Foto ist wunderschön, viele deiner Fotos sind wunderbar«, versicherte Dian schnell. »Und ich weiß wirklich zu schätzen, dass du damals so schnell gekommen bist, um meine Kleinen ein letztes Mal in ihrem ursprünglichen Lebensraum zu fotografieren.« Sie sah ihm tief in die Augen. »Und dass du mir in dieser schweren Zeit emotional so sehr beigestanden hast.«

»Lady, Lady, dort. Gorilla.«

Der aufgeregte Zwischenruf des Trackers unterbrach ihr Gespräch. Nemeye deutete auf den Berghang vor ihnen.

Ein freudiges Lächeln huschte Dian ein paar Minuten später über das Gesicht, als sie vorsichtig das Laub beiseiteschob und deutlich hörbare Rülpslaute und lautes Schmatzen an ihr Ohr drangen.

»Da sind sie ja. Hallo, Digit, mein Lieber.«

Ein freundlich klingendes Rülpsen war die Antwort. Bob sah über Dians Schulter hinweg, dass der junge Schwarzrücken sich umdrehte, als ob er genau wüsste, wer ihn da ansprach.

Digit musste mittlerweile etwa sechs oder sieben Jahre alt sein, Dian konnte es nur schätzen. Als sie ihn kennenlernte, war er noch ein vorwitziger schwarzer Wollball mit struppigweichem Fell gewesen, aus dem zwei samtbraune Knopfaugen voller Schalk und Neugier lugten. Kein Baby mehr, aber auch noch kein Halbstarker.

Seine Mutter war wohl verstorben, jedenfalls hatte Dian keines der vier erwachsenen Weibchen seiner Familiengruppe als Digits Mutter identifizieren können.

Bei ihrer ersten Begegnung im November 1967 war Gruppe 4 insgesamt vierzehn Mitglieder stark gewesen und wurde von Whinny, einem alten Silberrücken, angeführt, der vermutlich Digits Vater war.

Weil Dian stundenlang die Gesichter all ihrer Gorillas gezeichnet hatte, konnte sie die einzelnen Tiere allein an ihren Nasenabdrücken unterscheiden, und sie fand, Digits und Whinnys Nasenabdrücke ähnelten sich sehr.

»Sieh doch, Dian.« Bob deutete auf mehrere merkwürdig dunkel wirkende Schlafnester in der Nähe.

Dian hatte sich so sehr auf Digit konzentriert, dass ihr die Nester völlig entgangen waren.

Jedes der Nester war nur etwa einen Meter vom nächsten

entfernt, und sie waren trotz des vorangegangenen Regens deutlich sichtbar mit Blut verschmiert.

Auch zwischen ihnen befand sich Blut.

»Was ist dort passiert?«, flüsterte Bob.

»Keine Ahnung, das muss ich mir genauer ansehen«, antwortete Dian leise und kroch in Richtung der Nester.

Die restlichen Familienmitglieder hatten sich derweil ein wenig entfernt, und auch Digit schien das Interesse an den menschlichen Beobachtern verloren zu haben, denn er trollte sich nun ebenfalls.

Als Dian die leeren Nester inspiziert hatte, stiegen ihr Tränen in die Augen.

»O nein«, flüsterte sie, als sie im letzten Nest einen leblosen, blutverschmierten Fötus fand. Allem Anschein nach eine Totgeburt, denn das kleine Gorillakind schien körperlich völlig unversehrt zu sein.

Wie die meisten Gorillageburten hatte offensichtlich auch diese Niederkunft in der Nacht stattgefunden. Die Nabelschnur war fein säuberlich durchgebissen, und die normalerweise rosiggraue Körperhaut des Jungtiers war im Tode aschgrau geworden. Das lackschwarze Kopfhaar und das schüttere schwarze Körperhaar waren blutverklebt. Dian schätzte das Geburtsgewicht auf die üblichen etwa 1600 Gramm. Vielleicht etwas weniger.

Dian wusste, bei lebenden Jungtieren verzehrten die Mütter den Mutterkuchen zum größten Teil oder gar vollständig, das hatte sie bereits beobachten können, doch bei Totgeburten schien dies offensichtlich anders zu sein. Die Nachgeburt lag unberührt neben dem toten Affenbaby.

Dian nahm den leblosen kleinen Körper hoch und wickelte ihn vorsichtig in ihren Schal.

»Ich werde dich mitnehmen, untersuchen und dann anständig bestatten«, flüsterte sie und ließ den Blick über die Gruppe streifen, die jetzt ein gutes Stück weit von ihr entfernt auf der Lichtung fraß und sie überhaupt nicht zu beachten schien.

Ihr Blick blieb an Maisie hängen, dem einzigen Weibchen, das in ihren Augen als Mutter infrage kam. Dian hatte die etwa neunjährige Gorilladame in den letzten Wochen beobachtet, wie sie sich augenscheinlich für Flossies sieben Monate altes Baby interessierte.

Das Baby war das jüngste Mitglied der Gruppe, und Flossie schien nichts dagegen zu haben, dass Maisie Tantenverhalten zeigte und das Jungtier pflegte und liebkoste, um so Erfahrung im Bemuttern zu sammeln.

»Wahrscheinlich ist das Maisies Kind«, flüsterte Dian, als sie Bob wieder erreicht hatte und ihm den kleinen Leichnam zeigte.

»Wusstest du, dass sie schwanger war?«

»Nein, ich hatte keinen Schimmer, aber sie ist die einzige plausible Option. Die anderen Weibchen haben Jungtiere oder sind noch nicht alt genug.«

»Wer ist wohl der Vater?«, fragte Bob. »Noch der alte Whinny oder schon Onkel Bert?«

Dian hatte den alten Silberrücken dieser Gruppe Whinny, englisch *wiehern*, genannt, denn seine gepressten, krächzenden Warnlaute klangen in ihren Ohren eher wie Pferdegewieher denn wie Gorillalaute.

Sie hatten Whinnys ausgemergelten Körper vor einiger Zeit tot in seinem Schlafnest gefunden und ihn zur Autopsie nach Ruhengeri gebracht. Die Untersuchung ergab, dass der alte Silberrücken unter einer fortgeschrittenen Bauchfellentzündung gelitten hatte. Dazu kamen noch eine Lungenentzündung, der Grund für sein Wiehern, und deutliche Vernarbungen auf der rechten Schädelseite, die für eine fortschreitende Hirnhautentzündung als Todesursache sprachen.

Dian zuckte mit den Schultern.

»Onkel Bert muss der Vater sein. Hätte ein Silberrücken aus einer anderen Gruppe sie gedeckt, dann hätte er Maisie nicht in der Gruppe gelassen«, erklärte sie nachdenklich.

Nach Whinnys Tod hatte zunächst Old Goat, das älteste Weibchen der Familiengruppe, die Führungsrolle übernommen und Streitigkeiten innerhalb des Gruppenverbandes geschlichtet. Einmal hatte sie Dian sogar mit Brusttrommeln gedroht, denn Onkel Bert, der jüngere Silberrücken, wuchs nur langsam in die Rolle als Anführer hinein, die ihm durch den Tod seines Vaters zugefallen war; er schien viel lieber mit den Jungtieren seiner Gruppe herumzutollen. Aber in letzter Zeit schien er seine Aufgabe schließlich doch akzeptiert zu haben.

»Das Jungtier muss von Onkel Bert stammen«, befand Dian. »Auch wenn es seit Whinnys Tod mehrere Konflikte mit anderen Gruppen gegeben hat, vor allem mit den Männchen aus Gruppe 8, die es auf die vier halb erwachsenen Weibchen hier abgesehen hatten, die kurz vor der Geschlechtsreife stehen.«

Bob sah sie an. »Whinny kann wohl auch rein rechnerisch nicht mehr der Vater sein, nicht wahr?«

»Nein.« Dian deutete auf den kleinen Körper in ihren Armen. »Ich habe übrigens nicht nur den Kadaver, sondern auch die Plazenta eingepackt. Leider habe ich kein Labor, sonst könnte ich den Mutterkuchen auf Parasiten oder Ähnliches untersuchen.« Dian seufzte. »Schade, dass es für Maisie dieses Mal nicht geklappt hat, aber das ist bei erstgebärenden Gorillas nicht ungewöhnlich. Beim nächsten Kind hat sie hoffentlich mehr Glück. Je mehr Erfahrung eine Mutter hat, desto höher sind auch die Überlebenschancen ihrer Kinder. Und wir brauchen jedes einzelne Jungtier dringend, um das Überleben der ganzen Art zu sichern.«

Bob nickte.

»Drei oder vier Jungtiere erfolgreich großzuziehen, ist schon sehr gut für eine Gorillafrau. Darin sind sie uns Menschen wirklich sehr ähnlich«, ergänzte Dian und starrte nachdenklich zu der jungen Mutter, die anscheinend völlig unbeeindruckt an ihren Selleriestängeln kaute.

»Lass uns ins Camp zurückgehen, Bob.«

Kapitel 19

Eines Morgens, Dian war gerade aufgestanden und putzte sich vor ihrer Hütte die Zähne, tauchte plötzlich ein magerer Hund mit struppigem Fell im Lager auf, den sie noch nie gesehen hatte.

Das Tier trug kleine Metallplättchen am Halsband, wie Wilderer sie benutzten, um ihre Hunde im Unterholz zu hören, wenn sie mit dem Geklapper das Wild aufstöberten.

Schwanzwedelnd lief der Hund zunächst vorbei, drehte sich dann mit einem Mal um, ging direkt auf sie zu und biss sich an ihrem Schienbein fest. Vor Schreck und Schmerz schrie Dian laut auf, doch der Hund ließ ihr Bein nicht los.

Das Geschrei alarmierte Bob und Sanwekwe. Beide stürzten aus ihren Zelten und schlugen mit Stöcken nach dem Angreifer, bis er losließ und im Busch verschwand.

»Bist du in Ordnung?«, fragte Bob besorgt.

»Jaja, nichts weiter passiert.« Dian machte eine wegwerfende Handbewegung. »Alles halb so schlimm.«

»Lass mal sehen.«

Bob kniete sich vor Dian ins Gras und schob das Hosenbein nach oben. Der ganze Angriff hatte zwar nur wenige Augenblicke gedauert, doch das Tier hatte ziemlich fest zugebissen, der Stoff der Jeans war blutig.

»Hm, das sieht übel aus, der Biss geht tief. Sanwekwe, hol Desinfektionsmittel und die Verbandstasche. Wir müssen die Wunde auswaschen und desinfizieren. Hoffentlich hatte der Köter keine Tollwut. Du solltest das vorsichtshalber im Krankenhaus abchecken lassen.«

Tollwut kam in der Gegend recht häufig vor, und Bobs Rat war daher keinesfalls übervorsichtig.

»So weit kommt es noch. Krankenhaus!« Dian schüttelte heftig den Kopf. »Nein, wir versorgen die Wunde, und dann vergessen wir die Sache. Du musst dir keine Sorgen machen – selbst wenn der Hund Tollwut hatte, bleiben mir immer noch dreiunddreißig Tage Zeit, bis mir der Schaum vor dem Mund die Unterlagen verdirbt«, unkte Dian. »Ich habe vor meiner Abreise nach England noch so viel zu erledigen, und du musst ja vorher auch noch nach Nairobi...«

Sie machte eine bedeutungsvolle Pause.

»... zu deiner geliebten Frau.«

Der Tonfall, mit dem sie den letzten Satz aussprach, klang spitz.

Erstaunt hob Bob den Kopf. Er runzelte verärgert die Stirn.

»Bist du etwa eifersüchtig? Wir waren doch übereingekommen, dass ich im Dezember für zwei Wochen nach Kenia fahre, bevor ich ab Januar Karisoke hüte.«

»Jaja, kümmere dich lieber um mein Bein«, lenkte Dian ab.

Sie wusste selbst nicht, warum sie gerade gestichelt und ihre Vereinbarung mit Bob infrage gestellt hatte.

Heather war Bobs Frau, und er konnte sie schließlich nicht das ganze Jahr über allein lassen. In ihrem letzten Brief an ihn hatte sie unmissverständlich verlangt, zumindest Weihnachten müsse er mit ihr gemeinsam verbringen.

Ich war mit diesem Plan doch einverstanden, zumindest

habe ich so getan, dachte Dian, während Bob mit geschickten Händen die Bisswunde säuberte und anschließend einen Verband anlegte.

»So gut wie neu.«

Zufrieden betrachteten beide sein Werk.

»Probier mal, das Bein zu belasten. Geht es?«

Dian verlagerte vorsichtig etwas Gewicht auf das verletzte Bein. Ihr schmerzhaft verzogenes Gesicht bei der Bewegung sprach jedoch Bände.

»Du solltest heute vielleicht besser im Lager bleiben und dich erholen«, schlug Bob vor. »Mit Schmerzen loszumarschieren, bringt doch nichts. Ein Tag mehr oder weniger…«

Er sah Dian besorgt an, die ihm überraschenderweise nicht widersprach.

»Wahrscheinlich hast du recht. Ein Tag Pause ist schon okay. Wenn das Bein morgen besser ist, gehen wir wieder zusammen los. Für heute musst du leider auf mich verzichten, aber Sanwekwe und Vatiri begleiten dich und passen auf, dass du keinen Unfug machst.«

Halb scherzhaft zog Dian die Mundwinkel nach oben, doch Bob wusste genau, dass es ihr am liebsten war, wenn niemand ohne sie zu den Gorillas ging. Nicht einmal er.

Sie fuhr fort: »Ich werde hierbleiben und meine Unterlagen für Cambridge in Ordnung bringen. Das ist sowieso dringend notwendig.«

Dian würde ab Januar für vier Monate in Cambridge studieren und sich unter Professor Hindes Anleitung in einem Crashkurs die Grundlagen wissenschaftlicher Verhaltensforschung aneignen.

Lange hatte sie sich gegen das Promotionsstudium gesträubt, doch mittlerweile hatte selbst sie einsehen müssen, dass sie nur dann die notwendige fachliche Anerkennung für ihre Arbeit erhalten würde, wenn sie sich den Gepflogenheiten der Wissenschaftswelt beugte und endlich ihren Doktortitel machte. Ein akademischer Titel würde nicht nur ihre Arbeit in Ruanda aufwerten, sondern letztlich auch dem Schutz der Berggorillas dienen.

»Also gut, Dian. Versprich mir aber bitte, dass du dich wirklich schonst und nicht den ganzen Tag im Camp herumläufst und irgendwelche Dinge in Ordnung bringst. Ruh dich aus und genieße das sonnige Wetter. Wer weiß, wie lange es noch anhält.«

Er hauchte Dian einen Kuss auf die Stirn und machte sich dann auf den Weg zu seinem Zelt, um den Rucksack für den Tag zu packen.

Dian sah ihm nachdenklich nach.

Es hatte ihr einen Stich versetzt, dass Bob seine Meinung wegen des geplanten Besuches in Nairobi nicht geändert hatte.

»Reiß dich zusammen, altes Mädchen. Noch ist er ja nicht weg.«

Entschlossen drückte Dian den Rücken durch und humpelte mit hoch erhobenem Kopf zu ihrer Hütte zurück.

Ein paar Wochen nach dem Hundebiss bekam Dian mitten in der Nacht plötzlich hohes Fieber. Schweißgebadet wachte sie auf. Ihr ganzer Körper schmerzte wie bei einer schweren Grippe.

Bob war ein paar Tage zuvor nach Nairobi gefahren, er hatte bei seiner Abreise über grippeähnliche Symptome geklagt.

Dian hatte ihm zwar gute Besserung gewünscht, sich insgeheim aber diebisch gefreut, dass sein geplanter Heimaturlaub durch die Erkrankung wenn auch nicht ins Wasser fiel, so doch zumindest belastet wurde.

Kalter Schweiß lief Dian über die Schläfen. Ihr Bettzeug war nass geschwitzt, gleichzeitig klapperte sie vor Kälte mit den Zähnen. Schlimmer Durst quälte sie, doch als sie aufstehen wollte, um sich etwas Wasser zu holen, wurde ihr mit einem Mal so fürchterlich schwindelig, dass sie beinahe das Bewusstsein verloren hätte. Sie fiel zurück auf ihre Pritsche und blieb erschöpft liegen.

»Ob ich mich bei Bob mit der Grippe angesteckt habe?«

Dians Flüstern schwebte durch das Dunkel der Hütte.

»Oder ist es doch die Tollwut?«

Es war Mitte Dezember und damit immer noch innerhalb der kritischen Inkubationszeit der Tollwut.

»Cindy, komm her, mein Mädchen.«

Die Hündin lag neben der Feuerstelle auf ihrer Decke und schlief tief und fest, doch als sie Dians schwaches Rufen hörte, hob sie den Kopf und wedelte, blieb aber liegen.

»Hierher, Cindy, komm«, lockte Dian leise, denn zu mehr fehlte ihr die Kraft.

Endlich erhob sich das treue Tier, schüttelte das sandfarbene Fell und tapste schlaftrunken hinüber zu Dians Bett.

»Hol Sanwekwe, Cindy. Sanwekwe.«

Mit letzter Kraft ließ Dian den Kopf zurück auf ihr Lager sinken, dann wurde ihr schwarz vor Augen.

Als sie diese nach einer Weile wieder aufmachte, war es immer noch dunkel in der Hütte. Von Cindy fehlte jede Spur.

»Mist.«

Dian tastete neben ihrem Bett nach dem Revolver, der für den Fall der Fälle dort lag. Das kühle Metall der Waffe lag ihr schwer in der Hand.

Soll ich wirklich?, fragte sie sich kraftlos.

Egal, mir ist hundeelend, und bis zum Morgen ist es noch quälend lange hin.

Dian entsicherte den Revolver und feuerte einen Schuss durch die Wellblechdecke.

Und dann noch einen.

Kurz darauf war das gesamte Camp wach und auf den Beinen.

Sanwekwe, Vatiri und die anderen rannten erschrocken aus ihren Zelten, und als sie schließlich auch in Dians Hütte eindrangen, um nachzusehen, ob die Schüsse von dort gekommen waren, fanden sie die Kranke schweißüberströmt und gerade eben noch bei Bewusstsein.

Die Männer handelten sofort. Sie schnallten Dian auf eine Trage, und die beiden Kräftigsten trugen sie mitten in der Nacht, nur mit ein paar Taschenlampen ausgerüstet, den steilen Abhang hinunter ins Dorf. Von dort brachte man sie mit dem Land Rover ins Krankenhaus nach Ruhengeri.

Der behandelnde Arzt diagnostizierte eine akute Tollwuterkrankung und verordnete eine zweiwöchige Kur mit täglichen Spritzen und Infusionen.

In den ersten drei Tagen ging es Dian sehr schlecht, sie ertrug die unangenehme Behandlung und das miserable Krankenhausessen klaglos.

Am vierten Tag kam Rosamond Carr zu Besuch.

»Was machst du denn für Sachen, Liebes?«, rief Rosamond und eilte ans Krankenhausbett, wo Dian blass und erschöpft zwischen weißen Bettlaken lag und erleichtert lächelte, als sie ihre Freundin erkannte.

»Stell dir vor, die wollen mich jetzt noch zwei Wochen hierbehalten«, klagte Dian, nachdem sie ihr die ganze Geschichte erzählt hatte. »Aber ohne mich. Sobald es mir ein wenig besser geht, haue ich ab.«

»Ach, Dian, der Doktor meint es doch nur gut. Und mit der Tollwut ist nicht zu spaßen«, antwortete Rosamond kopfschüttelnd. »Aber wenn dein Arzt es erlaubt, hätte ich einen Vorschlag zur Güte. Du könntest bei mir wohnen, und einer meiner Leute fährt dich täglich zur Behandlung hin und zurück. Was hältst du davon?«

Mit dieser Lösung gaben Arzt und Patientin sich schließlich zufrieden, und so zog Dian über die Weihnachtsfeiertage zu Rosamond auf die Blumenplantage und ließ sich gesund pflegen.

Von Bob hörte Dian während der ganzen Zeit nichts, doch sie entschuldigte das Ausbleiben eines Briefes damit, dass er ja nicht wissen konnte, dass sie so schwer krank geworden war.

Nach vierzehn Tagen medizinischer Behandlung, gesundem Essen und viel Schlaf im eigens für sie hergerichteten Gästezimmer mit Blick auf den herrlichen Blumengarten fühlte Dian sich erholt und voller Tatendrang.

Es war aber nicht allein Rosamond, die sich liebevoll um die ungeduldige Patientin kümmerte, auch Alyette kam auf einen kurzen Krankenbesuch an den Kivusee.

Als Dian ihr erzählte, sie habe alle Symptome der Tollwut bekommen, inklusive der Reizbarkeit, da antwortete Alyette lapidar: »Na ja, reizbar bist du auch schon vor der Tollwut gewesen.«

»Stimmt.« Dian nickte und lachte. »Sanwekwe behauptet immer, ich erinnere ihn an unsere Vulkane. Lange passiere gar nichts, und dann brechen sie ohne Vorwarnung aus.« Sie grinste spitzbübisch. »Dazu musst du aber wissen, ich habe ihm in Kabara eingeredet, der Nyiragongo-Vulkan wäre meine spirituelle Schwester. Wenn ich schlechte Laune habe, dann würde sie an meiner Stelle reagieren und ausbrechen. Oder zumindest grollen. Seither beäugt Sanwekwe mich immer ganz unsicher, wenn ich wütend werde. Er hat Angst, mein Zorn könnte die Vulkane wecken.« Dian grinste breit. »Kannst du dir das vorstellen, Alyette? Sie sind hier allesamt sooo abergläubisch.«

Am 30. Dezember kehrte Dian schließlich wieder nach Karisoke zurück, am gleichen Tag, an dem auch Bob aus seinem Heimaturlaub zurückerwartet wurde.

Sie war zwar noch etwas wacklig auf den Beinen nach der langen Krankheit, doch sie wollte unbedingt mit Bob zusammen hinauf zur Forschungsstation steigen.

Dort angekommen, war alles wieder so wie vor Bobs Reise und ihrer Erkrankung. Dian erwähnte seinen Besuch in Nairobi mit keinem Wort, und auch er schwieg darüber.

Die beiden machten einfach da weiter, wo sie aufgehört hatten.

Die Silvesternacht verbrachten sie zusammen, und als es Mitternacht war, stießen sie mit einem Glas Kentucky Bourbon auf das Jahr 1970 an.

Mit dem Jahreswechsel wurde schlagartig auch das Wetter wieder besser. Der beständige Regen und der Nebel verschwanden, und das dunkle Grün des Waldes erstrahlte im Sonnenlicht wie frisch gewaschen.

Dian sollte sich auf Anraten des Arztes eigentlich noch eine Weile schonen, doch das großartige Wetter lockte sie immer wieder aus ihrer Hütte. Es schien, als ob das Wetter ganz genau wüsste, dass sie bald abreisen musste, und beschlossen hatte, ihr noch zehn beinahe perfekte Tage zu schenken.

Jeden Tag brachen Dian und Bob nach dem Frühstück auf, um eine der Gorillagruppen zu suchen, und es gelang ihnen jeden Tag aufs Neue.

Und jeden Abend tippte Dian nach dem Essen erst ihre Tagesnotizen ab und verbrachte anschließend die Nacht in Bobs Armen.

Das Leben schien perfekt, und zum ersten Mal seit Langem war Dian wirklich glücklich.

Sie dachte nicht an die bevorstehende Trennung, dachte nicht an Bobs Frau.

Sie lebte nur im Hier und Jetzt.

An einem dieser Tage war das Paar ohne Tracker unterwegs und beobachtete unweit der Karisoke-Senke mal wieder ihren Liebling Digit und seine Familie, als Dian Bob neben sich auf das weiche Laubbett zog und ihn zu küssen begann.

Sie hatte ihn schon öfter draußen im Busch geküsst, doch dieses Mal war es anders.

»Was tust du da, Dian?« Protestierend schob Bob ihre Hand weg, die dabei war, an seinem Hosenbund zu nesteln.

»Wonach sieht es denn aus?«

Dian grinste, ließ sich aber von seinem Protest nicht beeindrucken.

»Also wirklich, Miss Fossey, Sie sollten sich schämen.«

Bobs Stimme sollte wohl ernst klingen, doch Dian kannte ihn inzwischen gut genug, um den spielerisch neckischen Unterton zu erkennen.

»Was denn, Mister Campbell? Ich mach doch gar nichts.«

Sie klimperte unschuldig mit den Wimpern, aber ihre flinken Hände setzten die Entdeckungsreise in seine Hose unverfroren fort.

»Wenn uns jemand sieht...«

Bob keuchte, denn Dian hatte ihr erstes Etappenziel erreicht.

»Wer soll uns denn sehen? Die etwa?«

Sie deutete auf die Gorillagruppe, die auf der kleinen Lichtung, an deren Rand sie ihren Beobachtungsposten aufgeschlagen hatten, friedlich ihr Nachmittagsschläfchen hielt.

Durch das Gerede waren zwei der Tiere aufmerksam geworden und schauten mit interessiertem Blick herüber.

»Ist doch die natürlichste Sache der Welt«, flüsterte Dian und deutete über ihre Schulter in Richtung der Gorillas. »Siehst du, Bob, das finden die beiden auch. Nichts, was sich zu beobachten lohnt.«

Aus den Augenwinkeln konnten sie erkennen, wie Digit und Old Goat sich tatsächlich gelangweilt abwendeten.

Oder vielleicht gönnten sie ihnen nur ein wenig Privatsphäre?

»Komm schon, Bob, zier dich nicht so.«

Dian warf ihm einen verführerischen Blick zu.

»Übermorgen reise ich ab. Schenk deinem Mädchen wenigstens eine schöne Erinnerung für das kalte England.«

Das Schäferstündchen im Wald war zwar nett gewesen, doch die Erinnerung, die Dians Herz definitiv schneller schlagen ließ, schenkte ihr tags darauf ein anderes männliches Wesen.

Es war der letzte Tag vor ihrer Abreise nach Cambridge, und er fing an wie jeder andere gewöhnliche Arbeitstag, wenn man einen Arbeitstag in Karisoke überhaupt gewöhnlich nennen konnte.

Dian wünschte sich so sehr, dass es ein besonderer Tag werden würde, und stieg mit Bob auf die westlichen Hänge des Visoke. Wie sie es gehofft hatte, fanden sie Gruppe 8 nach einigem Suchen schließlich dort oben. Mitten in einer flachen Schlucht mit dichtem Kräuterbewuchs, die von großen Koso-bäumen umringt war, waren die Gorillas bei der Nahrungs-suche.

Bob und Dian hatten sich gerade erst auf einem beque-men moosgepolsterten Stamm niedergelassen, als der junge Schwarzrücken Peanuts seinen Baum verließ und neugierig in ihre Richtung wanderte. Er trommelte sich spielerisch auf die breite Brust, warf ein paar Blätter in die Luft und schlug auf das Laub um ihn herum ein, während er wichtigtuerisch herumstolzierte.

»Schau dir diesen Showman an, Bob«, flüsterte Dian begeis-tert.

Plötzlich tauchte Peanuts direkt neben Dian auf, und sein Gesichtsausdruck schien anzudeuten, dass er sie lange genug unterhalten habe und jetzt sie an der Reihe sei.

Sein »Ich-möchte-unterhalten-werden-Gesicht« nannte Dian es, denn nicht zum ersten Mal setzte er sich zu ihr und beobachtete sie, während sie vorgab, an einer Selleriestange zu kauen. Dies schien Peanuts nicht sonderlich zu beeindrucken, deshalb änderte Dian ihr Verhalten. Sie kratzte sich lautstark und ausgiebig am Kopf und imitierte dabei die Geräusche, die Gorillas von sich geben, wenn sie sich kratzen. Beinahe im selben Augenblick begann auch Peanuts sich zu kratzen.

»Wer äfft hier wen nach?«, kicherte Dian, und da Peanuts völlig entspannt wirkte, legte sie sich auf dem Rücken ins Laub und streckte langsam eine Hand mit der Handfläche nach oben zu ihm aus.

Die Handflächen von Affen und Menschen sehen sich ähn-licher als die Handrücken, und als Dian sicher war, dass der junge Gorilla dieses »Objekt« wiedererkannt hatte, drehte sie ihre Hand langsam nach unten und ließ sie auf den Blättern ruhen.

Peanuts schien zu grübeln, ob er die fremd aussehende Hand akzeptieren sollte oder nicht, doch schließlich entschloss er sich, seine eigene Hand auszustrecken und ganz vorsichtig Dians Finger zu berühren.

Bob hatte während der ganzen Interaktion vor Aufregung die Luft angehalten, nur sein Zeigefinger auf dem Auslöser der Kamera hatte sich bewegt, und so wurde dieser erste dokumentierte körperliche Kontakt zwischen einem frei lebenden Berggorilla und einem menschlichen Wesen für immer auf Zelluloid gebannt.

Tränen des Glücks liefen Dian über die Wangen, doch der wunderschöne Moment war viel zu schnell vorbei.

Schon wenige Augenblicke später trommelte Peanuts sich vor lauter Begeisterung über die eigene Waghalsigkeit wild auf die Brust, bevor er sich wieder zu seiner Gruppe gesellte und im Blattwerk verschwand.

»Welch ein wundervolles Abschiedsgeschenk du mir gegeben hast, Peanuts«, flüsterte Dian und sah dem jungen Schwarzrücken hinterher.

Jeder, der Bobs Foto am *Fasi ya Mkoni*, dem »Ort der Hände«, später auf einer Doppelseite im *National Geographic* sah, konnte das pure, reine Glück in Dians Gesichtsausdruck erkennen.

Kapitel 20

Dian starrte in den stahlgrauen Himmel über Cambridge. Ihr war kalt, und sie hatte Heimweh nach Karisoke, nach den Gorillas – und nach Bob.

Sie war nun schon ein paar Wochen in England, in einer neuen Welt, und doch hatte sie das Gefühl, als ob sie um mindestens ein Jahrhundert zurückversetzt worden sei. Alles wirkte wie versteinert. Die Gebäude, die Menschen, die Regeln und Traditionen.

»Als ob ich auf einem anderen Planeten gelandet wäre«, murmelte sie und schlang die Arme enger um ihren schlanken Körper.

Das Kopfsteinpflaster unter ihren Schuhen war nass und rutschig. Sie war gerade auf dem Rückweg ins Wohnheim des Darwin College, einem erst vor wenigen Jahren gegründeten College für Doktoranden der Natur-, Geistes- und Rechtswissenschaften. Eigentlich hatte Dian sich ein kleines Zimmer in der Stadt gewünscht, doch da es keines gab, musste sie sich wie einst im Studium mit einem Wohnheimzimmer begnügen.

Bei ihrer Ankunft hatte sie Professor Hinde persönlich vom Flughafen abgeholt. Er hatte ihr in den ersten Wochen auch geholfen, sich im Labyrinth der statistischen Methodenlehre zurechtzufinden, doch ansonsten war Dian in Cambridge auf sich allein gestellt.

Schnell hatte man ihr klargemacht, dass es ohne den Doktortitel – eine Art Gewerkschaftsausweis im Feld der Wissenschaft – sehr schwierig, wenn nicht gar unmöglich war, angemessene Fördergelder zu erhalten oder wirklich gute Studenten zu finden, die in Zukunft auf ihrer Forschungsstation mitarbeiten konnten.

Dian blickte hinunter auf die glitschigen Bohlen der schmalen Holzbrücke, die das Gelände des Colleges mit zwei kleinen Inseln im Fluss Cam verband und hinüberführte zu dem historischen Gebäude gegenüber dem Queens' College, in dem ihr Wohnheim untergebracht war.

Karisoke schien unendlich weit weg zu sein.

Im Sommer ist es hier bestimmt idyllisch, dachte Dian, mit den alten Bäumen, den Brücken und den weißen Holzbalkonen, die zum Wasser hin außen am Gebäude entlangführen.

Jetzt im Februar war es einfach nur trist.

Ein anderer Doktorand kam Dian auf der Brücke entgegen. Er grüßte, und sie grüßte freundlich zurück, obwohl sie den Mann nur flüchtig vom Sehen kannte.

Einige der Mitbewohner im Wohnheim waren zwar im selben Alter wie sie, doch Dian hatte kein Interesse an studentischer Geselligkeit und blieb daher meist für sich allein.

Auch ihre anfängliche Begeisterung für die ehrwürdige alte Universitätsstadt war längst verflogen, die nasskalte graue Realität des englischen Winters hatte sie eingeholt.

Hastig schloss Dian die Tür zum Wohnheim auf, schüttelte ihre feuchte Jacke aus und stieg die steilen Stufen hinauf zu ihrem kleinen Zimmer im zweiten Stock.

Nachdem sie sich einen heißen Tee gemacht hatte, setzte

sie sich an den einfachen Schreibtisch am Fenster, von dem aus sie einen schönen Blick auf das Flüsschen unter ihrem Fenster hatte.

Dian nahm die hübsche Postkarte mit der historischen Häuserfront in Cambridge zur Hand, deren Rückseite sie am Morgen beschrieben hatte, und las sich die Zeilen laut vor.

»Lieber Dr. Leakey, ich fühle mich hier in Cambridge wie ein Maulwurf. Bis 9 Uhr morgens bleibt es dunkel, dann wird es auch nicht wirklich hell und schon um halb fünf wird es wieder dunkel. Schrecklich. Die Stadt ist überfüllt. Alle Leute hetzen herum und sind fürchterlich von sich eingenommen. Selbst die Luft fühlt sich irgendwie schwer an. Alles ist grau, den ganzen Tag bleibt es neblig, und außerdem habe ich hier nicht die geringste Form von Privatsphäre.«

Dian nahm ihren Füller zur Hand und ergänzte: »Und zu allem Überfluss riecht mein Zimmer nach Kohl.«

Sie setzte noch einen Gruß und ihren Namen darunter und suchte dann in der Schreibtischschublade nach einer passenden Briefmarke. Als sie eine fand, klebte sie das kleine bunte Porträt der britischen Königin in die rechte obere Ecke und nahm sich vor, die Postkarte gleich am nächsten Morgen auf dem Weg ins Institut in den Briefkasten zu werfen.

»Leakey hat gut reden, wenn er mir zu mehr Geduld rät«, sagte Dian zwei Wochen später ärgerlich. »Er sitzt im warmen Nairobi in seinem Museum, und ich kämpfe mich hier tagtäglich durch den englischen Nebel und stopfe mir den Kopf mit unnützem Wissen voll, obwohl ich in Karisoke gebraucht werde.« Sie seufzte.

»Angeblich will er den Professor überreden, die Zahl der Trimester zu reduzieren, die ich bis zur Promotion unbedingt hier verbringen muss. Er schreibt, er wisse, dass die akademische Welt eine große Umstellung von mir verlange, aber ich solle das alles einfach stoisch durchziehen. Und das, obwohl ich schlecht schlafe, gereizt bin, mir ständig übel ist und ich wieder wie ein Schlot rauche, alles Anzeichen, dass ich mich hier nicht wohlfühle.« Dian schwieg, trank einen Schluck Tee und sah Cynthia Alexander, die ihr gegenüber saß, verdrossen an.

Die Sekretärin des Madingley-Instituts nickte verständnisvoll. Seit jener legendären Aktion gleich nach Dians Ankunft in Cambridge waren sie und Dian so etwas wie Freundinnen geworden.

Robert Hinde hatte seine Sekretärin gebeten, Dians komplette Forschungsunterlagen zu kopieren, doch just an diesem Tag wurde Cynthias Auto gestohlen, in dem sich die wertvollen Notizen befanden.

Völlig aufgelöst hatte Cynthia Dian am nächsten Tag von ihrem Missgeschick berichtet, und nachdem die erste Panik abgeflaut war, riefen die beiden sämtliche lokalen Zeitungen und Radiostationen an und starteten einen öffentlichen Suchaufruf nach den Unterlagen.

Tagelang wurde in und um Cambridge intensiv gesucht, sogar von den Männern der städtischen Müllabfuhr. Nach drei Tagen fand die Polizei das Auto schließlich verlassen auf einem Parkplatz – mitsamt den vermissten Unterlagen.

»Du siehst wirklich nicht gut aus, Dian«, bemerkte Cynthia. »So blass und mit dunklen Ringen unter den Augen. Vielleicht solltest du mal einen Arzt aufsuchen und dich untersuchen lassen?«

Dian stöhnte.

Cynthia und sie kannten einander noch nicht lange, und

außerdem arbeitete ihre neue Freundin für ihren Doktorvater, aber irgendjemandem musste sie sich einfach anvertrauen. Cynthia war verheiratet und würde hoffentlich Verständnis für die Zwickmühle haben, in der Dian sich befand.

Jedenfalls hoffte sie das.

»Das muss ich nicht mehr. Ich weiß bereits, was mir fehlt, oder eher, was ich habe«, antwortete Dian kryptisch.

Cynthia zog fragend die Augenbrauen hoch, wartete aber geduldig ab. Dian würde schon noch mit der Sprache herausrücken.

Die Geduld der Sekretärin wurde belohnt.

»Ich bin schwanger.« Dians Stimme klang tonlos. »Und ich kann das Kind nicht behalten. So, jetzt weißt du es.«

Abwehrend verschränkte sie die Arme vor der Brust.

»Ach, Dian, bist du dir da auch ganz sicher? Vielleicht ist die Umstellung von Afrika hierher nach England, das andere Klima oder dein vieles Rauchen daran schuld? Wie lange bist du denn drüber?«

Die Engländerin sah Dian mitfühlend an. »Ich muss dir ja wohl nicht sagen«, fuhr sie fort, »dass der weibliche Organismus kein exaktes Uhrwerk ist. Da kann es schon mal Unregelmäßigkeiten geben.«

»Zwei Zyklen hintereinander?« Dian schüttelte den Kopf. »Nein, meine Liebe, alle Anzeichen sind eindeutig. Es muss Anfang des Jahres passiert sein, kurz vor meiner Abreise, das heißt, ich bin noch ziemlich am Anfang. Zum Glück.«

»Und was nun? Was sagt denn Bob?«, fragte Cynthia besorgt. »Weiß er überhaupt schon davon? Hast du ihm geschrieben?«

Dian hatte der neuen Freundin die Liebesaffäre mit ihrem verheirateten Kollegen bereits gestanden. Als verheiratete

Frau nahm Cynthia zwar eher den Blickwinkel der dritten Partei ein, von Heather Campbell, der betrogenen Ehefrau, doch sie versuchte, Dian gegenüber keine Missbilligung spüren zu lassen.

»Nein«, antwortete Dian hastig. »Und er darf es nie erfahren.« Sie sah Cynthia streng an. »Versprich mir das.«

»Aber wieso? Warum willst du es ihm denn nicht sagen?«

»Ich habe lange darüber nachgedacht und denke, es ist besser so. Die Zeit drängt, und ich kann nicht auf seine Antwort warten. Ganz egal, wie sie ausfallen würde.«

Cynthia nickte zögernd. »In Ordnung. Wenn du es ihm nicht sagen willst ...« Sie machte eine bedeutungsvolle Pause. »Es ist schließlich deine Entscheidung. Von mir erfährt es niemand«, versprach sie. »Aber was willst du denn nun tun?« Mitgefühl lag in ihrer Stimme.

»Ich zerbreche mir schon seit Tagen den Kopf darüber, aber es gibt nur eine Lösung für mich. Ich kann das Kind nicht bekommen. Karisoke ist einfach kein Ort für Babys.« Dian sah Cynthia bittend an. »Bitte, Cynthia, schau nicht so entsetzt. Ein Abbruch ist doch heutzutage nicht mehr so ungewöhnlich.« Sie seufzte, und es war offensichtlich, dass ihr das Thema Unbehagen bereitete. »Bitte hilf mir. Du kennst dich hier in der Stadt doch viel besser aus als ich. Irgendeinen Arzt wirst du doch wissen, der den Eingriff durchführen würde, bevor es zu spät ist. Und glaub nicht, dass mir diese Entscheidung leichtgefallen ist. Ich kann das Baby aber nicht behalten, selbst wenn ich wollte. Halt mich bitte nicht für zynisch, aber man kann als ledige schwangere Frau kein Covergirl des *National Geographic* sein. Und meine Arbeit ...« Dians Stimme brach, und sie sah Cynthia nun beinahe flehend an.

»Aber was ist mit Jane Goodall? Ist sie nicht auch Mutter?«

Cynthias Einwurf kam unerwartet für Dian. Sie hatte nicht damit gerechnet, dass sie mit ihrer Freundin über ihre Entscheidung diskutieren musste.

Dian nickte zögernd, doch noch bevor sie antworten konnte, fuhr Cynthia fort: »Jetzt weiß ich es wieder. Jane hat doch vor drei Jahren diesen süßen Buben bekommen. Erinnerst du dich nicht an die goldigen Fotos von dem nackigen blonden Kerlchen mit den Schimpansen? Wie heißt er noch, Henry, Harry?«

»Er heißt Hugo, aber sie nennen ihn Grub«, antwortete Dian beinahe widerwillig.

Janes Erfolgsgeschichte als Mutter und Primatenforscherin widersprach tatsächlich ihrer eigenen Argumentation, dass man im Buschwald kein Kind großziehen könne, doch Dian wollte sich von solchen Überlegungen auf keinen Fall umstimmen lassen.

»Der Kleine wächst doch auch in einer Forschungsstation in der Wildnis auf, und was Jane Goodall kann, das kannst du doch schon lange, nicht wahr?«, betonte Cynthia, denn sie wusste um die unterschwellige Rivalität der beiden Forscherinnen um Fördergelder und wissenschaftliche Anerkennung.

Notgedrungen nickte Dian.

»Aber Jane ist nicht allein«, antwortete sie zögernd. »Sie hat ihren Mann Hugo, und außerdem ist das Camp am Gombe um einiges praktischer und auch angenehmer als Karisoke. Allein das Höhenklima, der ständige Regen und der Nebel bei uns! Nein, Cynthia, du kannst mir glauben, die Virungas sind kein Platz für ein Baby. Dort kann man keine Kinder großziehen und gleichzeitig das tun, was ich tue.«

»Aber du wärst doch auch nicht allein. Bob wäre doch da.«

»Wir sind nicht verheiratet, und ich weiß gar nicht, ob

Bob überhaupt ein Kind haben will. Er und Heather sind seit zehn Jahren verheiratet und haben keine Kinder. Vielleicht mag er Kinder nicht, und wenn doch, dann will er vielleicht keine eigenen? Wir haben noch nie über dieses Thema geredet.«

Ratlos zuckte sie mit den Schultern.

»Nein, Cynthia, mir läuft hier die Zeit davon, und der Preis ist mir einfach zu hoch.«

Sie sah ihre Freundin noch einmal eindringlich an.

»Hilfst du mir jetzt oder nicht?«

Cynthia bejahte mit leichtem Kopfnicken.

»Ich kenne da jemanden, der jemanden kennt. Aber du darfst auf keinen Fall sagen, dass ich dir geholfen habe.«

Hastig nickend streckte Dian ihr die Hand entgegen.

»Schlag ein. Ich verspreche dir zu schweigen, so wie du mir dasselbe versprichst, ja?«

Die Frauen schüttelten sich die Hände, und bereits drei Tage später brachte Cynthia Dian mit dem Wagen in ein Pflegeheim etwas außerhalb von Cambridge, wo der Eingriff durchgeführt wurde.

Ihre Abwesenheit im Institut erklärten sie Professor Hinde mit einer heftigen Magen-Darm-Erkrankung, und als Dian eine Woche später wieder zurückkehrte, machte sie mit ihrer Forschungsarbeit dort weiter, wo sie aufgehört hatte.

Als ob nichts geschehen wäre.

Ein paar Tage vor Dians Rückreise nach Karisoke rief Cynthia morgens bei ihrer Freundin im Wohnheim an und bat sie zu sich ins Büro.

Professor Hinde wolle etwas mit ihr besprechen.

Als Dian wenig später das mit Büchern vollgestopfte Büro

betrat, stand der Professor auf und reichte ihr über seinen überquellenden Schreibtisch hinweg die Hand.

»Dian, danke, dass Sie so kurzfristig kommen konnten. Ich möchte, dass Sie jemanden kennenlernen.«

Erst jetzt bemerkte Dian die dritte Person im Raum, die sich ebenfalls vom Stuhl erhoben hatte.

Der Mann war mittelgroß, kleiner als Dian, und er betrachtete sie neugierig.

»Darf ich vorstellen, Alan Goodall. Und das hier ist meine berühmte Studentin Dian Fossey.« Robert Hinde lachte bei seinen eigenen Worten stolz.

»Bitte, bitte, Professor. Berühmt? Wir wollen mal nicht übertreiben«, wiegelte Dian ab, doch sie wusste, seit der Veröffentlichung ihrer Fotoreportage war sie unter den Studierenden in Cambridge schon eine kleine Berühmtheit.

Ihr persönlich war das eher unangenehm, doch Robert Hinde und die anderen Professoren des Instituts wurden nicht müde, diese Tatsache regelmäßig zu erwähnen.

In Afrika hatte Dian sich mittlerweile zwar daran gewöhnt, dass jeder in der Region sie zu kennen schien und von ihrem Forschungsprojekt wusste, doch hier in England oder daheim in den Vereinigten Staaten versetzte ihre ungewohnte Bekanntheit sie immer wieder aufs Neue in Erstaunen.

»Guten Tag.«

Sie reichte Alan Goodall die Hand und betrachtete den höflich wirkenden Brillenträger neugierig.

»Goodall? Sind Sie etwa mit Jane Goodall verwandt?«

»Nein«, antwortete er freundlich, aber gelangweilt. Diese Frage hatte er wohl schon oft gestellt bekommen. »Leider weder verwandt noch verschwägert.«

»Alan studiert an der Universität von Liverpool und hat

zuvor bereits als Lehrer gearbeitet. Er hat mir geschrieben und mich um Hilfe bei der Suche nach einer geeigneten Feldstudie für seine Doktorarbeit gebeten. Er hat schon bei der Untersuchung von Pflanzenschädlingen in Nordwales mitgearbeitet und Orang-Utans in Gefangenschaft erforscht, sucht jetzt aber etwas Anspruchsvolleres. Seine wissenschaftlichen Qualifikationen sind sehr gut.« Hinde nickte Goodall zustimmend zu. »Ich dachte mir, er könnte der Mann sein, den wir, pardon, den *Sie* für Karisoke suchen. Er könnte so etwas wie Ihr Allzweck-Assistent werden, der Ihnen bei der Beobachtungsarbeit, der Tierzählung und der Lagerbetreuung hilft. Was halten Sie davon, Dian?«

Ein wenig überrumpelt, sah Dian ihren Doktorvater an.

»Ähm, ja, ähm, aber sollten wir nicht Dr. Leakey in diese Entscheidung einbinden? Schließlich erhalten wir von seiner Stiftung Fördergelder.«

»Mit ihm habe ich schon telefoniert, und er hat zugestimmt, wenn Sie zustimmen. Also, was meinen Sie? Wollen Sie es miteinander versuchen?«

So vor ein Fait accompli gestellt, blieb Dian nichts anderes übrig, als zuzustimmen und Alan Goodall anzuheuern.

Nach der katastrophalen Erfahrung mit dem Haschischraucher Michael Burkhart schien Alan Goodall zumindest äußerlich die Art von Stabilität und Reife zu verkörpern, nach der sie suchte.

Er wirkte ehrlich, aufrichtig, intelligent und engagiert, und so wurde beschlossen, dass Alan Ende Juli nach Karisoke reisen sollte und seine Frau – Dian war etwas überrascht, als sie herausfand, dass er verheiratet war und seine Frau in Kürze ihr erstes Kind erwartete – wenige Wochen später nach Ruanda nachkommen würde. Sie sollten in Ruhengeri wohnen, und man vereinbarte, dass Alan ein kleines Gehalt erhalten würde: 50 Pfund im Monat.

Nach einer kurzen gemeinsamen Eingewöhnungsphase würde Dian dann Mitte August für sechs Wochen in die USA reisen und im Anschluss zurück nach Cambridge, um mit dem Herbst- und Wintertrimester die vorgeschriebene Studienzeit zu absolvieren. Danach wollte sie in Karisoke an ihrer Dissertation arbeiten, während Goodall nach England zurückkehren würde, um ebenfalls zwei Trimester zu studieren.

»Willkommen zurück.« Bob nahm Dian zur Begrüßung in den Arm.

»Ein schönes Willkommen ist das«, antwortete sie süffisant.

Ihre Miene war düster, und ihre Stimme troff vor Sarkasmus, denn Bob hatte sich um einige Stunden verspätet. Der bestellte Fahrer mit dem Land Rover war nicht gekommen, weil der Wagen nicht angesprungen war, und als Bob schließlich abgehetzt den kleinen Provinzflughafen in Gisenyi erreichte, hatte Dian bereits die Geduld verloren und war allein in die Stadt gefahren.

»Hast du mich vergessen?«

Bob schüttelte energisch den Kopf.

»Nein, aber Lily ist mal wieder nicht angesprungen. Du musst dir wirklich einen neuen Jeep zulegen. Aber lass uns das jetzt vergessen. Wie war dein Flug? Und wie war Cambridge?«

Dian hatte Bob regelmäßig geschrieben, und auch er hatte ihr per Brief über alles Wichtige berichtet, was in Karisoke vorgefallen war.

»Scheußlich. Mir graut schon vor dem Herbst, wenn ich

wieder dorthin muss. Dieser englische Winter fährt dir tiefer in die Knochen, als du es dir vorstellen kannst.«

Sie breitete die Arme weit aus, als wollte sie das Land und die afrikanische Sonne umarmen, die in diesem Moment erbarmungslos vom Himmel brannte.

»Wie habe ich das alles vermisst!« Sie lächelte Bob an. »Wie geht es meinen Gorillas? Was gibt es Neues von ihnen? Was macht Digit? Hast du ihn oft gesehen?«

Lachend nickte Bob. »Eins nach dem anderen, Dian. Den Gorillas geht es gut, und Digit wird immer größer und kräftiger. Ich finde, er ist schon ein richtiger Gorillamann geworden. Ein echter Stellvertreter für den Silberrücken.«

»Ich kann es kaum abwarten, ihn und die anderen wiederzusehen.«

»Ein wenig musst du dich aber noch gedulden, meine Liebe. Heute Abend veranstaltet Rosamond ein Willkommensessen für dich.«

Weil Dian genervt die Augen verdrehte, fuhr er fort: »Du brauchst gar nichts zu sagen, sie hat darauf bestanden. Nichts zu machen, es war ihr nicht auszureden. Aber für morgen früh habe ich den Transport zurück nach Karisoke organisiert.«

»Großartig. Einen Abend halte ich es noch aus, aber wenn ich nicht bald zurück nach Hause komme, dann kann ich für nichts mehr garantieren.« Lachend hakte sie sich bei Bob unter. »So, mein Lieber, bis zum Abendessen ist noch etwas Zeit. Lass uns zur Bar gehen und auf meine Rückkehr anstoßen. Wir haben viel zu besprechen.«

Kapitel 21

Du könntest zunächst einmal ein provisorisches Camp an den Nordwesthängen des Visoke einrichten, Alyette, aber findest du nicht, siebzehn Träger sind ein wenig viel?«, fragte Dian ihre Freundin spöttisch.

Gerade war Alyette De Munck mit ihrem Tross im Lager aufgetaucht; sie war wild entschlossen, Dian ein paar Wochen lang bei der Gorillazählung tatkräftig zu unterstützen.

Sofort nach ihrer Rückkehr aus England hatte Dian beschlossen, dass der Zensus nicht länger warten konnte. Obwohl ihr neuer Assistent erst im Juli kam, wollte sie die verbliebene Zeit unbedingt nutzen und endlich damit loslegen.

»Findest du? Ich habe mir gedacht, mit mehr Leuten müssen wir den Weg dort hinauf nur einmal machen. Denk an die Aktion mit Burkhart.«

»Erinnere mich bloß nicht an den!«, rief Dian und hob abwehrend die Hände. »Also von mir aus. Morgen früh brechen wir auf. Aber jetzt lass uns in meine Hütte gehen und reden. Wir haben uns viel zu lange nicht gesehen.«

Am nächsten Morgen machte sich der Trupp auf, um auf der anderen Seite der Leopardenschlucht einen geeigneten Platz für Alyettes Camp zu suchen.

Bis zum Nachmittag marschierten sie im Gänsemarsch über die steilen Flanken des Visoke, dessen Gipfel wie so oft in Nebel gehüllt war; auf morastigen Pfaden ging es durch dichtes, krautartiges Gestrüpp. Leider fanden sie entlang des Weges keine zuverlässige Wasserquelle, die das neue Camp versorgen konnte, daher stiegen sie höher und höher, bis sie am Rande des Ngezi-Kratersees ankamen.

Als sie schließlich Burkharts alten Lagerplatz erreichten, sah Dian sich um. Die steilen Uferhänge des größten Kratersees der Vulkankette waren mit blühenden Gebirgsblumen bedeckt und bildeten einen vielfarbigen Blütenteppich.

»Vielleicht solltest du hier am Ngezi bleiben? Der Platz ist eigentlich ideal.« Dian drehte sich zu Alyette um. »Was hältst du davon? Von hier aus hat man einen fantastischen Blick auf den See und die Berge, und wir haben schon seit geraumer Zeit keine Rinder mehr getroffen. Dafür gibt es aber viele Anzeichen für Gorillas in der Gegend.«

»Sehr gerne. Schlagen wir also hier mein Lager auf.«

Alyette setzte ihren Rucksack ab, winkte einen der Träger herbei, die ihren Proviant und die Ausrüstung über Stunden auf den Berg geschleppt hatten, und gab ihm auf Kinyarwanda Anweisungen.

Dian warf einen Blick auf den Sonnenstand.

»Wenn wir Glück haben, schaffen wir es noch rechtzeitig vor Einbruch der Dunkelheit zurück nach Karisoke. Von hier aus müssten es auf direktem Weg etwa zwei oder zweieinhalb Stunden sein.« Sie sah sich nach den Trägern um. »Zu essen habt ihr genug für ein paar Wochen, und die paar Zelte können deine drei Helfer gleich allein aufbauen. Wir beide müssen noch mal kurz über die Daten sprechen, die du erheben wirst.«

»Noch einmal? Du hast mir das Handbuch doch schon mindestens dreimal erklärt, und ich bin durchaus in der Lage, deine Anweisungen umzusetzen, Dian.«

»Ich weiß, ich weiß. Mir zuliebe, bitte. Je genauer du und deine Helfer euch an die Kartierung und all die Kreuzindizierungen haltet, desto besser lassen sich die Daten anschließend maschinell erfassen.«

Alyette schüttelte den Kopf. »Kreuzindizierung, Kartierung. Seit du aus Cambridge zurück bist, redest du ständig in diesem Wissenschaftskauderwelsch.«

»Das ist kein Kauderwelsch. Aber wenn ich die Daten für meine Dissertation verwenden will, dann muss ihre Erhebung den Mindestansprüchen einer wissenschaftlichen Feldstudie genügen. Und du kennst mich doch mittlerweile gut genug, um zu wissen, dass ich mich mit Mindestansprüchen nicht zufriedengebe.« Dian grinste.

»Also schön, ich gebe mich geschlagen. Erklär es mir, aber zum letzten Mal, ist das klar?« Spielerisch drohend hob Alyette den Zeigefinger.

»Versprochen. Ist ja auch nicht deinetwegen, sondern wegen deiner *Woggiepoos*. Sind halt allesamt faul. Wenn man ihnen nicht haarklein erklärt, was sie tun sollen, versuchen sie, mit so wenig Einsatz wie möglich durchzukommen.«

»Nenn die Einheimischen nicht immer *Woggiepoos*. Du weißt, dass ich das hasse. Und außerdem sind sie nicht alle faul.«

»Sagst du!«, antwortete Dian und zog abschätzig die Augenbrauen hoch. »Da könnte ich dir aber einige Beispiele nennen.«

»Du hast auch extrem hohe Ansprüche, das weißt du ja selbst. Sei bitte etwas großzügiger, Dian. Nicht jeder ist in der Lage, deine gestrengen Anforderungen zu erfüllen.«

»Jaja, schon gut. Lass uns jetzt bitte nicht streiten. Also noch mal zu meinem Handbuch für Zensusarbeiter.«

Die beiden Frauen steckten die Köpfe zusammen und vertieften sich in den dünnen Leitfaden, den Dian nach ihrer Rückkehr aus Cambridge in mühevoller Kleinarbeit erstellt und auf ihrer alten Schreibmaschine abgetippt hatte.

Als Dian kurz nach Einbruch der Dunkelheit nach Karisoke zurückkehrte, eilte Sanwekwe ihr entgegen.

»Bist du wieder der Überbringer schlechter Nachrichten, Sanwekwe?«, fragte sie besorgt, als sie das angespannte Gesicht des Fährtensuchers sah.

Schnell stellte sich aber heraus, dass die »Krise« im Camp nicht lebensbedrohlich war. Kima, Dians kleiner Affe, hatte sein liebstes Spielzeug, sein *Toto,* verschlampt und war den ganzen Nachmittag außer Rand und Band gewesen. Die junge Meerkatze war wie wild herumgerannt, hatte lautstark gekreischt und das Arbeiten für Sanwekwe und die anderen schier unmöglich gemacht.

»Sogar Cindy Kima aus Weg gehen«, schloss Sanwekwe seine gestenreiche Schilderung.

»Wo ist Kima jetzt?«, fragte Dian ruhig.

»In Hütte, Lady«, antwortete Sanwekwe.

»Na, dann hoffe ich mal für uns alle, dass sie diese nicht in ihre Einzelteile zerlegt hat.«

In ihrer Hütte wurde Dian schnell klar, dass das Äffchen seinen Zorn auch an ihren Habseligkeiten ausgelassen hatte. Nichts von Bedeutung, aber ein Kaffeebecher lag zersprungen auf dem Fußboden unter dem Schreibtisch, und ein paar der Bücher waren aus dem Regal gezogen, zerfetzt und die Seiten auf dem Boden verteilt worden.

»Kima, pfui«, schimpfte Dian, als sie sah, was der Affe in seinem Tobsuchtsanfall angerichtet hatte. »Um den Becher ist es nicht schade, der hatte ohnehin schon einen Sprung, aber die Bücher so zuzurichten, ist schlimm. Pfui, Kima, böser Affe!«

Und als ob Kima verstehen würde, dass sie gerade ausgeschimpft wurde, rollte sie ihren langen Schwanz um den kleinen weichen Körper und schaute mit dunklen Kulleraugen so schuldbewusst drein, dass Dian gegen ihren Willen lachen musste.

»Komm her, du wütender Zerberus.«

Sie konnte dem kleinen Kobold nie lange böse sein und klopfte sich auf den Schenkel, um Kima zu sich zu rufen.

Das Äffchen sprang herüber, setzte sich zur Versöhnung erst kurz auf Dians Schulter und kletterte dann hinunter zu Cindy, die wie üblich auf einer Decke neben dem Schreibtisch lag, und spielte dann mit der langen Rute der Hündin, was diese geduldig tolerierte.

Zufrieden betrachtete Dian ihre tierischen Mitbewohnerinnen. Der häusliche Friede war wiederhergestellt.

»Na, ihr zwei, alles wieder gut jetzt? Ich fürchte, wir werden Bob schreiben müssen, dass er aus Nairobi unbedingt ein neues *Toto* mitbringen soll. Was haltet ihr davon? Am besten eines, das kleine Glöckchen an den Ohren hat, damit man es im Auge behalten kann. Oder vielmehr im Ohr.«

Lachend betrachtete sie Kima und Cindy, die beide den Kopf schief gelegt hatten und Dians leiser Stimme lauschten.

»Bob wird denken, ich spinne, dass ich ihm so einen Auftrag gebe, aber was tut man nicht alles für den Frieden im Camp.«

Dian ging hinüber zu der Metallkiste, in der sie ihre Kleidung aufbewahrte, und wühlte darin herum.

»Ah, hier sind sie. Ich wusste doch, irgendwo habe ich noch ein altes Paar.« Zufrieden zog sie ein ausgedientes Paar Wollsocken heraus und betrachtete es kritisch. »Für den Augenblick muss ein Socken-Toto genügen, aber keine Sorge, kleine Kima, in ein paar Wochen kommt Bob zurück, und ich bin sicher, er bringt dir ein wunderbares neues Spielzeug mit. Und ein paar Kauknochen für dich, Cindy... und Schreibpapier für mich.« Sie dachte einen Moment nach. »Und ein Dutzend Dosen Radler. Wir wollen ja nicht, dass er sauer wird, weil Alyette und ich uns an seinen kostbaren Vorräten bedient haben.«

Sie setzte sich an ihren Schreibtisch und zog einen frischen Bogen Papier aus dem Stapel in der Schublade.

»Also, Mädels, wenn euch noch etwas einfällt, was Bob uns mitbringen soll, immer heraus damit.«

Lachend begann Dian, einen langen Brief an Bob zu schreiben. Sie vermisste ihn mehr, als sie gedacht hätte. Schon in Cambridge hatte er ihr ziemlich gefehlt, doch da hatte sie ihre schlechte Laune auf das miese Wetter in England und die ungewohnte Arbeit im Labor geschoben.

Und auf die Schwangerschaft.

Als Dian an die Abtreibung dachte, legte sie nachdenklich den Stift beiseite und starrte aus dem Fenster neben dem Schreibtisch hinaus in die Dunkelheit.

Der Gedanke an das ungeborene Kind machte sie traurig.

Habe ich in England die richtige Entscheidung getroffen?, fragte sie sich nicht zum ersten Mal.

Mittlerweile war es draußen stockdunkel, und durch das engmaschige Fliegengitter im geöffneten Fenster drangen die unterschiedlichsten Geräusche des nächtlichen Regenwaldes.

Dian seufzte. Mit der Erwähnung von Grub Goodall hatte

Cynthia damals einen Nerv getroffen. Im Anschluss an das Gespräch hatte Dian die Argumente für und gegen ein Kind noch einmal abgewogen, wieder und wieder. Letztlich war sie aber bei ihrer Entscheidung geblieben und hatte sich bewusst für ihre Arbeit und gegen das Kind entschieden.

Noch einmal seufzte Dian tief. In den wenigen miteinander verbrachten Wochen seit ihrer Rückkehr hatte sie Bob nichts von der Schwangerschaft und der Abtreibung gesagt.

»Was hätte es genützt? Du hattest den Beschluss doch bereits in die Tat umgesetzt. Sei jetzt stark, und lass die Vergangenheit ruhen«, ermahnte Dian sich selbst. Ihre rauchige Stimme war nicht mehr als ein Flüstern. »Selbst wenn du das dringende Gefühl verspürst, ihm die Wahrheit zu sagen und deinen Schmerz und deine Trauer mit ihm zu teilen.«

Eine einzelne Träne kullerte Dian über die Wange, doch sie wischte sie nicht weg, sondern starrte unvermindert hinaus in die Dunkelheit.

So war es besser. Für sie beide.

Jedenfalls redete Dian sich das seit Cambridge immer wieder ein.

Die Tage bis zu Bobs Rückkehr zogen sich zäh dahin, und das beständig regnerische und kühle Wetter trug nicht zur Besserung von Dians Laune bei. Zudem hatte sie mal wieder heftigen Ärger mit Wilderern und uneinsichtigen Hirten.

Mehrere Monate lang hatte diesbezüglich trügerische Ruhe geherrscht, doch seit einigen Wochen trafen Dian und ihre Leute im Gebiet nahe Karisoke immer häufiger auf weidende Viehherden und vor allem auch auf die heimtückischen Fallen der Wilderer.

Jeden Tag fanden und zerstörten sie neue Drahtschlingen

und Fallgruben, doch egal, wie viele sie auch fanden, über Nacht schienen ständig neue zu wachsen.

Dian war äußerst alarmiert von dieser Entwicklung. Sie hatte erfahren, dass die Regierung in Kigali dem Druck der stetig wachsenden Bevölkerung nach weiteren Anbau- und Weideflächen erneut nachgegeben hatte. Man hatte das Schutzgebiet des Nationalparks noch einmal verkleinert und damit den ohnehin begrenzten Lebensraum der Berggorillas abermals beschnitten. Dennoch war ihr Forschungsgebiet weiterhin groß genug, dass die Wildererpatrouillen nicht effektiv genug waren.

Selbst Dians gruselige Halloween-Masken hatten ihren Schrecken verloren, auch der dümmste Wilderer wusste mittlerweile, dass er es nicht mit einem Buschgeist zu tun hatte, sondern dass darunter *Nyiramachabelli* steckte – die Frau, die allein in den Bergen lebt, wie die Einheimischen sie nannten.

Vor Kurzem war die Situation eskaliert, als Dian an einem verregneten Nachmittag im Mai Zeugin einer derart schrecklichen Grausamkeit gegenüber einem Wildtier wurde und völlig außer sich vor Zorn beschloss, ab sofort keinerlei Rücksicht mehr auf die Einheimischen zu nehmen.

Ein kraftvoller Kaffernbüffel hatte sich auf der Flucht mit dem Gehörn so unglücklich in der Astgabel eines Hageniabaumes verklemmt, dass er sich nicht mehr selbst befreien konnte. Offensichtlich hatten ihn die Jäger gefunden und ihm bei lebendigem Leib die Hinterläufe abgeschnitten. Sie hatten das Fleisch mitgenommen und die gequälte Kreatur ihrem Schicksal überlassen.

Das arme Tier musste höllische Schmerzen erleiden, denn es schrie verzweifelt, als Dian und ihre Begleiter es kurz darauf fanden. Völlig schockiert trat Dian an das gepeinigte Tier heran, das sich immer noch zu befreien versuchte und das bisschen Leben, das ihm verblieben war, mit aller Macht gegen seine vermeintlichen Angreifer verteidigen wollte.

Dian hasste es, ein bis zum Schluss mutiges Lebewesen zu töten, und weinte heftig, als sie dem tödlich verletzten Büffel mit ihrer Pistole eine Kugel in den Schädel jagte.

»Ich glaube nicht, dass ich seinen Blick jemals vergessen kann, Bob«, sagte Dian unter Tränen, als sie ihrem Geliebten von dem fürchterlichen Vorfall im Wald berichtete. Es war der erste Abend nach Bobs Rückkehr ins Camp.

»Dass ich dieses arme Tier getötet habe, hat etwas mit mir gemacht, was ich nicht für möglich gehalten habe. Ich habe dir doch mal gesagt, nach dem, was im Kongo geschehen ist, kann ich nie wieder einen Afrikaner respektieren.« Schniefend zog Dian die Nase hoch. »Aber das hier war fast noch schlimmer. Ein wehrloses Tier so zu quälen. Abscheulich!« Sie schüttelte sich, und Bob konnte ihr den Ekel und die Verachtung förmlich ansehen.

Der Vorfall im Wald hatte Dian in ihrem leidenschaftlichen Kampf ganz offensichtlich radikalisiert. Zuvor hatte sie Bob bereits erzählt, dass sie dem illegal weidenden Vieh der Hirten seit der Sache mit dem Büffel zur Strafe direkt in die Hinterläufe schieße und nicht mehr in den Boden oder über die Köpfe hinweg. Sie habe auf diese Weise schon einige Rinder verkrüppelt.

Als Bob etwas erwidern wollte, hob Dian abwehrend die Hand.

»Ich weiß, was du sagen willst, aber in diesem Punkt werden wir wohl nie einer Meinung sein. So ist das halt.«

Bob seufzte und schwieg.

Dian sah ihn ernst an, ihre Gesichtszüge wirkten hart und unversöhnlich.

Er versteht mich einfach nicht, schoss es Dian traurig durch den Kopf. Und über wichtige persönliche Dinge sprechen wir ohnehin selten oder gar nicht, zum Beispiel über Heather oder über die Erlebnisse im Kongo. Oder meine Abtreibung.

Dian seufzte. Diese Sprachlosigkeit war irgendwie Teil ihrer Beziehung zu Bob Campbell.

Endlich brach sie das Schweigen.

»Ich weiß, mein Verhalten macht mich keinen Deut besser als die Leute, die dem Büffel die Hinterbeine abgehackt haben, aber eines ist unbestreitbar: Seit ich meine Taktik geändert habe, ist der Wald nahe Karisoke frei von Viehherden, und meine Gorillas kehren endlich wieder hierher zurück.«

Bob nickte, schwieg aber weiterhin.

»Das Schlimmste weißt du aber noch gar nicht.«

Wieder machte Dian eine kurze Pause, als ob sie sich nicht sicher war, ob sie Bob die ganze Wahrheit anvertrauen konnte.

»Das Schlimmste? War das noch nicht alles? Was hast du denn noch getan?« Bob starrte Dian entsetzt an.

»Ich habe Mutarutkwas Sohn als Geisel genommen.«

»Du hast was?« Bobs Stimme klang nun völlig entgeistert. »Ja, bist du denn von allen guten Geistern verlassen?«

Mutarutkwa war ein einflussreicher Tutsi-Hirte in der Gegend. Es waren seine Rinder gewesen, die Dian einst als Rache für die Entführung ihres Hundes gestohlen und gedroht hatte, eines nach dem anderen zu töten.

»Ich habe ihn ja später wieder zurückgegeben«, wiegelte Dian ab. »Aber der kleine Bengel saß in einem provisorischen Unterstand und feixte frech über die Sache mit dem Büffel.«

»Dian, das geht nun wirklich zu weit. Du kannst doch nicht

einfach kleine Kinder festsetzen, nur weil ihre Väter in deinen Augen etwas Unrechtes tun.«

Bob schüttelte missbilligend den Kopf, und Dian rückte ein wenig von ihm ab.

»Fängst du jetzt auch schon genauso an wie Alyette? Sie ergreift auch ständig Partei für diese Halunken. Ja, der Junge ist vielleicht erst neun oder zehn Jahre alt, aber schneller, als mir lieb ist, wird er erwachsen sein, und dann handelt er exakt so wie sein Vater.«

Dian schnappte empört nach Luft, weil Bob offensichtlich nicht nachvollziehen konnte, weshalb sie so gehandelt hatte, ja handeln musste.

»Es darf keine Gnade mehr für die Jagd nach Buschfleisch geben. Wir müssen noch viel härter durchgreifen. Mein Vorschlag wäre, für jedes illegale Betreten des Parks zur Strafe öffentlich Rinder zu schlachten.« Dian redete sich nun in Rage. »Bei Wiederholungstätern dann entsprechend mehr Kühe. Und die Wildhüter sollten die Befugnis erhalten, flüchtende Wilderer sofort zu erschießen, wenn diese *innerhalb* des Parks angetroffen werden. Ich sage dir, Bob, wenn drei oder vier von ihnen erschossen würden, wäre der Park *frei* von Wilderern.«

»Dian, das meinst du doch nicht im Ernst?« Bobs Stimme klang nun wirklich entsetzt.

»Und ob ich das ernst meine. Ist ja nicht so, als ob ich die Einzige bin, die eine solche Praxis einfordert. Das nenne ich wirklich aktiven Tierschutz. Auch bei euch in Kenia gibt es ähnliche Stimmen, um die Elefanten zu schützen.«

»Das hat mit deinem Anspruch als Wissenschaftlerin aber nichts mehr zu tun. Damit stellst du dich auf die Seite militanter Tierschützer, das ist dir doch bewusst?«

Dian nickte trotzig.

»Dann beantworte mir doch bitte diese eine Frage.« Bob sah Dian eindringlich an. »Wer hat in einer überfüllten Welt schwindender Ressourcen das größere Lebensrecht? Verhungernde Afrikaner oder fast ausgestorbene Gorillas? Und wer soll darüber richten? Du und all jene Ausländer, die mit ihrer Zivilisation in ihren eigenen Ländern bereits fast alle Wildtiere ausgerottet haben? Oder wer sonst, Dian?«

»Ihr versteht es einfach nicht.« Dian zuckte frustriert mit den Schultern. »Alyette, Rosamond und du, ihr alle lebt einfach schon zu lange hier, um das Problem noch klar zu erkennen.«

»Ich glaube, andersherum wird ein Schuh daraus. Es ehrt dich, dass du den Kampf für das Überleben der Berggorillas zu deinem gemacht hast und nicht einfach wegschauen kannst. Du hast mir gesagt, wenn nichts geschieht, dann werden sie Ende des Jahrhunderts ausgestorben sein.«

Dian nickte.

»Deshalb ist dein Einsatz ja grundsätzlich richtig, aber deine Methoden …«

Bobs versöhnlich klingende Worte zeigten tatsächlich etwas Wirkung bei Dian, denn sie antwortete: »Ich weiß, Bob, dir liegen die Gorillas beinahe ebenso sehr am Herzen wie mir, aber in den letzten Wochen ist mir auch eines glasklar geworden.« Sie blickte ihm jetzt direkt in die Augen. »Die einzige Person, auf die ich mich im Kampf für die Gorillas ohne Einschränkung verlassen kann, bin ich selbst. So leid es mir tut, aber die Zeit des Redens ist vorbei. Ich führe hier einen Krieg, der genauso gefährlich ist wie der, vor dem ich aus dem Kongo geflohen bin.«

Kapitel 22

W as ist nur dieses Jahr los?« Dian sah ihre Mutter Kitty traurig an. »Erst trennen sich die Beatles, und jetzt sterben kurz hintereinander zwei großartige Künstler durch Drogen.«

Es war Anfang Oktober, und sie hatte soeben im Radio vom Herointod von Janis Joplin gehört, nur gut zwei Wochen nachdem der Gitarrist Jimi Hendrix genau wie Joplin mit nur siebenundzwanzig Jahren verstorben war.

»Keine Ahnung. Ich wusste gar nicht, dass du ein so großer Musikfan bist. Als Teenager warst du es jedenfalls nicht.«

Kitty Prize lächelte ihre Tochter über den Küchentisch hinweg an.

»Fan ist zu viel gesagt, aber seit ihr mir diesen Kassettenrekorder geschenkt habt – das beste Geschenk aller Zeiten übrigens –, höre ich oft Musik, wenn ich abends meine Notizen abtippe. Ich habe Alben von den beiden.«

»Freut mich, dass du deinen Musikrekorder so magst, aber jetzt erzähl doch bitte, wie ist es dir diesen Sommer ergangen? Wie macht sich dein neuer Assistent? Wie heißt er noch mal?«

»Alan Goodall. Tja, was soll ich sagen. Er gibt sich Mühe.«
»Gibt sich Mühe? Was soll das heißen?«

»Na ja, er hört sorgfältig zu, stellt viele Fragen.«

»Aber das ist doch gut, nicht wahr?«

»Ja.« Dian verdrehte die Augen. »Natürlich ist das gut. Und du musst mir glauben, *ich* habe mir diesmal wirklich Mühe gegeben und ihm so viel wie möglich erklärt. Ich wollte nicht den gleichen Fehler noch einmal machen und ihn ins kalte Wasser schmeißen.«

Dians Mutter wusste von dem Fiasko mit Michael Burkhart, es bedurfte daher keiner weiteren Erklärung.

»Was macht dir dann Sorgen, Kind?«

»Akademisch wenig. Goodall weiß, wie ich seine Beobachtungsprotokolle und Berichte haben möchte, wie er meine Leute überwachen und die Abrechnungen für alle Ausgaben vorlegen soll und, ganz wichtig, wie er sich um Cindy und Kima kümmern muss.«

Ihre Mutter schüttelte missbilligend den Kopf. Dians Vernarrtheit in ihre Tiere war Kitty schon seit jeher ein Dorn im Auge. Ein Hund war noch in Ordnung, ein Äffchen im Haus ging ihrer Meinung nach jedoch entschieden zu weit, doch weil sie nicht mit ihrer Tochter streiten wollte, enthielt sie sich jeglichen Kommentars.

»Was ist es dann?«, fragte sie stattdessen.

Dian seufzte tief.

»Ich bin mir nicht sicher, ob Goodall wirklich auf Dauer in meiner Station bleiben wird. Am Abend vor meiner Abreise hat er mir jedenfalls verkündet, dass er Karisoke hasst.«

»Wie bitte? Wer hasst Karisoke? Du?«

Dians Stiefvater Richard hatte in diesem Moment die Küche betreten und nur den letzten Teil des Satzes mitbekommen.

»Nein, Liebling. Nicht Dian. Ihr neuer Assistent«, antwortete Kitty schnell.

»Ach so, und ich dachte schon, du kommst endlich nach Hause und machst etwas Vernünftiges.«

»Fang nicht schon wieder damit an.« Dian sah ihren Stiefvater bittend an. »Verdirb uns bitte nicht die gemeinsame Zeit.«

Richard hob abwehrend die Hände.

»Jaja, schon gut. Bin schon weg.«

Als er die Küche verlassen hatte, fragte Kitty: »Also, dieser Goodall hat gesagt, dass er Karisoke hasst. Hat er auch gesagt, warum?«

»Es sei kalt, finster, einsam und unfreundlich, und das selbst jetzt, wo Bob und ich noch da seien. Er habe sich nach all dem Prüfungsstress auf anregende Gespräche beim Essen gefreut, insbesondere natürlich über die Gorillas. Bei uns würde aber jeder für sich in seiner Hütte essen. Was überhaupt nicht stimmt!«

Dians Stimme klang nun wirklich empört. In letzter Zeit hatten Bob und sie oft gemeinsam die Mahlzeiten eingenommen, viel häufiger als früher. Und wenn Gäste im Camp waren, wurde ohnehin zusammen gegessen.

»Goodall behauptet, er sei umgeben von Menschen, mit denen er nicht sprechen könne, und habe das Gefühl, als würde er in einen Strudel von Depressionen gezogen. Und dann hat er die Bombe platzen lassen und verkündet, er werde nach Hause fahren.«

»Um Himmels willen. Am Abend vor deiner Abreise?«

Entsetzt sah Kitty ihre Tochter an. Dian nickte.

»Und was hast du dann getan?«

»Was hätte ich schon tun können? Ich habe versucht, ihn umzustimmen, natürlich. Wäre er abgereist, hätte ich nicht fahren können. Also habe ich meinen berechtigten Zorn hinuntergeschluckt und war verständnisvoll und ermutigend.« Dian verzog das Gesicht. »Ist mir wirklich schwergefallen, hat aber gewirkt. Schließlich hat er mir erzählt, dass seine Mutter unmittelbar vor seiner Abreise nach Afrika gestorben sei und dass er seine Frau und die neugeborene Tochter ungeheuer vermisse und zu ihnen wolle.«

Kitty nickte verständnisvoll.

»Das ist ja nachvollziehbar, aber das mit dem Baby hat er doch schon vorher gewusst, richtig?«

»Natürlich, angeblich sei es kein Problem, hatte es geheißen. Außerdem will die Frau mit der Kleinen bald nach Ruhengeri nachkommen.« Dian seufzte. »Jedenfalls habe ich an dem Abend lange mit ihm gesprochen und ihm sogar von meinen eigenen Ängsten berichtet, als ich damals nach Kabara kam. Davon, wie einsam ich war und wie sehr ich mich manchmal gefürchtet habe und dass ich das mit seiner Familie sehr gut verstehe.«

»Und dann?«

»Dann hat er mir per Handschlag versprochen, dass er bleiben wird, und Bob und ich konnten am nächsten Morgen fahren. Bob ist in Nairobi geblieben, und ich bin nach D. C. geflogen, um über weitere Fördergelder zu verhandeln.«

»Und was sagen die Leute vom Magazin?«

»Gute Neuigkeiten. Da die Januarausgabe so gut ankam, soll ich für nächstes Jahr im Herbst noch einmal einen langen Artikel verfassen. Und Bob soll wieder die Fotos machen. Das bedeutet, er wird nach meiner Rückkehr aus Cambridge im nächsten Frühjahr auch wieder nach Karisoke kommen und fotografieren. Sie wollen sogar, dass er einen Vortragsfilm über mich und meine Arbeit macht. Ist doch toll, nicht wahr?«

»Das ist ja wundervoll, Liebling. Ich gratuliere dir. Du bist jetzt wahrlich eine echte Berühmtheit. Denk doch mal an diese Dinnerparty in Pasadena. Die Leute haben 1000 Dollar pro Person gezahlt, nur um dich sprechen zu hören. Und du hast so hübsch ausgesehen.«

Kitty lächelte stolz und umarmte ihre Tochter.

Als Ehrengast der eleganten Spendengala der Leakey Foundation hatte Dian besonders gut aussehen wollen, weshalb Kitty, als ehemaliges Mannequin mit einem Gespür für Mode ausgestattet, sie bei der Wahl des passenden Abendkleides beraten hatte.

Die Dinnergäste hatten Dian förmlich an den Lippen gehangen, als sie von den Berggorillas berichtete, Bobs Dias zeigte und ihnen erklärte, die Tiere seien keine gefährlichen Bestien, wie Hollywood es ihnen vorgaukele, sondern sanfte Wesen, denen die Vernichtung drohe, wenn nicht bald effektive Maßnahmen ergriffen wurden, um sie zu schützen.

»Ich weiß, Mom.«

Sie wand sich aus der Umarmung ihrer Mutter heraus.

Der Abend in Pasadena war zwar ein voller Erfolg gewesen, doch Dian dachte trotzdem ungern daran zurück, denn sie war extrem aufgeregt und eingeschüchtert gewesen und hätte viel darum gegeben, zur moralischen Unterstützung einen Freund oder eine Freundin im Publikum zu sehen.

Am allerliebsten natürlich Bob.

»Berühmt oder nicht, der ganze Rummel ist mir ziemlich egal. Zumindest aber dient er der guten Sache. Wenigstens konnte ich diesen stinkreichen Leuten beim Dinner klarmachen, wie wichtig weitere Patrouillen im Park sind und dass die Ranger besser ausgestattet werden müssen.« Dian lächelte stolz. »Ich war heute in einem Laden für Armeebedarf und habe von dem Geld, das auf der Gala gespendet wurde, dreizehn Paar Kampfstiefel, zwanzig Hosen, Hemden und Barette gekauft. Und zwanzig von diesen Abzeichen hier.«

Dian kramte in ihrer Handtasche und hielt ihrer Mutter ein buntes Stoffabzeichen hin, in der Art, wie es Pfadfinder oder Mitglieder eines Clubs tragen.

»Schau, das werde ich auf die Barette nähen, dann haben die Männer eine anständige Montur und laufen wenigstens einheitlich gekleidet herum.«

Insgesamt sechs Wochen war Dian in den Vereinigten Staaten, doch kurz vor ihrer Abreise nach England erreichten sie fürchterliche Nachrichten aus Ruanda.

Im kleinen Dorf Cundura am Fuß des Karisimbi, eindeutig innerhalb der alten Grenzen des Parks, waren sechs Gorillas getötet worden.

Ihr Assistent Alan Goodall schrieb Dian, es seien allem Anschein nach keine Tiere aus ihren Forschungsgruppen, und er habe sein Möglichstes getan, um die Sache aufzuklären. Er sei mit dem Verwaltungsdirektor des Nationalparks zum Schauplatz des Gemetzels gefahren. Angeblich habe ein Gorilla ein Kind gebissen, woraufhin die Dorfbewohner aus Rache das ganze Rudel töteten. Die Tiere seien zu Tode gesteinigt worden, schrieb Alan, doch im Krankenhaus habe er nichts über ein Kind in Erfahrung bringen können, das dort wegen Verletzungen durch Gorillabisse behandelt worden sei.

Dian war erschüttert, als sie von dem Massaker erfuhr, aber die ganze Geschichte machte sie auch misstrauisch.

Kurz vorher hatte es nämlich einen blutigen Zwischenfall zwischen ihrem Assistenten und einigen Wilderern gegeben, bei dem zwei Männer starben. Laut den Einheimischen habe Goodall die Männer erschossen. Goodall hatte dies zunächst abgestritten, dann aber doch zugegeben, mit Dians Pistole geschossen und einen Mann am Bein verletzt zu haben.

Dian wagte nicht, den wahren Ablauf der Dinge aus der Ferne abschließend zu beurteilen, aber sie hatte ihren Assistenten schriftlich vor möglichen Racheaktionen der Einheimischen gewarnt.

Exakt solch eine Racheaktion vermutete sie nun hinter der Tötung der Gorillas. Sie schickte ihrer Freundin Alyette eiligst eine Nachricht und bat sie, nach Cundura zu fahren und der Sache auf den Grund zu gehen.

»Diese Gorillas sind nicht gesteinigt worden, aber ihre Körper waren schlimm zugerichtet. Hunde, Hyänen oder andere Aasfresser haben sie verstümmelt. Alle größeren Steine am Fundort waren meines Erachtens viel zu schwer, man konnte sie kaum aufheben. Und mit kleinen Kieseln, wie ich sie dort gesehen habe, kann man wohl schwerlich sechs erwachsene Gorillas zu Tode bringen. Schließlich habe ich bei meinen Nachforschungen doch noch erfahren, dass man die Gorillas – zwei Silberrücken, einen Schwarzrücken und zwei erwachsene Weibchen, der sechste Leichnam wurde nicht gefunden – aus dem Wald heraus auf eine Lichtung getrieben und dort mit Pfeil und Bogen getötet hat, angeblich, weil dein Assistent einen Wilderer vorher feige in den Rücken geschossen hat.«

»Das glaube ich einfach nicht!«, rief Dian und ließ Alyettes Antwortbrief sinken, den sie Augenblicke zuvor aus dem Briefkasten ihres Wohnheims in Cambridge gefischt und hastig überflogen hatte.

Der Brief war schon vor Wochen in Ruanda abgestempelt worden, dummerweise aber an die Adresse ihrer Eltern in Kalifornien gerichtet gewesen. Alyette hatte offensichtlich nicht bedacht, dass Dian um diese Zeit bereits in England war.

Der geschilderte Tathergang im Brief ergab in Dians Augen zwar eindeutig mehr Sinn als die angebliche Steinigung, doch was war der wirkliche Anlass des Massakers?

Noch einmal las sie Alyettes Zeilen.

Ihre Freundin hatte ebenfalls keinerlei Beweise für ein von einem Gorilla gebissenes oder irgendwie sonst verletztes Kind im Dorf finden können.

»Habe ich es doch gewusst. Ein Gorillabiss, so ein Schwachsinn«, rief Dian empört. »Das Ganze war blanke Erfindung. Ich bin mir sicher, die sechs Gorillas wurden getötet, weil sie ein Jungtier verteidigt haben, das in die Falle dieser Verbrecher getappt ist. Genau wie bei Pucker und Coco damals. Ich werde schon noch herausfinden, was dort wirklich passiert ist.«

Dian schlug so zornig auf den schmalen Schreibtisch ihres Zimmers, dass sie angesichts der Wucht des Schlages selbst erschrocken zusammenzuckte.

Leider blieben all ihre Versuche, in den darauffolgenden Wochen von England aus die wahren Hintergründe des Massakers zu ergründen, erfolglos. Weder fand ein Freund, der am Flughafen in Kigali für die belgische Fluglinie Sabena arbeitete, etwas über den Transport eines Jungtiers heraus, noch brachten Dians Protestbriefe an Verantwortliche in der ruandischen Regierung und an diverse Tierschutzorganisationen neue Erkenntnisse.

Der Fall Cundura blieb ungeklärt.

Im Frühjahr 1971 flog Dian schließlich von London aus wieder zurück nach Afrika. Die beiden Trimester in Cambridge waren vorbei, und ein paar Monate mit Bob Campbell in Karisoke lagen vor ihr. Vor allem aber freute sie sich auf ihre Gorillas.

Grund genug, um bester Stimmung zu sein, dachte Dian schläfrig und kuschelte sich tiefer in ihren Platz am Fenster, als eine Durchsage des Piloten sie aus ihrem Dämmerschlaf aufschreckte.

»Verehrte Passagiere, in wenigen Minuten überfliegen wir die neueste Attraktion des afrikanischen Kontinents, den Assuan-Staudamm, der im Januar nach elfjähriger Bauzeit endlich eingeweiht wurde. Es ist ein Bauwerk von gigantischen Ausmaßen, wie Sie sogar von hier oben aus gut erkennen können.«

Wie die meisten Passagiere schaute auch Dian sofort neugierig aus dem Fenster, und es dauerte nicht lange, da konnte sie die riesige Staumauer in der Ferne erkennen, die den Nil aufstaute und die Wasserversorgung Ägyptens ein für alle Mal regulieren sollte.

»Wenigstens wurde der große Tempel von Abu Simbel vor den Fluten gerettet«, sagte eine sonore männliche Stimme neben Dian.

»Wie bitte?« Dian drehte sich zu ihrem Sitznachbarn um, der seit dem Abflug geschwiegen hatte.

»Was glauben Sie, verehrte Dame, wie viele Kulturgüter durch diesen Staudamm auf ewig in den Nilfluten versunken sind? Abu Simbel war nur einer von wenigen, der abgebaut und an anderer Stelle wieder aufgebaut wurde. Zugegebenermaßen der größte und wohl auch bedeutendste.«

Fasziniert sah Dian den Mann an. Sie hatte nicht gewusst,

dass für diesen Stausee sogar Tempel versetzt worden waren. Ohnehin hatte Dian auf ihrer Reise mal wieder bemerkt, wie wenig sie eigentlich von all dem mitbekam, was in der Welt außerhalb ihrer isolierten afrikanischen Bergwelt passierte.

Neugierig betrachtete sie ihren Nebenmann. Er schien älter zu sein als sie und sprach Englisch mit leicht europäischem Akzent.

»Woher wissen Sie das denn? Kennen Sie sich damit aus?«

Er nickte.

»Ich bin Bauingenieur aus Deutschland und war im multinationalen Expertenteam, das den Tempel von Abu Simbel innerhalb von fünf Jahren Stück für Stück auseinandergeschnitten, verlegt und an anderer Stelle wieder aufgebaut hat.«

»Wie spannend. Bitte erzählen Sie mir davon. In allen Einzelheiten. Die Stunden bis zu unserer Ankunft in Nairobi werden so bestimmt wie im Flug vergehen.«

Dians Sitznachbar lachte.

»Bildlich gesprochen.«

»Bildlich gesprochen.«

In Nairobi fuhr Dian vom Flughafen aus sofort zu Louis Leakey ins Krankenhaus. Ihr Mentor war kürzlich von einem Bienenschwarm angegriffen und so oft gestochen worden, dass er vorübergehend rechtsseitig gelähmt war.

»Dian, wie schön!«

Leakey versuchte, sich in seinem Bett aufzurichten, als er die unerwartete Besucherin erkannte.

»Warte, ich helfe dir.«

Dian stürzte zu Leakey, um ihm zu helfen, stellte das Oberteil des Bettes senkrecht und schüttelte das Kissen auf.

»Was machst du denn für Sachen? Ich habe gehört, du hattest einen Zusammenstoß mit einem Bienenschwarm?«, fragte Dian zunächst scherzhaft, dann betrachtete sie Leakey ernst.

Wie klein und schwach der 69-Jährige in dem weißen Krankenhausbett wirkte. Seine sonst braun gebrannte Haut war blass, und die blauen Adern schimmerten hindurch wie durch Pergamentpapier.

Richtig zerbrechlich sieht er aus, dachte Dian erschrocken. Ihre trüben Gedanken spiegelten sich offenbar auf ihren Gesichtszügen, denn Leakey fragte unvermittelt: »Sag mir bitte die Wahrheit, Dian, sehe ich wirklich so schlecht aus, wie ich mich fühle? Meine Frau und die anderen Besucher versuchen seit Tagen, mich vom Gegenteil zu überzeugen.«

Hastig schüttelte Dian den Kopf.

»Nein, nein, mach dir keine Sorgen. Das macht bloß die ungewohnte Umgebung. In so einem sterilen weißen Bettbezug sieht jeder blass und krank aus.«

»Du bist eine schlechte Lügnerin, meine Liebe. Es sieht nicht gut aus für mich, das weiß ich selbst. Meine Herzprobleme sind durch die Bienenstiche noch schlimmer geworden. Aber lassen wir das. Reden wir lieber von dir und deiner Arbeit. Schön, dass du Zeit gefunden hast, mich zu besuchen. Wie war Cambridge? Was meint Hinde zu deinen Ergebnissen?«

»Professor Hinde ist zufrieden mit meinen Fortschritten. Noch mal ein Doppeltrimester in England, dann sollte ich alle nötigen Studiennachweise haben, die die Universität zusätzlich zur Doktorarbeit von mir verlangt.«

»Aber das ist doch prima. Ich wusste von Anfang an, dass du das alles schaffst, wenn du es nur wirklich willst.«

Leakey lächelte seinen Schützling stolz an, und ein wenig Röte stieg in seine blassen Wangen. Dian hatte erst das zweite Stipendium seiner Stiftung erhalten, doch sie hatte ihn nicht enttäuscht.

»Das stimmt, du hast immer an mich geglaubt.« Dian lächelte zurück. »Übrigens, ich soll dich ganz herzlich von Robert Ardrey grüßen.«

»Ardrey? Wo hast du den denn getroffen?«

»Er war in Cambridge für einen Vortrag, und Professor Hinde hat uns einander vorgestellt. Er meinte, ihr kennt euch schon lange.«

»Und?«

»Was und?«

»Wie fandest du ihn?«

»Na ja, nett.«

Leakey sah Dian neugierig an. Ihr Gesicht sagte etwas anderes, Dian fand niemanden bloß *nett*.

Er kannte Ardrey seit Langem, einen ehemaligen Theater- und Drehbuchautor, studierten Geologen und Paläontologen, der sich später der Anthropologie und Verhaltensforschung zugewandt hatte. Erst Anfang des Jahres hatten sie sich auf einem Symposion in Pasadena getroffen und über menschliche Aggression und Gewalt diskutiert.

Vor ein paar Jahren hatte Ardreys Buch wegen seiner Grenzüberschreitungen ziemlichen Wirbel verursacht, und zur Freude der Zuhörer waren Leakey und er sich auch in Pasadena heftig in die Haare geraten. Sie konnten keinen gemeinsamen Nenner finden, um den Zeitpunkt zu bestimmen, an dem das Tier aufhörte und die Entwicklung des Menschen begann.

»Nett? Du fandest ihn nett?«

Jetzt war es um Dians Zurückhaltung geschehen.

»Was fragst du? Du kennst ihn doch besser als ich. Er ist ein arroganter Kerl. Einer von denen, bei dem man Maxim Gorki zustimmen möchte, nach einem Gespräch mit ihnen habe man das Verlangen, einen Hund zu streicheln, einem Affen zuzuwinken und vor einem Elefanten den Hut zu ziehen.«

Dian schnaubte wütend, und ein Lächeln huschte über Leakeys faltige Züge. Dian Fossey, wie sie leibt und lebt. Immer frei von der Leber weg, ohne Rücksicht auf Verluste.

»Hast du gewusst, dass er Janes Buch als das bedeutendste Werk bezeichnet hat, das jemals über Tierbeobachtungen geschrieben wurde?«

Leakey kicherte amüsiert. »Na, na, meine Liebe, ich glaube fast, du bist eifersüchtig.«

Dian wollte energisch widersprechen, doch bevor sie etwas erwidern konnte, fuhr er fort: »Und genau das wollte er bei dir erreichen. Das ist Teil seiner Strategie, und du bist ihm offensichtlich voll auf den Leim gegangen. Aber das macht nichts. Janes Buch ist wirklich großartig, in diesem Punkt hat Ardrey recht, aber dein Buch wird noch viel großartiger werden. Da bin ich mir sicher.«

Er streichelte Dian besänftigend über die Hand.

»Welches Buch? Erst mal müsste ich eines schreiben, und ich weiß wirklich nicht, wann ich das neben meiner Arbeit auch noch schaffen soll.« Dian klang gestresst. »Aber erst einmal muss ich jetzt meinen zweiten Artikel für den *National Geographic* verfassen und meine Dissertation fertigstellen. Und wenn ich dann noch Zeit habe ...«

»Du wirst Zeit haben, Dian. Du musst sie dir halt nehmen. Hör zum Beispiel damit auf, immer alles selbst erledigen zu wollen. Gib die Kontrolle über Karisoke ein wenig ab. Lass mehr Studenten als Hilfskräfte kommen.«

Dian wollte widersprechen, doch Leakey brachte sie mit einer schwachen Handbewegung zum Schweigen.

»Keine Widerworte. Lass dir helfen. Wenn ich bei meinen vielen Ausgrabungen eines gelernt habe, dann, dass man so ein Projekt nicht ganz allein bewerkstelligen kann. Du bist eine starke und kluge Frau, Dian. Jeder weiß das. Aber du wirst dich zugrunde richten, wenn du dir nicht helfen lässt. Lass dir das von deinem alten Mentor gesagt sein.«

Louis Leakey sah Dian ernst an, und in diesem Moment begriff sie, dass dieser Besuch womöglich ihr letztes persönliches Treffen sein würde. Tränen stiegen ihr in die Kehle, doch sie schluckte sie tapfer hinunter.

Mit einem Scherz versuchte Leakey, die entstandene Spannung im Zimmer zu lösen.

»Weißt du eigentlich, mit wem Ardrey mich mal verglichen hat?«, fragte er, und als Dian ratlos mit den Schultern zuckte, antwortete er: »Mit Christoph Kolumbus, kannst du dir das vorstellen?«

»Kolumbus? Wieso denn das?«

»Er meinte, wie Kolumbus habe ich neue Welten entdeckt und die alte Welt dadurch schäbig aussehen lassen.« Leakey grinste spitzbübisch.

»Wenn es weiter nichts ist … Es gibt schlimmere Vergleiche als diesen«, antwortete Dian und grinste zurück.

Als sie sich kurze Zeit später verabschiedete, weil sie ihren Anschlussflug nach Ruanda erreichen musste, da bestand Louis Leakey darauf, sie wenigstens noch hinaus auf den Flur des Hospitals zu begleiten.

Das letzte Bild, das sich Dian ins Gedächtnis brannte, war

das eines gebrechlichen alten Mannes mit wehendem weißem Haar, der sich an der Treppe des Krankenhauses auf das Geländer stützte, lächelte und ihr mit dem Aluminiumstock aufmunternd zuwinkte.

Kapitel 23

Mitte März kehrte Dian zurück nach Karisoke.

Am nächsten Tag reiste Alan Goodall ab. Auf Dians Wunsch.

Sie hatte ihn vorher per Telegramm von ihrem Entschluss, sich von ihm zu trennen, in Kenntnis gesetzt und sich vorgenommen, lediglich Hallo und Lebewohl zu sagen und Goodall dann schnellstmöglich loszuwerden. Doch selbst dafür musste sie zwei Valium einnehmen, um einigermaßen ruhig zu bleiben.

Dian war schon wegen der dubiosen Geschichte mit den ermordeten Gorillas außer sich gewesen, doch als sie sah, wie ihr Assistent ihre Hütte zugerichtet hatte, lief das Fass endgültig über.

»Mein Gott, sehen Sie sich diese Sauerei an!«, schimpfte sie wütend. »Was glauben Sie eigentlich, was das hier ist? Ein Durchgangslager?«

»Also, ähm, hören Sie mal«, stammelte Goodall unbeholfen. »Ich habe mir wirklich, ähm, Mühe gegeben, die Hütte so, ähm, ordentlich wie möglich zu halten.«

Goodall war von der Wucht der Vorwürfe seiner Chefin ganz offensichtlich völlig überfordert.

»Ordentlich? Zur Hölle, das ist mein Zuhause, und es sieht

aus wie ein Schweinestall. Ihnen scheint überhaupt nicht klar zu sein, was mir diese Hütte bedeutet! Sie kommen einfach so daher, benutzen meine Sachen und scheren sich einen Dreck darum, sie wieder zurückzulegen. Das ist hier keine Hippiekommune!«

Dians Stimme wurde immer lauter und schriller.

»Und wo sind eigentlich Ihre Beobachtungsberichte und meine Abrechnungen? Auf meinem Schreibtisch habe ich sie jedenfalls nicht vorgefunden.«

Goodall zuckte bloß mit den Schultern, drehte sich um und ließ seine Vorgesetzte einfach stehen.

Dian schnappte empört nach Luft. Eine solche Frechheit war ihr noch nicht vorgekommen!

Alan Goodall musste gehen.

Sofort!

Das Schlimmste war, dass er offensichtlich wirklich keine Berichte über seine Beobachtungsstunden verfasst hatte. Jedenfalls fand Dian nichts dergleichen vor, sosehr sie auch suchte. Eine Katastrophe, denn dadurch fehlten ihr volle sechs Monate für ihre Langzeitstudie.

Anderntags schieden Dian und ihr Assistent nicht im Guten voneinander.

Bob Campbell hielt sich aus dem Konflikt geflissentlich heraus, obwohl er wusste, dass das unbesonnene Verhalten des jungen Mannes auch an anderer Stelle große Probleme verursacht hatte. Darüber hatte Dian zu diesem Zeitpunkt aber noch nicht viel erfahren.

Irgendwie war ein Bericht über Goodalls Schießerei mit den Wilderern und das Massaker von Cundura nach Washington, D.C., gelangt, wo der Ärger von einer kleinen Staubwolke schnell zu einem richtigen Sturm angewachsen war, und das zu einem äußerst ungünstigen Zeitpunkt, denn die Verlängerung des Budgets für Karisoke für ein weiteres Jahr stand an.

Die Verantwortlichen des *National Geographic* waren natürlich entsetzt gewesen, und man fragte sich, was die Leserinnen und Leser sagen würden, wenn bekannt wurde, dass Forscher eines der Förderprojekte auf Menschen schossen.

Dian Fossey solle sich besser woanders finanzielle Unterstützung suchen, so die Geldgeber. Mit ihnen sei zukünftig nicht mehr zu rechnen. Die Situation in Karisoke wurde den Verantwortlichen zu heikel.

Just zu dem Zeitpunkt, als die Nachricht über die Schießerei in der amerikanischen Hauptstadt eintraf, war Bob dort gewesen, um an einem Kurs für neue Filmtechniken teilzunehmen. Daher hatte er versucht, die Wogen auf eigene Faust zu glätten.

Dian sei überhaupt nicht in Ruanda gewesen, als das alles passierte, sie selbst habe nie auf jemanden geschossen, stellte er unmissverständlich klar und bat eindringlich, dem Forschungsprojekt in Karisoke nicht die Fördergelder zu entziehen.

Dank seiner Intervention vertagte der *National Geographic* die Entscheidung. Bob hatte Dian in einem Brief von dem Gespräch in Washington berichtet, sie jedoch über die möglichen finanziellen Konsequenzen, die immer noch drohten, im Unklaren gelassen. Er wollte keine schlafenden Hunde wecken, falls die Sache nur ein Sturm im Wasserglas wäre.

Und falls nicht, wollte Bob Dian die schlechten Nachrichten lieber höchstpersönlich überbringen.

Nach Alan Goodalls Abreise nahmen Dian und Bob ihre Beziehung stillschweigend und in beiderseitigem Einvernehmen wieder auf.

So hatte es bislang gut funktioniert, so wollten sie es weiterhin halten.

Viele Tage verbrachten sie in den kommenden Monaten im Nebelwald bei den Gorillas. Stundenlang saßen sie zusammen im Busch, höchstens ein paar Meter voneinander entfernt, meist schweigend, um die Tiere nicht zu stören. Manchmal gingen sie getrennt ins Gelände, denn auch Bob hatte mittlerweile so viel Erfahrung, dass Dian ihn guten Gewissens allein losziehen ließ.

Das Leben im Camp plätscherte in diesem Frühjahr und Sommer gemächlich dahin, es gab wenige Konflikte mit Fallenstellern und Hirten und viele entspannte Begegnungen mit den Berggorillas.

Bob baute sich in dieser Zeit zwar ebenfalls eine feste Hütte, gemeinsame Nächte verbrachte das Paar aber weiterhin ausschließlich in Dians Unterkunft.

Vielleicht lag es an dem Foto von Heather, das auf Bobs Nachttisch stand, jedenfalls schien Dian sich entschlossen zu haben, die Privatsphäre ihres Geliebten zu respektieren.

Wenn sie Lust verspürte, die Nacht mit ihm zu verbringen, lud sie ihn zu sich ein.

In ihre Hütte.

Niemals andersherum.

Es gab keine Spannungen, keine Verstimmungen, nur das gemeinsame Ziel. Beide schienen in jenen harmonischen Tagen instinktiv zu spüren, dass diese Ruhephase nicht von Dauer sein würde, und bemühten sich, die Zeit möglichst friedlich miteinander zu verbringen. Jeden Abend sprachen sie über ihre Beobachtungen des Tages oder arbeiteten jeder für sich allein, bis es Zeit zum Schlafen war.

Weil Dian wusste, dass Bob ihr Kettenrauchen verabscheute, hörte sie in diesem Sommer sogar für eine Weile damit auf. Es ging ihr gesundheitlich besser, das Wetter war trocken und sonnig, und die Lungenbeschwerden ließen nach.

Die Leserreaktionen auf ihre erste Fotoreportage und die fantastischen Tieraufnahmen waren so positiv gewesen, dass für den zweiten Artikel im *National Geographic* noch schönere Fotos entstehen sollten. Dian fing an, sich für Bobs Aufnahmen ein wenig zurechtzumachen, und marschierte nicht wie sonst mit wirren Haaren und in einer abenteuerlich zusammengewürfelten Montur in den Busch.

Obwohl sie regelmäßig betonte, die Gorillas seien die wahren Stars, zeigte dieser kleine Anflug von Eitelkeit doch, dass es Dian nicht gleichgültig war, wie sie auf den neuen Fotos in der Zeitschrift aussehen würde.

»Weißt du, Bob, was ich am meisten an dir mag?«

Ohne Vorwarnung, quasi aus dem Nichts, feuerte Dian ihre Frage ab.

Es war ein Abend Ende Mai, und Bob zog interessiert eine Augenbraue hoch, antwortete aber nicht.

»Du redest nicht viel, und das mag ich. Dein Schweigen beruhigt mich, es erdet mich.«

Sie lächelte.

Wie sie selbst war auch Bob kein sonderlich geschwätziger Mann. Beide hatten sich an lange Phasen des Schweigens in der Wildnis gewöhnt.

»Ich finde ja, im Schweigen liegt Poesie«, fuhr Dian fort. »Doch die meisten Menschen halten nicht lange genug inne, um es zu hören. Sie reden, reden und reden, und doch sagen sie nichts von Bedeutung. Vielleicht weil sie Angst haben, den eigenen Herzschlag zu hören? Angst vor ihrer Sterblichkeit?«

Sie lächelte Bob an und drückte ihm einen Kuss auf die verdatterte Stirn.

»Aber du bist anders, und deshalb werden wir für immer zusammen hier in Karisoke sein, nicht wahr?«

»Ähm, danke, Dian, ähm, aber ...«, stammelte Bob.

Jeder unbeteiligte Beobachter konnte sehen, wie unangenehm ihm ihre Worte waren. Für einen sonst emotional so zurückhaltenden Menschen wie Dian Fossey verriet ein solch offen geäußerter Wunsch mehr als bloße Sehnsucht nach einer dauerhaften beruflichen Partnerschaft. Es war, als ob sie ihm ihre unsterbliche Liebe gestanden hätte und nun darauf wartete, dass er das ebenfalls tat.

Bob sah Dian ernst an. Er mochte sie sehr und bewunderte ihre Ausdauer und ihre Leidenschaft bei der Arbeit. Im Herbst hatten sie kurz über eine mögliche Scheidung gesprochen, aber Dian hatte verständnisvoll reagiert, als er gesagt hatte, eine eigentlich gute Ehe zu beenden, sei nicht so einfach.

Er seufzte.

Seine Ehefrau Heather hatte ihm beim letzten Treffen in Nairobi zwar kein Ultimatum gestellt, aber doch deutlich klargemacht, dass er die Affäre mit Dian schleunigst beenden müsse. Er dürfe seine Reputation als professioneller Filmemacher nicht für ein belangloses Techtelmechtel aufs Spiel setzen, hatte sie gewarnt, und er hatte nicht widersprochen.

»Was ist mit dir, Bob? Was ziehst du so ein langes Gesicht und seufzt zum Steinerweichen?«

Dian hatte den Stimmungsumschwung in den Zügen ihres Geliebten bemerkt.

»Nichts. Mir ist nur eben etwas in den Sinn gekommen. Hast du eigentlich Nachricht vom *National Geographic*?«

Bob wusste, Dian wartete dringend auf einen neuen Scheck. Schon seit Mitte April waren ihre Geldmittel aufgebraucht, und sie kaufte nur noch auf Kredit. Bobs eigenes Honorar war bereits gekommen, nur Dians Zahlung ließ ungewöhnlich lange auf sich warten, und die finanzielle Unsicherheit war belastend.

»Nein. Wenn nicht bald etwas geschieht, dann muss ich die Leute entlassen.«

»Dazu wird es sicher nicht kommen«, antwortete Bob hastig. »Mach dir keine Sorgen. Ich bin mir sicher, der Scheck steckt bestimmt in der Post.«

»Aber du hast doch gesagt, die Verantwortlichen in D.C. haben die Weiterfinanzierung grundsätzlich zugesagt? Warum kommt das Geld dann nicht?«

»Definitiv zugesagt war nichts, aber ich hatte das Gefühl, dass es klappen wird.«

»Auf Gefühle gebe ich nichts, nur auf harte Fakten, und die sprechen gegen mich und mein Camp.«

Leider sollte Dian mit ihrer Schwarzmalerei recht behalten.

Am 4. Juni um zwölf Uhr mittags schloss sie schweren Herzens das Lager Karisoke und entließ ihre Angestellten. Sie war pleite und konnte die Männer nicht mehr bezahlen, selbst wenn sie selbst nur noch von Kartoffeln leben würde, wie ganz zu Beginn. Dian besaß noch ganze 420 Franc Bargeld, die sie für das Futter von Cindy und Kima zurückgelegt hatte.

Bob bot ihr Geld an, doch Dian lehnte ab. Es würde ohnehin nicht lange reichen, meinte sie, und dieses ständige Hin und Her wäre für ihre Leute bestimmt genauso schlimm.

Als der Scheck ein paar Tage später schließlich doch noch eintraf, freute sich Dian zwar sehr und rief ihre Leute zurück, doch man konnte sehen, dass das beunruhigende Erlebnis mit dem verspäteten Scheck definitiv Spuren hinterlassen hatte.

Fortan sah Dian die Zukunft ihres Camps in ständiger Gefahr. Die permanente Ungewissheit, ob die Finanzierung von Karisoke gesichert war, setzte ihr zu. Jedes Jahr musste sie erneut um die Verlängerung ihrer Fördergelder bangen, konnte sich auf nichts verlassen, konnte keine weitreichenden Pläne machen.

»Weißt du, was mich am meisten an diesen Leuten ärgert?«, fragte Dian eines Abends im Spätsommer ungehalten, als sie wieder einmal über ihren Zahlen und Rechnungen saß und die Ausgaben der vergangenen Wochen kontrollierte.

»Nein, was denn?«, antwortete Bob.

»Mit dem *National Geographic* ist es wie mit zwei Händen eines Körpers. Die linke Hand, und damit meine ich die Herausgeber des Magazins und die Vortragsabteilung, die erteilen mir fleißig neue Aufträge. Ich soll eine Reportage schreiben, Vorträge halten und am besten gleich noch ein Buch hinterherschicken. Aber die rechte Hand, nämlich die Forschungsabteilung, die die Fördergelder bewilligt oder sie wieder entzieht, je nach Lust und Laune, die kümmert es gar nicht, ob ich mich auf diese Zusagen verlasse oder ob dadurch das ganze Projekt gefährdet ist.«

Bob nickte. Er konnte die Zornesfalten auf Dians Stirn deutlich sehen.

»Aber was mich wirklich ärgert, ist, dass diese Leute in ihren bequemen Büros in Washington sitzen, und keiner hat auch nur die geringste Ahnung davon, welche Not wir hier in Karisoke wegen ihrer Unentschlossenheit erdulden müssen. Wenn sich wenigstens einmal einer von diesen Herrschaften hierher bemühen würde! Nur ein Einziger, das würde ja genügen, aber so wahr ich hier stehe, kein Verantwortlicher hat sich in all den Jahren mal bei mir in Karisoke blicken lassen.«

»Ich fürchte, das wird auch so bald keiner tun«, antwortete Bob. »Obwohl du natürlich völlig recht hast.«

»Und zu allem Überfluss liegt mir jetzt auch Cambridge wieder wegen Goodall in den Ohren. Heute kam schon wieder ein Brief von Professor Hinde.«

»Weshalb denn das?«

»Hinde will, dass Goodall zurückkehren darf, um die Feldforschung für seine Doktorarbeit abzuschließen. Aber das kann er sich abschminken, das habe ich ihm schon mehrfach geschrieben. Dieser Typ kommt mir nicht wieder ins Lager. Hinde hat sogar angedeutet, es sei wohl meine eigene aggressive Einstellung den Einheimischen gegenüber gewesen, die Goodall glauben machte, er müsse auf Wilderer schießen. Es tue ihm sehr leid, und er wolle versuchen, es gutzumachen.«

»Und was hältst du davon?«

»Warte ab, ich bin noch nicht fertig. Der Gipfel der Frechheit war dann allerdings, als Hinde schrieb, er habe nicht bedacht, dass ich wohl auf Goodall und seine bessere wissenschaftliche Ausbildung eifersüchtig sei. Dies sei auch der Grund, weshalb der mir seine Arbeitsberichte nicht habe zeigen wollen. Offensichtlich hat er doch welche verfasst, kannst du das glauben, Bob? Ich hätte keine ausreichende wissenschaftliche Qualifikation, und deshalb könne man sie mir nicht zeigen, hat der Kerl behauptet.« Dian stemmte empört die Hände in die Hüften. »Pfff, was für eine Frechheit. Hinde schreibt, dass mein Ansehen in akademischen Kreisen gefährdet sei, wenn bekannt würde, dass ich einem auf meinem Gebiet arbeitenden Kollegen die Unterstützung verweigere.«

Ihre Stimme war bei den letzten Sätzen immer lauter geworden. So laut, dass Cindy in ihrem Körbchen den Kopf hob und ihr Frauchen mit ängstlich angelegten Ohren ansah.

»Als ob mich mein Ansehen in akademischen Kreisen auch nur einen Dreck interessieren würde.«

»Reg dich nicht auf, Dian. Hinde ist in der Zwickmühle. Ihr seid beide seine Doktoranden, aber du sitzt hier in Karisoke am längeren Hebel. Und das weiß er.«

»Ich schreibe ihm nachher, dass dieser Kerl auf keinen Fall wieder herkommen darf. Er ist hier nicht mehr willkommen. Mein Lager wird schließlich vom *National Geographic* finanziert und nicht von der Uni Cambridge. Und ich werde ihm Goodalls Versäumnisse noch einmal aufzählen. Eines nach dem anderen. Bis Hinde es kapiert.« Empört schnappte Dian nach Luft. »Es ist wirklich eine solche Unverschämtheit. Ich und nicht qualifiziert genug? Ich bin überhaupt die Einzige, die qualifiziert genug ist, diese Arbeitsberichte zu begutachten, und genau deshalb hat er sie mir auch nicht gezeigt! Wenn ich den noch einmal in die Finger bekomme!«

Wenige Tage später erfuhr Dian, dass ihr ehemaliger Assistent demnächst in Karisoke eintreffen würde, um selbst mit ihr über die ganze Angelegenheit zu sprechen.

Dian bestand darauf, dass Bob bei dem Treffen dabei war.

Das dreistündige Gespräch verlief sehr unschön. Hitzige

Worte wurden gewechselt, doch letztlich setzte Dian sich mit ihrer Meinung durch.

Wenn Goodall darauf bestand, in die Virungas zurückzukehren, dann müsse er sich ein eigenes Lager an einer anderen Stelle aufbauen. Mit ihren Gorillagruppen dürfe er nie wieder arbeiten.

Alan Goodall reiste ab, diesmal endgültig.

Kapitel 24

»Hallo, ist jemand zu Hause?«

Dian saß in ihrer Hütte und war in kartografische Arbeiten vertieft, als sie den Tumult vor ihrer Tür bemerkte.

Draußen hielt Vatiri einen weißen Mann am Arm fest, der sich energisch aus dem Griff des Spurensuchers zu befreien versuchte.

Was sich Dian darbot, wäre ein beinahe lustiger Anblick gewesen, hätte sie nicht sofort erkannt, dass ihr junger Helfer über den dreisten Eindringling ins Camp beunruhigt war.

Der Mann trug einen Anzug aus dunklem Wollstoff, dazu ein weißes Hemd und eine gelockerte Krawatte. Mit seiner ledernen Aktentasche wirkte er wie ein Pendler, der an der falschen U-Bahn-Station ausgestiegen und stattdessen in ihrer Forschungsstation im Regenwald gelandet war.

»Ist okay, Vatiri. Okay.«

Sie machte eine beruhigende Geste in Richtung ihres Mitarbeiters.

»Kann ich Ihnen helfen?«

Dians Stimme klang kühl, wie immer, wenn ungebetene Besucher im Camp auftauchten.

»Das hoffe ich doch. Miss Fossey, nehme ich an?«, lautete die forsche Replik des Mannes.

Ein Nicken und eine hochgezogene Augenbraue waren die Antwort.

Der Besucher gab sich als freiberuflicher Reporter eines großen Londoner Skandalblattes zu erkennen.

»Ich will Sie für unser Magazin interviewen, Miss Fossey. Unsere Leser brennen darauf, mehr über Sie zu erfahren, und einige wollen gewiss auch Geld für Ihr Projekt spenden«, begann der Reporter in schmeichlerischem Tonfall.

Dian fuhr sofort dazwischen: »Tut mir leid, aber dazu habe ich keine Zeit. Vatiri hier bringt Ihnen aber sicher gerne eine Tasse Tee als Stärkung vor dem Abstieg.«

Sie sah Vatiri eindringlich an, der davonrannte, als er das englische Wort »Tee« vernahm, und wenige Augenblicke später mit einem gefüllten Emaillebecher zurückkehrte.

»Bis Sie ausgetrunken haben, suche ich Ihnen gerne Kopien einiger Zeitungsartikel heraus, die ich über die Gorillas verfasst habe. Und dann entschuldigen Sie mich bitte, ich habe zu tun.«

Mit diesen Worten ließ Dian den verdatterten Journalisten stehen und verschwand in ihrer Hütte. Allerdings kehrte sie kurz darauf zurück und drückte ihm ein paar Blätter Papier in die Hand, bevor sie erneut in die Hütte zurückging und die Tür hinter sich schloss.

»Uff, den sind wir hoffentlich los, nicht wahr, Cindy?«

Cindy wedelte freundlich mit dem Schwanz und kam zu ihr, um sich eine Streicheleinheit abzuholen.

Dian hatte aus einigen zum Teil unschön verlaufenen Begegnungen mit Reportern und Touristen gelernt und neuerdings ihre Taktik geändert.

Anstatt sich zu verstecken – einmal war sie drei Tage in ihrer Hütte geblieben, bis die Leute schließlich abzogen –, gab sie sich Besuchern gegenüber nun zumindest höflich, blieb aber weiter kühl und distanziert.

Mehrere Leute hatten sich über ihr brüskes, fast feindseliges Verhalten beschwert, woraufhin Louis Leakey, aber vor allem Alyette und Rosamond Dian mehr Diplomatie und Fingerspitzengefühl empfahlen, zumindest gegenüber offiziellen Besuchern, etwa ausländischen Botschaftern oder Gästen des amerikanischen Konsulats.

»Gute Presse schadet eigentlich ja nicht, insbesondere, wenn es um Spendengelder geht. Die Abhängigkeit von nur einem Geldgeber ist nicht gut, denn so etwas wie die Sache mit dem Scheck darf nie wieder passieren, nicht wahr, Cindy?« Sie tätschelte der Hündin den Rücken. »Doch für ein Interview mit einem Revolverblatt habe ich weder Zeit noch Lust. Zumindest hat der Kerl etwas Material für seinen Artikel bekommen, und Roz und Alyette wären bestimmt stolz auf mich, wenn sie mitbekommen hätten, wie freundlich ich zu ihm war. Ich habe ihm sogar Tee angeboten! Es ist ja nicht so, als ob er im Auftrag einer bedeutenden Zeitschrift oder eines Magazins von Weltrang käme.«

Cindy wedelte freudig mit dem Schwanz, als sie ihren Namen hörte und ihr Frauchen so freundlich zu ihr sprach.

Dian setzte sich wieder an den Schreibtisch und vertiefte sich erneut in ihre Landkarte.

Dian hatte den merkwürdigen Besucher aus England schon längst wieder vergessen, als sie etwa sechs Wochen später ein Exemplar seines Blattes erhielt. Nemeye brachte die Zeitung mit der Post ins Lager und hielt sie Dian aufgeregt entgegen.

Auf der Titelseite prangte ihr Bild in Großaufnahme, und es folgte ein unglaublicher Artikel über ihre Gorillaforschung und die Gefahren für Leib und Leben, denen der Verfasser sich bei seinen Recherchen in den Virunga-Bergen angeblich ausgesetzt hatte.

Der Reporter beschrieb seinen mutigen Alleingang im Dschungel und seine Begegnungen mit Tigern, Löwen und Hyänen, einer Ansammlung von Tierarten, die es so vielleicht in einem europäischen Zoo, niemals aber in der afrikanischen Wildnis geben konnte, wie Dian beim Lesen grimmig feststellte.

Laut seinem Artikel hatte er ihre Unterkunft bei seiner Ankunft von Gorillas umlagert vorgefunden, die er schließlich heldenmütig von der Hütte weggelockt habe.

Dian wusste nicht, ob sie über die Lügengeschichte des Mannes lachen oder wütend sein sollte.

Der Text war frei erfunden, nichts davon war passiert, doch die Leser des Blattes – sie wusste aus ihrer Zeit in England, dass diese in die Zehntausende gingen – bekamen mal wieder ein völlig falsches Bild präsentiert.

»Als ob Berggorillas jemals so nahe ans Camp herankommen und uns belagern würden! Einfach lächerlich. Die größte Frechheit ist aber, dass er meinen Spitznamen auch noch falsch übersetzt hat«, klagte Dian, als sie Bob später beim Abendessen den Artikel vorlas.

»Lies selbst.« Sie streckte ihm empört die Zeitschrift hin. »… und die Eingeborenen nennen sie *Nyiramachabelli* – die alte Frau, die ohne Mann im Wald lebt«, las er laut vor.

Dian schnappte wütend nach Luft.

»Das ist doch eine Unverschämtheit von diesem Kerl. Ich bin nicht alt! Außerdem heißt es die Frau, die allein lebt, nicht, die ohne Mann lebt!«

»Ach, Dian, lass den Reporter doch schreiben, was er will.

Wen interessiert das? Reg dich nicht immer so auf, das tut dir nicht gut. Du kannst nicht jeden Bericht über dich und die Gorillas kontrollieren.«

»Wen das interessiert, fragst du?« Dian machte eine Pause, und Bob konnte sehen, dass sie kurz vor dem Explodieren stand. »Mich interessiert es, und dich sollte es auch interessieren.«

Sie schnappte empört nach Luft, und Bob streichelte ihr beruhigend über den Rücken und sah sie besorgt an.

In letzter Zeit wirkte Dian ständig angespannt, ihre Laune war sprunghafter denn je, und die düstere Stimmung der Nebelwälder spiegelte sich in ihrem Verhalten wider. Manchmal wechselte sie binnen Minuten von fröhlich zu stocksauer und wieder zurück zu liebevoll, nur um dann wenig später wieder wegen irgendeiner Kleinigkeit förmlich zu explodieren.

Sie hatte auch wieder mit dem Rauchen angefangen, rauchte sogar mehr als je zuvor. Bob hatte den Verdacht, dass sie zudem zu Schmerzmitteln und Whiskey griff, um ihre körperlichen Beschwerden erträglicher zu machen.

In jüngster Zeit klagte sie immer häufiger über die altbekannten Atembeschwerden und neuerdings auch über starke Rückenschmerzen.

Ganz allgemein hatte sich Dians Gesundheitszustand im Laufe der Monate verschlechtert, doch das war nicht ungewöhnlich bei ihr. Ihre körperliche Verfassung blieb kritisch, was Dian meist ignorierte. Manchmal machte sie sogar selbst Witze darüber, sodass man den Eindruck gewinnen konnte, in einer solchen Katastrophensituation wollte sie einfach nur überleben.

»Die Leute sollen uns hier oben in Ruhe lassen«, klagte

Dian nun. »Immer öfter kommen jetzt sogar Touristen und wollen die Gorillas sehen. Als wären wir ein Zoo. Oder noch eher ein Zirkus.«

Sie verzog gequält das Gesicht.

»Und je mehr Leute hier herumlaufen, desto anstrengender ist es für die Tiere. Ich muss dich doch nicht an dieses unsägliche französische Filmteam erinnern, das der Gruppe 5 tagelang so sehr auf die Pelle gerückt ist, dass Effie eine Fehlgeburt hatte?«

Bob nickte, der Vorfall mit den französischen Kollegen neulich war sehr bedauerlich gewesen. Seither war Dian wieder viel restriktiver geworden, was ihren Umgang mit Presse- und Filmleuten betraf. Die kurze Phase der Freundlichkeit war beendet.

»Du hast ja recht, Dian. Mir wäre auch am liebsten, wenn sich nur wir beide, deine Studenten und ein paar von dir selbst ausgebildete Ranger im Gebiet des Parks aufhalten dürften. Leider haben die Parkverwaltung und die Beamten vom zuständigen Ministerium auch noch ein Wörtchen mitzureden. Da bist du machtlos.« Bob zuckte hilflos mit den Schultern.

»Erinnere mich bloß nicht daran! Jetzt will diese Beamtenpest in Kigali mit ihren Scheißplakaten sogar noch mehr Touristen hierherlocken«, fluchte Dian, denn sie war strikt gegen die neue Kampagne, bei der auf farbigen Werbeplakaten mit Digits Konterfei in der ganzen Welt für einen Besuch in Ruanda geworben wurde.

»Entschuldige bitte, Bob, dein Foto, wie Digit auf dem Holzstück kaut, ist natürlich großartig, doch ich fürchte wirklich, dass dadurch viel zu viele ungebetene Besucher angelockt werden. Die Plakate hängen schon in ganz Ruanda, in Hotels,

Banken, der Parkverwaltung, auf dem Flugplatz in Kigali und weltweit in vielen Reisebüros. Selbst wenn die zusätzlichen Einkünfte für den Tourismus hier im Land sicher gut sind, für die Gorillas könnte es fatal werden.«

Im Sommer 1971 kamen schließlich doch noch zwei Zensushelfer aus Cambridge nach Karisoke – Alexander (Sandy) Harcourt und Graeme Groom.

Beide Studenten waren groß gewachsen, wirkten zupackend und zäh und stellten sich zu Dians Überraschung erfreulich geschickt an. Vom ersten Moment an arbeiteten sie selbstständig und konnten offensichtlich auf sich selbst aufpassen.

Am ersten Abend kochte Dian ein Begrüßungsessen für die Neuankömmlinge und lernte sie ein wenig kennen, dann waren die beiden jungen Männer bei der Tierzählung weitestgehend auf sich selbst gestellt.

Sie wurden jeder mit einem Rucksack, einer Schreibmaschine, einem Exemplar von George Schallers Buch und dem Zensusleitfaden ausgestattet und in die Vulkanberge geschickt.

In den folgenden Wochen war Dian von der Effizienz, Ernsthaftigkeit und dem Engagement der jungen Männer positiv überrascht. Zum ersten Mal, seit sie wissenschaftliche Unterstützung im Camp hatte, konnte sie diese auch wirklich annehmen.

Sandy und Graeme fanden mehrere noch nicht dokumentierte Gorillas, zeichneten wunderschöne Nasenabdrücke der Tiere und zerstörten bei ihrer Arbeit diverse Unterstände von Wilderern und so viele verschiedene Arten von Wildfallen, dass Dian völlig begeistert war.

Dank der Entlastung bei ihrem täglichen Pensum konnte

Dian in diesem Sommer endlich auch den Artikel für die zweite Fotoreportage fertigstellen. Zuvor hatte sie monatelang über leeren Blättern gegrübelt und mit einer veritablen Schreibblockade gekämpft. Sie wollte die ganze Sache schon abblasen, doch rechtzeitig zum geplanten Erscheinungstermin im Oktober wurde ihr Text schließlich doch fertig.

Anschließend widmete Dian sich endlich ihrem Buch über Verhaltensforschung, das bereits seit Längerem mit dem Verlag der *National Geographic* in Planung war.

Mitte Oktober kehrten die zwei Studenten nach Cambridge zurück, und Dian brachte sie höchstpersönlich zum Flughafen nach Kigali.

Vorher lud sie die beiden zum Abschied in das neu eröffnete *Hôtel de Mille Collines* zu einem opulenten Frühstück ein. Bei French Toast, frischem Obst und in entspannter Stimmung lobte Dian die ausgezeichnete Arbeit der jungen Männer und schloss mit den Worten: »Ihr habt das richtig gut gemacht, meine beiden goldblonden Jungs. Ich bin wirklich traurig, dass ihr abreisen müsst.«

Sandy Harcourt und Graeme Greene schauten sich peinlich berührt an. Goldblonde Jungs. So kannten sie Dian Fossey gar nicht. Bisher war die Chefin mit ihnen eher nach dem strengen Prinzip verfahren, nicht geschimpft ist gelobt genug, und jetzt würdigte sie ihre Arbeit in den höchsten Tönen.

Bereits auf der Fahrt nach Kigali war Dian ungewöhnlich aufgeschlossen und gesprächig gewesen. Sie hatte die beiden nach ihren Eindrücken von Ruanda befragt, wollte etwas über ihre weiteren Studienpläne wissen und hatte sich sogar die eine oder andere Begegnung mit den Gorillas noch einmal schildern lassen.

»Im nächsten Sommer müsst ihr unbedingt zurückkehren«, sagte sie schließlich beim Abschied am Flughafen.

Sie deutete auf die vielen Werbeplakate mit Digits Konterfei, die überall im Flughafengebäude die Wände schmückten.

»Ich brauche eure Hilfe dringend, denn meinen Gorillas rennt die Zeit davon, und mir und euch auch. Ihr müsst unbedingt zurückkommen, bitte versprecht es mir.«

Erst nachdem die jungen Männer ihr dies per Handschlag versprochen hatten, ließ Dian sie zur Passkontrolle weitergehen.

»Ich mag die Jungs alle beide, doch Sandy hat mich mit seiner Ehrlichkeit, seiner Ausdauer und seiner ganz besonderen Hingabe an die Arbeit am meisten überzeugt«, flüsterte Dian in sich hinein und winkte ihren Studenten hinterher, bis sie nicht mehr zu sehen waren.

Erst dann wandte sie sich ab und ging zurück zum Parkplatz vor dem Gebäude, wo sie ihren Land Rover mit sämtlichen Vorräten abgestellt hatte, die sie zuvor mit Sandy und Graeme in Kigali besorgt hatte.

Dian lächelte, während sie Lily in den wuseligen Verkehr beim Flughafen einfädelte. Mit Rücksicht auf Graeme hatte sie bei der Verabschiedung nichts gesagt, aber sie hoffte wirklich sehr, dass Sandy als Doktorand zurückkehren würde und sie in Karisoke dauerhaft unterstützte.

»Am besten schreibe ich ihm demnächst einen Brief und unterbreite ihm den Vorschlag«, sagte Dian laut zu sich selbst, während die klapprige Lily den ersten von vielen Kilometern gen Westen zurücklegte.

Auf der mehrstündigen Rückfahrt hatte Dian nach längerer Zeit zum ersten Mal wieder die Gelegenheit, ausgiebig über ihre Situation nachzudenken, über sich, über Bob und über ihre Gorillas.

Das soziale Gefüge in drei ihrer Forschungsgruppen hatte sich in den vergangenen Monaten geändert. Zwischen den Gruppen 4, 5 und 8 hatte es Gruppenkämpfe und Neuordnungen gegeben. Einige halb erwachsene Weibchen hatten ihre Geburtsgruppe verlassen, es gab drei Geburten und auch drei Todesfälle, und Dian konnte aus nächster Nähe mehrere Rangkämpfe beobachten, die das soziale Gefüge der Gruppen schließlich wiederherstellten.

Weil Dian auf dem Flughafen auch die Flut von Digit-Plakaten gesehen hatte, wanderten ihre Gedanken nun zu dem siebenjährigen Schwarzrücken, der ihr ganz besonderer Liebling geworden war.

Digit war jetzt ein halb erwachsenes Männchen und die neue Nummer zwei in seiner Gruppe. Mit dem Job als Wachposten und Ausguck für Onkel Bert trug er nun auch mehr Verantwortung.

In Dians Augen war Digit ein äußerst sanftes Tier, liebenswert und neugierig. Von Anfang an, seit sie ihm Jahre zuvor als wolligem Fellknäuel mit neugierigen Knopfaugen erstmals begegnet war, hatte sie einen Narren an ihm gefressen. Und dank der vielen Begegnungen war seither eine ganz besondere Bindung zwischen ihnen gewachsen.

Dian lächelte versonnen, weil ihr eines dieser wundervollen Ereignisse einfiel.

Ganz allein war sie damals stundenlang im Bergwald unterwegs gewesen. Ein Wolkenbruch war unerwartet niedergegangen, sie war müde und bis auf die Haut durchnässt. Erschöpft wollte sie sich gerade auf den Rückweg machen, als plötzlich Digit vor ihr aus dem Busch auftauchte.

Auch er war allein, Dian konnte kein anderes Tier seiner Gruppe sehen oder hören.

Um sie herum herrschte Ruhe. Kein Blätterrascheln, keine Fressgeräusche. Nicht einmal Vogelzwitschern nahm Dian wahr.

Digit stand im typischen Knöchelgang der Gorillas mitten auf dem schmalen Trampelpfad, versperrte ihr den Weg und sah sie lange an. Dian kam es vor, als ob seine sanften braunen Augen ihr Elend, ihre Angst und ihre Einsamkeit deutlich wahrnehmen könnten.

Langsam ließ sie sich auf den Boden sinken und wartete ab.

Der junge Gorillamann hielt einen dicken Stängel wilden Sellerie in der Hand, eine Delikatesse, die er und die anderen sehr gerne fraßen.

Er betrachtete Dian eindringlich, dann legte er ihr scheu die Pflanze vor die Füße wie ein Geschenk. Bevor Dian reagieren konnte, war Digit auch schon wieder im grünen Dickicht verschwunden.

Dian wurde allein von der Erinnerung an jenen Tag ganz warm ums Herz. Diese Begegnung war nicht die einzige geblieben, bei der Digit ihr das Gefühl gab, als ob er sich ihr besonders zuwandte. Und dass er sie heimlich im Blick behielt, insbesondere, wenn er sich unbeobachtet fühlte.

Selbst Bob hatte vor ein paar Tagen gesagt, er habe den Eindruck, als ob Digit sich von ihrer Anwesenheit überhaupt nicht mehr gestört fühle.

»Wie sonst könnte ich solch fantastische Aufnahmen machen, auf denen Digit entspannt durchs Gras kugelt wie ein Gorillakind, den Bauch und die Beine in die Luft gestreckt, und ganz offensichtlich das Leben genießt?«

»Keine Ahnung, aber er scheint sich auf den Kontakt mit

uns wirklich zu freuen. Ich denke, genau wie für Peanuts sind wir für ihn eine willkommene Quelle der Unterhaltung geworden. Aber ist dir auch aufgefallen, Bob, dass Digit inzwischen eindeutig zwischen weiblichen und männlichen menschlichen Beobachtern unterscheiden kann? Männern gegenüber haut er spielerisch in die Luft, vollführt kleine Scheinattacken, während er sich bei mir fast schüchtern gibt.«

»Ja, Sandy hat auch erzählt, dass Digit ihm gegenüber ziemliches Imponiergehabe an den Tag gelegt hat. Er glaubt, Digit will dich beschützen, Dian.«

»Kann schon sein. Wenn wir beide allein sind, verhält er sich anders. Erst gestern hat er sich neben mir wie ein Jungtier einfach auf den Rücken gedreht und wollte ein Spiel beginnen. Der Schlingel hat mich herausfordernd angesehen, als ob er sagen wollte: Wie kannst du mir nur widerstehen?« Ein Grinsen huschte Dian übers Gesicht, als sie beim Autofahren an ihre Worte dachte. Sie seufzte tief und schaute in den Rückspiegel.

»Wie soll ich in solch wundervollen Momenten bloß meine wissenschaftliche Distanz wahren?«, fragte sie ihr Spiegelbild und setzte den Blinker, um auf die Straße zum Kivusee abzubiegen.

»Du hättest ihn sehen sollen, Roz. Es war so großartig.«

Dian lächelte breit, während sie Rosamond beim Tee von Digits jüngsten Streichen berichtete und dabei Roz' Graupapagei ein paar Nüsse zum Knacken reichte.

Auf der Rückfahrt vom Flughafen hatte sie spontan beschlossen, ihrer Freundin einen Überraschungsbesuch abzustatten, denn sie hatten sich den ganzen Sommer über nicht gesehen.

Das Päckchen mit den Dr.-Scholl-Fußeinlagen, die Dian im

Frühjahr wie üblich von ihrer Reise mitgebracht hatte, hatte sie mit der lokalen Post geschickt und Rosamond zugleich auf einen späteren Zeitpunkt vertröstet.

Mittlerweile waren Monate vergangen, und Rosamond hatte sich sehr gefreut, als Dian unerwartet mit dem Jeep vor dem Haus vorfuhr.

Nun lächelte Rosamond ebenfalls. Dians letzte Briefe waren oberflächlich und beinahe nichtssagend gewesen. Ihre Freundin nun so wohlgemut und glücklich zu erleben, war schön.

»Digit ist völlig ungezwungen, wenn er in meiner Nähe ist«, fuhr Dian fort. »Die Ruhe, mit der er zwischen Bob und mir hin und her spaziert, zeigt sein Vertrauen in uns beide. Und sogar wenn ich jemand Neuen dabei habe, wie beispielsweise Sandy und Graeme, bleibt er zugänglich und findet das alles ganz offensichtlich sehr spannend. Unsere Begegnungen sind wunderschön und aufregend, und manchmal habe ich das Gefühl, als ob ich mich selbst kneifen müsste, damit ich es für wahr halten kann.«

»Das glaube ich dir gerne, Dian. Was du schilderst, klingt wirklich fantastisch.«

»Manchmal vergesse ich sogar, mir Notizen zu machen, so glücklich bin ich, dass Digit und seine Familie meine Nähe dulden, ja sie sogar suchen. Dass sie sich anfassen lassen und mich von sich aus anfassen. Mir fehlen die Worte, um dieses Gefühl zu beschreiben.«

Dian schossen Tränen der Rührung in die Augen, während sie davon berichtete. Schon allein die Erinnerung an die jüngsten Kontakte ließ sie wieder ganz emotional werden.

»Hier, nimm.«

Rosamond reichte ihr ein sauberes Taschentuch. Es war ungewohnt, Dian so gefühlvoll und verletzlich zu sehen.

»Weißt du, Liebes, du wirkst heute irgendwie anders, wenn du von den Gorillas sprichst, aber ich kann nicht benennen, was es ist.« Rosamond streichelte Dian über die Wange. »Weicher, fast mütterlich und nicht so tough wie sonst, aber dieser neue Zug an dir gefällt mir.«

»Vielleicht liegt es an Bob«, antwortete Dian und lächelte. »Die letzten Monate mit ihm waren ziemlich harmonisch. Seine gelassene Art tut mir gut. Alyette meint sogar, Bob habe eine beruhigende Wirkung auf meine sprunghafte Persönlichkeit.« Sie lachte.

Dann wechselte sie geschickt das Thema, um die Freundin von allzu persönlichen Nachfragen abzulenken. »Weißt du eigentlich, welche Eigenschaft meiner Meinung nach am bezeichnendsten für Gorillas ist?«, fragte sie. »Also, was sie von den anderen Menschenaffen unterscheidet?«

Rosamond schüttelte den Kopf.

»Ihre innigen Verwandtschaftsbeziehungen. Ich habe dir doch mal erzählt, dass ich zugesehen habe, wie Onkel Bert die kleine Simba gekitzelt und mit ihr gespielt hat. Er war da noch ein junger Silberrücken und kümmerte sich fast ein ganzes Jahr lang liebevoll um das verwaiste Jungtier, beschützte es und ließ es in den kalten Nächten bei sich im Nest schlafen. Meine Kollegen in Cambridge wollten das nicht glauben, aber ich habe es mit eigenen Augen gesehen.« Sie sah ihre Freundin an.

»Glaub mir, Rosamond, Gorillas sind uns so ähnlich, viel ähnlicher, als es den meisten Menschen bewusst ist. Bewusst sein kann. Familiengruppen haben eine enge Bindung und gehen sehr liebevoll und zärtlich miteinander um. Nicht nur Eltern und Kinder, sondern auch nicht blutsverwandte Mitglieder einer Gruppe wie Onkel Bert und Simba.« Sie machte eine kurze Pause, als ob sie überlegte, ob sie weiterreden sollte.

»Als Kind habe ich solch eine familiäre Nähe schmerzlich vermisst«, sagte sie schließlich, und ein Schatten huschte über ihre Gesichtszüge.

Rosamond wusste, dass Dian ein Einzelkind war, aber sie hatte bislang kaum von ihrer Kindheit oder ihrer Familie gesprochen.

»Weißt du, Roz, ich fühlte mich damals oft unendlich allein, ohne Geschwister und ständig zu unserer Haushälterin in die Küche verbannt.«

»Wieso das denn?«

»Bis ich zehn Jahre alt war, durfte ich nicht mit meinen Eltern im Esszimmer essen. Ich könne mich nicht benehmen und würde ihnen den Appetit verderben, hieß es. Ich musste in der Küche essen, denn da konnte ich das feine Tischtuch nicht schmutzig machen oder, Gott bewahre, mit meiner ungeschickten Art das kostbare Porzellan vom Tisch stoßen. Aber das ist lange her.«

Dian zuckte mit den Achseln, aber Rosamond konnte sehen, wie tief die Verletzung aus der Kindheit immer noch saß.

»Für meine Eltern wurde ich erst interessant, als ich ein bestimmtes Alter erreicht hatte, in dem man sich mit mir unterhalten konnte und ich ein wenig Manieren gelernt hatte. Aber glaub mir, wenn ich ein Kind hätte, würde ich es ganz gewiss anders großziehen.«

»Du, ein Kind?« Rosamond machte große Augen. Es war das erste Mal überhaupt, dass Dian von einem eigenen Kind sprach. Zumindest hypothetisch.

»Würdest du dir denn ein Kind wünschen?«

»Was sollte ich denn in Karisoke mit einem Kind anfangen?«, antwortete Dian rasch.

Vielleicht zu rasch. Rosamond sah Dian fragend an.

»Ich denke, meine doch recht einsame Kindheit hatte zumindest ein Gutes«, lenkte Dian hastig ab. »Ich habe gelernt, allein für mich zu bleiben und mir selbst zu genügen. Manchmal denke ich mir, wäre ich in einem heiteren Familienkreis aufgewachsen oder hätte einen Kranz von Freundinnen um mich gehabt, dann könnte ich die Einsamkeit, das seelische Alleinsein und die Entbehrungen in Karisoke wohl kaum ertragen.«

»Hast du dir denn Geschwister gewünscht?«

»Doch, manchmal habe ich mich schon gefragt, wie es wäre, wenn ich Geschwister hätte, vielleicht ein paar liebevolle Schwestern wie die March-Mädchen in Alcotts Roman, doch dann habe ich mir gedacht, dass ich allein wohl besser dran bin. Meine Schulkameradinnen haben das Buch damals verschlungen, aber ich konnte mich mit keiner der vier Schwestern wirklich identifizieren.«

»Nicht mal mit der klugen, unkonventionellen Schriftstellerin – wie hieß sie noch gleich, Josefine, richtig?«

»Nicht mal mit Jo.« Dian schüttelte den Kopf. »Ich bin wohl das einzige amerikanische Mädchen, das *Little Women* doof fand.«

»Glaube ich zwar nicht, doch selbst wenn, wen interessiert es?«

»Genau, wen schon? Die Gorillas ganz sicher nicht.«

Die Freundinnen lachten.

»Das Beste habe ich dir noch gar nicht erzählt, Roz. Weißt du, was mein Digit vor ein paar Tagen gemacht hat?«

Rosamond schüttelte immer noch lachend den Kopf.

»Woher denn?«

»Ich habe dir doch schon mehrfach erzählt, dass Gorillas durchaus Charaktereigenschaften und Verhaltensweisen zeigen, die man bislang nur uns Menschen zugesprochen hat.«

Rosamond nickte. »Zum Beispiel?«

»Na ja, zum Beispiel, dass sie eitel sind.«

»Eitel? Wie kann ein Tier eitel sein? Es weiß doch nicht, wie es aussieht.«

»O doch. Ich habe schon lange auf eine Gelegenheit gewartet, einem der Gorillas einen kleinen Spiegel in die Hand zu geben. Um zu sehen, was er oder sie dann macht. Ob sie begreifen, dass sie sich selbst sehen, oder ob sie denken, da im Spiegel ist ein anderer Gorilla. Vor ein paar Tagen hat es dann endlich geklappt. Ausgerechnet mit Digit. Er ist ja so schlau.«

Dian strahlte über das ganze Gesicht. In diesem Augenblick wirkte sie wie eine stolze Mutter, die über die jüngsten Erfolge ihres Kindes berichtete.

»Digit hat sich den Spiegel geschnappt, den ich ihm hingehalten habe, und als er sich darin sah, hat er sich wie ein Teenager gegeben, der sich zum Abschlussball fertig macht. Er hat den Kopf von einer Seite zur anderen gedreht, hat die Lippen geschürzt, und als er mit dem, was er sah, zufrieden war, hat er sich hingelegt, immer noch den Spiegel in der Hand, und hat daran geschnuppert und mit einem irgendwie fragenden, aber ganz sanften Ausdruck sein Spiegelbild betrachtet. Fünfzehn Minuten lang. Das ist verdammt lange für ein Tier, das kannst du mir glauben, und ohne irgendwelche Anzeichen von Aggression. Digit hat in der ganzen Zeit bloß zweimal hinter den Spiegel gegriffen, als ob er überprüfen wollte, dass dort wirklich kein anderer Gorilla sitzt.« Dian lachte. »Einmal ist ihm der Spiegel verrutscht, dann hat er sich ein bisschen anders hingelegt, um seine Reflexion wieder einzufangen. Das Ganze sah so komisch aus, wie er seinen Körper verdreht hat, ein Bein in der Luft, um die Balance zu halten. Siehst du, so etwa.«

Kichernd versuchte sie, Digits Körperhaltung nachzuahmen.

»Na, das sieht aber nicht sehr bequem aus.«

»Keine Ahnung, jedenfalls hat es ihn nicht gestört. Auch der kleine Puck hat mal ganz eindringlich die Bilder von sich und den anderen im *National Geographic* betrachtet. Ich hatte ein Exemplar der Zeitschrift mitgenommen, weil ich auf eine Reaktion gehofft habe, und glaub mir, Roz, ich hätte schwören können, Puck wusste ganz genau, dass er Gorillafotos sah, und schien sich zu fragen, wie sie dort hineingekommen sind.«

Rosamonds Standuhr begann zu schlagen, und Dian sah erschrocken auf ihre Armbanduhr.

»Oje, so spät schon. Wenn ich jetzt nicht aufbreche, schaffe ich es nicht mehr bei Tageslicht nach Karisoke. Ach, Roz, es ist so schön, hier mit dir zu plaudern, und ich würde so gerne noch länger bleiben, aber du weißt ja... die Arbeit ruft. Jetzt, wo die Studenten wieder weg sind, bleibt alles an mir hängen. Und zu allem Übel will Bob demnächst nach Nairobi, zu Heather.«

Die gehässige Art, wie Dian den Namen von Bobs Frau aussprach, sprach Bände. Sie war mit dem Arrangement ihres Liebeslebens offensichtlich nicht zufrieden, ganz gleich, was sie immer behauptete. Rosamond kannte ihre Freundin gut genug, um nicht weiter an das Thema zu rühren.

»Ich verstehe es ja. Die Gorillas sind deine Kinder, und sie brauchen dich.« Sie umarmte Dian herzlich. »Pass auf dich auf, und arbeite nicht so viel. Und hör endlich auf zu rauchen.«

»Fang du nicht auch noch damit an. Bob liegt mir schon dauernd in den Ohren. Ich weiß ja, dass das viele Rauchen nicht gut für meine Lunge ist, aber ständig bevormundet zu werden, kann ich nicht ausstehen.«

Rosamond schwieg und sah Dian hinterher, wie sie mit zwei Sätzen die Stufen der Veranda heruntersprang und in ihren Jeep einstieg.

Ein letzter Gruß mit der Hand, dann lenkte Dian den Wagen mit hohem Tempo aus der Einfahrt der Plantage, und er verschwand in einer Staubwolke.

Kapitel 25

Happy Birthday, Bob. Na, du alter Mann, wie fühlt man sich, wenn man auf die fünfzig zugeht?«

Dian lächelte ihren Geliebten an. Sie hatte sich für sein Geburtstagsessen besonders hübsch gemacht. Die Haare frisch gefärbt, um das immer deutlicher durchscheinende Grau abzudecken, sich geschminkt, die Nägel lackiert und ein besonders leckeres Essen gekocht.

»Nicht anders als gestern«, antwortete er lakonisch. »Warte nur, bis du selbst vierzig bist. Dauert ja nicht mehr lange. Ende Januar, richtig?«

Es war der 29. Oktober 1971, Bobs 41. Geburtstag. In knapp drei Wochen wollte er seinen nächsten Heimaturlaub antreten.

In diesem Jahr hatte Dian darauf bestanden, dass er den Geburtstag mit ihr in Karisoke verbrachte, da Heather schon die Weihnachtsfeiertage bekam.

Das sei kein Wettbewerb, hatte Bob daraufhin gemurrt, seine Reisepläne aber letztlich doch angepasst.

»Hier, das habe ich für dich besorgt. Entschuldige die schlichte Verpackung.« Dian reichte ihm ein in braunes Packpapier eingewickeltes kleines Päckchen und sah ihn erwartungsvoll an. »Ich hoffe, es ist das Richtige.«

Bob wickelte das neue Kameraobjektiv aus.

»Es ist perfekt! Vielen Dank«, sagte er voller Freude und gab ihr einen Kuss.

Dian hatte das teure Objektiv schon vor Monaten in den USA bestellt, gleich nachdem der Scheck des Magazins angekommen war. Damit es auf jeden Fall rechtzeitig ankam. Sich selbst hätte sie nie ein so kostspieliges Geschenk gemacht, doch mit dem neuen Objektiv würde Bob bestimmt noch bessere Aufnahmen von den Gorillas machen, und so hatten sie letztlich beide etwas davon, rechtfertigte sie sich.

»Gerne. Möchtest du ein Glas Wein?«

Sie hatte eine Flasche edlen Bordeaux, den ihr der französische Botschafter bei seinem Besuch mitgebracht hatte, extra für diesen Abend aufbewahrt und vorsorglich bereits entkorkt, damit der schwere Rotwein atmen konnte.

»Ähm, ich, eigentlich wollte ich keinen … ach, was soll's«, stammelte Bob und reichte ihr sein Glas.

»Ich habe mir heute wirklich Mühe gegeben. Tischdecke, Servietten und Gläser statt der üblichen Emaillebecher.«

Bob nickte anerkennend.

»Was gibt es denn?«

»Coq au Vin. Aber keine Angst, unsere Hühner mussten nicht dran glauben. Die laufen noch fröhlich herum. Vatiri hat gestern ein fettes Huhn im Dorf besorgt. Extra für dich.«

Sie strahlte Bob an, während sie ihm mit einem großen Löffel das würzig duftende Eintopfgericht auf den Teller schöpfte.

»Hmm, lecker«, lobte Bob, nachdem er probiert hatte. »Du bist wirklich eine gute Köchin.«

»Warum klingt das bei dir immer so ungläubig? Du kennst mich doch nun schon eine Weile.«

Tadelnd sah Dian ihn an und probierte selbst schnell einen Löffel der französischen Spezialität.

Es schmeckt wirklich ganz hervorragend, fand sie.

Nach dem Essen setzten sie sich mit einem Glas Whiskey an den Kamin.

»Wie läuft es eigentlich mit deiner Dissertation?«, fragte Bob interessiert.

»Ganz gut. Ich denke, ich werde deine Abwesenheit nutzen und daran weiterarbeiten. Außerdem sitzt mir der *National Geographic* immer noch im Nacken. Ich soll doch dieses Buch über meine Arbeit hier schreiben; kein rein wissenschaftliches Werk, sondern eher eine Mischung aus Dokumentation und Biografie. Ehrlich gesagt weiß ich aber nicht, ob ich das wirklich machen soll.«

»Warum denn nicht? Ein populärwissenschaftliches Buch würde deiner Forschung bestimmt viel Aufmerksamkeit verschaffen.«

»Und noch mehr Gorillatouristen anlocken. Nein, danke.« Dian schüttelte energisch den Kopf.

»Überleg doch mal, dass du damit die Leserinnen und Leser auch für die besondere Problematik der Berggorillas sensibilisieren könntest. Die Wilderei und die vielen Rodungen für die Landwirtschaft und die Viehherden, darüber könntest du doch schreiben. Vielleicht würdest du deine Leserschaft damit wachrütteln?«

Bob sah sie herausfordernd an.

»Du hast mir doch selbst erzählt, Dian, wie dir dieses eine Sachbuch damals die Augen geöffnet hat über die schlimmen Folgen des großflächigen Einsatzes von Pflanzengiften.«

Dian nickte und sah ihn nachdenklich an.

Bob hatte recht. *Der stumme Frühling* von Rachel Carson, einer amerikanischen Biologin und Umweltschützerin, war vor Jahren wie ein Paukenschlag für die Welt gewesen. Carson malte darin in einer für Laien verständlichen Sprache das erschreckende Bild eines farblosen und tonlosen Frühlings und warnte vor den weitreichenden Folgen von Insektiziden wie DDT für das ökologische Gleichgewicht.

»Stimmt, du hast recht. Auf den Gedanken bin ich noch gar nicht gekommen. Wenn es mir gelingt, den Leuten klarzumachen, dass es hier nicht bloß um ein paar Dutzend Berggorillas geht…«

Dians Blick trübte sich, und Bob wusste, jetzt war sie in Gedanken bei ihrem zukünftigen Buch.

»Ähm, Dian. Ich wollte noch etwas mit dir besprechen.«

Er räusperte sich mehrfach.

»Wie bitte?«

Sie starrte ihn verständnislos an.

»Ich muss etwas mit dir besprechen«, wiederholte Bob, und als Dian nichts erwiderte, fuhr er fort: »Richard Leakey hat mich gefragt, ob ich nächstes Frühjahr mit ihm nach Koobi Fora komme. Der *National Geographic* finanziert eine größere Expedition ans Ostufer des Rudolfsees, und er will, dass ich ihn als Fotograf nach Nordkenia begleite. Es wäre eine riesige Chance für mich.«

Richard war Louis Leakeys zweiter Sohn und ein alter Freund von Bob. Ein solches Angebot war äußerst verlockend, denn genau wie sein Vater suchte auch Richard als Paläoanthropologe in Afrika nach den Wurzeln der Menschheit.

»Und was hast du gesagt?«

Dians Stimme klang mit einem Mal eisig.

»Noch habe ich gar nichts gesagt. Ich wollte es mit dir besprechen. Heather findet auch, es ist ein fantastisches Angebot. Außerdem bin ich hier doch so gut wie fertig mit meiner Arbeit. Nach meiner Rückkehr im Januar könnte ich noch ein paar Wochen hier arbeiten und dann spätestens ab Mai zu Richard stoßen.«

»Soso, das hast du dir ja fein zurechtgelegt, nicht wahr? In Nordkenia, wie passend«, ätzte Dian plötzlich. »Das war doch bestimmt Heathers Idee? Nicht mehr so weit weg. Sie steckt doch mit Richard unter einer Decke. Brauchst es gar nicht zu leugnen.«

»Das ist unfair. Heather hat damit gar nichts zu tun.«

»Mir egal, aber deine Arbeit hier ist bei Weitem noch nicht getan.« Dian klang extrem verärgert, aber vor allem verletzt. »Wir haben hier noch so viel zu tun, Bob. Denk doch mal an die Wilderer. Sandy und Graeme haben doch dort oben so viele neuartige Fallen gefunden.«

Sie deutete hinauf zum Gipfel des Visoke, auf dem die studentischen Helfer im Sommer Dutzende Fallen aufgespürt und unschädlich gemacht hatten.

»Und dann die Forschungsgruppen. Wir sind in diesem Sommer mit der Gewöhnung einen großen Schritt weitergekommen, und viele Tiere reagieren jetzt völlig entspannt auf unsere Nähe. Wer weiß, was wir in den nächsten Jahren noch erreichen können?«

»*Du* hast hier noch viel zu tun, Dian. Ich bin nur Fotograf und Filmemacher, kein Verhaltensforscher oder Biologe wie du und deine Studenten. Ich habe in den vergangenen zweieinhalb Jahren so viele fantastische Aufnahmen von den Gorillas gemacht, viel mehr, als ich es mir zu Anfang erträumt hätte. Das langt für mehrere Bücher und Filme.«

»Aber, Bob, ich dachte… wir beide…«, stammelte Dian enttäuscht.

»Bitte, Dian«, unterbrach er sie hastig, »dir muss doch klar gewesen sein, dass dieser Tag irgendwann einmal kommen würde. Dass meine Arbeit hier beendet ist und ich mich einem neuen Projekt zuwende.«

Bob sah Dian beinahe mitleidig an. Er hatte schon befürchtet, dass sie die Nachricht von seinem möglichen Weggang nicht gut aufnehmen würde, schließlich hatte sie ihm mehrfach gesagt, wie sehr sie ihn brauche und dass sie ihn liebe.

Etwas hilflos zuckte er mit den Achseln.

»Noch ist ja nichts entschieden. Ich wollte es dir nur gesagt haben, der Fairness halber.«

»Fair? Das nennst du fair, wenn du mich hier oben einfach so im Stich lässt und zu deiner Frau zurückkehrst? Obwohl du mir etwas anderes versprochen hast.«

»Ich habe dir nie etwas anderes versprochen«, antwortete Bob ruppig, obwohl er wusste, dass das eigentlich nicht stimmte.

Sie hatten über seine mögliche Scheidung von Heather gesprochen und darüber, dass er dauerhaft in Karisoke arbeiten könnte.

»Lügner.« Dians Augen füllten sich mit Tränen. »Du bist ein verdammter Lügner, Robert Campbell. Jedes Mal, wenn du nach Nairobi gefahren bist, habe ich gehofft, dass du dieses Mal endlich reinen Tisch mit Heather machst. Und jedes Mal hast du feige den Schwanz eingezogen und die Gelegenheit verstreichen lassen.«

Sie betrachtete ihn verächtlich.

»Wenn du dich jetzt entschließt, Richards Angebot mit Koobi Fora anzunehmen, dann brauchst du nicht mehr nach Karisoke zurückzukommen. Nie mehr. Du wärst dann nicht mehr willkommen. Überleg es dir also gut.«

Sie wies auf die Tür ihrer Hütte.

»Du solltest jetzt besser gehen. Ich bin müde.«

Bob stand auf und ging langsam zur Tür.

Er öffnete sie und drehte sich ein letztes Mal um.

Das Gespräch war noch schlimmer gelaufen, als er es ohnehin schon befürchtet hatte. Dian schien entschlossen, ihre Drohung wahr zu machen und damit alles aufs Spiel zu setzen, was sie gemeinsam aufgebaut hatten.

Bob seufzte. Er wollte nicht im Bösen auseinandergehen, Dian war ihm wichtig. Er liebte sie zwar nicht so, wie sie geliebt werden wollte, doch er achtete sie und wollte nicht, dass sie litt.

»Dian, bitte. Lass uns doch darüber reden.«

Bobs Stimme klang traurig.

»Raus hier!«

Bob ließ den Kopf hängen und schloss die Tür leise hinter sich.

Wie betäubt blieb Dian mitten in der Hütte stehen. Minutenlang. Irgendwann bemerkte sie, dass sie auf die Knie gesunken war. Sie hatte nicht wahrgenommen, dass ihr die Tränen kamen, über die Wangen liefen und auf ihre Bluse tropften. Ihr war übel, und sie nahm nichts mehr wahr außer ihrem eigenen Kummer.

Als sie sich nach gefühlten Stunden endlich abschminken und zum Schlafen fertig machen konnte, ließ sie das weiche Tuch, mit dem sie ihr Gesicht abgewischt hatte, müde in ihren Schoß sinken.

Sie betrachtete ihr Spiegelbild im Halbdunkel der Hütte.

Wie mit einer Maske hatte sie an diesem Abend die verführerische Geliebte gegeben. Hatte sich hübsch gemacht, für ihn gekocht und ihm sogar das teure Kamcraobjektiv geschenkt.

Nun hatte sie die Maske abgenommen, hatte sie mit einem feuchten Tuch abgewischt, und zurück blieb nur die kalte, harte Wirklichkeit. Eine blasse, müde wirkende Frau mit rot geschwollenen Augen, um die sich deutlich mehr Falten zeigten, als einer knapp Vierzigjährigen lieb sein konnten.

Wer ist diese verheulte Frau im Spiegel?, fragte Dian sich fassungslos. Bin das tatsächlich ich? Diese verhärmte Alte mit den Falten und den grauen Haaren?

Dian hatte mal gelesen, es gäbe ein Alter, in dem eine Frau schön sein muss, um geliebt zu werden, und ein Alter, in dem sie geliebt werden muss, um schön zu sein.

Wieder schossen ihr Tränen in die Augen, und ein Schluchzen erschütterte ihren mageren Körper.

»Pah, Jackie Kennedy. Diese Zeiten sind definitiv vorbei. Ich sehe aus wie der Leibhaftige«, schluchzte Dian. »Jetzt sitze ich altes Fossil hier oben ganz allein in meinem Mausoleum.«

Erneut musterte sie ihr Spiegelbild, das frisch gefärbte Haar, die lackierten Fingernägel. Dann fiel ihr Blick auf die aufgereihten Make-up-Produkte, die sie für teures Geld eigens in England gekauft hatte.

Nein, es war ihr nicht egal, auch wenn manche das vielleicht glaubten.

»Man sollte halt nicht mehr für Reparaturen ausgeben, als das Auto wert ist«, erklärte sie ihrem Spiegelbild grimmig mit Blick auf die teuren Kosmetika. »Alexie wollte ja, dass ich zur Hexe der Berge werden. Na, das ist mir definitiv gelungen!«

Dian schloss den kleinen Klappspiegel vor sich auf dem Tisch. Sie hatte genug gesehen. Ein schmerzverzerrter Ausdruck trat auf ihre hageren Züge, und sie strich sich gedankenverloren mit der Bürste durch die krausen Haare, die ihr, nachdem sie den Zopf gelöst hatte, wie üblich wirr vom Kopf abstanden.

Ihr Blick fiel auf eine Schere.

Sollte sie?

Den Gorillas ist es egal, wie man aussieht. Affen interessieren sich weder für Schminke noch für Falten oder graue Haare und auch nicht für schöne Kleider.

»Nur meine Gorillas sehen mich wirklich, sie sehen die echte Dian«, flüsterte sie und nahm die Schere in die Hand.

Doch dann zögerte sie.

Was würde es ändern, wenn sie sich die Haare abschnitt? Nichts.

Bob hatte Dian mal gefragt, weshalb sie sich selbst so oft im Wege stehe, und sie hatte keine Antwort gehabt.

Wer werde ich sein, wenn Bob nicht mehr an meiner Seite ist?, fragte Dian sich plötzlich erschrocken.

Sie stand auf und ging hinüber zu ihrem Nachttisch, öffnete die Tür des grob gezimmerten Schränkchens und nahm eine alte Metalldose heraus, die ganz zuunterst lag.

Als kleines Mädchen hatte sie sich gewünscht, besonders schöne Erinnerungen festzuhalten und in einer Schachtel verschließen zu können, um sie jederzeit hervorzuholen und sich daran erfreuen zu können. Wahrscheinlich hatte sie damals schon geahnt, dass man sich als Erwachsener zu selten an die schönen Dinge erinnerte, aber die weniger schönen in bester Erinnerung behielt.

Dian öffnete das Kästchen und betrachtete ihre kleine Sammlung an Fotos und Erinnerungsstücken. Darunter befand sich auch der Ring, den ihr Vater ihr vererbt hatte und der als einziges Schmuckstück nicht gestohlen worden war. Dann löste sie den Verschluss der schmalen goldenen Halskette, die Bob ihr letztes Jahr zu Weihnachten geschenkt hatte, legte sie ins Kästchen und sah das Sammelsurium erneut an.

Wieder stiegen ihr heiße Tränen in die Augen und raubten ihr schier den Atem. Ihr ganzer Körper schmerzte, und sie hatte das Gefühl, als ob ihre Welt nur noch aus Schatten bestünde, die sich über sie beugten wie über einen Brunnenschacht.

Hastig klappte Dian das Schatzkästchen zu und räumte es zurück in den kleinen Schrank. Dann löschte sie das Licht der Lampe, die darauf stand, und legte sich ins Bett.

Aber der Schlaf wollte nicht kommen.

Irgendwann hielt sie es nicht mehr aus, zündete die Lampe noch einmal an und stand auf. Sie goss sich ein Wasserglas voll Whiskey ein, drückte zwei, drei Pillen aus einer Verpackung und kippte den bewährten Schlafcocktail auf ex hinunter.

Kapitel 26

rink bitte deine heiße Schokolade, bevor sie kalt wird«, mahnte Rosamond.

Dian lag im Bett des Gästezimmers der Plantage, weil die Ärztin in Gisenyi ihr nach der Abtreibung vier Tage strikte Bettruhe verordnet hatte.

Kurz nach Bobs Abreise hatte Dian bestürzt herausgefunden, dass sie erneut schwanger war. Tagelang quälte sie sich mit der Entscheidung herum, ob sie das Kind behalten sollte oder nicht. War das die letzte Chance auf ein eigenes Kind?, fragte sie sich und überlegte für einen kurzen Moment sogar, ob sie Bob mit dem Baby in Karisoke halten konnte. Hochschwanger würde er sie im Mai gewiss nicht im Stich lassen und nach Kenia gehen.

Aber vielleicht würde sie ihn auf diese Weise nur noch schneller verlieren? Der Gedanke machte Dian Angst. Sollte sie das Kind bekommen und allein großziehen? Würde sie dann in Karisoke bleiben können?

Letztlich war es dieser Gedanke, der ihr die gewünschte Klarheit brachte.

Ganz bewusst entschied Dian sich auch ein zweites Mal für die Gorillas, denn sie waren zu ihrer wahren Familie geworden, einer Familie, die sie bis zu ihrem letzten Atemzug verteidigen wollte. Sie hatte schon zu viel geopfert, um jetzt aufzugeben.

Die Abtreibung würde einfach ein weiterer Wegpunkt im langen, entbehrungsreichen Kampf für das Überleben der Berggorillas sein, sagte Dian sich und traf einsam ihre Entscheidung.

Da es nicht einfach war, als alleinstehende weiße Frau im katholischen Ruanda eine Abtreibung zu organisieren, griff sie auf die Hilfe einer belgischstämmigen Ärztin im Kongo zurück, die den Eingriff Anfang Dezember in einem Hinterhof in Gisenyi vornahm.

Die Operation verlief nicht problemlos, selbst Tage danach hatte Dian immer noch leichte Blutungen. Dennoch war sie wild entschlossen, Bob auch dieses Mal nichts von der Abtreibung zu erzählen. Sie wollte auf keinen Fall, dass er sich ihr bloß aus Mitleid wieder zuwandte.

»Dian, dein Kakao.«

Rosamonds energische Stimme riss Dian aus ihren Gedanken.

Folgsam trank sie die heiße Schokolade. Rosamond hatte eigens ihr Lieblingsgetränk aus der Kindheit zubereitet, und das war, wie Dian wusste, mehr als nur der Versuch, sie mit etwas zusätzlichem Zucker aufzupäppeln.

»Danke, hoffentlich wirken deine mütterliche Zuwendung und die gute Pflege dieses Mal auch wieder Wunder«, antwortete Dian mit einem bittenden Lächeln, nicht ohne die leise Hoffnung, Rosamonds Verärgerung durch ihre ungewohnte Folgsamkeit ein wenig abzumildern.

Doch so einfach werde ich wohl nicht davonkommen, dachte Dian, denn Rosamond sah sie ernst an und antwortete, ohne zu lächeln: »Damals hattest du die Tollwut, jetzt bist du letztlich selbst schuld an deinem Zustand. Warum bist du nicht ins Krankenhaus gegangen? Den Vorwurf kann ich dir leider nicht ersparen, meine Liebe. Und dass du nun hier bei mir liegst, krank und blutend, das ist auch Bobs Schuld, oder etwa nicht? Wenn er nicht gewesen wäre, wärst du nicht in dieser Lage.«

»Ich weiß«, antwortete Dian kleinlaut. Sie seufzte. »Bitte schimpf mich nicht. Mir geht es nach dem Eingriff schon schlecht genug, da musst du mir nicht auch noch Vorhaltungen machen.«

Dian fühlte, wie sich ihr Innerstes unter dem strengen Blick ihrer Freundin verkrampfte. Rosamond hat natürlich recht, dachte sie, und Bobs Verhalten tut weh. Unwahrscheinlich weh.

»Wir wollten doch heiraten ...«, setzte sie zu einer Erklärung an, doch Rosamond unterbrach sie.

»Soweit ich mich erinnere, hat Bob dir nie die Ehe versprochen. Jedenfalls nicht ausdrücklich. Ich habe dich gewarnt, Dian. Lass dich nicht mit ihm ein, habe ich gesagt, er wird dir bloß wehtun.«

Mit einem Mal wurde Rosamonds Blick jedoch ganz weich und mitfühlend.

»Für Bob warst du immer nur eine Affäre, auch wenn er behauptet hat, dass mit seiner Frau sexuell nichts mehr läuft. Leider hast du ihm das geglaubt.« Sie schüttelte bedauernd den Kopf. »Liebes, du warst jemand, der ihm das Bett gewärmt hat in den langen kalten Nächten dort oben in den Bergen.«

»Das stimmt doch nicht!«, widersprach Dian heftig. »Zwischen Bob und mir ist etwas, was über allem anderen steht.

Das war nicht bloß Sex, das war viel mehr. Am Anfang hatte ich nicht das Gefühl, dass seine Beziehung zu einer anderen Frau«, rasch korrigierte sie sich, »zu *seiner* Frau mir etwas wegnehmen würde. Er war allein, ich war allein, und wir hatten Spaß miteinander. Nicht mehr, aber auch nicht weniger.« Sie lächelte traurig. »Niemals hätte ich gedacht, dass ich mich eines Tages in diesen schlaksigen, stillen Kerl verliebe und eine dauerhafte Beziehung mit ihm will. Anfangs habe ich ihn ja sogar ganz furchtbar gefunden, erinnerst du dich? Es hat gedauert, bis mehr daraus wurde.«

Sie zuckte ein wenig ratlos die Achseln.

»Ich glaube, ich bin tatsächlich schrecklich eifersüchtig auf Heather«, flüsterte sie. »Sich Bob in ihren Armen auszumalen, gehört wahrlich nicht zu meinen Lieblingsvorstellungen, aber wenn sie nur noch eine platonische Beziehung haben, warum verlässt Bob sie dann nicht und lässt sich scheiden?« Dian schüttelte den Kopf. »Ich verstehe es einfach nicht. In den letzten Monaten ist doch alles gut gelaufen. Zumindest, was unsere gemeinsame Arbeit betraf.«

»Die Arbeit ist das eine, aber hat sich eure Beziehung denn sonst irgendwie verändert?«, fragte Rosamond, zog einen Stuhl näher ans Bett und setzte sich, denn Dian schien nach Tagen endlich über das alles reden zu wollen.

»Leider ja«, antwortete Dian zerknirscht. »In der letzten Zeit haben wir nur noch selten miteinander geschlafen, und dabei ging es zumindest für mich mehr um Zärtlichkeit und das Gefühl der Verbundenheit. Nicht so sehr um Leidenschaft und die Befriedigung körperlicher Bedürfnisse wie am Anfang unserer Beziehung.« Sie machte eine kurze Pause, bevor sie fortfuhr: »Ehrlicherweise ist es gar nicht der Sex, der mir fehlen wird, wenn Bob fortgeht, sondern schlichtweg die Zeit mit einem Gleichgesinnten, jemandem, der mich versteht, der meine Arbeit versteht und respektiert und ganz besonders mein Verhältnis zu den Gorillas.«

Sie seufzte schwer.

»Hast du Bob das denn gesagt?«, fragte Rosamond.

Dian schüttelte den Kopf.

»Nach seiner Ankündigung wegen Koobi Fora und unserem Streit haben wir das ganze Thema schlichtweg totgeschwiegen. Wir haben einfach nicht mehr darüber gesprochen, als ob sich unser Konflikt dadurch in Luft auflösen würde.« Sie seufzte. »Jedenfalls waren die letzten Wochen zusammen ausgesprochen arbeitsreich und produktiv, und eigentlich hätte ich zufrieden sein müssen. Wenn nur nicht Bobs mögliche Abreise im Mai ständig zwischen uns gestanden hätte«, erklärte sie mit einem schiefen Lächeln.

»Ich weiß nicht, ob du das verstehst, Roz, aber auch ich will geliebt werden, will wahrgenommen und wertgeschätzt werden. Aber wenn Bob gehen will, soll er gehen.« Wieder seufzte Dian schwer.

»Und warum glaubst du, dass ich das nicht verstehe?«, fragte Rosamond und klang verletzt. »Glaub mir, Dian, auch ich bin in meiner gescheiterten Ehe mit Kenneth durch schwere Zeiten gegangen.«

Beide schwiegen lange, doch mit einem Mal richtete Dian sich energisch in ihrem Bett auf.

»Nein, so kann es einfach nicht weitergehen«, sagte sie entschlossen. »Ich will mich nicht länger selbst belügen und so tun, als würde ich Dinge nicht sehen, bloß weil sie wehtun. Pater Raymond hat damals gesagt, es sei immer besser, die Wahrheit zu benennen, auch wenn sie wehtut, als sich selbst zu belügen. Die Lüge kommt auf leisen Sohlen und erschlägt dich von hinten, wenn du es am wenigsten erwartest. Ab heute werde ich nach vorne schauen und nicht mehr so tun, als ob Bob Heather irgendwann verlassen wird. Das wird er nicht tun. Er hat sich für sie entschieden, und das muss ich akzeptieren.« Sie machte eine lange Pause. »Und wahrscheinlich wird er nach Koobi Fora gehen, und auch damit muss ich mich abfinden, so wie mit allem anderen auch.«

Dian legte ihre Hand auf den leer geräumten Bauch, und ihre Stimme zitterte ein wenig, als sie das sagte.

Rosamond nahm ihre Freundin in den Arm, und gemeinsam weinten sie um Dians verlorenen Traum.

Genau fünf Tage nach der Abtreibung fuhr Dian zurück nach Karisoke und machte sich an den mehrstündigen Aufstieg. Rosamond hatte zwar protestiert und an Dians Vernunft appelliert, doch sie hatte gegenüber ihrer halsstarrigen Freundin nichts ausrichten können.

Am selben Nachmittag begann Dian erneut zu bluten, und die Blutung wurde immer stärker. Irgendwann konnte sie ihren Zustand nicht länger ignorieren, und so wurde sie ein zweites Mal auf einer Trage den Berg hinunter und ins Krankenhaus nach Ruhengeri gebracht.

Da die Blutung auch dort nicht zum Stillstand gebracht werden konnte, veranlasste der zuständige Arzt eine Notoperation, da man vermutete, dass bei der Abtreibung nicht vollständig entferntes Gewebe die permanenten Blutungen verursachte. Nur durch den Eingriff könne man sicherstellen, dass sie überlebe und auch weiterhin Kinder bekommen könne, erklärte der Arzt, und widerwillig gab Dian daraufhin ihre Zustimmung.

Sowohl Rosamond als auch Alyette boten ihrer Freundin

an, die anstehenden Weihnachtsfeiertage mit ihnen zu verbringen, doch nichts und niemand hätte Dian davon abbringen können, so schnell wie möglich nach Karisoke zurückzukehren.

Die Wilderer seien über den Jahreswechsel immer besonders aktiv, und nur ihre persönliche Anwesenheit im Camp halte die Verbrecher davon ab, allzu tief ins Gebiet des Nationalparks vorzudringen, erklärte Dian resolut, als sie die Einladungen ihrer Freundinnen ablehnte.

Immer noch geschwächt von der langen Bettruhe und dem starken Blutverlust, kehrte Dian schließlich am Tag vor Heiligabend zurück in ihr Camp.

Anderntags bereiteten ihre Mitarbeiter und deren Frauen, die mit den Kindern aus dem Dorf für die Feiertage ins Camp gekommen waren, ein gemeinsames Weihnachtsmahl für alle Bewohner vor.

Über dem offenen Feuer wurde ein mitgebrachtes großes Schwein am Spieß gebraten, und die in bunte Festgewänder gehüllten Frauen richteten in der Küchenhütte weitere Köstlichkeiten an.

Dian hatte während der mehrstündigen Vorbereitungen in ihrer Hütte am Schreibtisch gesessen und gearbeitet, doch als unter Gelächter und Töpfeklappern schließlich alle Campbewohner und Gäste zu Tisch gerufen wurden, gesellte auch sie sich zu der lebhaft lärmenden Runde.

Als sie zum Feuer kam, sah sie, dass auch die einheimischen Männer zur Feier des Tages ihre bunte Festtagstracht angezogen hatten. Dazu trugen sie auf den kahl geschorenen Schädeln die dunklen Barette mit Emblem, die Dian ihnen geschenkt hatte und die sie als Wildhüter des Nationalparks auswiesen. Nur Vatiri und Sanwekwe hatten ihre offiziellen

Uniformen aus kurzen Hosen, khakifarbenen Hemden und festen Stiefeln an.

Dian sah, wie Vatiris Frau Mira neben dem Feuer den knusprigen Spießbraten in mundgerechte Portionen zerteilte und auf bereitstehende Blechteller legte. Offensichtlich hatte sie als Frau des nach Sanwekwe ranghöchsten Mitarbeiters das Kommando über den Trupp der Ehefrauen übernommen. Es gab genügend Fleisch und diverse vegetarische Beilagen, damit sich jeder im Lager satt essen konnte.

Wahrscheinlich werden wir noch tagelang von dem riesigen Schweinebraten essen, dachte Dian, während sie als Erste einen gefüllten Teller aus den Händen der Köchin entgegennahm.

Als schließlich alle versorgt waren und sich auch die Kinder zum Essen mit gekreuzten Beinen irgendwo im Gras der Lichtung niedergelassen hatten, legte sich gefräßiges Schweigen über die zuvor vom Lärm der Vorbereitungen erfüllte Senke von Karisoke.

Nach dem Festmahl bescherte Dian die Anwesenden unter großem Gelächter und lautstarker Freude mit kleinen Geschenken und haltbaren Naschereien, die sie in weiser Voraussicht bereits im Sommer von ihrer Vortragsreise mitgebracht hatte.

Die unverhohlene Begeisterung insbesondere der Jüngsten wärmte Dians Herz, und sie lachte herzlich, als Vatiris kleiner Sohn sich gleich zwei Lutscher – einen roten und einen gelben – auf einmal in den Mund steckte, weil er sich nicht für einen entscheiden konnte.

Nach dem Essen wollte Dian sich mit einem Dank diskret in ihre Hütte zurückziehen, um den Männern noch ein wenig Zeit allein mit ihren Frauen und Kindern zu gönnen und ihr

eigenes Heimweh nach ihren Eltern und einem traditionellen amerikanischen Weihnachtsfest durch Schreibtischarbeit
im Keim zu ersticken, als plötzlich Sanwekwe aus der Gruppe
hervortrat und ihr mit einer Geste zu verstehen gab, dass sie
am Feuer sitzen bleiben solle.

»Bitte, *Nyiramachabelli*. Wir auch Geschenk«, sagte er, und
die anderen nickten eifrig.

Dian tat, wie ihr geheißen wurde, und setzte sich wieder
auf den Klappstuhl, den sie für das Essen aus ihrer Hütte
geholt hatte.

Mit dunklen, wohltönenden Stimmen setzten die Männer
daraufhin zu einem selbst verfassten Lied an. Vatiri begleitete den Gesang auf einem selbst gebauten Banjo, während
die anderen sangen, tanzten und mit den Füßen stampften.
Die Frauen begleiteten den Gesang ihrer Männer zunächst
nur mit rhythmischem Händeklatschen, bevor sie nach einer
Weile ebenfalls in Gesang und Tanz einstimmten.

Immer lebhafter und fröhlicher wurden die Lieder, und
obwohl Dian kaum ein Wort von dem verstand, was da gesungen wurde, erfasste sie den fröhlichen, lebensbejahenden
Geist der Weisen dennoch mit dem Herzen.

Sogar der sonst so steife und immer ein wenig förmliche
Sanwekwe tanzte und sang, Dian konnte es kaum glauben.
Und auch sie selbst bewegte sich auf ihrem Stuhl begeistert
im Rhythmus der Musik.

Etwa eine Stunde lang dauerte das Spektakel am Feuer,
dann verstummte der Gesang, und es kehrte wieder Ruhe
ein. Zwei der jüngsten Kinder lagen schon schlafend in den
Armen ihrer Mütter, als Dian aufstand und es im Rund des
Feuers augenblicklich still wurde.

»Habt vielen Dank«, sagte sie bewegt. »Ihr habt mir mit

eurem Geschenk eine große Freude bereitet. Zum Dank werde ich euch ein Weihnachtslied aus meiner Heimat vorsingen. Es ist nicht ganz so fröhlich und lebendig wie eure Lieder, aber dennoch wunderschön, wie ich finde.«

Dian blickte in die Runde und sah knapp drei Dutzend erwartungsvolle schwarze Augen auf sich gerichtet. Selbst die Kinder schienen verstanden zu haben, dass *Nyiramachabelli* ihnen ein ganz besonderes Weihnachtsgeschenk machen würde.

Mit warmer, volltönender Stimme ließ Dian die ersten Takte von *Stille Nacht* erklingen, und die weltbekannte Melodie schwebte wie ein Schleier voller Melancholie über die nachtfinstere Lichtung, während die aufmerksamen Zuhörer ihrer rauchigen Altstimme lauschten.

Als das Lied endete, herrschte andächtige Stille. Nur noch das Knistern und Knacken des Feuers gesellte sich zu den fremdartigen nächtlichen Geräuschen des Dschungels rund um Karisoke.

»Fröhliche Weihnachten und euch allen eine gute Nacht.«

Damit verabschiedete sich Dian und zog sich in die Einsamkeit ihrer Hütte zurück.

Während draußen weiter das Gelächter und die fröhliche Feiertagsstimmung durch den nächtlichen Busch drangen, vergrub Dian sich in einen Stapel von Abrechnungen und ihren monatlichen Bericht für den *National Geographic,* der durch ihre Krankheit liegen geblieben war.

Nebenbei trank sie Whiskey direkt aus der Flasche, bis sie vor Alkohol und Müdigkeit nicht mehr konnte und am Schreibtisch zusammensackte.

Der Jahreswechsel kam und ging, doch Dian kam nur langsam wieder zu Kräften. Aber nicht nur ihr Körper litt.

Das Wetter war regnerisch und neblig und verstärkte Dians düstere Grundstimmung. Niemand konnte voraussagen, wann irgendetwas oder irgendjemand eine unbeherrschte Reaktion auslösen würde.

Kapitel 27

Eines Morgens Anfang Januar trieben ein paar Hirten ohne Vorwarnung eine Rinderherde mitten durch Dians Forschungscamp hinüber zu dem kleinen Wasserlauf, der das Lager versorgte, um ihre Tiere dort zu tränken.

Die Kühe trampelten dabei über ein Gemüsebeet, das Dian angelegt hatte, und warfen einen Teil des überdachten Unterstandes um, wo sie ihre Kot- und Futterproben untersuchte.

Als Dian den lauten Tumult draußen vor ihrer Hütte bemerkte, sprang sie vom Schreibtisch auf, schnappte sich wütend ihren Revolver, der griffbereit auf ihrem Nachttisch lag, rannte vor ihre Hütte, zielte und schoss.

Eine Kuh sank tödlich getroffen zu Boden, und Dian brüllte die Hirten an, dass sie das verdammte Vieh aus ihrer Station schaffen sollten.

Die Männer nahmen die Beine in die Hand und rannten ihren anderen Kühen hinterher, die beim Knall der Waffe in alle Richtungen geflohen waren.

Am nächsten Tag kamen gut ein Dutzend Dorfbewohner nach Karisoke, um den Kadaver des erschossenen Tieres über die Wiese zu schaffen und zu zerlegen, damit sie die Fleischstücke ins Dorf bringen konnten.

Während der blutigen Prozedur schauten die Männer

immer wieder ängstlich zu Dian hinüber, die mit gezücktem Revolver im Schoß vor ihrer Hütte saß und das Ganze grimmig beobachtete.

Nur wenige Tage später kam es erneut zu zwei Konfrontationen mit weiteren Schusswechseln.

Einmal folgte Dian auf eigene Faust einer Gruppe Jäger – dieses Mal Batwa-Pygmäen mit ihren Jagdhunden – und beobachtete sie dabei, wie sie eine frische Fallgrube mit spitzen Pfählen zur Tarnung mit Zweigen und Blättern abdeckten.

Wutschnaubend und ohne Vorwarnung sprang Dian daraufhin aus ihrem Versteck, feuerte ein paar Schüsse ab und vertrieb die Männer, jedoch ohne dabei jemanden ernstlich zu verletzen. Anschließend machte sie die Grube unschädlich.

Eine weitere Auseinandersetzung ereignete sich zwischen bewaffneten Parkrangern und einer Gruppe von Tutsi.

Den Rangern gelang es, unweit von Karisoke acht Hirten zu stellen, und weil es schon spät am Nachmittag war, gab Dian ihnen die Erlaubnis, die Gefangenen über Nacht in ihrem Lager festzuhalten.

Um die Einheimischen zusätzlich in Angst und Schrecken zu versetzen, führten Dians Leute in jener Nacht einen gruseligen Hokuspokus auf. Den Gefangenen solle das Herz in die Hose rutschen, sodass sie künftig einen großen Bogen um Karisoke machen würden.

Vatiri und Nemeye zogen sich dazu Dians alte Halloween-Masken an und entzündeten Kerosinfeuer in Blecheimern rund um die Gefangenen. Auch Dian beteiligte sich an dem Treiben.

Sie nahm einem der furchtsamen Hirten zur Strafe für sein gesetzloses Verhalten seine *Sumu* ab, den Talisman aus Affenfell, und der Mann wirkte anschließend halb besinnungslos vor Angst.

Viele Einheimische hatten solche Talismane oder Fetische zum Schutz vor bösen Geistern und um das Jagdglück zu beeinflussen. Ihnen ihr *Sumu* wegzunehmen, galt als schlimmer Affront, das wusste Dian, doch sie tat es trotzdem.

Rosamond und Alyette waren entsetzt, als sie davon erfuhren, und schlugen bildlich gesprochen die Hände über dem Kopf zusammen.

Ob Dian den Verstand verloren habe und ob sie in all den Jahren immer noch nichts über die Einheimischen und ihren Aberglauben gelernt habe, wollten sie wissen, doch Dian ignorierte jede dieser Warnungen. Sie fühlte sich im Recht und wollte nicht darüber diskutieren, ja sie lachte die besorgten Freundinnen sogar aus.

Als Dian aber kurze Zeit später bei einem anderen Jäger eine *Sumu* entdeckte, die wie eine Art Schrumpfkopf von ihr selbst aussah, ein Talisman, der die »weiße Hexe« bannen sollte, da fand sie das Ganze doch nicht mehr lustig. Dass man Abwehrzauber gegen sie selbst richtete, ging in ihren Augen dann doch zu weit. Aber der Schaden war bereits angerichtet.

Bob Campbell kündigte Dian seine Rückkehr nach Karisoke schriftlich für den 20. Januar an. Sein Brief war kurz und distanziert. Über seine Entscheidung bezüglich Koobi Fora stand nichts darin, und als Anfang Januar ein Brief des *National Geographic* im Camp eintraf, der persönlich an Bob adressiert war, konnte Dian der Versuchung nicht widerstehen.

Sie musste einfach wissen, woran sie war, und da sie vermutete, dass es in dem Brief um den neuen Auftrag ging, öffnete sie vorsichtig das an Bob gerichtete Schreiben und erfuhr, dass sie ihn bald für immer verlieren würde.

Bob hatte den Auftrag von Richard Leakey angenommen und wurde Anfang Mai an dessen Ausgrabungsstätte in Nordkenia erwartet.

Dian war wütend, traurig und enttäuscht zugleich, denn sie hatte tief in ihrem Innern doch noch gehofft, dass Bob seine Meinung ändern würde. Sie hatte in seiner Abwesenheit sogar seine Hütte ausbessern und eine eigene Latrine, einen Verschlag für Vorräte und eine Kühlbox bauen lassen. Alles nur, damit er in Karisoke und an ihrer Seite blieb.

Als Bob dann wie angekündigt am 20. Januar zurückkehrte, stand der schwelende Konflikt unübersehbar zwischen ihnen.

Dian erwähnte mit keinem Wort, dass sie über Bobs folgenschwere Entscheidung bereits Bescheid wusste, und er äußerte sich ebenfalls nicht zu dem Thema.

Der Brief des Magazins verschwand spurlos.

Obwohl beide sich Mühe gaben, freundschaftlich miteinander umzugehen, konnte jeder im Camp die wachsende Anspannung zwischen ihnen spüren.

Tagsüber mieden sie einander regelrecht.

Bob war ständig draußen im Busch bei den Gorillas und machte Fotos, und Dian verbrachte ihre Tage entweder in ihrer Hütte, um an ihrer Dissertation zu arbeiten, oder lief Stunde um Stunde bis zur völligen Erschöpfung allein durch den Regenwald.

Anders als sonst zog es sie aber nicht zu den Gorillas, stattdessen lief sie ziellos umher. Sie wollte den Kopf frei bekommen, denn das Gehen half ihr beim Nachdenken.

Wenn Bob am Nachmittag von seiner Tour zurückkam, berichtete er Dian von seinen Erlebnissen, und ein unbeteiligter Beobachter hätte dabei durchaus den Eindruck bekommen können, dass beide mit dem Arrangement zufrieden waren.

Aber der Schein trog.

Abgesehen von ihren professionellen Gesprächen über die Gorillas ging Dian Bob konsequent aus dem Weg und schwieg beharrlich. Anstatt sich mit ihm auszusprechen und die Fronten ein für alle Mal zu klären, bekämpfte sie ihren Kummer und ihre Schlaflosigkeit zunehmend mit Alkohol und Beruhigungsmitteln. Und Bob sah ihr mit immer größer werdender Sorge dabei zu.

Eines Abends Ende Februar hielt er es nicht länger aus.

»Nun, Dian, ich nehme mal an, deinetwegen könnte ich ebenso gut jetzt gleich meine Sachen packen und verschwinden?« Bobs Stimme klang traurig. »Ist es das, was du willst?«

Dian sah ihn nur aus großen Augen an, fühlte sich aber zu elend, um eine Antwort zu riskieren. Sie wollte nicht schon wieder weinen, sonst würde sie endgültig zusammenbrechen. Es kostete sie schon ihre ganze Willenskraft, sich zumindest tagsüber zusammenzureißen. Nur nachts, wenn sie allein in ihrem Bett lag, kurz bevor ihr Schlafcocktail sie mit chemischer Präzision ausknockte, überließ sie sich für wenige Augenblicke ihren Tränen und ihrem Schmerz.

»Ich nehme an, ich bin selbst dran schuld und verdiene, dass mich mein Verhalten nun einholt«, fuhr Bob betrübt fort. »Ich habe dir ja gesagt, dass du mich eines Tages hassen wirst.«

Dian wusste nicht, was sie sagen sollte. Sie probierte im Kopf viele Sätze aus, keiner war wirklich passend.

»Ich hasse dich nicht, Bob«, antwortete sie schließlich.

»Aber ich glaube, es ist besser, wenn wir beide uns das Leben nicht unnötig schwer machen.«

Er nickte zustimmend.

»Ich werde morgen für eine Weile wegfahren, und du kannst deine Arbeit hier beenden«, fuhr sie fort.

»Wo willst du hin? Zu Rosamond?«

»Interessiert dich das wirklich?«

»Natürlich interessiert es mich, Dian. Bitte, du bist mir doch nicht mit einem Mal gleichgültig geworden, nur weil unsere Wege sich trennen werden.«

»Also gut. Ich werde Alan und Joan in Kenia besuchen. Sie haben mich schon so oft in ihr Haus am Naivashasee eingeladen, und nun werde ich ihre Einladung endlich annehmen.«

»Und was ist mit uns?«

»Was soll mit *uns* sein?« Dians Betonung auf dem kleinen Wörtchen *uns* war bezeichnend. »*Du* hast dich doch für Heather, die Leakeys und den neuen Auftrag entschieden, nicht wahr?«

»Ja, aber ...«, stammelte Bob.

»Woher ich das weiß?«, fiel Dian ihm ins Wort. »Ach Bob, bist du wirklich so naiv? Das Ganze war doch ein abgekartetes Spiel. Von Anfang an.«

Sie schüttelte traurig den Kopf, denn sie würde ihm gewiss nicht sagen, wie sie das mit Koobi Fora herausgefunden hatte. Sollte er es sich doch selbst zusammenreimen.

Dass jedoch ihr Mentor Leakey und dessen Sohn in ihren Augen in das Komplott involviert waren, machte es für Dian noch schlimmer. Auch von ihnen war sie schwer enttäuscht und fühlte sich im Stich gelassen.

»Also gibt es nichts weiter zu besprechen?«

Bob sah Dian fragend an, doch sie erwiderte seinen Blick

schweigend mit der ganzen Härte und Willensstärke, zu der sie fähig war.

»Also gut, wie du willst, Dian. Ich werde meine Arbeiten hier abschließen und meine Sachen zusammenpacken. Werden wir uns noch mal sehen, bevor ich fortgehe?«

Sein Blick war tieftraurig, und Dian konnte sehen, wie sehr er auf eine positive Antwort von ihr hoffte.

»Ja, Bob, wir werden uns noch mal sehen. Ich weiß noch nicht, wie lange ich fortbleiben werde, aber ich werde rechtzeitig zurück sein, bevor du nach Koobi Fora abreisen willst.«

Kapitel 28

Der Besuch bei Joan und Alan Root in Kenia tat Dian wider Erwarten sehr gut. War sie bei ihrer Ankunft noch sehr deprimiert, so heiterten die entspannten Tage mit ihren Freunden sie allmählich wieder etwas auf.

Um Dian von ihrem Kummer mit Bob abzulenken, schlug Joan vor, sich die Flamingos im Nationalpark von Nakuru anzusehen. Die riesigen Schwärme der rosafarbenen Vögel, die sich wie eine pastellfarbene Wattewolke an den Ufern des Sees tummelten, begeisterten Dian sehr.

Die drei Freunde flogen auch zum Lager der Roots am See von Ndutu, wo sie Geparden bei der Jagd beobachteten und anschließend aus der Luft unglaubliche Windwirbel über dem Natronsee sahen.

Die Tage vergingen rasend schnell. Dian versuchte, so wenig wie möglich an Bob zu denken. Sonst eher verschlossen, schüttete sie Joan und Alan gegenüber jedoch ihr Herz aus, und die beiden rieten ihr, die ganze Sache abzuhaken und nach vorne zu schauen.

»Ich glaube, ich habe nun endgültig kapiert, dass Bob und ich nie eine Zukunft hatten«, meinte Dian beim letzten Abendessen im Haus der Roots. »Ich habe sogar schon an den *National Geographic* geschrieben, dass die Filmaufnahmen für den Dokumentarfilm vor seiner Abreise abgeschlossen werden können und er daher nicht zurückkommen muss. Das habe ich Bob auch so gesagt. Ich will ihn nicht verletzen oder ihm bewusst wehtun, sondern die verbleibenden Tage einfach so schön wie möglich gestalten.«

Bei Dians Rückkehr nach Karisoke Ende März war Bob nicht im Camp, und für einen kurzen Schreckmoment glaubte sie, er sei bereits vorzeitig abgereist, ohne sich zu verabschieden.

Vielleicht will er mir die Trennung leichter machen?, fragte Dian sich ängstlich, während sie ihre Haustiere und Mitarbeiter begrüßte. Gleichzeitig hoffte sie aber inständig, dass sie sich irrte.

Sie lief hinüber zu Bobs Hütte, öffnete die Tür, und ein Seufzer der Erleichterung entwich ihrer Brust, als sie sah, dass ein Teil seiner Ausrüstung und einige persönliche Dinge noch dort waren.

Vatiri erzählte ihr schließlich, Richard Leakey habe Bob kurzfristig zu sich an die neue Ausgrabungsstelle gebeten, da ein Besuch des Herzogs von Edinburgh anstand, den er filmisch dokumentieren sollte. Daher sei Bob für einige Tage verreist, käme aber noch einmal zurück, so der junge Fährtensucher.

Am nächsten Morgen stieg Dian allein auf den Visoke.

Das Wetter war grandios, und sie wollte vom Vulkankrater aus die Aussicht genießen.

Der Aufstieg war anstrengend, doch sie ging langsam und ließ sich Zeit. Sie hatte es nicht eilig, sondern wollte den Kopf frei bekommen und ein wenig Ruhe finden.

Dian war kaum auf der Bergkuppe angelangt, da stockte ihr

mit einem Mal plötzlich der Atem. Sie schnappte heftig nach Luft.

Es war, als ob ein Ring aus Eisen ihren Brustkorb umklammerte und ihr so sehr den Atem nahm, dass sie zu ersticken glaubte.

Doch sie spürte, dass es nicht die körperliche Anstrengung war, was ihr den Atem raubte, sondern eher ein diffuses Gefühl, eine Art Angst.

Etwas, was sie noch nie zuvor empfunden hatte.

Dians Beine gaben nach, und sie sank zu Boden.

Fragen und Gedanken rasten ihr durch den Kopf, eine Welle der Panik schwappte aus ihrem Inneren hoch zur Kehle und hinterließ einen galligen Geschmack.

Wie wird es weitergehen mit Karisoke? Und mit mir?, fragte sie sich voller Beklemmung.

Was wird passieren, wenn Bob fortgeht und ich allein zurückbleibe? Werde ich das alles schaffen, nur mit den einheimischen Mitarbeitern und ein paar Studenten an meiner Seite?

Beim bloßen Gedanken an die Zukunft erfasste Dian ein heftiges Zittern.

Ich habe mich in den vergangenen Jahren viel zu sehr an Bobs Anwesenheit gewöhnt, stellte sie selbstkritisch fest. Mit der Zeit habe ich immer öfter ein »Wir« gedacht, wenn ich über die Zukunft der Station nachdachte. Wenn ich überlegte, wie Karisoke ausgebaut werden könnte, welche weiteren Maßnahmen ergriffen werden sollten.

Doch nun gibt es dieses »Wir« nicht mehr.

Dian spuckte kräftig auf den Boden, um den Geschmack von Galle loszuwerden, der ihr die Kehle verätzte.

Sie keuchte schwer und kämpfte noch minutenlang mit den körperlichen Begleiterscheinungen ihrer Panikattacke.

Lange blieb sie dort am Kraterrand sitzen, atmete bewusst ein und dann wieder aus, ganz mechanisch und langsam, und versuchte, die ungewohnte Angst in ihrem Innern irgendwie abebben zu lassen.

Und sie dachte nach. Ließ die vergangenen Jahre Revue passieren. Ihre Anfänge in Kabara, die gewaltsame Vertreibung und den Neuanfang in Karisoke.

Irgendwann traf sie ein Gedanke mit der gleichen Heftigkeit wie damals, als sie sich beim Kuchenbacken in Louisville entschlossen hatte, alles hinter sich zu lassen und nach Afrika zu gehen. Sie schlug sich mit der flachen Hand auf die Brust wie ein Boxer, der vor dem entscheidenden Kampf hellwach sein will.

»Natürlich wird es vorangehen mit Karisoke, gar keine Frage. Ich bin Dian Fossey, verdammt. Ich habe meine Station ohne Hilfe aufgebaut und werde mich doch von der feigen Entscheidung eines Mannes nicht von meinen Zielen abbringen lassen!«

Das Wort *Mann* spie sie beinahe verächtlich aus.

Noch eine ganze Weile blieb Dian dort. Atmete ruhig und tief und betrachtete die Blüten am Kraterrand und die sattgrüne Vegetation, die sich an den Berghängen um sie herum ausbreitete, soweit das Auge blickte.

Schließlich machte sie sich an den Abstieg.

In den nächsten Tagen fühlte Dian sich ruhiger und gleichzeitig auch stärker. Sie sah Bobs Rückkehr und seiner endgültigen Abreise nun deutlich gelassener entgegen.

Ende April kam Bob Campbell schließlich ein letztes Mal nach Karisoke zurück. Er hatte in Nairobi alles für Koobi Fora vorbereitet und wollte noch einige Tage im Camp verbringen, seine Sachen packen und vielleicht noch ein paar letzte Touren mit Dian machen, um sich von den Gorillas zu verabschieden.

Er wollte keinen Streit, und auch Dian hatte sich fest vorgenommen, keine alten oder gar neuen Konflikte zwischen ihnen aufkommen zu lassen.

Dieses Mal hielt Dian Wort. Sie ignorierte Bob nicht mehr, kümmerte sich aber weiterhin um ihre eigenen Angelegenheiten und arbeitete an ihrer Dissertation.

Ganz am Ende ihrer gemeinsamen Zeit, praktisch in der letzten Woche, kam es noch einmal zu einem Höhepunkt ihrer gemeinsamen Arbeit, ein Höhepunkt, auf den beide nicht mehr zu hoffen gewagt hatten.

Wieder einmal war es ihr gemeinsamer Liebling Digit, der ihnen einen letzten grandiosen Moment zusammen schenkte.

Bereits im März hatte Digit bei einer nicht beobachteten Auseinandersetzung mit einer anderen Gorillagruppe mehrere tiefe Bisswunden im Gesicht und am Hals davongetragen, und Dian machte sich große Sorgen um ihn, weil die Wunden sich entzündet hatten und nässten.

Zu gerne hätte sie sich die Hautverletzungen aus der Nähe angesehen, doch bislang war es ihr nicht gelungen. Anders als zuvor hatte Digit keinen körperlichen Kontakt mehr zugelassen und war ihr jedes Mal ausgewichen, wenn sie seine Gruppe aufgespürt hatte.

Es war ein warmer, sonniger Maitag, und Dian und Bob stiegen bereits am Vormittag weit hinauf auf den Visoke. Ihr Ziel war eine kleine Lichtung, auf der Digits Familiengruppe gerne lagerte.

Sie waren allein unterwegs, ohne Sanwekwe oder einen

anderen Tracker, und stiegen schweigend immer höher hinauf auf den Vulkanberg.

Irgendwann hatten sie die Lichtung erreicht, und Dians Herz schlug vor Freude schneller, als sie durch das dichte Laub der umliegenden Büsche tatsächlich die gesuchten Tiere erspähte. Digit, der Wachposten, saß ganz am Rande der Lichtung und war ihnen am nächsten. Die anderen Familienmitglieder lagen in ihren Tagesnestern und schienen zu dösen.

Dian gab Bob wortlos ein Zeichen, dann ließ sie sich zu Boden sinken und kroch langsam und vorsichtig auf Digit zu.

Als sie nahe genug war, zog Dian ihre braunen Lederhandschuhe aus, die sie zum Schutz gegen die Brennnesseln trug, und holte Notizbuch und Stift aus der Vordertasche ihres Parkas. Sie knickte einen dicken Selleriestängel ab, der neben ihrem Sitzplatz wuchs, und gab vor, daran zu kauen.

Digit hatte sie natürlich bereits bemerkt, doch Dian war sehr erleichtert, als sie sah, dass der junge Gorillamann seine Zurückhaltung der letzten Wochen ablegte und sich ihr nun ebenfalls vorsichtig näherte.

Der Schwarzrücken rückte so nahe heran, dass Dian endlich auch seine Verletzungen genauer betrachten konnte. Bob saß ein paar Meter weit entfernt im Schutz eines Busches und beobachtete die Szene mit laufender Kamera.

Als Erstes nahm Digit einen von Dians Lederhandschuhen in die Hand, die sie neben sich ins Gras geworfen hatte. Er drehte ihn hin und her, roch intensiv daran und legte ihn dann wieder weg. Dann nahm er den Bleistift und schnupperte interessiert daran. Anschließend griff er sich das Notizbuch, inspizierte es ebenfalls gründlich, bevor er es sich direkt neben Dian bequem machte und sich ausruhte.

Dian konnte ohne Mühe die entzündeten Bissspuren an

seinem Hals aus der Nähe betrachten. Sie waren zwar ernst, heilten aber offensichtlich bereits gut ab.

Die beiden menschlichen Beobachter hielten vor Aufregung den Atem an.

Ohne Angst machte Digit neben ihnen ein kurzes Nickerchen. Aus eigenem Antrieb und ohne Aufforderung demonstrierte dieser mächtige frei lebende Berggorilla vor laufender Kamera jene Sanftheit und jenes Einfühlungsvermögen, die Dian der Welt die ganze Zeit über hatte zeigen wollen.

Dian lächelte Bob über den Affenrücken hinweg glücklich an, und er lächelte zurück, während er seine Kamera laufen ließ.

Beiden war sofort klar, dass sie etwas ganz Besonderes erlebten und ihnen eine große Belohnung geschenkt wurde.

Jene Filmszene sollte später zum Kernstück des Dokumentarfilms werden, den Bob 1973 für den *National Geographic* und ein millionenfaches Fernsehpublikum weltweit produzierte.

Ebenso verblüfft und fasziniert wie Dian und Bob in diesem magischen Moment im Busch sahen die Zuschauer etwas, was sie nie zuvor gesehen hatten und nie für möglich gehalten hatten.

Einen sanften Riesen, der seine nahe Verwandtschaft mit dem Menschen auf höchst eindringliche Weise bewies.

Kapitel 29

Bobs Abreisevorbereitungen waren schwer zu ertragen für Dian. Es war, als ob ihr erst durch das Packen bewusst würde, dass er tatsächlich vorhatte zu gehen.

Bob brauchte insgesamt 34 Träger, um all das wegzuschaffen, was sich in knapp drei Jahren der Arbeit in Karisoke angesammelt hatte. Als es schließlich so weit war und die Träger zum Abmarsch bereit waren, wartete Bob ein wenig verloren auf dem kleinen freien Platz im Zentrum der Forschungsstation auf Dian.

Er wollte sich verabschieden, doch da sie sich nicht blicken ließ, ging Bob zur Tür ihrer Hütte, klopfte und ging dann hinein, ohne auf Antwort zu warten.

Dian lag bäuchlings auf ihrem Bett und drehte ihm den Rücken zu. Sie reagierte auch nicht, als er an ihr Bett trat und sich auf die Bettkante setzte.

»Dian, bitte.« Bobs Stimme klang rau. »Willst du mir nicht wenigstens Auf Wiedersehen sagen?«

Dian drehte sich zu ihm um, und Bob sah, dass ihre Augen rot und verquollen waren. Offensichtlich hatte sie so lange, wie sie konnte, die Fassung bewahrt, doch der Anblick der vielen Träger mit dem Gepäck hatte das Fass zum Überlaufen gebracht.

»Ach, Dian, mach es uns beiden doch nicht unnötig schwer«, sagte Bob und sah sie mitfühlend an. »Solltest du hier oben Schwierigkeiten bekommen, dann werde ich zurückkommen und dir helfen, wenn du das willst.«

Dian antwortete nicht.

»Ich verspreche es dir.«

Noch immer schwieg Dian und sah ihn mit ihren großen dunklen Augen vorwurfsvoll an.

Bob wollte schon aufstehen und gehen, als sie doch noch etwas sagte. Ihre Stimme klang heiser und kratzig, und man konnte hören, dass ihr das Sprechen nach dem langen Weinen schwerfiel.

»Ich weiß nicht, was ich noch sagen oder tun soll.«

Bob seufzte. »Das weiß ich auch nicht.«

Er stand auf und warf einen letzten Blick auf Dian, die wie ein Häufchen Elend zusammengekauert vor ihm lag.

»Ich muss jetzt gehen. Leb wohl.«

Ohne ein weiteres Worte drehte er sich zur Tür und ging.

Als Bob den Rand der Senke erreicht hatte, wandte er sich noch einmal um und warf einen Blick zurück, doch der Platz vor der Hütte war leer. Nur Dians Hündin Cindy saß dort und schaute in seine Richtung, die Besitzerin war dem treuen Tier nicht gefolgt, um ihm wie früher zum Abschied nachzuwinken.

Seufzend wandte Bob sich ein allerletztes Mal ab und folgte langsam dem Treck seiner Helfer auf jenem alten Elefantenpfad, der Karisoke mit dem Rest der Welt verband, bis sie alle von der sattgrünen Vegetation des Regenwaldes verschluckt waren.

In den ersten Wochen nach Bobs Abreise ging es Dian nicht gut. Sie fühlte sich krank, trank viel, um ihren Kummer zu betäuben, und überließ die Feldbeobachtungen ihren Fährtensuchern.

Sie vermisste Bob mit jeder Faser ihres Herzens und erinnerte sich auch wieder an die Worte ihrer Freundin Alyette über die Zeit, als ihr Mann und ihr Sohn gestorben waren. Mit ihnen sei ein Stück Lebensfreude für immer gegangen, hatte Alyette damals gesagt.

Es wurde sehr ruhig in Dians Leben, die Wochen verstrichen langsam. Doch irgendwann wurde es ganz allmählich besser. Dian vergrub sich nicht mehr in ihrer Hütte, sondern ging auch wieder hinaus zu den Gorillas, und wie immer war dieser Kontakt die beste Therapie für sie.

Im Sommer nach Bobs Weggang kamen vier Studenten aus Cambridge nach Karisoke, darunter auch Sandy Harcourt. Dian begrüßte ihn ausgesprochen freudig, hatte er sich doch im Vorjahr als sehr tüchtig erwiesen.

Dian freute sich über die Abwechslung, welche die jungen Leute in den Alltag ihres Camps brachten, auch wenn die Ausbildung der Neuankömmlinge sie viel Kraft kostete.

»Ich bin halt nicht mehr zwanzig«, gestand Dian ihrer Freundin Rosamond, als diese ihr im Frühherbst einen Überraschungsbesuch abstattete.

Die beiden Frauen saßen in der Nachmittagssonne vor Dians Hütte, tranken Tee, und Dian berichtete von ihren Erlebnissen mit den Studenten während der Sommerwochen.

Schon in wenigen Tagen sollten die vier jungen Wissenschaftler wieder abreisen, den Rest des Jahres würde Dian allein mit ihren einheimischen Helfern verbringen.

»Glaub mir, Roz, ich war, ehrlich gesagt, nicht sonderlich traurig, als einer der Jungen sich den Knöchel verstaucht und der andere hartnäckigen Durchfall bekommen hatte«, gestand Dian. »So waren unsere gemeinsamen Exkursionen deutlich weniger kräftezehrend für mich.«

Sie grinste, und Rosamond war froh zu sehen, dass sich Dians Stimmung endlich wieder gebessert hatte.

»Und wie läuft es mit den Gorillas? Kommst du voran?«

»O ja. Wir haben in diesem Sommer viele neue Erkenntnisse gewonnen. Zum Beispiel, dass sie quasi die Gärtner des Regenwaldes sind, weil sie mit ihren Ausscheidungen die Artenvielfalt der Pflanzen bewahren.«

»Wie meinst du das?«

»Na, ich stelle sie mir wie eine Art Samentaxi für das Ökosystem vor. Sie fressen Früchte und Beeren und scheiden später die Kerne und Samen aus. So regenerieren sie durch ihr bloßes Dasein den Wald, in dem sie leben.« Dian lächelte bei ihren Worten. »Bislang habe ich zum Beispiel gedacht, dass es bei Gorillas eigentlich selten Futterneid gibt, es sei denn, ein ganz spezielles Lieblingsfutter gibt es nur zeitlich oder räumlich begrenzt. Nehmen wir einmal die Früchte des Pygeumbaumes, eine relativ seltene eichenartige Baumart, die nur auf wenigen Bergkämmen vorkommt.«

Rosamond nickte. »Den kenne ich, der hat doch Früchte, die wie zu groß geratene Kirschen aussehen.«

»Ganz genau. Jedenfalls trägt dieser Baum nur zwei oder drei Monate im Jahr Früchte, und dann tummeln sich oft mehrere Familiengruppen im gleichen Gebiet.« Dian strahlte bei ihren Worten. »Kannst du dir vorstellen, welch großartiger Anblick es ist, wenn etliche ausgewachsene Berggorillas auf der Suche nach den Delikatessen gemeinsam ganz behutsam in die höchsten Äste dieser Bäume klettern?«

Rosamond schüttelte den Kopf.

»Wie sie dort oben hocken. Großartig. Natürlich haben die ranghohen Silberrücken das Erstfressrecht.« Dian machte Anführungszeichen in der Luft und lächelte ob ihrer Wortschöpfung. »Erst wenn sie gesättigt sind, dürfen die Rangniederen und die Jungtiere endlich auch an die Leckereien heran.«

»Nicht anders als in vielen Menschenfamilien«, antwortete Rosamond augenzwinkernd.

»Stimmt. Wenigstens ist der Pygeumbaum stark genug, um erwachsene Tiere auszuhalten, doch es gibt Baumarten, beispielsweise der spindeldürre Hypericum, auf dem wachsen zwar äußerst leckere Blüten und Blätter, doch ausgewachsene Gorillas kommen da nicht ran, weil sie zu schwer sind«, erklärte Dian lachend. »Normalerweise klettern nur die Jungtiere nach oben auf die dünnen Stämme, und die Alten warten unter dem Baum auf heruntergefallene Leckerbissen. Falls nun einer der Jungen den Fehler begeht, mit seiner Beute vom wackeligen Baum herunterzuklettern, um bequem am Boden zu fressen, dann klaut ihm der erwachsene Gorilla einfach dreist das leckere Futter. Ich konnte das in diesem Sommer mehrfach beobachten.«

»Das ist ja Mundraub!« Rosamond lachte, und Dian nickte.

»Genau. Wenn du aber nun glaubst, das kleine Affenkind würde aus dem Fehler lernen und beim nächsten Mal oben auf dem Baum sitzen bleiben und seine Beute zwar unbequem, aber zumindest sicher verspeisen, dann irrst du. Manche Jungtiere haben außerdem eine längere Leitung als andere, und da braucht es schon ein paar solcher Futterdiebstähle, bis die Kleinen das Spiel endlich durchschaut haben.«

»Wie bei kleinen Kindern. Du kannst ihnen noch so oft sagen, lass das, das ist nichts für dich oder du tust dir weh. Sie müssen es selbst herausfinden. Man kann kleine Kinder nicht vor allem behüten.«

»Wie wahr. Auch bei den Gorillas geht es nach dem alten Prinzip: Wer nicht hören will, muss leider fühlen«, lachte Dian. »Walter hat mir mal von seiner ersten Begegnung mit einem frei lebenden Gorilla erzählt. Es war eine Mutter mit einem frechen Jungtier, und laut Walter benahm sich der Kleine offensichtlich daneben. Er wurde ermahnt, und als er nicht aufhörte, gab die Mutter ihm einen kleinen Klaps auf die Hand und setzte dem Treiben so ein erzieherisches Ende.«

Rosamond lachte herzlich, als Dian die Strafe der Gorillamutter bildlich demonstrierte.

»Apropos Erziehung«, fuhr sie fort. »Letzte Woche hatte ich Besuch von den Töchtern eines Mitarbeiters der amerikanischen Botschaft. Wir waren gemeinsam auf Exkursion, und es war großartig. Die Eltern der Mädchen habe ich mit einem der Studenten in einen anderen Teil des Waldes geschickt. So hatte ich die Kinder ganz für mich.«

»Wie bitte? Du hast Kinder allein in den Busch mitgenommen?« Rosamond sah Dian ungläubig an. »Wie alt waren sie denn? Und was haben ihre Eltern dazu gesagt?«

»Was sollten sie schon sagen? Die beiden Mädels sind sieben und zehn, alt genug, wie ich finde. Ich habe den Eltern gesagt, Menscheneltern könne man grundsätzlich nicht trauen, denn wenn man mit einer Gorillagruppe in Kontakt trete, dürfe man nicht vergessen, dass wir alle Primaten sind. Eltern nehmen ihren Kindern gegenüber instinktiv eine beschützende oder gar verteidigende Haltung ein. Das spüren die Tiere und werden ebenfalls defensiv und im schlimmsten Fall sogar aggressiv.«

»Und die Eltern haben das akzeptiert?«

»Sie merkten, dass es zwecklos war, mit mir darüber zu streiten. Schließlich bin ich die Gorillaexpertin, nicht sie. Und die Kinder waren begeistert.« Dian grinste nun breit.

»Und wie war euer Ausflug?«

»Wir sind zunächst mal ziemlich lange marschiert, ohne auf Gorillaspuren zu treffen. Die Mädchen wurden müde, also entschloss ich mich, eine Rast einzulegen. Wir setzten uns auf einen Baumstamm, eine links, die andere rechts von mir, als ich plötzlich Digit in unserer Nähe bemerkte. Ich flüsterte den Mädchen zu, dass sie ruhig sitzen bleiben, geradeaus schauen und sich nicht umdrehen sollten.«

»Und dann? Was ist dann passiert?«, fragte Rosamond atemlos.

»Dann sahen die beiden aus den Augenwinkeln Digits riesige schwarze Hand auf sich zukommen. Er griff sanft in die langen weißblonden Haare der Mädchen und rieb daran. Und dann kam sein Gesicht näher, und er schnupperte an den Haaren. Du kannst mir glauben, die Mädels waren in diesem Moment genauso fasziniert von ihm wie er von ihnen.«

Dian lächelte, als sie von dem magischen Moment berichtete.

»Glaubst du, Digit hat den Unterschied bemerkt? Dass es Kinder waren? Und die blonden Haare?«

»Da bin ich mir ganz sicher. Gorillas können Farben unterscheiden, und ich glaube, es war das erste Mal, dass Digit Menschen mit wirklich hellen Haaren gesehen hat.«

»Oh, Dian, welch eine wundervolle Erfahrung für dich und diese Mädchen.«

»Das war es wirklich. Ich kann nur hoffen, dass die Kinder diese einzigartige Begegnung in Erinnerung behalten. Und dass sie, wenn sie das nächste Mal in einem Naturkundemuseum sind und Digits ausgestopfte Artgenossen betrachten, daran denken, wie großartig und imposant dieser unglaubliche Gorillamann in seinem natürlichen Lebensraum auf sie gewirkt hat.«

»Ganz bestimmt werden sie das.« Rosamond seufzte. »Ich weiß ja, wie sehr du diese Art von Museen verabscheust.«

Dian nickte.

»Ja, leider gibt es weltweit immer noch zu viele dieser Negativbeispiele, denn die fehlgeleitete Kadaversammelwut zu Anfang des 20. Jahrhunderts war fürchterlich. Bloß weil die Schutztruppe des deutschen Kaisers durch Zufall zwei riesige Berggorillas erlegt hatte, wurden später unzählige Exemplare daraus.« Sie seufzte. »Einer der Affen stürzte damals in eine Schlucht, den anderen hat man geborgen und Schädel und Skelett nach Berlin geschickt.« Dian sah Rosamond traurig an. »Manchmal wünsche ich mir, sie wären beide abgestürzt, und man hätte sie nie gefunden und ins Zoologische Museum gebracht. Nur so konnte dieser Professor Paul Matschie sie als neue Unterart klassifizieren, als *Gorilla beringei*, benannt nach ihrem Jäger Robert von Beringe. Weißt du, Roz, manchmal denke ich: Hätte dieser deutsche Offizier die beiden Berggorillas damals nicht zufällig aufgespürt und erlegt, vielleicht hätte es das ganze unsinnige Jagen und Töten nicht gegeben.«

»Glaubst du das allen Ernstes, Dian? Irgendwann hätte jemand sie entdeckt. Mein Kenneth hat kurz nach dem Zweiten Weltkrieg auch etliche Exemplare für die Sammlung des Naturkundemuseums in Stockholm geschossen.«

»Erinnere mich bitte nicht daran«, antwortete Dian rasch. »Es gibt ja nicht nur in Berlin oder Stockholm solch gruselige Sammlungen. Als ich letztes Jahr in Brüssel das Königliche Museum für Zentralafrika besichtigt habe, musste ich angesichts der neunzehn ausgestopften Berggorillas dort fast weinen.« Dian schluckte heftig, als die böse Erinnerung sie einholte. »Dabei ist das Museum wunderschön. Es sieht von außen aus wie ein Palais, mit einer großen Kuppel in der Mitte, prächtigen Wasserbecken und weit ausladenden Treppenaufgängen, die zum Eingang hinaufführen. Ein Kollege aus Cambridge hatte es mir empfohlen, weil es eine großartige Sammlung zu Afrika beherbergt, doch ich wünschte, ich hätte es nicht besucht.«

Die Erinnerung an die belgische Sammlung trieb Dian erneut die Tränen in die Augen.

»Allein zehn ausgestopfte Gorillakadaver unterschiedlichen Alters und Geschlechts werden dort gemeinsam in einem riesigen Glasdisplay präsentiert, vom Silberrücken bis zum Jungtier, jeder in bedrohlich wirkender Haltung mit aufgerissenen Mäulern. Zornig starren sie die menschlichen Betrachter an.«

Auch Rosamond musste schlucken, als sie sich die grausigen Exponate im Schaukasten vorstellte.

»Über eine Stunde stand ich damals abseits und habe die Besucher beobachtet, wie sie die Gorillas bestaunten, und es hat mich tieftraurig gemacht, dass keiner dieser Leute etwas von der wahren Schönheit, der Sanftmut oder dem großen Familiensinn dieser Tiere erfahren hat. Die Schautafeln waren winzig, und die wenigsten Leute lasen sich die Informationen darauf überhaupt durch.«

Dian wischte sich über die Augen, als könnte sie so die Bilder von damals fortwischen.

»Und als ich später wieder mit der berühmten Linie 44 ins Stadtzentrum von Brüssel zurückfuhr, da habe ich mir geschworen, dass ich diesen Ort nie wieder besuchen werde.«

»Wieso ist die Bahn berühmt?«, fragte Rosamond dazwischen, und Dian antwortete: »Laut meinem englischen Kollegen hat König Leopold die Straßenbahn damals eigens erbauen lassen, damit möglichst viele seiner Untertanen das neue Museum erreichen konnten.«

»Aber das ist doch gut«, meinte Rosamond. »Die Leute lernen doch viel über die Tiere und die afrikanische Kultur, wenn sie ins Museum gehen.«

»Aber muss denn jedes größere Land und jede Hauptstadt auf diesem Planeten so ein Museum beherbergen? Mit ausgestopften Tierkadavern und Dioramen? Und es sind ja nicht nur die Gorillas oder andere Menschenaffenarten, die so ausgestellt werden, sondern auch Löwen, Tiger, Vögel, Huftiere, ach, was weiß ich. Alles, was so kreucht und fleucht.« Dian seufzte. »Selbst unser Smithsonian-Institut hat mich vor ein paar Monaten gebeten, ihnen Gorillaknochen als Präparate zu besorgen. Und ich weiß genau, dass in D. C. schon ein paar Exemplare ausgestellt sind, oder etwa nicht?«, fragte Dian und warf Rosamond einen zornigen Blick zu, als diese nur ratlos mit den Schultern zuckte.

»Keine Ahnung, ich war schon lange nicht mehr daheim. Und was hast du gemacht?«, fragte sie stattdessen neugierig.

»Na ja, erst habe ich mich geweigert, aber letztlich musste ich dem Druck meiner Geldgeber nachgeben. Du kannst mir glauben, Roz, nur mit größtem Widerwillen habe ich die verwesten Kadaver einiger fremder Gorillas ausgegraben, die wir im Laufe der Jahre gefunden haben. Wir hatten sie auf unserem Friedhof an der Seite der natürlich verstorbenen oder getöteten Tiere aus meinen Forschungsgruppen bestattet. Es war eine fürchterliche Arbeit, und wir mussten sehr vorsichtig sein, mit dicken Handschuhen und so, damit wir uns nicht mit den Verwesungsgiften infizierten. Du willst es dir bestimmt nicht vorstellen, aber wochenlang lag ein entsetzlicher Gestank von Verwesung und Fäulnis über Karisoke und machte mein Zuhause zu einem Leichenacker.«

Dian schüttelte sich. Allein bei dem Gedanken daran lief ihr ein Schauder über den Rücken, trotz der warmen Nachmittagssonne war ihr plötzlich eiskalt. Für einen winzigen Moment hatte sie zugelassen, dass dieses furchtbare Erlebnis sie einholte.

»Lass uns bitte reingehen, Roz. Das ganze Thema macht mich nur wieder wütend und traurig zugleich.«

Dians Stimme klang mit einem Mal gebrochen und schwach. Sie schlang die Arme um ihren mageren Oberkörper und ging ihrer Freundin voran in die Hütte.

»Ich soll dich übrigens von Alyette grüßen«, sagte Rosamond, als sie sich drinnen vor den Kamin gesetzt hatten und ihren Tee austranken.

»So?« Dian zog fragend die Augenbrauen hoch. »Ist sie nicht mehr wütend auf mich?«

Rosamond wusste von dem schlimmen Streit, den ihre Freundinnen vor einiger Zeit gehabt hatten, und schüttelte den Kopf.

»Nein, sie hat sich das Ganze überlegt und findet, dass sie ein wenig überreagiert hat.«

»Überreagiert ist gut. Sie hat mir die Freundschaft aufgekündigt, weil ich ihr damals nicht die Wahrheit gesagt habe über das, was der französische Priester Walter und mir über den Mord an den Jungs erzählt hat.«

»Ja, sie hat mittlerweile auch mit Walter gesprochen, und der hat gesagt, ihr beide hättet sie nur vor den schrecklichen Details schützen wollen.«

»Genau so war es auch. Nichts anderes hatten wir im Sinn. Das habe ich Alyette auch gesagt, aber sie hat mir einfach nicht geglaubt. Sie als Mutter und Tante musste doch nicht bis in jede grausige Einzelheit wissen, wie man die Jungs gefoltert und zu Tode gequält hat.«

Rosamond nickte zustimmend. »Ich glaube, sie war auch verletzt, weil du deinem Ex-Verlobten damals davon erzählt hast, ihr aber nicht. Als sie die Details vor Kurzem schließlich doch erfuhr, wurde nicht nur ihr verdrängter Schmerz noch einmal brutal hervorgeholt.«

Die Freundinnen schwiegen, und die Erinnerung an den grausamen Bürgerkrieg im benachbarten Kongo legte sich wie ein dunkler Schatten über den Raum.

Irgendwann sagte Dian: »Es ging bei unserem Streit aber nicht nur um den Kongo. Alyette hat mich auch gefragt, warum ich immer anders sein müsse als alle anderen. Warum ich alle vor den Kopf stoße und mich dann wundere, wenn sie mich nicht mögen und sich von mir abwenden. Stimmt das, Roz? Stoße ich wirklich alle vor den Kopf? Bin ich deshalb wieder allein?«

Sie sah Rosamond jetzt direkt an, und ihre Freundin wich dem Blick nicht aus.

»Du bist eben anders, Dian. Anders als viele Frauen und ganz gewiss anders als Alyette und ich«, antwortete Rosamond und lächelte schwach. »Aber wir mögen dich sehr, Liebes, gerade weil du kein zartes Weibchen bist, das sich nur an der Seite eines Mannes wertvoll und geliebt fühlen kann. Du kennst doch bestimmt den berühmten Satz von Simone de Beauvoir, man kommt nicht als Frau zur Welt, man wird dazu gemacht.«

Dian nickte.

»Du, Dian, gehst jedenfalls deinen eigenen Weg, auch wenn er nicht einfach ist. Du bist bereit, dafür Opfer zu bringen. Du bist eine besondere Frau, eine Grenzgängerin, vergiss das bitte nicht. Deshalb willst du dich halt auch nicht in eine Schublade stecken lassen, die andere für dich aussuchen.«

Dian ließ die Worte ihrer Freundin sacken. So hatte sie es selbst noch nie gesehen, doch Rosamond hatte recht.

Ein wenig trotzig schürzte Dian die Lippen.

Wie oft war sie in ihrem Leben schon wegen ihrer spröden, nicht ganz einfachen Art angeeckt? Selbst ihr Aussehen entsprach nicht den gängigen Schönheitskonventionen.

Du bist nicht weiblich genug, bist ungelenk, schlaksig, und wenn du dich nicht anstrengst, wirst du nie einen Ehemann abbekommen, hörte Dian ihre Mutter Kitty keifen.

Wenn Frauen nicht weiblich sind, wenn sie Männerberufe ergreifen, wenn sie keine Mütter sein wollen und, vor allem, wenn sie klüger sind als viele Männer – dann macht man ihnen das stets zum Vorwurf. Und die Strafe für ein solches Verhalten ist, dass sie keinen Mann abbekommen, dachte Dian grimmig. So oder so ähnlich hatte es diese kluge Französin doch beschrieben. Und auch, dass die Gesellschaft einer Frau nicht vorschreiben dürfe, welche Funktionen und Ideale sie anzustreben habe.

Dian streckte den Rücken durch und starrte gedankenverloren ins Kaminfeuer. Nach einer Weile antwortete sie: »Ich weiß, Rosamond, dass ich nicht wie andere Frauen bin. So war es schon immer, und das werde ich auch nicht ändern.« Sie lächelte ihre Freundin entschlossen an. »Ich bin Dian. Ich bin ich und nicht jemand, wie andere ihn haben wollen. Ich werde mir mein Schicksal von niemandem aus den Händen nehmen lassen.«

Lange schwiegen die beiden, dann fragte Rosamond: »Aber das ist doch bestimmt sehr anstrengend, nicht wahr?«

Sie sah ihre Freundin mitfühlend an.

Dian nickte.

»Ja, es ist anstrengend, ich zu sein. Manchmal geht es sogar über meine Kräfte. Aber ich kann nicht anders.«

Kapitel 30

Siehst du den See dort unten auf dem Berggipfel, Julia? Das ist der Ngezi, der größte Krater der Virungas. Jetzt dauert es nicht mehr lange bis zur Landung.«

Dian lehnte sich nach vorne und deutete mit dem ausgestreckten Zeigefinger am kleinen Flugzeugfenster.

»O ja, ich sehe ihn. Man kann sogar den Schatten des Flugzeugs auf der Wasseroberfläche erkennen«, antwortete Julia Davis aufgeregt. »Genau wie Rosamond es gesagt hat. Wie gut, dass der Zufall wollte, dass ausgerechnet wir beide nebeneinandersitzen. Wahrscheinlich hätte ich es sonst verpasst.« Sie drehte sich zu Dian um und strahlte sie dankbar an.

»Ja, wahrhaft ein glücklicher Zufall, Rosamonds alte Schulfreundin im Flieger kennenzulernen«, stimmte Dian lächelnd zu.

Während Julia interessiert Dians Erläuterungen lauschte, flog unter ihnen die faszinierende afrikanische Landschaft dahin, und wie immer schlug auch Dians Herz beim Anblick der geliebten Gebirgskette schneller.

Als das Flugzeug kurz darauf mit einem Rumpeln auf der holprigen Landebahn in Ruhengeri aufsetzte, atmete sie vor Erleichterung und Vorfreude tief aus.

Bald würde sie wieder zu Hause sein.

Sechs lange Monate waren es dieses Mal gewesen, doch das ständige Hin und Her zwischen Ruanda und England hatte endlich ein Ende.

Sie hatte die letzten Pflichtseminare in Cambridge erfolgreich absolviert, nun musste sie nur noch ein letztes Mal ihre Dissertation überarbeiten und sie anschließend zur Bewertung einreichen. Professor Hinde hatte ihr versichert, der Rest sei nur Formsache, in spätestens ein paar Monaten wäre sie dann Frau Doktor Dian Fossey.

Lächelnd beobachtete Dian ihre Sitznachbarin, die bereits im Gang stand, Schirm und Tasche in den Händen, und ungeduldig wartete, dass die Flugbegleiterin die Kabinentür öffnete und sie aussteigen konnte, während um sie herum die anderen Passagiere noch ihr Handgepäck aus den Gepäckfächern zusammensuchten.

Dian selbst ließ sich mehr Zeit, sie wollte nicht im Pulk mit den anderen in der kleinen Wartehalle des Flughafens eintreffen.

Sie winkte Julia zu und bedeutete ihr, ruhig schon vorzugehen, denn sie wollte das Wiedersehen der beiden Schulfreundinnen nach so langer Zeit nicht stören.

Als Dian dann einige Minuten nach Verlassen des Flugzeugs schließlich selbst das kleine Terminal betrat, lagen Rosamond und Julia sich bereits in den Armen, jauchzten und weinten abwechselnd vor Freude.

Rosamond winkte, als sie Dian entdeckte, die sich heimlich vorbeischleichen wollte, um die Wiedersehensfreude nicht zu stören, und rief fröhlich: »Liebste Dian, wie schön, dass du auch wieder da bist! Julia hat mir gerade erzählt, dass ihr Sitznachbarinnen wart und du ihr schon viel über unser Land und die Menschen hier berichtet hast.«

Die beiden älteren Damen strahlten über das ganze Gesicht. »Ich danke dir ganz herzlich dafür«, fuhr Rosamond fort, und Julia nickte bekräftigend.

»Es war mir ein besonderes Vergnügen, doch jetzt möchte ich euch beide nicht länger stören«, antwortete Dian freundlich, aber bestimmt. »Ich habe eine lange Reise hinter mir und will nur noch ins Hotel.«

»Papperlapapp, Hotel. Du kommst mit zu mir«, widersprach Rosamond.

»Ein anderes Mal sehr gerne, Roz, aber heute nicht. Ich will die Nacht im Hotel in Ruhengeri verbringen und morgen in aller Frühe nach Karisoke aufbrechen. Ich war sehr lange fort und möchte jetzt so schnell wie möglich nach Hause. Ich hoffe, du verstehst das?« Dian sah ihre Freundin bittend an. »Ich verspreche aber, ich komme demnächst zu Besuch. Oder ihr kommt einfach zu mir nach Karisoke, und ich zeige Julia meine Gorillas. Was haltet ihr davon? Du bleibst ja ein paar Wochen, richtig?«

Julia Davis nickte begeistert, und schließlich gab sich auch Rosamond geschlagen.

»Also gut, wie du willst«, antwortete sie. »Herzlich willkommen zurück also und auf bald. Versprochen?«

»Versprochen!« Dian legte die Hand aufs Herz wie zum Schwur, und die drei Frauen umarmten sich zum Abschied.

Am nächsten Morgen brach Dian wie angekündigt im Morgengrauen auf. Im Dorf am Fuße der Forschungsstation besorgte sie sich ein paar Träger, die die ganze Ausrüstung, die Lebensmittel und Mitbringsel hinauf nach Karisoke tragen sollten.

Der Aufstieg dauerte knapp drei Stunden, und Dian war

danach vollkommen erledigt. Zwischendrin hatte sie sogar befürchtet, es gar nicht mehr zu schaffen. Nur die unverfälschte Wiedersehensfreude der beiden Fellnasen Cindy und Kima, die wie verrückt im Camp herumsprangen und, in Cindys Fall, vor Aufregung bellten, trösteten sie ein wenig über ihre miserable körperliche Kondition hinweg.

Der Bewegungsmangel des akademischen Winters in England hatte Dians ohnehin angeschlagene Kondition vollkommen zerbröckeln lassen, und so seufzte sie vor Erleichterung und Erschöpfung, als sie schließlich alle menschlichen und tierischen Bewohner des Camps begrüßt hatte und sich endlich in ihrer Hütte auf das Bett werfen konnte.

Jeder Knochen im Körper tat ihr weh, und doch war sie froh, endlich wieder in ihren eigenen vier Wänden zu sein.

Dian gähnte und streckte den müden Rücken aus. Sie dachte daran, dass ihr Doktorand Sandy vorhin erzählt hatte, Gruppe 4 halte sich derzeit ganz in der Nähe auf.

»Morgen werde ich Digit und seine Familie besuchen«, flüsterte Dian glücklich, bevor ihr die Augen zufielen und sie in voller Montur einschlief.

Am anderen Morgen brach Dian sehr früh auf. Sie marschierte ohne Begleitung los, denn sie wollte eine möglicherweise schwierige erste Begegnung nach so langer Zeit allein erleben. Sollte die Gruppe negativ auf ihre Anwesenheit reagieren, brauchte sie keine unliebsamen Zuschauer.

Anfangs nieselte es noch leicht, doch im Laufe des Vormittages brach der Himmel immer mehr auf, und als Dian gegen zehn Uhr die Gegend erreichte, in der sie die Gruppe vermutete, glitzerten bereits die letzten Regentropfen im Licht der Sonne.

Ein lautes Rascheln im Gebüsch ließ Dian plötzlich inne-halten. Ein Keuchen, mehrfaches Grunzen, dann wieder Brummen und die Geräusche von reißenden Blättern und knickenden Zweigen.

Dian lauschte angestrengt, und als sie sich sicher war, aus welcher Richtung die Geräusche ertönten, schob sie an dem kaum sichtbaren Trampelpfad, auf dem sie hergekommen war, die dichten Zweige der meterhohen Büsche beiseite.

Und dann sah sie die Gorillafamilie. Sah den dominan-ten Silberrücken Onkel Bert, das alte Weibchen Old Goat, die älteren Weibchen Petula, Macho und Flossie und die halb erwachsenen Weibchen Pappose und Simba. Sie sah den klei-nen Kwelli, der bei ihrer Abreise erst ein paar Monate alt gewe-sen war, und auch die Jungtiere Tiger, Cleo und Augustus. Die kleine Augustus lag ihr besonders am Herzen, war sie doch der einzige Gorilla in Freiheit, der absichtlich in die Hände klatschte. So eine Geste hatte Dian noch nie zuvor beobachtet.

Dian lächelte und erinnerte sich daran, wie das Gorillamäd-chen mit achtzehn Monaten entdeckt hatte, dass die Hände ein besonderes Geräusch machen, wenn man sie zusammen-schlägt. Manchmal klatschte die Kleine über eine Minute lang und grinste dann breit, als ob es riesigen Spaß machte.

Zufrieden bemerkte Dian, wie gesund alle Tiere auf den ersten Blick aussahen und wie positiv sich die Jungtiere ent-wickelt hatten.

Ihr Blick streifte suchend über die Familie hinweg, dann endlich sah sie ihn, Digit. Mittlerweile beinahe ausgewachsen, saß er am Rande der Gruppe, ganz der aufmerksame Wächter.

Dians Herz schlug bei Digits Anblick schneller, denn sein sanftes Wesen und seine zurückhaltende Art hatten sie schon so oft aufs Tiefste berührt.

Langsam und vorsichtig verringerte sie den Abstand zur Gruppe, während gleichzeitig sorgenvolle Gedanken durch ihren Kopf purzelten.

Werden sie mich wiedererkennen?

Wie werden sie reagieren?

Sie war dieses Mal ganz besonders lange fort gewesen. Noch länger als sonst.

Zu Beginn ihrer Forschungsjahre hatte es nach längerer Abwesenheit manchmal Schwierigkeiten gegeben, und einmal war sie sogar angegriffen worden, doch das war lange her. Mittlerweile hatten sie und die Tiere bei der Gewöhnung riesige Fortschritte gemacht, denn all ihre Forschungsgruppen hatten seitdem regelmäßig Kontakt mit Menschen.

Die Gorillagruppe auf der kleinen Lichtung schien gerade das Frühstück beendet und ihre Tagesnester gebaut zu haben.

Das waren also die Geräusche, die ich gehört habe, dachte Dian und lächelte zufrieden.

Die Lichtung lag im warmen Sonnenlicht, als ein lautes Knacken die feuchtwarme Luft durchdrang. Dian war auf einen trockenen Ast getreten.

Das Geräusch war unerwartet laut und durchdringend und erregte die Aufmerksamkeit des Wachpostens Digit.

Alarmiert schaute er in Dians Richtung, doch als er sie sah und erkannte, bewegte er sich langsam auf sie zu, als ob er sie begrüßen und zur gemeinsamen Rast einladen wolle.

Auch einige der anderen hoben schläfrig die Köpfe. Offensichtlich wussten alle Gorillas, dass von Dian keine Gefahr ausging, denn sie blieben ruhig, gähnten und ließen sich von der unerwarteten Anwesenheit der Menschenfrau nicht aus der Ruhe bringen.

Dian lächelte glücklich. Es war genau so, wie sie es sich

erhofft hatte. Die Tiere zeigten keinerlei Furcht oder Irritation, sondern setzten ihre Tätigkeiten unbeirrt fort. Als ob sie gar nicht weg gewesen wäre.

Einzig der kleine Kwelli, der mittlerweile einjährige Sohn von Onkel Bert und Macho, fand dieses weißhäutige Wesen, das plötzlich auf ihrer Lichtung aufgetaucht war und sich zu ihnen gesetzt hatte, äußerst interessant.

Unter dem wachsamen Blick seiner Mutter kletterte Kwelli vorsichtig zu Dian hinüber und machte sich neugierig an ihren Stiefeln zu schaffen.

»Na, du kleiner Kobold. Magst du meine Schnürsenkel?«, flüsterte Dian, und Tränen des puren Glücks kullerten ihr über die Wangen, als das Gorillakind völlig ohne Scheu auf den langen Schnürsenkeln ihrer Wanderstiefel kaute und ihr schließlich sogar auf die Beine kletterte.

Dian konnte sehen, dass Mutter Macho den Kleinen zwar aus dem Augenwinkel heraus genau im Blick behielt, doch sich offensichtlich völlig sicher war, dass keinerlei Gefahr für ihr Kind bestand und sie dem neugierigen Naseweis seinen Willen lassen konnte.

Irgendwann wurde das schöne Spiel mit Schnürsenkeln und Hosenbeinen langweilig, doch anstatt zu seiner Mutter zurückzugehen, rollte Kwelli sich zusammen und schlief auf Dians Füßen ein.

Dian konnte ihr Glück kaum fassen. Das Herz schlug ihr bis zur Kehle, sie wagte nicht, sich zu bewegen. Was sie anbetraf, so waren Momente wie dieser die kostbare Belohnung für alle Anstrengungen, für ihre Entbehrungen und persönlichen Opfer.

Dian seufzte. Vor sieben Jahren, als ich mit meiner Arbeit begann, dachte sie, da kannte ich nur den tief empfundenen

Wunsch, gemeinsam mit diesen wilden Gorillas in einer Welt zu leben, die der Mensch noch nicht kaputt gemacht hat. Ich wollte in der Zeit rückwärts springen, doch die Realität hat mich schnell eines anderen belehrt.

Und obwohl ich mit den besten Absichten kam, war ich selbst ein Eindringling in diese friedliche Welt. Ich bin ein Mensch, und Menschen sind nun mal der schlimmste Feind der Gorillas, dachte Dian und betrachtete den schlafenden Kwelli zärtlich.

»Am Ende eines Tages kann ich niemals um mehr bitten als das, was meine Gorillafamilie mir jetzt im Übermaß schenkt«, flüsterte sie gerührt und schluckte ihre Tränen hinunter. »Vollkommenes Vertrauen.«

Dians Herz quoll über vor Liebe, und in diesem Augenblick hätte sie nicht sagen können, wo sie lieber gewesen wäre als hier auf dieser sonnendurchfluteten Lichtung.

Sie war zufrieden, denn das Schicksal hatte sie dazu ausersehen, diese mächtigen und zugleich hilflosen Wesen zu beschützen. Doch der Kampf für ihr Überleben war noch lange nicht gewonnen.

Gewiss werden in der Zukunft weitere Opfer von mir gefordert, dachte sie ernst, doch Momente wie dieser sind das alles wert. Meine Gorillas haben sich an mich erinnert.

Dian hatte keinen weiteren Wunsch mehr auf Erden.

Sie hätte sterben können vor Glück.

»Ich werde bis zu meinem letzten Atemzug für euch kämpfen.«

Die Jahre danach

Nach ihrer Rückkehr im Mai 1974 setzte Dian ihre Forschungsarbeit in Ruanda fort, doch im Laufe der Jahre kam es immer häufiger zu Konflikten, persönlichen Schicksalsschlägen und einschneidenden Ereignissen, die ihr Ansehen in der Öffentlichkeit nachhaltig prägten.

Knapp zwei Dutzend Studentinnen und Studenten arbeiteten über die Jahre als Forschungsassistenten im *Karisoke Research Center*, doch etliche gaben schon nach kurzer Zeit auf, weil sie Dians hohen Anforderungen und der schweren Arbeit nicht gewachsen waren.

Erwarteten die Studierenden Kameradschaft, eine engagierte Mentorin und ein aktives Gemeinschaftsleben im Camp, so wurden sie regelmäßig enttäuscht, denn Dian zog sich immer häufiger in die Isolation ihrer Hütte zurück. Gleichzeitig wollte sie die bestimmende Rolle und die Leitung des Camps aber nicht abgeben, was zu Problemen führte.

Mit Beginn der Siebzigerjahre kamen in der Wissenschaft und der öffentlichen Wahrnehmung neue Themen wie Ökologie, Umwelt-, Arten- und Klimaschutz auf, und viele Universitäten brachten eine bis dahin unbekannte Art von Biologen hervor, die mit innovativen Strategien, anderen politischen Ansichten und einer unüblichen Offenheit für die Einheimischen und deren Bedürfnisse an ihre wissenschaftliche Arbeit herangingen.

Einige Mitarbeiter, vor allem Sandy Harcourt und seine Verlobte Kelly Stewart, lehnten Dians wissenschaftliche Methoden in den späteren Jahren ab. Sie warfen ihr Anthropomorphismus vor – die schlimmste Sünde der Verhaltensbiologie, nämlich mangelnde Distanz. Dian schreibe den Gorillas menschliche Eigenschaften zu und interpretiere ihr Verhalten mit typisch menschlichen Deutungen, wodurch das Tier als primitiver Mensch gesehen werde und eine unzulässige Übertragung menschlicher Gefühle auf die Affen stattfinde.

Es gab allerdings auch andere Stimmen, die der Meinung waren (und sind), wenn man Menschenaffen ganzheitlich untersuchen wolle, könne man einen gewissen Anthropomorphismus gar nicht verhindern, da die emotionale Seite zum Gesamtbild gehöre.

Letztlich war es wohl der brutale Mord an Digit am 31. Dezember 1977, der Dian endgültig radikalisierte und zu immer größeren Konflikten führte. Man fand den verstümmelten Leichnam ihres Lieblingsgorillas mit abgehacktem Kopf und Händen und mehreren tiefen Speerwunden.

War Digit ein Zufallsopfer, oder hatte man ihn getötet, um Dian eine Botschaft zu übermitteln?, fragten sich Freunde und Gegner. Wollte man sie warnen? Oder sie für ihr Verhalten bestrafen?

Viele wussten von ihrer besonderen Beziehung zu diesem Gorillamännchen, man kannte Digits einprägsames Gesicht von den Werbeplakaten, und vor allem wusste man um die einzigartige Anomalie an der Hand, die ihm seinen Namen eingebracht hatte.

Dian war nach dem Fund des toten Gorillas außer sich vor

Kummer und Zorn und begrub ihren tierischen Freund nur ein paar Meter von ihrer Hütte entfernt. Nach einigem Zögern beschloss sie, Digits grausames Ende weltweit bekannt zu machen. Sein Tod wurde vom US-Moderator Walter Cronkite in den CBS-Abendnachrichten verkündet, und Dian startete eine Spendenaktion, um weitere Gelder für den aktiven Schutz der Gorillas zu sammeln.

Hüftbeschwerden, Lungenprobleme und eine Nierenentzündung machten Dian in den Folgejahren zu schaffen, deshalb konnte sie nicht mehr häufig zu ihren Gorillas in den Busch gehen. Nur wenn wichtige Besucher wie etwa der britische Naturfilmer Sir David Attenborough im Auftrag der BBC ins Camp kamen, riss sie sich zusammen und begleitete sie in den Regenwald.

1980 zog Dian für eine Weile nach Ithaca, N.Y., um als Gastprofessorin an der dortigen Cornell-Universität zu arbeiten und ihr Buch *Gorillas in the Mist (Gorillas im Nebel)* zu beenden, das 1983 erschien und positive Rezensionen bekam.

Die Umstellung auf das Leben in den USA fiel ihr schwer, obwohl sie die mittlerweile alt gewordene Hündin Cindy mitnahm. Äffchen Kima war zwischenzeitlich gestorben, und auch Cindy starb im Oktober 1982.

Nach dem Tod des Hundes sehnte Dian sich wieder verstärkt zurück nach Karisoke, auch wenn sie wusste, dass dort zahlreiche Konflikte auf sie warteten, an denen sie selbst nicht unschuldig war.

Nach einer ausgedehnten Werbetour für ihr Buch kehrte Dian im November 1984 schließlich endgültig nach Ruanda zurück. Doch erneut sorgten Krankheiten, der neu aufflammende Streit um die Leitung des Camps sowie diverse Drohungen für Konfliktstoff.

Dians Verdacht, lokale Beamte seien am illegalen Gold- und Elfenbeinhandel mit dem Nachbarland Kongo beteiligt, und ihre Drohung, dies öffentlich zu machen, führten zu großen Spannungen. Schließlich geschah, was viele seit Langem kommen sahen. Am 27. Dezember 1985, kurz vor ihrem 54. Geburtstag, wurde Dian Fossey in ihrer Hütte in Karisoke ermordet.

Eine offizielle Untersuchung inklusive Obduktion wurde veranlasst, doch die Ermittlungen wurden so dilettantisch geführt, und die Ergebnisse waren so verworren, dass es viele Monate dauerte, bis überhaupt Anklage erhoben wurde.

Physische Beweise fehlten beinahe völlig, der Tatort war kontaminiert gewesen, und die beiden Tatverdächtigen, auf die sich die Behörden bei ihren Untersuchungen versteiften – Wayne McGuire, Dians amerikanischer Forschungsassistent, und der einheimische Fährtensucher Rwelekana –, leugneten jegliche Tatbeteiligung.

McGuire hatte sich auf Rat der amerikanischen Botschaft bei Prozessbeginn bereits in die USA abgesetzt, und Rwelekana beging in der Untersuchungshaft angeblich Selbstmord.

In Abwesenheit wurde McGuire des Mordes schuldig gesprochen und zum Tode verurteilt, doch für viele Beobachter war der Prozess eine Farce und die Angeklagten nur Sündenböcke, um weitere Nachforschungen über mögliche behördliche Verstrickungen oder gar irgendwelche heimlichen Mordbefehle im Keim zu ersticken.

Das Gerichtsgebäude in Ruhengeri, in dem die Prozessakten und Beweismittel lagerten, wurde während des Genozids von 1994, der für schwerwiegende gesellschaftliche Verwerfungen in Ruanda sorgte, durch ein Feuer zerstört. Von Anfang April bis Mitte Juli 1994 töteten damals Angehörige der Hutu-Mehrheit in einem beispiellosen Mordexzess bis zu einer Million Angehörige der bis dahin dominierenden Volksgruppe der Tutsi sowie viele nicht gewaltbereite Hutu.

Was auch immer der wahre Grund für den Mord an Dian Fossey war – man wird es wohl niemals mit letzter Sicherheit feststellen können.

Am 31. Dezember 1985 wurde Dian neben Digit auf der Wiese von Karisoke beigesetzt. Lange zierte ein schlichtes Holzkreuz mit einem Foto von Dian mit ihren Pflegekindern Coco und Pucker das Grab. Mittlerweile ruht sie unter einer schmucklosen Bronzeplatte mit der Inschrift »No One Loved Gorillas More« (»Niemand hat Gorillas mehr geliebt«) auf der Lichtung, die beinahe zwanzig Jahre lang ihre Heimat war.

Ihre letzte Ruhestätte befindet sich inmitten gut zwei Dutzend moosbewachsener Grabsteine ihrer Wahlfamilie. Dort liegt sie an der Seite von Digit, Onkel Bert, Macho, Rafiki, Whinny, Kwelli und vielen anderen.

Dian Fossey war unbestritten eine ungewöhnliche Frau, eine Grenzgängerin, zu der extrem unterschiedliche Meinungen existieren, je nachdem, wen man als Quelle auswählt.

Sie hat stets polarisiert und scheint offensichtlich niemanden, der sie traf, kaltgelassen zu haben. Bis heute.

Sie ließ sich weder von politischen Unruhen noch von Krankheiten, privaten Tragödien oder dem Widerstand des Beamtenapparats abschrecken und kämpfte mit unermüdlicher Hartnäckigkeit und grenzenloser Entschlossenheit gegen Wilderer und all jene, die zügellosen Raubbau an der einzigartigen Tier- und Pflanzenwelt Ruandas betrieben. Sie sammelte Spendengelder, richtete erste Rangerpatrouillen ein und machte mit ihren Publikationen und ihrem Buch *Gorillas im Nebel* ein großes internationales Publikum auf die Notlage der Berggorillas aufmerksam.

Sie war unbequem und schien die Konfrontation manchmal regelrecht zu suchen, doch sie hat das Image der Gorillas nachhaltig gewandelt und uns diese sanften Riesen nähergebracht.

Bedauerlicherweise wurde sie erst durch ihre Ermordung noch bekannter und berühmter als zuvor. Wahrscheinlich sind ihr gewaltsamer Tod und die erfolgreiche Hollywood-Verfilmung ihres Buches mit der Schauspielerin Sigourney Weaver in der Titelrolle drei Jahre später der Grund, dass weltweit immer noch so viele Menschen von Dians Vermächtnis beeindruckt sind und sie auch für junge Wissenschaftlerinnen ein Vorbild und eine Inspiration ist.

In den USA und Großbritannien wurde sie zur feministischen Ikone, quasi zum »Prototyp einer mutigen Frau, die ihr Ding macht«.

In Ruanda wurde *Nyiramachabelli* zur Legende.

Die Natur hat sich die Karisoke-Senke mittlerweile zurückerobert, denn das Camp wurde im Zuge des Völkermordes aufgegeben. Heutzutage liegt die Forschungsstation am Fuß der Vulkanberge in Ruhengeri. Von dort aus werden der Schutz der Berggorillas und ihre Erforschung koordiniert, denn die Probleme, mit denen schon Dian Fossey konfrontiert war – Überbevölkerung, Landknappheit, Abholzung der Regenwälder, Wilderei von Buschfleisch, politische Unruhen und Kriege sowie der Kampf um begehrte Bodenschätze wie Gold, Diamanten, seltene Erden und andere »Blutmineralien« –, all diese Probleme existieren weiterhin.

Trotzdem hat sich die Zahl der Berggorillas nicht zuletzt dank Dian Fosseys unermüdlichem Kampf von etwa 260 Exemplaren Ende der Sechzigerjahre auf heute etwa 1000 Tiere vervierfacht. Dennoch gehören sie, ebenso wie ihre nächsten Verwandten, die östlichen Flachlandgorillas, weiterhin zu den akut vom Aussterben bedrohten Tierarten. Die Zahl der Flachlandgorillas reduzierte sich weitgehend unbeachtet von der Weltöffentlichkeit innerhalb von nur zwanzig Jahren dramatisch, von knapp 17 000 auf nur noch 3800 Tiere im Jahr 2015.

Heutige Primatenforscherinnen und -forscher gehen bei ihren Freilandbeobachtungen deutlich behutsamer und weniger kontaktfreudig vor als Dian Fossey zu ihrer Zeit. Mittlerweile weiß man um die Gefahren etlicher von Menschen auf Affen übertragbarer Krankheiten. Deshalb achtet man auf strikte Hygiene, etwa darauf, keine Exkremente im Busch zu hinterlassen, sowie auf vorbeugendes Impfen und vor allem auf größere Distanz.

Doch eines ist seit damals gleich geblieben. Nirgendwo in Afrika stehen der Umwelt- und Tierschutz in so scharfer Konkurrenz zu den Interessen der Menschen wie in Ruanda.

Dian Fosseys letzter Tagebucheintrag vom Dezember 1985 liest sich im Licht der darauffolgenden Ereignisse daher beinahe gespenstisch weitsichtig.

When you realize the value of life, you dwell less on what is past and concentrate more on the preservation of the future.

Wenn du den Wert allen Lebens erkennst, beschäftigst du dich weniger mit dem Vergangenen und konzentrierst dich mehr auf die Bewahrung der Zukunft.

Sie bleibt unvergessen.

Anmerkung der Autorin

Sie hatten gerade Kontakt, nicht wahr?«, fragte mich die Pflegerin im Menschenaffenhaus der *Wilhelma* neugierig, als ich mir gerührt eine Träne von den Wangen wischte und nur nicken konnte.

Ein verregneter Frühlingstag vor einigen Jahren, ein Tag, der mir in Erinnerung blieb, denn ich durfte meinen allerersten »Kontakt« mit Kibo, dem mächtigen Silberrücken des Stuttgarter Zoos, erleben.

Lag es am schlechten Wetter, der frühen Tageszeit oder daran, dass es ein Werktag war, jedenfalls hatten außer mir nur wenige Besucher den Weg zum 2013 bezogenen großen Affenhaus gefunden, in dem Gorillas, Bonobos und damals auch noch Orang-Utans leben. Es war fast leer in der weitläufigen Anlage, und ich schlenderte langsam an den Gehegen vorbei, als ich Kibo, das ranghöchste Männchen der Flachlandgorillagruppe, hinter einer Glasscheibe sitzend entdeckte, durch die man die Tiere beobachten kann.

Ich trat vorsichtig näher und war allein schon von Kibos mächtigem Körper mit dem silbergrauen Rückenfell, seinem eckigen Schädel mit dem ausgeprägten Knochenkamm auf dem Scheitel und seinen riesigen Pranken beeindruckt.

Als ich bemerkte, dass Kibo meine Annäherung zwar

wahrnahm, aber weiter mit dem Rücken an eine Mauerecke gelehnt nahe der Scheibe sitzen blieb, trat ich vor ihn hin und legte mir, einem Impuls folgend, die rechte Hand auf den Kopf und wartete, was geschehen würde.

Kibo schaute direkt zu mir hin und schien einen Moment zu überlegen, dann legte er sich zu meinem größten Erstaunen ebenfalls die Hand auf den Kopf.

Einen Moment lang verharrten wir dort mit unseren Händen, dann ließ ich meine Hand wieder sinken, er die seine ebenfalls. Anschließend schaute der mächtige Gorillamann mir einen Moment lang so eindringlich in die Augen, als ob er sich meine Gesichtszüge einprägen wollte. Dann stand er langsam auf und ging zurück zu seinen Weibchen und den Kindern, die sich im hinteren Teil des Geheges aufhielten. Ich stand wie vom Donner gerührt und spürte, wie mir Tränen im Hals aufstiegen.

Als sich unsere Blicke kreuzten, war mir, als bliebe die Zeit für einen Moment lang stehen. Mir wurde bewusst, dass ich zum ersten Mal in meinem Leben bei einem Menschenaffen das Gefühl hatte, er habe mich wirklich wahrgenommen.

Hatte ich angenommen, Besucher seien bloß ein immerwährender Strom von Bewegungen auf der anderen Seite des gläsernen Geheges, wurde mir in diesem Moment klar, dass der Silberrücken mich tatsächlich angesehen und imitiert hatte. Was er sah, war nicht bloß seine eigene Reflexion in der Glasscheibe.

Seit jenem Tag sind Gorillas die einzige Menschenaffenart, zu der ich eine tiefe persönliche Verbindung spüre, und wann immer ich auf Reisen die Gelegenheit habe, Gorillas im Zoo zu sehen, lasse ich mir dies nicht entgehen.

Als man mir dann Jahre später den Vorschlag machte, eine

Romanbiografie über die berühmte amerikanische Gorillaforscherin Dian Fossey zu schreiben, musste ich nicht lange überlegen, sondern sagte spontan zu. Es war, als ob sich ein Kreis für mich schließen würde, den Kibo und ich an jenem Tag mit unserem Kontakt begonnen hatten.

Dieses Buch ist ein Roman. Einige historische Daten und Ereignisse der Geschichte Dian Fosseys habe ich zugunsten der Dramaturgie meiner Erzählung geändert oder fiktionalisiert. Ich habe einige Szenen erfunden, manche Personen ausgelassen und andere zu einer einzigen Person verschmolzen.

Ich habe mich auf die ersten Jahre ihrer langjährigen Forschungsarbeit konzentriert, weil ich der Meinung bin, dass heutige Leserinnen und Leser aus der Schilderung jener Anfangsjahre Dians unglaublichen Mut, ihre Leidensfähigkeit und Leidenschaft, aber vor allem auch ihre Vorreiterrolle als Frau und Wissenschaftlerin besonders gut nachvollziehen können.

In meinen Augen war Dian Fosseys einzigartiges Wesen jedoch komplexer und beeindruckender, als es ein Roman fassen kann.

Danksagung

Mein herzlicher Dank geht an meine Lektorin Anne Scharf und alle Mitarbeiter des Piper Verlages, die beim Entstehen dieses Buches mitgewirkt haben.

Ein aufrichtiges Dankeschön auch an Uta Rupprecht für ihre hilfreiche und wertschätzende Redaktion des Manuskriptes und an meine Agentin Gerlinde Moorkamp für ihr Vertrauen.

Gabriele R., Christine W. und Maximilian Jakob. Danke, danke, danke.

Vielen Dank all jenen, die mir und meiner Lebensgeschichte auf vielfältige Weise verbunden sind. Ihr seid das Geländer entlang meines Weges.

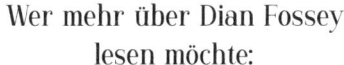

Wer mehr über Dian Fossey
lesen möchte:

Texte von Dian Fossey

Gorillas in the Mist. orig. publ. 1983. Mariner Books, New York 2000.

Gorillas im Nebel: Mein Leben mit den sanften Riesen. Aus d. Amerikan. v. Elisabeth M. Walther. Kindler, München 1989.

»Making friends with mountain gorillas«. *National Geographic Magazine* 137 (Jan. 1970): 48–67.

»More years with mountain gorillas«. *National Geographic Magazine* 140 (Okt. 1971): 574–585.

Quellen über Dian Fossey

»Allein unter Menschenaffen«. Welt online (27.12.2010).

Brodie, Louise: »National Life Stories: An Interview with Professor Robert Hinde«. 2010.

De La Bédoyère, Camilla: *No One Loved Gorillas More.* National Geographic Society, Washington, D.C., 2005.

Hayes, Harold T. P.: *Dian Fossey: Die einsame Frau des Waldes.* Aus d. Amerikan. v. Brigitte Weinziger. Knaur, München 1993.

Hayes, Harold T. P.: *The Dark Romance of Dian Fossey.* Simon and Schuster, New York 1990.

Krafczyk, Eva: »Der rätselhafte Tod der Affen-Forscherin Dian Fossey«. Welt online (27.12.2010).

Mowat, Farley. *Woman in the Mists: The Story of Dian Fossey and the mountain gorillas of Africa.* orig. publ. 1987. Abacus, London 1994.

Royte, Elizabeth: »Begegnung im Bambuswald: Bei den letzten Berggorillas der Welt«. Stern online (15.10.2017).

Shoumatoff, Alex: »The fatal obsession of Dian Fossey«. Vanity Fair online (Sept. 1986).

Strochlic, Nina: »The renegade scientist who taught us to love gorillas«. National Geographic online (31.8.2017).

Titz, Christoph: »Rächerin der Gorillas«. Spiegel online (27.12.2015).

Wiedemann, Erich: »Ihr Pech, dass sie kein Gorilla sein konnte«. Der Spiegel 5/1989.

Für weitere Informationen oder Spenden

Dian Fossey Gorilla Fund (nach Dians Tod wurde The Digit Fund umbenannt)

The Leakey Foundation

Zitatnachweise

S. 419 – Letzter Tagebucheintrag von Dian Fossey von Dezember 1985, entnommen aus:

De La Bédoyère, Camilla: *No One Loved Gorillas More.* National Geographic Society, Washington, D.C., 2005. S. 178, übersetzt von der Autorin.

S. 171 – Brief des Vaters an Dian, entnommen aus:

Mowat, Farley: *Woman in the Mists: The Story of Dian Fossey and the mountain gorillas of Africa.* orig. publ. 1987. Abacus, London 1994. S. 70, übersetzt von der Autorin

Alle weiteren der Literatur entnommenen Äußerungen oder Briefzitate wurden sinngemäß verwendet und an die jeweilige fiktionale Szene angepasst.

Entdecken Sie
weitere inspirierende
Geschichten!

Laura Baldini, Lehrerin einer neuen Zeit
(Maria Montessori), ISBN 978-3-492-06240-4

Laura Baldini, Ein Traum von Schönheit
(Estée Lauder), ISBN 978-3-492-06299-2

Eva-Maria Bast, Die vergessene Prinzessin
(Alice von Battenberg), ISBN 978-3-492-06260-2

Eva Grübl, Botschafterin des Friedens
(Bertha von Suttner), ISBN 978-3-492-06286-2

Petra Hucke, Die Architektin von New York
(Emily Warren Roebling), ISBN 978-3-492-06238-1

Petra Hucke, Die Entdeckerin des Lebens
(Rosalind Franklin), ISBN 978-3-492-06289-3

Agnes Imhof, Die geniale Rebellin
(Ada Lovelace), ISBN 978-3-492-06217-6

Lea Kampe, Der Engel von Warschau
(Irena Sendler), ISBN 978-3-492-06215-2

Bedeutende Frauen, die die Welt verändern

Lea Kampe, Die Löwin von Kenia
(Karen Blixen), ISBN 978-3-492-06268-8

Anna-Luise Melle, Die Meisterin der Wachsfiguren
(Marie Tussaud), ISBN 978-3-492-06280-0

Jørn Precht, Die Heilerin vom Rhein
(Hildegard von Bingen), ISBN 978-3-492-06370-8

Romy Seidel, Die Tochter meines Vaters
(Anna Freud), ISBN 978-3-492-06254-1

Yvonne Winkler, Ärztin einer neuen Ära
(Hermine Heusler-Edenhuizen), ISBN 978-3-492-06309-8

Weitere Infos unter
piper.de/bedeutende-frauen